ficar com o problema: fazer parentes no Chthuluceno Donna J. Haraway

Ficar com o problema: fazer parentes no Chthuluceno
Staying with the Trouble: Making Kin with the Chthulucene
Donna J. Haraway

© Duke University Press, 2016
© n-1 edições, 2023
ISBN 978-65-81097-58-5

Embora adote a maioria dos usos editoriais do âmbito brasileiro, a n-1 edições não segue necessariamente as convenções das instituições normativas, pois considera a edição um trabalho de criação que deve interagir com a pluralidade de linguagens e a especificidade de cada obra publicada.

COORDENAÇÃO EDITORIAL Peter Pál Pelbart e Ricardo Muniz Fernandes
DIREÇÃO DE ARTE Ricardo Muniz Fernandes
ASSISTÊNCIA EDITORIAL Inês Mendonça
GESTÃO EDITORIAL Gabriel de Godoy
EDIÇÃO EM LATEX Guilherme de Araújo
TRADUÇÃO© Ana Luiza Braga
PREPARAÇÃO Graziela Marcolin
REVISÃO Fernanda Mello
CAPA Lucas Kröeff

A reprodução parcial deste livro sem fins lucrativos, para uso privado ou coletivo, em qualquer meio impresso ou eletrônico, está autorizada, desde que citada a fonte. Se for necessária a reprodução na íntegra, solicita-se entrar em contato com os editores.

1ª edição atualizada | Julho, 2023
n-1edicoes.org

Donna J. Haraway
ficar com o problema:
fazer parentes no Chthuluceno

tradução
Ana Luiza Braga

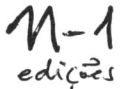

1ª edição atualizada

Sumário

Introdução   9

Brincar de figuras de barbante com espécies companheiras   23

Pensamento tentacular
Antropoceno, Capitaloceno, Chthuluceno   59

Simpoiese
Simbiogênese e as artes vivazes de ficar com o problema   119

Fazer parentes
Antropoceno, Capitaloceno, Plantationoceno, Chthuluceno   197

Inundadas de urina
DES e Premarin em respons-
-habilidade multiespécie   211

Semear mundos
Uma bolsa de sementes para
terraformar com alteridades
terrestres   235

Uma prática curiosa   253

Estórias de Camille
As crias do composto   267

Bibliografia   329

Agradecimentos   393

Histórico da publicação   401

Lista de imagens   403

Para quem faz parentescos estranhos

Introdução

Trouble[1] é uma palavra interessante. Ela deriva de um verbo francês do século XIII que significa agitar, instigar, enturvar, perturbar. Nós – todos os seres da Terra – vivemos em tempos perturbadores; tempos confusos, turvos e desconcertantes. Nossa tarefa consiste em nos tornarmos capazes de responder, conjuntamente e em toda nossa abundância espevitada de tipos. Nossos tempos confusos transbordam de dor e alegria – com padrões vastamente injustos de dor e alegria, com matanças desnecessárias da continuidade, mas também com o necessário ressurgimento. A missão é formar parentescos em linhas de conexão inventivas como uma prática para aprender a viver e morrer bem uns com os outros em um presente espesso. Nossa tarefa é criar problemas, suscitar respostas potentes a eventos devastadores, e também acalmar águas turbulentas e reconstruir lugares tranquilos. Em tempos de urgências, é tentador abordar os problemas como quem procura assegurar um futuro imaginado, impedindo que algo que paira no futuro aconteça, colocando o presente e o passado em ordem, a fim de criar futuros para as próximas gerações. Ficar com o problema não requer esse tipo de relação com esses tempos que chamam de futuro. Na realidade, ficar com o problema requer aprender a estar verdadeiramente presente; não como um eixo que se desvanece entre passados terríveis ou edênicos e entre futuros apocalípticos ou salvadores – mas como bichos mortais entrelaçados em uma miríade de configurações inacabadas de lugares, tempos, matérias, significados.[2]

---

1. A autora faz referência à polissemia do termo usado no título original do livro (*Staying with the Trouble*) para descrever as múltiplas dimensões das questões abordadas, bem como seu aspecto turvo e inquietante que convida ao exercício do pensamento. [N.T.]
2. *Critters* [bichos] é uma expressão comumente utilizada nos Estados Unidos para designar seres daninhos de toda sorte. A comunidade científica fala sobre seus "bichos" o tempo todo, assim como as pessoas comuns em todo o país,

"*Chthuluceno*" é uma palavra simples.[3] Ela é composta de duas raízes gregas (*khthôn* e *kainos*) que, juntas, nomeiam um tipo de lugar-tempo para aprender a ficar com o problema de viver e morrer com respons-habilidade[4] em uma terra degradada. *Kainos* significa "agora"; um tempo de começos, um tempo em prol da continuidade e do frescor. Nada em *kainos* deve remeter a passados, presentes ou futuros convencionais. Não há nada em tempos de começos que insista em eliminar o que veio antes nem o que virá depois. *Kainos* pode ser cheio de heranças, de recordações e também de porvires, do cultivo daquilo que ainda pode vir a ser. Entendo *kainos* como uma presença densa, contínua, com hifas que se infundem por toda sorte de temporalidades e materialidades.

Os ctônicos são seres da terra, antigos e totalmente atuais ao mesmo tempo. Eu os imagino cheios de tentáculos, antenas, dedos, cordões, caudas de lagarto e patas de aranha, com cabelos bem rebeldes. Os ctônicos fazem estrepolias num húmus multibichos, mas não querem nada com o *Homo* que contempla o céu. Os ctônicos são monstros no melhor sentido do termo: eles demonstram e performam a significatividade material dos processos e dos bichos da terra, e também demonstram e performam suas consequências. Os ctônicos não são seguros e não estão em segurança; eles não têm nada a ver com ideólogos e

talvez especialmente no sul. *Bicho* não carrega o peso de *criatura* nem de *criação*; se notarem semelhante craca, podem raspá-la fora. Neste livro, o termo *bichos* refere-se de maneira promíscua a micróbios, plantas, animais humanos e não humanos e, às vezes, até a máquinas.
3. Foi mais difícil decidir como escrever *Chthuluceno* de modo que sua ortografia conduzisse a uma diversidade de divíduos e poderes ctônicos espevitados, e não a Chthulhu, Chtulhu ou qualquer outro espécime único de monstro ou deidade. Uma pessoa exigente quanto à ortografia grega poderia insistir na necessidade do *h* entre o *l* e o último *u*. Decidi retirá-lo para facilitar a pronúncia em inglês, e também para evitar as garras do Cthulhu de Lovecraft. Trata-se de um metaplasmo.
4. No original, *response-ability*; um desdobramento da palavra *responsibility* [responsabilidade], cuja pronúncia em inglês contém tanto *response* [resposta] quanto *ability* [habilidade, capacidade]. Trata-se, no léxico da autora, de um tipo de responsabilidade que se conjuga com uma capacidade de responder e reagir de maneira consequente aos acontecimentos. [N.T.]

não pertencem a ninguém. Contorcem-se e proliferam-se de múltiplas formas e com múltiplos nomes em todos os ares, águas e lugares da terra. Eles fazem e desfazem, são feitos e desfeitos. São quem são. Não é de surpreender que os grandes monoteísmos do mundo, de roupagem religiosa ou secular, tenham se esforçado repetidas vezes para exterminar os seres ctônicos. Os escândalos desses tempos chamados Antropoceno e Capitaloceno são as mais recentes e perigosas entre essas forças exterminadoras. Viver-com e morrer-com outros de modo potente no Chthuluceno pode ser uma resposta aguerrida aos ditames do Antropos e do Capital.

Parente [kin] é uma categoria selvagem que todo tipo de gente tenta obstinadamente domesticar. Fazer parentescos estranhos em vez de (ou ao menos para além de) parentescos religiosos e famílias genealógicas e biogenéticas perturba questões importantes: por quem se é realmente responsável? Quem vive e quem morre, e de que maneiras, nesta relação de parentesco e não naquela outra? Qual é a forma desse parentesco? Onde e a quem suas linhas conectam e desconectam? E depois? O que deve ser cortado e o que deve ser amarrado para que o florescimento multiespécie, incluindo seres humanos e alteridades não humanas em parentesco, possa ter alguma chance na Terra?

Uma figura onipresente neste livro é SF:[5] ficção científica, fabulação especulativa, figuras de barbante, feminismo especulativo, fato científico, até agora. Esta lista reiterada rodopia e enlaça as páginas a seguir através de palavras e imagens visuais, entrançando a mim e a quem me lê com seres e padrões em risco. Fato científico e fabulação especulativa necessitam-se mutuamente, e ambos precisam do feminismo especulativo. Penso em SF e nas figuras de barbante num sentido triplo de figuração. Em primeiro lugar, arrancando promiscuamente as fibras de práticas e

---

5. SF é a sigla em inglês de *science fiction* [ficção científica], *speculative fabulation* [fabulação especulativa], *string figures* [figuras de barbante], *speculative feminism* [feminismo especulativo], *scientific fact* [fato científico] e *so far* [até agora]. [N.T.]

acontecimentos densos e coalhados, tento rastrear os fios e segui-los até onde eles conduzem, a fim de encontrar seus padrões e emaranhados cruciais para ficar com o problema em tempos e lugares reais e específicos. Neste sentido, SF é um método de rastreio para seguir um fio no escuro, em um conto de aventuras real e perigoso onde quem vive e quem morre (e de que maneiras) pode tornar-se mais nítido para o cultivo da justiça multiespécie. Em segundo lugar, a figura de barbante não constitui o rastreio, mas a coisa em si, o padrão e a assembleia que solicitam uma resposta; a coisa que não é igual a nós mesmos, mas com a qual devemos seguir adiante. Em terceiro lugar, as figuras de barbante são feitas ao passar e receber, ao fazer e desfazer, ao puxar os fios e soltá-los. SF é prática e processo; é devir-com reciprocamente em retransmissões surpreendentes; é uma figura para a continuidade no Chthuluceno.

Este livro e a ideia de "ficar com o problema" são especialmente impacientes com duas respostas aos horrores do Antropoceno e do Capitaloceno que escuto com demasiada frequência. A primeira é fácil de descrever e, acredito, de refutar: trata-se da fé cômica nos tecnossolucionismos, sejam seculares ou religiosos. De algum modo, a tecnologia virá ao resgate de suas criaturas travessas, mas muito espertas! Ou seu equivalente: Deus virá salvar seus filhos desobedientes, mas sempre esperançosos. Diante de tão comovente tolice sobre tecnossolucionismos (ou tecnoapocalipses), às vezes é difícil lembrar que continua sendo importante acolher projetos técnicos situados e suas pessoas. Eles não são o inimigo; suas contribuições podem ser importantes para ficar com o problema e criar parentescos estranhos e gerativos.

A segunda resposta é mais difícil de descartar, e provavelmente é ainda mais destrutiva: trata-se da afirmação de que o jogo acabou, é tarde demais, e não há razão para tentar melhorar coisa alguma, ao menos não no sentido de estabelecer uma confiança mútua ativa enquanto se brinca e se trabalha por um mundo ressurgente. Conheço pessoas da comunidade científica que manifestam esse tipo de cinismo amargo, embora trabalhem arduamente para fazer uma diferença positiva para pessoas e outros bichos. Há outras, que se descrevem como críticas culturais ou como politicamente progressistas, que também expressam tais ideias. Acho que a associação insólita entre trabalhar e brincar em prol do florescimento multiespécie, com energia e habilidade tenazes, ao mesmo tempo em que expressa uma atitude explícita de *game over*, que pode desencorajar outras pessoas (incluindo estudantes), é favorecida por diversos tipos de futurismo. Um deles parece acreditar que as coisas só importam se funcionam; ou pior, que a única coisa que importa é que eu e meus colegas especialistas trabalhemos para encontrar uma solução. De modo mais generoso, há cientistas e outras pessoas que pensam, leem, estudam, agitam e se preocupam demais, e isso se torna muito pesado. Ou, ao menos, pensamos que sabemos o suficiente para chegar à conclusão de que o tempo em que a vida na Terra podia incluir as pessoas humanas de forma tolerável de fato acabou, e que o apocalipse realmente está próximo.

Essa atitude faz todo sentido em meio à sexta grande extinção da Terra, às guerras avassaladoras, às explorações e à pauperização de bilhões de pessoas e outros bichos por algo chamado "lucro" ou "poder" – ou ainda, a propósito, por algo chamado "Deus". Uma atitude do tipo *game over* se impõe no turbilhão não só de saber, mas também de sentir que a quantidade de pessoas humanas na Terra certamente superará os 11 bilhões em 2100. Esta cifra representa um acréscimo de 9 bilhões de pessoas ao longo de 150 anos, entre 1950 e 2100, com consequências extremamente injustas para as pessoas pobres em relação às ricas – sem mencionar a carga terrivelmente desigual imposta à Terra pelas pessoas ricas em comparação com as pobres, além das consequências ainda piores experimentadas por não humanos em quase todos os lugares. Há muitos exemplos dessas realidades nefastas. As Grandes Acelerações[6] que se seguiram à Segunda Guerra Mundial deixaram marcas profundas nas rochas, nas águas,

---

6. As Grandes Acelerações correspondem às alterações exponenciais e contínuas nos indicadores de consumo e produção resultantes da ação

nos ares e nos bichos da Terra. Existe uma linha tênue entre reconhecer a extensão e a gravidade dos problemas e sucumbir a um futurismo abstrato, a seus afetos de sublime desespero e a suas políticas de sublime indiferença.

Este livro argumenta e tenta demonstrar que ficar com o problema, evitando o futurismo, é algo bem mais sério e mais vivaz. Ficar com o problema requer estabelecer parentescos estranhos; isto é, precisamos uns dos outros em colaborações e combinações inesperadas, em amontoados quentes de composto. Devir-com reciprocamente, ou não devir em absoluto. Esse tipo de semiótica material é sempre situado, emaranhado e mundano, localizado em algum lugar e não em lugar algum. Sozinhos, com nossos diferentes tipos de especialidade e experiência, sabemos ao mesmo tempo muito e muito pouco, e então sucumbimos ao desespero ou à esperança – e nenhum dos dois é uma atitude sensível (ou sensata). Nem o desespero nem a esperança estão sintonizados com os sentidos, com a matéria conscienciosa, com a semiótica material, com os terráqueos mortais em copresença densa. Nem a esperança nem o desespero sabem nos ensinar a "brincar de figuras de barbante com espécies companheiras", título do primeiro capítulo deste livro.

Três longos capítulos abrem *Ficar com o problema*. Cada um deles rastreia estórias[7] e figuras para fazer parentescos no Chthuluceno, a fim de romper as amarras do Antropoceno e do Capitaloceno. Os pombos, em toda sua diversidade mundana – de criaturas do império a aves de corrida dos trabalhadores,

---

humana e seus impactos nos sistemas terrestres, sobretudo a partir da década de 1950. Alguns desses indicadores são a concentração de dióxido de carbono na atmosfera, a temperatura de superfície, a acidificação dos oceanos, o consumo de energia, o uso de água e a população humana. Ver também a nota 44 no capítulo 2 e a nota 26 no capítulo 8. [N.T.]

7. Optou-se por manter a distinção do texto original entre *story* [estória] e *history* [história]. Embora os sentidos dessas palavras sejam entrelaçados, *estória* faz referência a narrativas fabuladas em que se mesclam fato e ficção, com especial atenção à forma da narração, enquanto *história* remete aos acontecimentos do passado conforme a narrativa historiográfica. [N.T.]

de espiões de guerra a parceiros em pesquisas científicas, de colaboradores em ativismos da arte em três continentes a pragas e companheiros urbanos – serão nossos guias no primeiro capítulo.

Com suas histórias caseiras, os pombos nos conduzem a uma prática de "pensamento tentacular", título do segundo capítulo. Nesse ensaio, desenvolvo o argumento de que o individualismo delimitado, em seus variados sabores na ciência, na política e na filosofia, finalmente se tornou indisponível para se pensar com, passando a ser verdadeiramente impensável, tecnicamente ou de qualquer outro modo. *Simpoiese* – fazer-com – é uma das palavras-chave do capítulo, à medida que exploramos as dádivas necessárias ao pensamento que diversas teóricas e contadoras de estórias nos ofereceram. Parceiras e parceiros nos *science studies*, na antropologia e na narração de estórias, Isabelle Stengers, Bruno Latour, Thom van Dooren, Anna Tsing, Marilyn Strathern, Hannah Arendt, Ursula Le Guin e outros me acompanham ao longo de todo o pensamento tentacular. Com a ajuda desses autores, apresento os três planos temporais do livro: o Antropoceno, o Capitaloceno e o Chthuluceno. Medusa, a única górgona mortal, figurada como a Senhora dos Animais, alia-se ao polvo azul do Pacífico para salvar o dia e encerrar o capítulo.

O terceiro capítulo, "Simpoiese: Simbiogênese e as artes vivazes de ficar com o problema", desentrama os fios da simpoiese com relação à biologia evolutiva ecológica do desenvolvimento e a ativismos de arte-ciência comprometidos com quatro lugares conturbados emblemáticos: (1) os holobiomas dos recifes de coral; (2) a zona carbonífera de Black Mesa, nos territórios navajo e hopi, e outras zonas de extração de combustíveis fósseis que impactam com particular ferocidade os povos indígenas; (3) as florestas que conformam o hábitat dos lêmures em Madagascar; e (4) as terras e os mares do Círculo Polar Ártico, sujeitos a novos e velhos colonialismos atracados no gelo que derrete rapidamente. Esse capítulo forma figuras de barbante com os fios de energias recíprocas entre as biologias, as artes e os ativismos em favor do ressurgimento multiespécie. Ovelhas navajo-churro, orquídeas, abelhas extintas, lêmures, águas-vivas, pólipos de coral, focas e micróbios são os protagonistas do capítulo, na companhia de seus respectivos artistas, biólogos e ativistas. Aqui, como em todo este livro, o que anima a ação é a criatividade cultivada por pessoas que se importam e agem. Não deve surpreender que indivíduos e povos indígenas contemporâneos, em conflito e colaboração com muitos tipos de parceiros, façam uma diferença significativa. As biólogas, começando com a incomparável Lynn Margulis, infundem o pensar e o brincar nesse capítulo.

"Fazer parentes", o quarto capítulo, é tanto uma reprise dos planos temporais do Antropoceno, do Capitaloceno e do Chthuluceno quanto um apelo para que se "faça parentes, não bebês". Feministas antirracistas, anticolonialistas, anticapitalistas e pró-*queer* de todas as cores e origens são, há muito, as líderes de movimentos pelos direitos reprodutivos e pela liberdade sexual e reprodutiva de pessoas pobres e marginalizadas. As feministas foram as primeiras a argumentar que a liberdade sexual e reprodutiva corresponde à possibilidade de criar crianças, próprias ou alheias, até que atinjam uma maturidade robusta com saúde, com segurança e com suas comunidades intactas. Historicamente, as feministas também foram as únicas a insistir no poder e no direito de toda mulher, jovem ou velha, escolher *não ter* filhos. Cientes da facilidade com que tal posição repete as arrogâncias do imperialismo, feministas de minha convicção insistem que a maternidade não é o *telos* das mulheres, e que a liberdade reprodutiva da mulher extrapola as demandas do patriarcado ou de qualquer outro sistema. Alimentação, trabalho, moradia, educação, possibilidade de viajar, comunidade, paz, controle do próprio corpo e da própria intimidade, cuidados de saúde, contracepção eficaz e amigável para mulheres, ter a última palavra sobre o nascimento (ou não) de uma criança, alegria: esses e outros são direitos sexuais e reprodutivos. Sua ausência ao redor do mundo é espantosa. Por excelentes motivos, as feministas que conheço têm resistido às linguagens e às políticas de controle populacional, uma vez que tais linguagens e políticas frequentemente têm em vista os interesses de Estados biopolíticos, antes do bem-estar de seus povos e das mulheres de todas as idades. As atrocidades que resultam das práticas de controle populacional não são difíceis de encontrar. Na minha experiência, contudo, as feministas (incluindo as antropólogas e pesquisadoras dos *science studies*) não estavam dispostas a abordar seriamente a questão da Grande Aceleração demográfica, temerosas de que fazê-lo significaria escorregar mais uma vez para o lodaçal do racismo, classismo, nacionalismo, modernismo e imperialismo.

Mas esse temor não basta. Abster-se de tratar da urgência que representa o aumento quase incompreensível na quantidade de seres humanos desde 1950 pode levar a algo semelhante ao modo como alguns cristãos evitam abordar a urgência da mudança climática porque essa questão toca demasiado perto da medula da própria fé. *Como* abordar a urgência? Essa é a pergunta que deve arder para se ficar com o problema. O que significa exercer a liberdade reprodutiva, decolonial e feminista em um mundo multiespécie perigosamente conturbado? Isso não pode ser um assunto exclusivamente humanista, por mais anti-imperialista, antirracista, anticlassista e pró-mulher que seja. Tampouco pode ser um assunto "futurista", que se limita a números abstratos e *big data*, deixando de lado as vidas e mortes de pessoas reais, com suas diferenças e camadas particulares. Ainda assim, um acréscimo de 9 bilhões de seres humanos ao longo de 150 anos, até chegar a 11 bilhões em 2100 – se tivermos sorte –, não é só um número, e não pode ser justificado culpando-se o Capitalismo ou qualquer outra palavra que comece com letra maiúscula. É flagrante a necessidade de renovar o pensamento conjuntamente, atravessando as diferenças entre posicionamentos históricos e os diferentes tipos de conhecimento e especialidade.

O quinto capítulo, "Inundadas de urina", começa com relações pessoais e íntimas, refestelando-se nas consequências de seguir os estrogênios que conectam uma mulher em processo de envelhecimento à sua cachorra idosa: especificamente, eu e minha companheira e pesquisadora associada Cayenne. Antes de rastrear os fios dessa figura de barbante até muito longe, mulher e cachorra, recordando seus companheiros de ninhada ciborgue, encontram-se em estórias de pesquisas veterinárias, da Grande Indústria Farmacêutica, de fazendas de criação de cavalos para a obtenção de estrogênio, de zoológicos, de ativismos feministas de dietilestilbestrol (DES), de ações inter-relacionadas de direitos dos animais e de saúde da mulher e muito mais. Habitar intensamente corpos e lugares específicos é uma forma de cultivar a capacidade de responder de maneira recíproca às urgências mundanas – esse é o tema central do capítulo.

Ursula K. Le Guin, Octavia Butler, formigas e sementes de acácia povoam o sexto capítulo, "Semear mundos". Nossa tarefa é narrar uma estória de aventuras SF que tenha as acácias e seus associados como protagonistas. A *teoria da bolsa da ficção* de Le Guin vem em nosso socorro, acompanhada das teorias da bióloga Deborah Gordon sobre as interações entre as formigas e o comportamento de colônia. Esses aportes nos permitem elaborar as possibilidades abertas por uma biologia evolutiva ecológica do desenvolvimento e por teorias de sistemas não hierárquicos, dando forma às melhores estórias. Ficção científica e fato científico coabitam alegremente nessa narrativa. Nas passagens finais, tendo Le Guin como escriba, a prosa das sementes de acácia e a lírica dos liquens dão lugar à poética muda das rochas.

O sétimo capítulo, "Uma prática curiosa", aproxima-se de Vinciane Despret, filósofa, psicóloga, teórica cultural e pesquisadora de animais e humanos, por sua incomparável habilidade de pensar-com outros seres, humanos ou não. O trabalho de Despret sobre a sintonia [*attunement*] e os bichos que se tornam reciprocamente capazes de feitos inesperados em encontros reais é necessário para ficar com o problema. Despret não se interessa por aquilo que os bichos supostamente deveriam ser capazes de fazer, por natureza ou por educação, mas pelo que eles são capazes de suscitar uns dos outros e uns com os outros, e que antes não existia nem na natureza nem na cultura. Seu tipo de pensamento amplia as capacidades de todas as partes do jogo;

essa é sua prática de mundificação.[8] As urgências do Antropoceno, do Capitaloceno e do Chthuluceno demandam um tipo de pensamento que seja capaz de ir além das categorias e capacidades herdadas, de maneiras simples e concretas – como as coisas que os zaragateiros-árabes[9] e sua comunidade de cientistas mobilizam no deserto de Neguev. Despret nos ensina como se exercita a curiosidade, e também como se pratica o luto, trazendo os mortos a uma presença ativa. Eu precisava de seu toque antes de escrever as estórias que concluem *Ficar com o problema*. Sua prática curiosa me preparou para escrever sobre as comunidades do composto e as tarefas dos oradores dos mortos, que trabalham pela recuperação e pelo ressurgimento multiespécie da Terra.

"Estórias de Camille" é o capítulo que encerra o livro. Esse convite a uma fabulação especulativa coletiva segue cinco gerações de uma união simbiogenética entre uma criança humana e as borboletas-monarcas, ao longo de muitas linhas e nós das migrações desses insetos entre o México, os Estados Unidos e o Canadá. Essas linhas traçam sociabilidades e materialidades cruciais para se viver e morrer com bichos à beira do desaparecimento, para que possam seguir adiante. Comprometidas a nutrir habilidades de responder e cultivando formas de se capacitarem umas às outras, as Comunidades do Composto surgiram no início do século XXI em terras e águas arruinadas ao redor do mundo. Essas comunidades se comprometeram a contribuir para uma redução radical da quantidade de seres humanos ao longo de algumas centenas de anos, ao mesmo tempo em que desenvolveram uma

---

8. O termo *worlding* – que nesta obra refere-se às práticas contínuas de configuração de mundos e conhecimentos e à invenção responsiva entre os seres da Terra – foi traduzido como *mundificação*, buscando trazer correspondências distintas daquelas do *worlding* (*das Welten*) descrito por Martin Heidegger e dos processos relativos à globalização. [N.T.]

9. O zaragateiro-árabe (*Argya squamiceps*), até recentemente classificado como pertencente ao gênero dos turdoides, é uma ave de nidificação comunitária que habita as estepes e pradarias de regiões semiáridas do Oriente Médio. [N.T.]

miríade de práticas de justiça ecológica multiespécie. Cada recém-nascido tem ao menos três pessoas humanas como cuidadoras. A pessoa que gesta pode exercer sua liberdade reprodutiva ao escolher um animal simbionte para a criança; uma escolha que se ramifica por gerações de todas as espécies. As relações entre as pessoas simbiogenéticas e os seres humanos que não se uniram nessas alianças geraram muitas surpresas, algumas delas letais. As surpresas mais profundas, porém, talvez tenham emergido das complexas relações simanimagênicas[10] entre vivos e mortos em diferentes holobiomas da Terra.

Há muitos problemas, mas há também muitos parentes com os quais é preciso seguir.

---

10. No capítulo 8, "Estórias de Camille", Haraway descreve a simanimagênese como uma prática simpoiética, desenvolvida pelas Comunidades do Composto em Michoacán, envolvendo a vinculação de pessoas humanas a animais que são também simbiontes de mortos humanos e ancestrais visitantes. [N.T.]

Brincar de figuras de barbante com espécies companheiras

Em homenagem a George Evelyn Hutchinson (1903-1991) e Beatriz da Costa (1974-2012). Hutchinson foi meu orientador de doutorado e escreveu a memória autobiográfica *The Kindly Fruits of the Earth* [Os amáveis frutos da Terra], título que envolve todos os *"voyageurs* confiáveis" deste capítulo.

Narração de estórias multiespécies e as práticas de companheiras

As figuras de barbante são como os contos: elas propõem e põem em jogo padrões para que cada participante possa, de algum modo, habitar uma terra vulnerável e ferida.[1] Meus relatos multiespécies contam sobre a recuperação em meio a histórias complexas, que são tão cheias de morte quanto de vida; tão cheias de finais, e mesmo de genocídios, quanto de inícios. Diante do inexorável excesso de sofrimento historicamente específico das amarrações entre espécies companheiras, não me interessam a reconciliação nem a restauração, mas estou profundamente comprometida com outras possibilidades mais modestas de recuperação parcial e de nos levar bem. Chamemos isso de "ficar com o problema". Assim, procuro por narrativas reais que sejam também fabulações especulativas e realismos especulativos. Nessas estórias, os jogadores multiespécies, entramados em traduções parciais e imperfeitas através da diferença, refazem os modos de viver e morrer sintonizados com o florescimento finito ainda possível, com a recuperação ainda possível.

---

1. Em idiomas sintonizados com a tradução parcial, as figuras de barbante são chamadas de *cat's cradle* [cama de gato], em inglês dos Estados Unidos; *jeux de ficelle* [jogo de barbante], em francês; e *na'atl'o'*, em navajo. Ver Haraway, "SF: Science Fiction, Speculative Fabulation, String Figures, So Far".

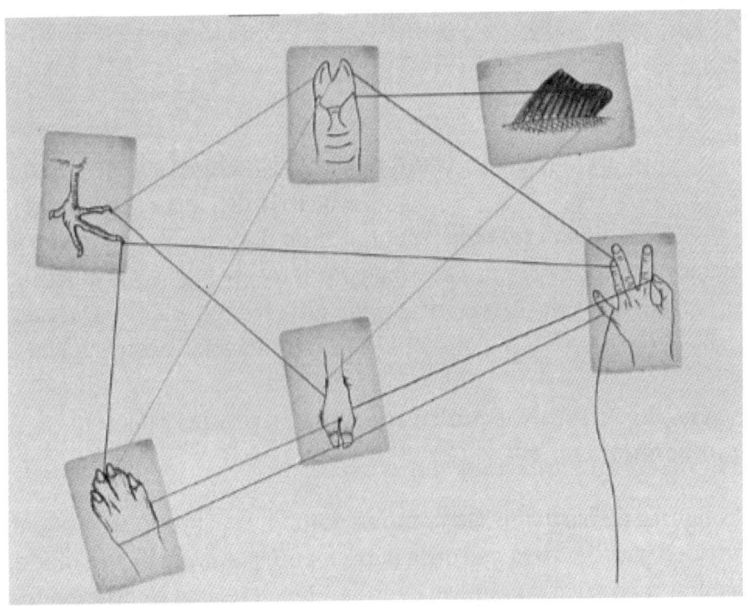

Figura 1: *Multispecies Cat's Cradle* [Cama de gato multiespécie]. Desenho de Nasser Mufti, 2011.

SF é a sigla para *science fiction* [ficção científica], *speculative feminism* [feminismo especulativo], *science fantasy* [fantasia científica], speculative fabulation [fabulação especulativa], *science fact* [fato científico] e, além disso, *string figures* [figuras de barbante]. Brincar com figuras de barbante tem a ver com dar e receber padrões, com soltar os fios e falhar – mas, às vezes, encontra-se algo que funciona, algo consequente e talvez até mesmo belo, que não estava ali antes. Esses jogos tratam da retransmissão de conexões que importam, da narração de estórias de mão em mão, dígito sobre dígito, de um local de vínculo a outro, a fim de fabricar as condições para o florescimento finito na Terra, em terra. As figuras de barbante exigem que se fique parado para receber os fios e passar adiante os padrões. Esses jogos podem ser feitos por muitos seres, com quaisquer tipos de extremidades, contanto que o ritmo entre dar e receber seja sustentado. O conhecimento e a política também são feitos assim, ao se passarem adiante os fios em torções e meadas que exigem paixão e ação, deter-se e mover-se, ancorar e dar partida.

Os pombos de corrida do sul da Califórnia, na companhia de suas diversas gentes, geografias, outros bichos, tecnologias e saberes, moldam práticas de viver e morrer em meio a ricas mundificações, que imagino como brincar de figuras de barbante. Este capítulo, possibilitado por diversos pombos reais e seus ricos traçados, é o padrão de desatamento de um aglomerado de nós. Os bichos de todos os meus contos habitam um nicho de n dimensões chamado Terrápolis. Minha equação integral múltipla fabulada para Terrápolis é ao mesmo tempo uma estória, uma fabulação especulativa e uma figura de barbante em favor da mundificação multiespécie.

$$\int_\alpha^\Omega Terra[X]_n = \int \ldots \int Terra(x_1, x_2, x_3, x_4, \ldots, x_n t)$$

$$dx1, dx2, dx3, dx4, \ldots, dx_n dt = Terrapolis$$

$x_1 = coisas/physis,$
$x_2 = capacidade,$
$x_3 = socialidade,$
$x_4 = materialidade,$
$x_n = dimensões\ ainda\ por\ vir$
$\alpha = epigênese\ multiespécie\ da\ biologia\ evolutiva\ ecológica\ do\ desenvolvimento$
$\Omega = recuperação\ do\ pluriverso\ da\ Terra$
$t = tempo\ da\ mundificação;\ não\ o\ tempo\ como\ contentor,\ mas\ tempos\ emaranhados\ de\ passado\ presente\ porvir$

Terrápolis é uma equação integral fictícia, uma fabulação especulativa.

Terrápolis é um nicho n-dimensional pelo devir-com multiespécie.

Terrápolis é aberta, mundana, indeterminada e politemporal.

Terrápolis é a quimera de materiais, línguas, histórias.
Terrápolis é feita para as espécies companheiras, *cum panis*, com pão, juntas à mesa – não "pós-humana", mas "com-posta".
Terrápolis está em seu lugar; Terrápolis abre espaço para companhias inesperadas.
Terrápolis é uma equação que descreve *guman*, o húmus, o solo, o risco contínuo de contaminação, as epidemias de problemas promissores, a permacultura.
Terrápolis é o jogo SF da respons-habilidade.[2]
As espécies companheiras se dedicam à antiga arte de terraformar; elas são as participantes na equação SF que descreve *Terrápolis*. Essa palavra vira-lata, compostada da micorriza de radículas gregas e latinas e seus simbiontes, demarca o fim, de uma vez por todas, da cosmopolítica globalizadora kantiana e da mundificação rabugenta do excepcionalismo humano heideggeriano. Terrápolis nunca foi pobre de mundos – ela existe na rede SF de conexões sempre excessivas, onde a respons-habilidade deve ser remendada em conjunto, e não no hiato existencialista, solitário, sem vínculos e produtor-do-Homem teorizado por Heidegger e seus seguidores. Terrápolis é rica em mundanidade: inoculada contra o pós-humanismo, mas rica em composto; inoculada contra o excepcionalismo humano, mas rica em húmus; madura o bastante para a narração de estórias multiespécies. Terrápolis não é o mundo natal do ser humano como *Homo* – aquela autoimagem fálica do mesmo, sempre parabólica, re- e de-tumescente –, mas do ser humano que, por um truque de língua de etimologia indo-europeia, metamorfoseia-se em *guman*, trabalhadora do/no solo.[3] Meus bichos SF são mais seres da lama do que do céu, mas as

---

2. Para uma apresentação matemática jocosa de Terrápolis, ver Haraway, *SF: Speculative Fabulation and String Figures*.
3. O termo *guman*, do protogermânico e do inglês antigo, transformou-se mais tarde em *human* [humano], mas ambos os vocábulos trazem as marcas da terra e seus bichos, abundantes em húmus: *humaine*; seres terrenos, em oposição aos deuses. Em hebreu, Adam vem de *adamah*: solo, terra. A história linguística designa o gênero masculino-universal a *guman*, assim como a *humano* e *homem*. Na mundificação SF, contudo, *adam*, *guman* e *adamah* se tornam antes um microbioma onde fermentam bichos de muitos gêneros e tipos,

estrelas também brilham em Terrápolis. Despida de universalismos masculinistas e suas políticas de inclusão, a *guman* de Terrápolis é cheia de gêneros e categorias, cheia de tipos-em-feitura, cheia de alteridades significativas. Amigas e colegas que pesquisam linguística e civilizações antigas me contam que *guman* é *adama*/adão, compostada de todos os gêneros e de todas as categorias disponíveis, competente o bastante para criar um mundo que se torne um lar para ficar com o problema. Terrápolis tem relações SF produtoras de parentesco e de figuras de barbante que constituem o tipo de cosmopolítica carnuda proposta por Isabelle Stengers, ou ainda as práticas de mundificação de escritoras SF.

A antropóloga social britânica Marilyn Strathern, que escreveu *O gênero da dádiva* com base em seu trabalho etnográfico em Monte Hagen, nas terras altas da Papua-Nova Guiné, ensinou-me que "importa quais ideias usamos para pensar outras ideias (com)".[4] Strathern é uma etnógrafa das práticas de pensamento. Para mim, ela encarna as artes da fabulação especulativa feminista no modo acadêmico. Importam as matérias que usamos para pensar outras matérias; importam as estórias que contamos para contar outras estórias. Importa quais nós amarram nós, quais pensamentos pensam pensamentos, quais descrições descrevem descrições, quais laços enlaçam laços. Importa quais estórias produzem mundos, quais mundos produzem estórias. Strathern escreveu sobre aceitar o risco da contingência implacável. Ela entendia a antropologia como uma prática de conhecimento que estuda relações com relações, e que põe relações em risco com outras relações, provenientes de mundos inesperados. Em 1933, Alfred North Whitehead, o matemático estadunidense e filósofo do processo que impregna meu sentido de mundificação, publicou

---

como as espécies companheiras; juntas à mesa, comendo e sendo comidas, comensais, composto. No artigo "Ethical Doings in Naturecultures", María Puig de la Bellacasa discute a possibilidade de uma biopolítica transformadora: o cuidado da Terra e de suas muitas espécies, incluindo os seres humanos, por meio do cuidado do solo difundido no movimento da permacultura.
4. Strathern, *Reproducing the Future*, p. 10; Strathern, *The Gender of the Gift*.

Adventures of ideas [Aventura de ideias].⁵ SF, precisamente, é cheia dessas aventuras. Isabelle Stengers – a química, estudiosa de Whitehead e de Gilles Deleuze, pensadora radical sobre a materialidade nas ciências e filósofa feminista rebelde – oferece-nos "pensamento especulativo" em abundância. Com Stengers, não podemos denunciar o mundo em nome de um mundo ideal. No espírito do anarquismo comunitário feminista e no léxico da filosofia de Whitehead, Stengers sustenta que as decisões devem ser tomadas, de algum modo, na presença de quem arcará com suas consequências. Isso é o que ela quer dizer com cosmopolítica.⁶

Em meus escritos e em minha pesquisa, SF se metamorfoseia em fabulações especulativas e figuras de barbante, em transmissões e retornos. Transmissões, revezamentos, figuras de barbante, passar padrões adiante em idas e vindas, dar e receber, modelar padrões, sustentar o padrão que não foi solicitado nas próprias mãos, respons-habilidade... tudo isso é crucial ao que entendo por "ficar com o problema" em mundos seriamente multiespécies. Devir-com, e não simplesmente devir, é a regra do jogo. Nos termos de Vinciane Despret, trata-se do modo como os parceiros se tornam mutuamente capazes.⁷ Parceiros ontologicamente heterogêneos tornam-se quem são e o que são através de mundificações relacionais semiótico-materiais. Naturezas, culturas, sujeitos e objetos não precedem suas mundificações entretecidas.

As espécies companheiras estão inexoravelmente em devir--com. A categoria de espécie companheira me ajuda a recusar o excepcionalismo humano sem precisar invocar o pós-humanismo. As espécies companheiras fazem jogos de figuras de barbante, nos quais quem é no/do mundo se constitui em intra- e interação.⁸ Os parceiros não precedem suas amarrações: espécies de todo

---

5. Whitehead, *Adventures*.
6. Stengers, *Cosmopolitics I e II*.
7. Despret, "The Body We Care For"; Despret, "The Becoming of Subjectivity in Animal Worlds". Despret me presenteou com "tornar capaz" e muito mais. "Devir-com" é elaborado em Haraway, *When Species Meet*, pp. 16-17, 287.
8. Sobre realismo agencial e intra-ação, ver Barad, *Meeting the Universe Halfway*.

tipo são consequentes em seus emaranhamentos que conformam sujeitos e objetos. Nos mundos humano-animais, as espécies companheiras são seres-em-encontro comuns na casa, no laboratório, no campo, no zoológico, no parque, no caminhão, no escritório, na prisão, no rancho, na arena, na aldeia, no hospital humano, na floresta, no matadouro, no estuário, na clínica veterinária, no lago, no estádio, no celeiro, na reserva florestal, na fazenda, no cânion submarino, nas ruas da cidade, na fábrica e em muitos outros lugares.

Embora estejam entre os jogos mais antigos da humanidade, as figuras de barbante não são jogadas do mesmo modo em todos os lugares. Eu – nós – assim como toda a prole das histórias imperiais e colonizadoras devemos reaprender a conjugar mundos em conexões parciais, e não em universais e particulares. Entre o final do século XIX e o início do século XX, etnólogos da Europa e dos Estados Unidos coletaram jogos de figuras de barbante ao redor do mundo. Esses viajantes e produtores-de-disciplinas ficaram surpresos ao constatar que, quando mostravam os jogos de figuras de barbante que haviam aprendido na infância a seus anfitriões, eles não só já os conheciam, como também sabiam jogá--los de outras formas. Os jogos de figuras de barbante chegaram tardiamente à Europa, provavelmente por rotas de comércio asiáticas. Todos os desejos epistemológicos e fábulas desse período da história da antropologia comparada foram inflamados pelas semelhanças e diferenças – com suas invenções independentes, ou suas difusões culturais – amarradas pelos fios das mãos e do cérebro, do fazer e do pensar, na passagem de padrões em jogos de figuras de barbante "nativos" e "ocidentais".[9] Em tensão comparativa, as figuras ao mesmo tempo eram e não eram as mesmas. SF continua a ser um jogo arriscado de mundificação e contação de estórias; trata-se de ficar com o problema.

A figura 2 mostra as mãos de Rusten Hogness,[10] jornalista

---

9. Para uma etnologia ao velho estilo, ver Jayne, *String Figures*.
10. Hogness, "California Bird Talk".

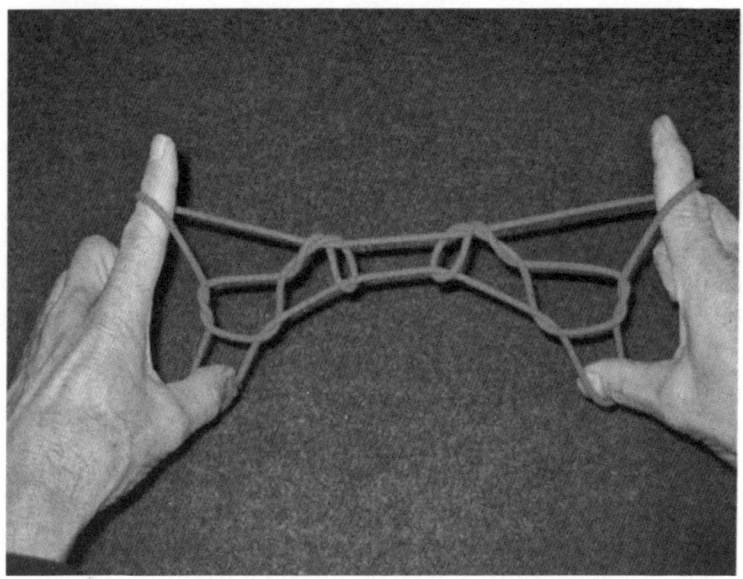

Figura 2: *Ma'ii Ats'áá' Yílwoí* [Coiotes correndo em direções opostas]. Fotografia de Donna Haraway.

científico e produtor de rádio sobre história natural, aprendendo a fazer um jogo de barbantes navajo chamado *Ma'ii Ats'áá' Yílwoí* ("Coiotes correndo em direções opostas"). O coiote é o *trickster*, o malandro que espalha permanentemente a poeira da desordem nos padrões estelares ordenados pelo Deus do Fogo, armando as performances não inocentes e produtoras de mundo que dão forma à vida dos bichos terranos. Na língua navajo, as figuras de barbante se chamam *na'atl'o'*. Os jogos de figuras de barbante navajos reaparecerão na minha narrativa multiespécie sobre as ovelhas navajo-churro, sobre as mulheres e os homens que teceram e ainda tecem vidas com e a partir delas. Neste capítulo, esses jogos também são necessários para pensar com os pombos em Los Angeles e mais além. Camas de gato e *jeux de ficelle* não bastam; os nós devem ramificar-se e dar a volta em muitos locais de vínculo em Terrápolis. As figuras de barbante navajos são uma forma de "tecelagem contínua" – são práticas que contam as estórias das constelações, da emergência do Povo, dos Dinés.[11] Essas figuras de barbante são tanto práticas do *pensar* como do *fazer*; são práticas pedagógicas e performances cosmológicas. Alguns pensadores navajos descrevem os jogos de barbante como um tipo de padronização para restaurar *hózhó* – um termo traduzido imperfeitamente para o inglês como "harmonia", "beleza", "ordem" e "relações justas do mundo", compreendendo as relações entre humanos e não humanos. Não *no* mundo, mas *do* mundo: esta diferença crucial entre as preposições me conduz à tecelagem de figuras de barbante navajos, *na'atl'o'*, na teia de mundificação SF. Os mundos SF não são contentores, mas padronizações, coproduções arriscadas, fabulações especulativas. Em Terrápolis, em SF, a recuperação está parcialmente conectada a *hózhó*. É importante notar com quais ideias pensamos outras ideias: pensar ou fazer camas de gato com *na'atl'o'* não é um gesto universal nem inocente, mas uma proposição arriscada em meio à inexorável contingência relacional histórica. Essas contingências incluem montes de histórias de conquista, resistência, recuperação e ressurgimento. Contar estórias junto com bichos historicamente situados é um exercício repleto de riscos e alegrias inerentes à composição de uma cosmopolítica mais vivível.

11. Naabeehó Bináhásdzo (a Nação Navajo, a área geográfica que demarca, do ponto de vista legal, o território da nação semiautônoma), também chamada de Diné Bikéyah (nome do povo Navajo para esta terra), situa-se na região de Four Corners, no sudoeste dos Estados Unidos, rodeada por Colorado, Arizona, Utah e Novo México. Para estudos sobre a história navajo que entretecem a criação de estórias do povo Diné e a disciplina acadêmica da história, ver Denetdale, *Reclaiming Diné History*. Há muitas referências na internet sobre jogos de barbante e figuras de barbante navajos, com diversos nomes e narrativas, como *Diné String Games* e a extensa *Library of Navajo String Games*. Para assistir a um vídeo extraordinário em que Margaret Ray Bochinclonny, uma anciã navajo, faz figuras de barbante, ver *Navajo String Games by Grandma Margaret*. O neto de Margaret Ray, Terry Teller, explica as constelações de figuras de barbante navajos em *So Naal Kaah, Navajo Astronomy*. Os jogos de barbante navajos são jogados principalmente no inverno, a temporada de contação de estórias da Spider Woman [Mulher-aranha].

Os pombos serão nossos primeiros guias. Cidadãos de Terrápolis, eles são membros de espécies sociais oportunistas que podem viver (e de fato vivem) numa miríade de tempos e lugares. Altamente diversos, os pombos ocupam muitas categorias em diferentes idiomas. Em inglês, por exemplo, são classificados como pertencentes a mundos selvagens ou domésticos; mas essa oposição particular não é geral nem universal, até mesmo no dito Ocidente. As especificidades variadas e proliferantes dos pombos são espantosas. Codomesticados com suas gentes, esses bichos não humanos nutrem o tipo de problema que me interessa. Os pombos têm histórias muito antigas de devir-com os seres humanos. Essas aves amarram suas gentes em nós de classe, gênero, raça, nação, colônia, pós-colônia e talvez – só talvez – na regeneração da Terra-ainda-por-vir.

Os pombos também são "criaturas do império"; isto é, animais que acompanharam os colonos e os conquistadores europeus em viagens por todo o mundo, inclusive para lugares onde outras variedades já estavam bem estabelecidas. Os pombos participaram, assim, de transformações ecológicas e políticas que afetaram todos os seres, de maneiras que ainda se ramificam na carne multiespécie e nas paisagens em disputa.[12] Os pombos dificilmente são espécies colonizadoras; eles pertencem a tipos e linhagens endêmicas a muitos lugares, em incontáveis configurações de viver e morrer. Esses bichos são também difamados pelos danos ecológicos e pelos transtornos biossociais que ocasionam, tendo construído economias e vidas naturaisculturais há milhares de anos. Os pombos são parentes estimados e pragas desprezadas, sujeitos ao resgate e à injúria, são detentores de direitos e componentes da máquina-animal, alimento e vizinhos, alvo de extermínio e de biotecnologias de reprodução e multiplicação, são também companheiros de trabalho e de jogo, portadores de doenças, sujeitos e objetos disputados pelo "progresso moderno"

---

12. Anderson, *Creatures of Empire*.

e pela "tradição retrógrada". Além disso tudo, os *tipos* de pombos variam, variam, e ainda variam um pouco mais, com diferentes espécies em cada canto da Terra.

Em devir-com os seres humanos por muitos milhares de anos, os pombos-domésticos (*Columba livia domestica*) descendem de aves nativas do sul e do oeste da Europa, do norte da África e do oeste e do sul da Ásia. Os pombos-comuns chegaram às Américas com os europeus, tendo entrado na América do Norte em 1606 por Port-Royal, na Nova Escócia. Em todos os lugares onde estiveram, esses pombos cosmopolíticos ocuparam as cidades com gosto, suscitando o amor e o ódio de seres humanos em medidas extravagantes. Apelidados de "ratos com asas", os pombos ferais são sujeitos ao vitupério e ao extermínio, mas também podem se tornar companheiros oportunistas estimados, avidamente alimentados e observados em todo o mundo. Os pombos-domésticos já trabalharam como espiões, portadores de mensagens, pássaros de corrida e enfeites chiques em feiras e mercados de aves. Já serviram de alimento para famílias trabalhadoras e também foram objeto de testes psicológicos, além de interlocutores de Darwin com relação à eficácia da seleção artificial, e mais. Os pombos ferais são um dos alimentos favoritos de aves de rapina urbanas, como o falcão-peregrino. Depois de se recuperar do extermínio provocado pelo DDT, que afinava a casca de seus ovos, os falcões passaram a enfrentar a vida nas pontes e nos parapeitos dos arranha-céus das cidades.

Os pombos são agentes competentes – no duplo sentido de representantes e atores – que tornam os seres humanos e a si próprios capazes de práticas sociais, ecológicas, comportamentais e cognitivas situadas. Sua mundificação é expansiva: os jogos SF deste capítulo tocam em apenas alguns poucos fios que são atados por e com essas aves.[13] Meu jogo SF rastreia projetos

---

13. Os pombos-comuns mantêm relações de codomesticação com pessoas humanas há aproximadamente dez mil anos; há registros em tábuas cuneiformes da Mesopotâmia de cinco mil anos. Ao longo deste capítulo, salvo indicação contrária, usarei as expressões *pombos domésticos* e *pombos--comuns* de maneira intercambiável. A família Columbidae, que inclui a *C.*

simultaneamente modestos, ousados, contemporâneos e arriscados em prol da recuperação, nos quais seres humanos e animais se emaranham conjuntamente de maneiras inovadoras para se tornarem, com muita dificuldade, mutuamente capazes de um florescimento finito, agora e ainda por vir. As colaborações entre pessoas – e povos – situadas de maneira distinta são tão cruciais quanto a cooperação entre humanos e animais, e também são possibilitadas por essa cooperação. Os pombos nos conduzem em voo não a colaborações em geral, mas a travessias específicas que partem de mundos familiares rumo a outros mundos, incômodos e não familiares, para tecer algo que ainda pode vir a se desenrolar, mas que talvez também possa nutrir vidas e mortes com beleza

---

livia domestica, abrange dezenas de espécies vivas e fósseis. Mais de trinta espécies vivas vêm do Velho Mundo. Algumas delas têm limites naturais expansivos, outras têm necessidades especiais que só podem ser satisfeitas em distâncias curtas. A maior variedade da família se encontra nas regiões biogeográficas da Indomalásia e da Australásia. Os pombos-comuns se diversificaram em muitas dezenas de tipos e raças, formais e informais, assim como os onipresentes pombos ferais que ganham a vida em cidades como Istambul, Tóquio, Londres, Los Angeles, Berlim, Cairo, Cidade do Cabo e Buenos Aires. Para uma lista atualizada de raças de pombos, ver "List of Pigeon Breeds" na entrada da Wikipédia indicada na bibliografia deste livro. Uma pesquisa por raças de pombos em uma ferramenta de busca de imagens rende um banquete visual. Acredita-se que os pombos-domésticos tenham se originado no Oriente Médio e na Ásia Central. Para saber mais sobre algumas raças encontradas nessa região, como pombos-cambalhotas e pombas-rolas, ver "Turkish Tumblers.com". A BBC produziu uma série documental que mostra como os columbófilos de Bagdá mantiveram seus pássaros e sua prática do esporte vivos durante a guerra do Iraque, a partir de 2003. As práticas corporais meticulosas de amor e cuidado desses homens com seus pombos são palpáveis. Ver Muir, "The Pigeon Fanciers of Baghdad". Para uma etnografia sociológica do mundo das corridas de pombos, ver Jerolmack, "Primary Groups and Cosmopolitan Ties"; Jerolmack, "Animal Practices, Ethnicity and Community"; Jerolmack, *The Global Pigeon*. O Irã tem sido, há séculos, um centro apaixonado das corridas de pombos – uma prática que, apesar de ilegal, é tolerada e continua viva sob o atual regime, uma vez que as corridas dão ocasião para apostas. Para um relato etnográfico bilíngue (persa/francês) sobre essa estória fascinante, ver Goushegir, *Le combat du colombophile*. Ver também "World Market in Pigeons". Para um índice extraordinário de artigos e outras informações relacionadas aos pombos de corrida, escritos principalmente por columbófilos, ver "Racing Pigeon-Post".

no nicho de *n* dimensões de Terrápolis. Minha esperança é que esses nós possam propor padrões promissores para uma respons--habilidade multiespécie em meio aos problemas em curso.

Pombos de corrida da Califórnia e sua gente: artes colaborativas pelo florescimento mundano

Devir-com; tornar-capaz

As capacidades dos pombos surpreendem e impressionam os seres humanos, que frequentemente se esquecem de como eles mesmos se tornam capazes com e graças a outras coisas e outros seres vivos. Moldar respons-habilidades, coisas e seres vivos pode se dar tanto dentro quanto fora dos corpos humanos e não humanos, em diferentes escalas de tempo e de espaço. Em conjunto, os participantes provocam, evocam e convocam o que – e quem – existe. Juntos, devir-com e tornar-capaz inventam um nicho de *n* dimensões e seus habitantes. O resultado é comumente chamado de natureza. É nesse sentido coproduzido que as naturezas dos pombos importam para minha estória SF.

Se soltarmos um pombo em um lugar que lhe é desconhecido, ele é capaz de encontrar o caminho de volta para seu pombal a milhares de quilômetros de distância, mesmo em dias nublados.[14] Os pombos têm um sentido cartográfico e de orientação que cativa indistintamente os columbófilos que os fazem competir por esporte, os cientistas que pesquisam a neurobiologia comportamental de orientação e navegação, os espiões que desejam enviar mensagens em territórios inimigos e as escritoras de romances de mistério que recorrem a uma boa pomba para portar seus segredos.[15] Os entusiastas das corridas de pombos ao redor do

---

14. Para uma investigação sobre como os pombos fazem isso, ver Walcott, "Pigeon Homing".
15. *The Vendetta Defense* é um romance policial de Lisa Scottoline que se passa no mundo das corridas de pombos. Os trabalhadores das docas de Nova York, homens aficcionados pelas corridas de pombos, têm destaque no famoso filme *Sindicato de ladrões*, de 1954, protagonizado por Marlon Brando.

mundo são quase sempre homens e meninos, que selecionam e cuidam minuciosamente de suas talentosas aves para torná-las especialistas em regressar à casa de forma rápida e precisa, a partir de diferentes pontos de soltura. Os telhados de cidades como Cairo e Istambul, e os bairros de imigrantes muçulmanos de cidades europeias como Berlim, talvez sejam os centros mais importantes do esporte. Os pombos ferais comuns tampouco tardam em voltar para casa.

Os pombos usam pontos de referência familiares para encontrar seus caminhos, e são extremamente hábeis em reconhecer e discriminar objetos e outros corpos abaixo deles enquanto voam. Nos anos 1970 e 1980, a guarda costeira dos Estados Unidos trabalhou com pombos no Projeto Sea Hunt, uma vez que eles eram capazes de identificar pessoas e equipamentos em mar aberto melhor do que os seres humanos.[16] De fato, os pombos eram bem-sucedidos 93% das vezes, enquanto a precisão humana em circunstâncias similares alcançava apenas 38%. Os pombos ficavam empoleirados em uma bolha de observação situada abaixo de um helicóptero, onde deviam bicar algumas teclas para indicar seus achados. Quando trabalhavam com seus companheiros humanos, ao invés de isoladamente, sua taxa de precisão chegava a praticamente 100%. Evidentemente, os pombos e o pessoal da guarda costeira tiveram que aprender a se comunicar, e os pombos tiveram que aprender a identificar aquilo que seus humanos queriam ver. De maneiras não miméticas, pessoas e aves precisaram inventar formas pedagógicas e tecnológicas para se tornarem mutuamente capazes de lidar com problemas que eram novos para ambas. Os pombos, contudo, nunca chegaram a realizar o trabalho de salvar

---

The Night Flyers, por sua vez, é um comovente *thriller* histórico de mistério para meninas que conta a estória de uma jovem de doze anos em uma fazenda da Carolina do Norte. Lá, ela ama, protege e cria pombos-correio durante a Primeira Guerra, e aceita treinar voadores noturnos para o serviço de transmissão de mensagens do Exército dos Estados Unidos. Nessa narrativa, os pássaros são jogadores relacionais vívidos e plenamente articulados. Ver Elizabeth Jones, *The Night Flyers*.

16. U.S. Coast Guard, "Pigeon Search and Rescue Project".

Figura 3: *Bird Man of the Mission* [Homem pássaro de Mission]. O mural retrata Lone Star Swan, um homem em situação de rua e com transtornos psicológicos, junto a alguns dos pombos urbanos que foram seus amigos e companheiros de rua no bairro de Mission, em São Francisco. Pintada por Daniel Doherty em 2006 no contexto do Clarion Alley Mural Project, a obra foi bastante pichada e, finalmente, coberta pela pintura em 2013. A estória do *Bird Man de Mission* foi escrita por Jane Bregman para a equipe do Street Art SF, publicada em 7 de outubro de 2014 na página do projeto na internet. Fotografia de James Clifford ©2009. Cortesia de Daniel Doherty e do Clarion Alley Mural Project.

vítimas de naufrágios reais. Em 1983, depois da colisão de dois helicópteros, a verba federal para a pesquisa foi cortada, e o projeto foi encerrado.

 Poucos bichos não humanos chegaram a convencer os céticos seres humanos de que os animais são capazes de reconhecer a si mesmos diante de um espelho. Este talento foi revelado a cientistas por meio de testes em que os animais deveriam realizar ações como bicar manchas de tinta ou outras marcas no próprio corpo que só poderiam ser vistas por intermédio de um espelho. Os pombos compartilham essa capacidade com, pelo menos, crianças humanas maiores de dois anos, macacos-rhesus, chimpanzés, gralhas, golfinhos e elefantes.[17] O chamado "autorreconhecimento" tem um grande peso na psicologia e na filosofia de influência ocidental, esses campos inebriados pelo individualismo na teoria e no método. Elaborar testes para demonstrar quem consegue e quem não consegue se reconhecer no espelho é um tipo de esporte epistemológico altamente competitivo. Os pombos passaram nos primeiros testes do espelho realizados nos laboratórios de B. F. Skinner em 1981.[18] Em 2008, a revista *Science News* publicou um relatório de pesquisadores da Universidade de Keio que mostrava que, mesmo com um atraso de cinco a sete segundos, os pombos se saíam melhor nos testes de autorreconhecimento (tanto com espelhos quanto com imagens de vídeo ao vivo) do que crianças humanas de três anos de idade.[19] Os pombos também são excelentes em reconhecer diferentes pessoas em fotografias. No Laboratório de Neurociência Cognitiva Comparada do professor Shigeru Watanabe, na Universidade de Keio, os pombos souberam diferenciar pinturas de Monet daquelas de Picasso, e foram até mesmo capazes de generalizar e distinguir quadros que desconheciam entre estilos e escolas variadas.[20] Seria um equívoco começar a construir uma argumentação a partir de linhas previsíveis como "minha cognição de cérebro de ave é superior ou igual à sua cognição de cérebro de símio". O que ocorre nesses casos me parece ser mais interessante do que isso, e mais prenhe de consequências para que possamos nos levar bem, para que sejamos capazes de nos importar tanto na semelhança quanto

---

17. Ver, por exemplo, Prior, Schwarz e Güntürkün, "Mirror-Induced Behavior in the Magpie". O teste do espelho foi desenvolvido em 1970 por Gordon Gallop Jr.
18. Ver Epstein, Lanza e Skinner, "'Self-awareness' in the Pigeon"; Allen, DeLabar e Drossel, "Mirror Use in Pigeons".
19. Ver Keio University, "Pigeons Show Superior Self-recognition Abilities"; Todd e Watanabe, "Discrimination of Moving Video Images of Self by Pigeons".
20. Watanabe, Sakamoto e Wakita, "Pigeons Discrimination of Paintings by Monet and Picasso".

na diferença que emerge continuamente. Pombos, humanos e dispositivos formaram um time para se tornarem mutuamente capazes de realizar coisas novas no mundo dos relacionamentos multiespécies.

Oferecer provas de ter-se tornado um ser capaz de autorreconhecimento em certos tipos de configuração é algo muito bonito – mas é igualmente importante ser capaz de reconhecer-se uns aos outros, e também a outros seres, de maneiras que façam sentido para os diferentes tipos de vida que esses bichos levarão, seja em pombais de columbófilos ou em praças urbanas. Há cientistas que fazem pesquisas particularmente interessantes sobre esses temas, mas aqui quero sintonizar com os ensaios de Tanya Berokoff, publicados na página *Racing Pigeon Post*. Professora de Comunicação Oral e companheira de vida de outros animais, Tanya faz parte do Palomar Racing Pigeon Club, na Califórnia, junto com seu marido, John Berokoff, que promove corridas de pombos com outras pessoas, homens em sua maioria. Baseando-se em seu conhecimento de ciências sociais e na cultura popular norte-americana, Tanya Berokoff utiliza explicitamente a teoria do apego do psicólogo John Bowlby e a letra da canção "What's Love Got to Do with It?", de Tina Turner, para falar sobre como os columbófilos auxiliam os pombos na criação de seus filhotes. Esses humanos ajudam os pequenos a ganhar confiança à medida que amadurecem e se transformam em competidores calmos, confiantes, confiáveis, socialmente competentes e capazes de retornar à casa.[21] Ela descreve a obrigação que a gente dos pombos tem de se colocar no lugar das aves para compreender seus modos de conhecer e suas práticas sociais. O termo que Berokoff usa para nomear esse conhecimento é *amor*, que inclui o amor instrumental, mas não se limita a ele. Os atores desse

---

21. Berokoff, "Attachment" e "Love". Na publicação intitulada "Let's Hear", Berokoff oferece uma janela fascinante para as estruturas de gênero em casamentos nesses mundos. Berokoff entrevista outras mulheres casadas com columbófilos de diversos continentes e pergunta como se sentem em relação ao esporte, aos pombos e a seus maridos, mas também em relação ao tempo, ao trabalho e ao prazer de cuidar das aves.

amor são tanto os pombos como as pessoas, em relações inter- e intraespecíficas. Berokoff também descreve em detalhes os gestos e as posturas que os pombos fazem uns para os outros, o tempo que passam juntos e suas formas de ocupá-lo. E conclui: "Parece que nossos pombos estão fazendo um bom trabalho em manifestar um amor de tipo ágape entre eles [...]. Eles estão de fato fazendo o trabalho do amor real." Para ela, "o trabalho do amor real" não tem a ver com "uma necessidade emocional de apaixonar-se, mas de ser genuinamente amado por outros".[22] Satisfazer essa necessidade de seus parceiros sociais columbófilos é o que os pombos parecem fazer, afirma Berokoff, e isso é justamente o que a sua gente lhes deve. A teoria do apego de Bowlby é mobilizada por Berokoff para descrever de maneira minuciosa as necessidades dos pombos jovens à medida que amadurecem. Seus parceiros são tanto outros pombos como os seres humanos, que se tornam respons-hábeis junto com eles. A cena que ela descreve não é toda cor-de-rosa: há *bullying* entre os pombos, o trabalho árduo das corridas para as aves e as pessoas, a competição por atenção e amor e até mesmo receitas para cozinhar pombos – encontra-se de tudo nessas publicações. O que quero dizer não é que esse discurso ou que esse esporte sejam inocentes, mas que há aqui uma cena de grande complexidade relacional, uma vigorosa prática SF multiespécie.

PigeonBlog

Os temas de minha prática SF são a recuperação e ficar com o problema. Seria perfeitamente possível abordar essas questões a partir da brutalidade humana em relação aos pombos, ou até mesmo a partir dos danos que os pombos causam a outras espécies ou a infraestruturas construídas por humanos. Em vez disso, quero me voltar para as diferentes cargas de poluição atmosférica urbana que contribuem para a variação nas taxas de mortalidade e enfermidade

---

22. Berokoff ,"Love".

humanas (e outras-que-humanas, mas essas não são contabilizadas), frequentemente distribuídas por raça e classe. Os pombos trabalhadores também serão nossos companheiros em projetos de justiça ambiental que buscam reparar bairros e relações sociais deterioradas na Califórnia. Ficaremos com o problema nas tramas de um projeto de arte-ativismo chamado *PigeonBlog*, organizado pela artista e pesquisadora Beatriz da Costa e pelos estudantes Cina Hazegh e Kevin Ponto, que amarraram padrões SF com muitos coformadores humanos, animais e ciborgues.

Em agosto de 2006, vários pombos-correio participaram de três experimentos sociais públicos que vincularam intimamente as tecnologias de comunicação a pessoas citadinas e aves de corrida urbanas. O primeiro voo dos pombos aconteceu no contexto de um seminário de Teoria Crítica Experimental sediado na Universidade da Califórnia de Irvine. Os outros dois voos ocorreram durante o festival *Seven Days of Art and Interconnectivity*, organizado pela Inter-Society for Electronic Arts em San José, na Califórnia.[23] O *PigeonBlog* precisou de uma extensa rede de colaborações entre "pombos-correio, artistas, engenheiros e columbófilos engajados em uma iniciativa de coleta de dados científicos de base popular, projetada para compilar e distribuir informações sobre as condições de qualidade do ar para o público geral".[24] Pombos de corrida do mundo todo estão habituados a formar alianças com pessoas da classe trabalhadora, em relações

---

23. Beatriz da Costa faleceu em 27 de dezembro de 2012. Para acessar seu trabalho, inclusive o *PigeonBlog*, ver "Beatriz da Costa's Blog and Project Hub". Ver também Costa, "Interspecies Coproduction". Para uma discussão sobre o trabalho de Costa, especialmente seu último projeto, *Dying for the Other*, ver Haraway, Lord e Juhasz, "Feminism, Technology, Transformation". Ver também Costa, *Dying for the Other*.
24. Costa, *PigeonBlog*, p. 31. Todas as citações são desse ensaio. Para que se possa ter uma noção das competências necessárias para realizar esse projeto coletivo, mencionemos alguns dos membros humanos da equipe: Beatriz da Costa (artista, pesquisadora), Richard Desroisiers (criador de pombos), Rufus Edwards (consultor científico), Cina Hazegh (artista, pesquisadora), Kevin Ponto (artista, pesquisador), Bob Matsuyama (criador de pombos), Robert Nideffer (preparador de texto), Peter Osterholm (criador de pombos), Jamie Schulte (consultor de eletrônica e amigo próximo) e Ward Smith (cinegrafista).

de competição esportiva masculina e de profunda afeição entre espécies. Essas parcerias lhes renderam aptidões históricas, muito antigas e importantes em matéria de tecnologia de vigilância e redes de comunicação. Os pombos também são trabalhadores e objeto de pesquisa em laboratórios de ornitologia e psicologia há muitas décadas. Antes do *PigeonBlog*, porém, os pombos--correio desportivos jamais haviam sido convidados a integrar esse legado na companhia de um outro conjunto de jogadores: os artistas-ativistas. O projeto tratava de associar a eletrônica barata, sagaz e faça você mesmo à ciência cidadã, à arte e ao conhecimento coproduzidos entre espécies "em busca de uma ação resistente".[25] Os dados coletados tinham a intenção de provocar, motivar, amplificar, inspirar e ilustrar, não substituir nem superar o monitoramento profissional e científico da poluição atmosférica. Esses dados foram produzidos para gerar uma ação mais imaginativa e melhor informada em muitos domínios de práticas. Beatriz da Costa não pretendia tornar-se uma cientista especialista em poluição atmosférica, mas suscitar colaborações em um campo bastante diferente: uma arte multiespécie em ação por mundos mundanos necessitados – e capazes – de recuperação em meio às diferenças consequentes.

A poluição atmosférica ao sul da Califórnia é lendária, especialmente no condado de Los Angeles, onde ela afeta sobretudo a saúde de pessoas e outros bichos que vivem próximos a grandes rodovias, centrais elétricas e refinarias. Esses lugares frequentemente estão nos arredores de bairros onde moram pessoas racializadas, imigrantes e da classe trabalhadora – categorias que raramente se excluem mutuamente. Os equipamentos oficialmente utilizados pelo governo para monitorar a poluição atmosférica no sul da Califórnia foram instalados em pontos fixos, geralmente afastados das áreas de alto tráfego urbano e a altitudes

---

Ver também Costa e Philips, *Tactical Biopolitics*. Esse livro inclui ainda um ensaio da maravilhosa escritora de sf Gwyneth Jones, que inspira minha própria narrativa: "True Life Science Fiction".
25. Costa, *PigeonBlog*, p. 32.

superiores à zona onde muitas pessoas, plantas e animais respiram. Cada aparelho de monitoramento custa vários milhares de dólares e só consegue medir os gases em suas imediações, dependendo de uma série de modelos para extrapolar o volume da bacia aérea. Apropriadamente equipados, os pombos-correio, por sua vez, são capazes de coletar dados contínuos de poluição atmosférica em tempo real, enquanto se deslocam pelo ar a alturas-chave inacessíveis aos instrumentos oficiais, e também pelo solo, de onde são soltos para seus voos de regresso à casa. Os dados coletados também podem ser transmitidos ao público em tempo real pela internet. O que seria necessário para mobilizar a cooperação dessas aves e de sua gente? Que tipo de cuidados e de responsabilidades poderiam ser suscitados por tais colaborações? Quem tornaria quem capaz de quê?

Beatriz da Costa descreveu o equipamento utilizado da seguinte maneira:

A "mochila" dos pombos desenvolvida para este projeto continha uma unidade combinada de GPS (latitude, longitude, altitude)/ GSM (torre de comunicação celular) e suas antenas correspondentes; um sensor automotivo duplo de níveis de poluição por CO/NOx; um sensor de temperatura; um cartão SIM (interface *Subscriber Identity Model*); um microcontrolador e seus componentes eletrônicos de suporte padrão. Ao projetá-lo dessa maneira, acabamos por desenvolver um telefone celular ativado por uma plataforma aberta de SMS (*Short Message Device Service*), pronto para ser reconstruído e reaproveitado por quem tiver interesse em fazê-lo.[26]

A equipe de pesquisa-arte-engenharia levou cerca de três meses para projetar a tecnologia básica necessária. Elaborar uma mochila que fosse pequena, confortável e segura para os pombos, no entanto, levou quase um ano: foi preciso construir uma confiança e um conhecimento multiespécie e mão na massa para reunir as aves, a tecnologia e as pessoas. Ninguém queria que um pombo-correio sobrecarregado fosse capturado em pleno voo por algum falcão oportunista que não fazia parte do projeto! Ninguém

---

26. Da Costa, *PigeonBlog*, p. 35.

Figura 4: A equipe do *PigeonBlog* é formada por seres humanos, pombos e tecnologias eletrônicas. Fotografia de Deborah Forster para o projeto PigeonBlog. Cortesia de Robert Nideffer, realizador artístico da equipe de Beatriz da Costa.

– muito menos os homens que criavam, amavam, cuidavam e tratavam de seus pombos-correio – toleraria que as aves ficassem ansiosas e infelizes, arrastando-se de volta para casa sob coação. Artistas-pesquisadores e columbófilos primeiro tiveram que se tornar capazes de confiança entre si, para que então pudessem pedir confiança e destreza de suas aves. Foram necessárias muitas sessões de ajuste e de treinamento de equilíbrio nos pombais, além de muito reaprender a aprender. Tudo isso foi possível graças a um columbófilo generoso e experiente, Bob Matsuyama, professor de Tecnologia e Ciências para estudantes do ensino médio, e a seus talentosos e educados voadores. Os pombos não eram cartões SIM, mas coprodutores vivos. Artistas-pesquisadores e pombos tiveram que aprender a interagir e a treinar juntos, sob a orientação de homens do mundo da columbofilia. Todos os participantes tornaram-se mutuamente capazes: eles "devêm--com" reciprocamente em uma fabulação especulativa. Depois de muitas simulações e voos de teste, a equipe multiespécie estava pronta para riscar os ares com padrões de figuras de barbante de rastros eletrônicos.[27]

As performances de 2006 e a página *PigeonBlog* motivaram diferentes reportagens e reações. Costa relata que um engenheiro do Texas havia lhe procurado para propor a coautoria de um projeto subvencionado pela Defense Advanced Projects Agency [Agência de Projetos de Pesquisa Avançada de Defesa dos Estados Unidos, DARPA] que pretendia desenvolver pequenos veículos autônomos de vigilância aérea, projetados a partir da aerodinâmica das aves. Antes fosse uma piada! A utilização militar prolongada de animais outros-que-humanos como armas e como parte de sistemas de espionagem só se tornou mais sofisticada e *tech* no século XXI.[28] Por outro lado, a organização People for the Ethical Treatment of

---

27. Sou ávida por estórias de colaborações entre bichos e suas gentes, em formas de trabalho e brincadeira que nem sempre deixam ver suas bordas ásperas e os problemas em curso. Uma das integrantes da equipe do *PigeonBlog* comentou comigo, de maneira informal, que às vezes lhe custava assistir aos pombos aprendendo a voar com as mochilas, eriçando suas penas com incômodo quando era preciso vesti-las. Ela esperava, ao menos, que os pombos se sentissem orgulhosos por cumprir sua parte. Isso me lembrou que o trabalho e o jogo – seja por arte, ciência, política ou pelas três coisas juntas – não são atividades inocentes, e que os encargos raramente são distribuídos de maneira simétrica.

28. Para um relatório recente sobre a espionagem com pombos no Irã, ver Hambling, "Spy Pigeons Circle the World". As especulações de Hambling a propósito dos laços entre o projeto *PigeonBlog*, de Beatriz da Costa, e as aves que espionam instalações nucleares no Irã são irônicas, para dizer o mínimo. Mas parece que os Estados Unidos efetivamente perderam muitos drones robóticos de alta tecnologia e controle remoto, além de pombos espiões bem equipados que sobrevoavam o Irã. É o suficiente para levantar suspeitas para os mulás; para mim também. Ver ainda Denega, *The Cold War Pigeon Patrols*.

Animals [PETA, Pessoas pelo Tratamento Ético dos Animais] tentou interromper o *PigeonBlog*, acusando o projeto de abuso de animais. A PETA emitiu uma declaração pública pedindo à administração da Universidade da Califórnia de Irvine, onde Costa lecionava, que tomasse alguma medida. A lógica era fascinante: o *PigeonBlog* não fazia uso justificado de animais não humanos, pois sequer conduzia experimentos com base científica – aos quais o PETA também poderia se opor, mas nem tanto, uma vez que estes teriam, ao menos, uma motivação teleológica e funcional (como a cura de doenças, o mapeamento de genomas etc.). A arte era algo trivial, mera brincadeira, se comparada ao trabalho sério de expansão da esfera dos sujeitos de direitos ou da promoção do avanço da ciência. Costa levou a sério os questionamentos sobre a cosmopolítica e a semiótica-material da colaboração com animais na arte, na política e na ciência. Quem torna quem capaz de quê? A que custo? E quem arcará com ele? Costa indaga: "O trabalho humano-animal que integra uma ação política (e artística) é menos legítimo do que o mesmo tipo de atividade quando enquadrada sob a égide da ciência?"[29] Talvez seja precisamente no plano da brincadeira, fora dos ditames da teleologia, das categorias estabelecidas e da funcionalidade, que a mundanidade séria e a recuperação se tornam possíveis. Esta, sem dúvida, é a premissa de SF.

Muito antes de que o PETA notasse a pesquisa artística de Costa, os columbófilos já temiam o tipo de controvérsia e ataque que alguns setores (não todos) do movimento pelos direitos dos animais poderiam fazer a muitas relações humano-animais organizadas na forma de trabalho/brincadeira – incluindo o devir-com os pombos nesse esporte competitivo. Esse receio quase acabou com o *PigeonBlog* antes mesmo de seu início.[30] Nas primeiras

---

29. Da Costa, *PigeonBlog*, p. 36.
30. Seria fácil escrever como se as lutas e as posições que separam os movimentos em defesa dos direitos dos animais daquelas que defendem mundificações humano-animais fossem objetivas e definitivas, mas elas não o são. Para uma discussão sobre os dissensos entre feministas que amam os animais, ver Potts e Haraway, "Kiwi Chicken Advocate Talks with Californian Dog Companion".

etapas do projeto, Costa contactou a American Racing Pigeon Union [freight ARPU, Associação Norte-Americana de Pombos de Corrida] com o propósito de encontrar columbófilos e saber se estariam interessados em participar do projeto com seus pombos. A primeira pessoa contactada até tinha interesse, mas estava francamente assustada com as táticas dos defensores dos direitos dos animais. Esse homem apresentou Costa a Bob Matsuyama, que veio a colaborar intensamente com o projeto e ajudou a equipe de artistas-pesquisadores a encontrar columbófilos em San José, retransmitindo a confiança estabelecida entre eles. Quando o *PigeonBlog* finalmente acabou, a ARPU ofereceu a Costa um certificado de reconhecimento formal pelo trabalho realizado pelas aves e por sua gente, ao levar os feitos e as capacidades dos pombos de corrida ao conhecimento de um público mais amplo.

O *PigeonBlog* tem muitos entusiastas, incluindo ativistas ambientais e "verdes", mas uma resposta em particular fez com que Costa sentisse que os pombos viajantes da Califórnia tinham voado bem, abrindo uma possibilidade promissora no mundo entre espécies. O Laboratório de Ornitologia da Universidade de Cornell solicitou que Costa participasse do conselho responsável pelos Urban Bird Gardens [Jardins Urbanos de Aves], uma de suas iniciativas de ciência participativa. Dados coletados por pessoas comuns, de andarilhos idosos a estudantes de escolas locais, podiam integrar (e de fato integraram) o banco de dados, reunindo a pesquisa acadêmica e os afetos e questionamentos dos cidadãos. Isso me leva a outra iniciativa de ciência cidadã da Universidade de Cornell: o projeto PigeonWatch, que pesquisa as cores de diversas populações de pombos ferais comuns e suas diferenças regionais. Um dos projetos do PigeonWatch tem sede em Washington, onde recruta grupos de estudantes da cidade para observar e registrar os pombos urbanos. No decorrer desse trabalho, muitas coisas acontecem em Terrápolis. Crianças da cidade, predominantemente de supostas "minorias", aprendem a enxergar essas aves desprezadas como residentes urbanos valiosos, interessantes e dignos de atenção. Nem as crianças nem os pombos constituem a "vida selvagem" urbana; esses dois conjuntos de seres são sujeitos e objetos cívicos em intra-ação. Mas não posso, e não vou, esquecer que essas crianças negras e esses pombos de Washington carregam os estigmas da iconografia racista estadunidense, que os representa como selvagens indisciplinados, sujos e deslocados. Essas crianças, que antes viam os pombos como "ratos com asas", passam a vê-los como aves sociáveis com vidas e mortes. As crianças se transmutam, passando de pessoas que perturbam, e eventualmente até maltratam, as aves para se tornarem astutas observadoras e defensoras desses seres, que antes não sabiam sequer ver ou respeitar. As crianças em idade escolar tornam-se respons-hábeis. Talvez, por terem longas histórias de relações afetivas e cognitivas com as pessoas, os pombos olharam de volta para as crianças, e pelo menos as aves não foram importunadas. Sei que esse relato é uma estória, tanto um convite quanto uma realização, mas o espaço para a recuperação de categorias desprezadas de diferentes espécies de habitantes urbanos merece ser ampliado, não restringido.[31]

Há ainda outro projeto de arte que une os pombos-correio e sua gente em colaborações diante do risco de desaparecimento da própria comunidade de columbófilos que os nutre. Trata--se de um pombal (*pigeonnier*) projetado em 2003 pela artista Matali Crasset, em Chaudry, na França. Ao escrever sobre a obra, Vinciane Despret indaga o que ele comemora:

Sem os columbófilos, sem o conhecimento e o saber-fazer dos homens e dos pássaros, sem a seleção, sem a aprendizagem nem a transmissão de práticas, o que sobraria então seriam os pombos-domésticos, mas não os pombos-correio. O que se comemora, portanto, não é apenas um animal ou uma prática, mas a ativação de dois "devires-com" que se inscrevem explicitamente na origem do projeto. Dito de outro modo, o que se traz à existência são as relações pelas quais os pombos transformam os homens

---

31. Margaret Barker, da Universidade de Cornell, que organizava oficinas para grupos escolares em Washington no final dos anos 1990, é autora desses relatórios otimistas. Ver Youth, "Pigeons".

em columbófilos talentosos, e as relações pelas quais estes transformam aqueles em *voyageurs* confiáveis. Isso é o que a obra comemora. Ela se encarrega de tecer uma memória, no sentido de prolongar uma realização no presente. Trata-se de uma "reprise".[32]

Re-membrar[33] é co-memorar: reprisar, reviver, retomar e recuperar de maneira ativa. Beatriz da Costa e Vinciane Despret são espécies companheiras, comprometidas com a mundificação SF de figuras de barbante multiespécie em devir-com. Elas relembram, instigando e prolongando no presente carnal aquilo que poderia desaparecer sem a reciprocidade ativa entre parceiros. Pombos-correio, pombos de corrida e pombos ferais convocam seus povos tradicionais e emergentes à respons-habilidade, e vice-versa. Habitantes urbanos e comunidades rurais de diferentes espécies, com seus distintos modos de viver e morrer, transformam-se mutuamente em *colombophiles talentueux* na companhia de *voyageurs fiables*.[34]

Despret e Costa brincam de figuras de barbante com Matali Crasset, retransmitindo diferentes padrões de amarração e possibilidades em Terrápolis. Crasset é designer industrial, uma profissão que requer escutar e colaborar em parcerias, de maneiras que os artistas plásticos não precisam fazer. Costa também coloca esse tipo de colaboração em prática em seu trabalho e brincadeira como artista-pesquisadora e artista-ativista multiespécie. O pombal proposto por Crasset foi comissionado por La Défense, a associação de columbófilos de Beauvois-en-Cambrésis, e pelo parque La Base de Loisirs de Caudry. A estrutura interna da cápsula é organizada de maneira funcional como uma árvore, uma

---

32. Despret, "Ceux qui insistent". Para a estóriaa e uma fotografia do pombal projetado por Matali Crasset, ver Crasset, "Capsule".
33. Há aqui um outro jogo de palavras em inglês a que Haraway fará referência ao longo do livro: como em português, *remember* [remembrar, recordar, lembrar] soa como *re-member* [remembrar, tornar a unir o que estava separado, desmembrado], de modo que as práticas de memória e luto tornam-se também práticas de remembramento de um corpo coletivo. [N.T.]
34. Em português, "[...] columbófilos talentosos na companhia de pombos-correio confiáveis". [N.T.]

Figura 5: *Capsule* [Cápsula], pombal projetado por Matali Crasset em 2003 para o projeto *Les nouveaux commanditaires*, da Fondation de France. Mediação e produção: artconnexion. Lille, França. © André Morin.

espécie de eixo do mundo. A forma exterior evoca os modelos de pombais da Antiguidade egípcia. Mundos históricos, míticos e materiais estão em jogo aqui, nesse lar para aves encomendado por aquelas e aqueles que criam, cuidam, voam e se transformam-com os pombos viajantes.

Ainda outro pombal em forma de torre me vem à memória. Trata-se de uma proposta pela recuperação multiespécie de criaturas do império, oferecida a quem puder captá-la, da espécie que for. Dessa vez, encontramo-nos em Melbourne, na Austrália, no Batman Park. O parque é localizado ao longo do rio Yarra, que formava parte do território do povo Wurundjeri antes da ocupação europeia. Essa área colonizada ao longo do rio Yarra se transformou em um terreno baldio, um local para despejo de esgoto e transporte ferroviário de carga, resultando na destruição das zonas úmidas (*wetlands*, na terminologia científica inglesa) e do território, ou *country* [país] (termo anglo-aborígene que descreve um lugar narrado e multidimensional). As zonas úmidas e o "país" são tão semelhantes e tão diferentes quanto as camas de gato, *jeux de ficelle*, *na'atl'o'* e *matjka-wuma*. Para ficar com o problema, os nomes e os padrões se necessitam mutuamente, mas eles não são isomórficos.[35] Eles habitam histórias conectadas, partidas e emaranhadas.

O pequeno Batman Park foi fundado em 1982, no entorno de um depósito desativado de caminhos de ferro. O pombal, cuja estrutura é uma torre, foi construído nos anos 1990 para estimular os pombos a se empoleirar longe dos edifícios e das ruas da cidade, como parte do plano municipal de gestão de pombos ferais. Esses já não são os pombos esportivos adorados pelos columbófilos, mas os "ratos voadores" das cidades, que encontramos alguns parágrafos atrás, no programa de parques urbanos vinculado ao renomado Laboratório de Ornitologia da Universidade de Cornell, em Washington. Os pombos de Melbourne chegaram com os europeus e prosperaram nos ecossistemas e nos mundos que substituíram os pântanos do rio Yarra, expropriando a maior parte dos tradicionais donos da terra, responsáveis por cuidar do território. Em 1985, foi criado o Wurundjeri Tribe Land Compensation and Cultural Heritage Council [Conselho de Patrimônio Cultural e Compensação de Terras do Povo Wurundjeri], em parte para promover a sensibilização sobre a cultura e a história do povo Wurundjeri na Austrália contemporânea. Não sei se esse conselho teve algum papel na recuperação parcial das terras do Batman Park, mas sei que as margens do rio Yarra eram lugares significativos para os Wurundjeri. Em 1853, o empresário e explorador John Batman firmou um contrato com um grupo de anciãos wurundjeri para a compra de suas terras. Foi o primeiro e único momento documentado em que os europeus

---

35. A Oceania foi o primeiro continente em que os europeus registraram figuras de barbante. Existem muitos nomes em línguas indígenas: em yirrkala, por exemplo, chama-se *matjka-wuma*. Ver Davidson, "Aboriginal Australian String Figures". Ver também "Survival and Revival of the String Figures of Yirrkala".

negociaram sua presença e a ocupação das terras aborígenes diretamente com seus donos tradicionais. [...] Pelos 250.000 hectares de terra em Melbourne, incluindo a maior parte de suas atuais áreas suburbanas, John Batman pagou 40 jogos de lençóis, 42 machados *tomahawks*, 130 facas, 62 pares de tesouras, 40 espelhos, 250 lenços de bolso, 18 camisas, 4 casacos de flanela, 4 conjuntos de roupas e 68 quilos de farinha.[36]

O governador britânico de Nova Gales do Sul repudiou esse acordo insolente, que transgredia os direitos da Coroa. De alguma forma, essa história tensa deve ser herdada e re-membrada nessa pequena faixa de parque em terras urbanas retomadas, com sua notável torre de pombos.

O pombal do Batman Park não é resultado de uma pesquisa artística de ciência cidadã nem de um projeto de desenho industrial encomendado pela comunidade columbófila. Trata-se, antes, de uma tecnologia de controle de natalidade – ou melhor, de controle de incubação – fundamental para o florescimento multiespécie urbano. A fecundidade dos pombos ferais é uma força material urbana, e também um signo potente da sobrecarga da terra com colonos e imigrantes e da privação de pássaros endêmicos das zonas úmidas e de seus povos tradicionais. Para ficar com o problema da recuperação multiespécie precisamos, de algum modo, "nos levar bem", como na sugestiva expressão australiana *getting on together*, com menos negação e mais justiça experimental. Quero considerar esse pombal como uma pequena instauração prática, um lembrete para gerar maior abertura à respons-habilidade de ficar com o problema. A respons-habilidade é sobre ausência e presença, matar e cuidar, viver e morrer — e sobre lembrar de quem vive, de quem morre e de como se faz isso nas figuras de barbante da história naturalcultural. O pombal dispõe de duzentos poleiros que convidam os pombos a pôr seus ovos ali. As pessoas podem se aproximar pela parte inferior da estrutura para substituir os ovos por outros, artificiais, para que

---

36. "Batman's Treaty", "Batman Park" e "Wurundjeri", Wikipédia. Deixo a referência à Wikipédia sem adornos, em parte para afirmar minha própria ignorância, e também por apreço a essa ferramenta falha, mas extraordinária.

sejam chocados pelos animais. Às pessoas é permitido (e até mesmo encorajado) alimentar os pombos nas proximidades do pombal, mas não em outros lugares. O pombal do Batman Park chamou a atenção da equipe do Pitchfork (um blog dedicado a "projetos relacionados à permacultura, à educação e ao cultivo de alimentos") não apenas por seus esforços para lidar com o conflito entre humanos e pombos de maneira inovadora, mas também pelo rico subproduto da concentração das aves empoleiradas: seus excrementos compostáveis. A redatora do texto registrou, sugestivamente, que "a maneira mais fácil de obter esterco de pombo em seu sistema alimentar é conseguir que os pombos o tragam diretamente até você".[37] Para um parque onde se despejava esgoto até pouco tempo, essa sugestão oriunda do mundo da permacultura definitivamente tem seu charme. O pombal não é um projeto pró-vida. Em meu entendimento, nenhum devir-com humano-animal sério pode emergir de um projeto pró-vida, no sentido horripilante que o termo ganhou nos Estados Unidos. A torre municipal de pombos certamente não poderá desfazer os acordos desiguais, a conquista e a destruição das zonas úmidas. Ainda assim, ela é um fio possível em um padrão para nos levar bem de maneira contínua, interrogativa, multiespécie e não inocente.

Voyageurs confiáveis

As espécies companheiras contaminam-se umas às outras o tempo todo. Os pombos são viajantes do mundo; e tais seres são vetores que podem portar consigo muitos outros, para o bem e para o mal. As obrigações corpóreas éticas e políticas são contagiosas, ou deveriam ser. *Cum panis*, espécies companheiras, juntas à mesa. Por que contar estórias como esses meus contos de pombos, em que só há mais e mais aberturas e nenhum ponto final? Porque há respons-habilidades bastante definidas que se fortalecem nessas narrativas.

37. Downing, "Wild Harvest – Bird Poo".

Figura 6: Pombal no Batman Park, Melbourne. Fotografia de Nick Carson, 2008.

Os detalhes importam: eles vinculam seres reais a respons-habilidades reais. Os pombos e seus parceiros de muitos tipos, incluindo pessoas humanas, fazem história ao redor do mundo, atuando como espiões, corredores, mensageiros, vizinhos urbanos, exibicionistas sexuais iridescentes, progenitores aviários, assistentes de gênero para seres humanos, sujeitos e objetos científicos, correspondentes em projetos de arte-engenharia e meio ambiente, trabalhadores de busca e resgate no mar, invasores do império, conhecedores de estilos pictóricos, espécies nativas, animais de estimação e mais. Cada vez que uma estória me ajuda a lembrar de algo que eu achava que sabia, ou me apresenta a novos conhecimentos, um músculo fundamental para importar-se com o florescimento faz um pouco de exercício aeróbico. Esse tipo de exercício potencializa a complexidade do pensamento e do movimento coletivos. Cada vez que rastreio um emaranhado e agrego alguns fios – que a princípio pareciam caprichosos, mas que acabam se tornando essenciais à trama – entendo um pouco mais a ideia de que ficar com o problema da mundificação complexa é a regra do jogo de viver e morrer bem conjuntamente na Terra, em Terrápolis. Somos todos responsáveis por moldar as condições para o florescimento multiespécie diante de histórias terríveis, que às vezes também são cheias de alegria, mas não somos todos respons-hábeis da mesma maneira. As diferenças importam – para as ecologias, as economias, as espécies e as vidas.

Se ao menos pudéssemos contar com artistas engenhosas para projetar nossos pombais, nossos lares e nossas bolsas de mensageiro! Se ao menos tivéssemos o sentido cartográfico para navegar em tempos e lugares conturbados!

Pensamento tentacular
Antropoceno, Capitaloceno, Chthuluceno

> Somos todos líquens.
> Scott Gilbert, *A Symbiotic View of Life: We Have Never Been Individuals*[1]

> É imprescindível que pensemos.
> Devemos pensar.
> Isabelle Stengers e Vinciane Despret, *Women Who Make a Fuss*[2]

O que acontece quando o excepcionalismo humano e o individualismo delimitado, essas velhas máximas da filosofia ocidental e da economia política, tornam-se impensáveis nas melhores ciências, sejam naturais ou sociais? Seriamente impensáveis: indisponíveis para se pensar com. As ciências biológicas têm sido especialmente potentes em fermentar noções a respeito de todos os habitantes mortais da Terra desde o imperialista século XVIII. O *Homo sapiens* – o Humano como espécie, o Antropos como espécie humana, o Homem Moderno – foi o principal produto dessas práticas de conhecimento. Mas o que acontece quando as melhores biologias do século XXI já não podem mais fazer seu trabalho com a soma de indivíduos delimitados e contextos? Ou quando a soma de organismos e ambientes, ou de genes e qualquer coisa de

---

1. Scott Gilbert, "We Are All Lichens Now". Ver Gilbert, Sapp e Tauber, "A Symbiotic View of Life". Gilbert suprimiu o "agora" de seu grito de guerra, pois sempre fomos simbiontes – em termos genéticos, evolutivos, anatômicos, fisiológicos, neurológicos e ecológicos.
2. Estas frases estão na quarta capa da edição em inglês de *Women Who Make a Fuss*, de Isabelle Stengers e Vinciane Despret. "É imprescindível que pensemos" [*think we must*] vem de *Três Guinéus*, de Virginia Woolf, e manifesta a urgência transmitida no exercício de pensar-com coletivo e feminista que constitui o livro. O mesmo se passa em *Politiques féministes et construction des savoirs: penser nous devons!*, de María Puig de la Bellacasa.

que necessitem, já não pode sustentar a riqueza que transborda dos conhecimentos biológicos – se é que o fez algum dia? O que acontece quando a soma de organismos e ambientes já não pode ser lembrada, pelas mesmas razões que fazem com que até mesmo os herdeiros do Ocidente já não possam se ver como indivíduos e sociedades de indivíduos em histórias exclusivamente-humanas? Sem dúvida, uma época tão transformadora na Terra não deveria ser chamada de Antropoceno!

Neste capítulo, junto com toda a prole infiel dos deuses celestes e com meus companheiros de ninhada, que se comprazem em chafurdar em imbróglios multiespécies, quero fazer um alvoroço crítico e alegre sobre esse assunto. Quero ficar com o problema, e a única maneira que conheço para fazê-lo é com alegria, terror e pensamento coletivo gerativos.

Meu primeiro espírito familiar nesta tarefa será uma aranha, *Pimoa cthulhu*, que vive sob os tocos das florestas de sequoia dos condados de Sonoma e Mendocino, perto de onde vivo, na região centro-norte da Califórnia.[3] Ninguém vive em todos os lugares; todo mundo vive em algum lugar. Nada está conectado a tudo; tudo está conectado a alguma coisa.[4] Essa aranha está em seu lugar, ela tem um lugar e, ainda assim, recebeu seu nome a partir de intrigantes viagens a outras partes. Ela me ajudará com os retornos, as raízes e as rotas.[5] O aracnídeo tentacular de oito

---

3. Hormiga, "A Revision and Cladistic Analysis of the Spider Family *Pimoidae*". Ver "*Pimoa cthulhu*", *Wikipédia*; "Hormiga Laboratory".
4. "A corrente de filosofia ecológica holística que insiste que 'tudo está conectado a tudo' não nos ajudará aqui. Antes, diríamos que tudo está conectado a *alguma coisa*, que por sua vez está conectada a outra coisa. Ainda que, em última análise, tudo possa estar conectado entre si, a especificidade e a proximidade das conexões são importantes – com quem estamos vinculados e de que maneiras. A vida e a morte acontecem nessas relações. Por isso, precisamos entender como se emaranham certas comunidades humanas, em particular, assim como outras comunidades de seres vivos, e de que maneiras esses emaranhados estão implicados na produção de sua extinção mútua e de seus respectivos padrões de morte amplificada" (Van Dooren, *Flight Ways*).
5. Dois livros indispensáveis de James Clifford (meu colega-irmão há mais de trinta anos no Departamento de História da Consciência da Universidade da Califórnia em Santa Cruz) guiam meus escritos. Clifford, *Routes* e *Returns*.

patas a qual apelo ganhou seu nome genérico, *Pimoa*, da língua do povo Goshute, de Utah. Seu nome específico, *cthulhu*, remete aos habitantes das profundezas – as entidades elementares e abissais chamadas ctônicas.⁶ As potências ctônicas da Terra infundem seus tecidos por toda parte, apesar dos esforços civilizadores

6. *Ctônico* vem do grego antigo *khthonios*, "da terra", e de *khthōn*, "terra". Na mitologia grega, os ctônicos são identificados com o mundo subterrâneo, com aquilo que está embaixo da terra; mas os seres ctônicos são muito mais antigos (e mais jovens também) do que esse mundo grego. A Suméria é a cena civilizacional ribeirinha de onde emergem os grandes contos ctônicos – incluindo, possivelmente, a grande serpente circular que come o próprio rabo, o polissêmico Ouroboros, a figura egípcia da continuidade da vida que remonta a 1600 AEC (as mundificações SF sumérias datam de pelo menos 3500 AEC). Ver Jacobsen, *The Treasures of Darkness*. Em palestras, conversas e correspondência eletrônica, Gildas Hamel, pesquisador dos mundos antigos do Oriente Médio e docente na Universidade da Califórnia de Santa Cruz, ofereceu-me "as forças abissais e elementares, antes de serem astralizadas por deidades supremas e seus comitês amansados" (comunicação pessoal em 12 de junho de 2014). Cthulhu (notem a ortografia), aquele que se refestela na ficção científica de H. P. Lovecraft, não desempenha nenhum papel para mim; embora seja importante para Gustavo Hormiga, cientista que nomeou meu demônio familiar aracnídeo. A propósito de Cthulhu, o deus masculino, monstruoso e ancião, ver Lovecraft, *O chamado de Cthulhu*.
Tomo a liberdade de resgatar minha aranha da empreitada de Lovecraft para associá-la a outras estórias, e sinalizo essa liberdade com a ortografia mais comum dos seres ctônicos. As aterrorizantes serpentes ctônicas do submundo de Lovecraft só eram terríveis no modo patriarcal. O Chthuluceno oferece outros terrores, mais perigosos e gerativos, em mundos onde esse tipo de gênero não reina. Ondulando sob os efeitos de um eros escorregadio e de um caos fecundo, as serpentes emaranhadas e as forças tentaculares contínuas se desenrolam até o século XXI. Considerem esses nomes: *oearth*, do inglês antigo; a alemã *Erde*, a grega Gaïa; a *terra* romana; a *aarde* holandesa. Em inglês antigo, *w(e)oruld* ("as coisas da vida", "um longo período de tempo", "a vida conhecida" ou "a vida na Terra", em oposição à "vida após a morte") vem de uma palavra composta germânica que significa "a era da espécie humana" (*wer*). *Heimr*, do nórdico antigo, significa literalmente "morada". Considerem então o turco *dünya*, e prossigam até *dunyā* (o mundo temporal), uma palavra árabe que foi transmitida a muitos outros idiomas como o persa, o dari, o pastó, o bengali, o panjábi, o urdu, o hindi, o curdo, o nepalês, o turco, o romeno e as línguas do norte do Cáucaso. *Dunyā* também é um empréstimo linguístico dos idiomas malaio e indonésio, assim como o grego δουνιας. Há tantas palavras, tantas raízes, tantos caminhos, tantas simbioses micorrízicas, mesmo se nos restringimos aos emaranhados indo-europeus. Há tantos parentes que poderiam ter nomeado melhor este tempo do Antropoceno que agora está em jogo... O Antropos é demasiado provinciano; ao mesmo tempo grande demais e pequeno demais para a maioria das estórias de que precisamos.

dos agentes dos deuses celestes para astralizá-los e estabelecer unicidades supremas e seus comitês amansados de múltiplos subdeuses, o Uno e o Múltiplo. Ao fazer uma pequena alteração na ortografia taxonômica dos biólogos, de cthulhu para *chthulu*, proponho, com a *Pimoa chthulu* renomeada, um nome para um outro lugar e um outro tempo que foi, é, e talvez ainda possa vir a ser: o Chthuluceno. Lembro que *tentáculo* vem do latim *tentaculum*, que significa detector, e de *tentare*, que significa sentir e tentar; então sei que minha aranha pernalta tem aliados com braços bem armados. Uma miríade de tentáculos será necessária para contar a estória do Chthuluceno.[7]

Os seres tentaculares me enredam em SF. Seus muitos membros formam figuras de barbante e me entrelaçam na *poiesis* – no fazer – da fabulação especulativa, da ficção científica, do fato científico, do feminismo especulativo, de *soin de ficelle*, do até agora. Os seres tentaculares fazem vinculações e desligamentos, fazem cortes e nós, fazem a diferença. Eles tecem caminhos e consequências, mas não determinismos; são simultaneamente abertos e intrincados, de algumas maneiras e não de outras.[8] SF é a narração de estórias e o relato de fatos, é a modelagem de padrões de mundos e tempos possíveis – mundos semiótico-materiais que desapareceram, que permanecem e que ainda estão por vir.

7. Eva Hayward propõe o termo *tentacularidade*. Seu transpensamento e transfazer em mundos aracnídeos e coralinos se entrelaçam com minha escrita em padrões SF. Ver "Fingery Eyes", "Spider City Sex" e "Sensational Jelly Fish". As obras feitas pela artista experimental britânica Eleanor Morgan a partir da seda de aranhas tecem diversos fios que ressoam neste capítulo, em sintonia com as interações entre animais (especialmente aracnídeos e esponjas) e seres humanos. Ver Morgan, "Sticky Tales".
8. As "reinstaurações em rede" e os "transconhecimentos" de Katie King se alinham com os "dedolhos" e a "tentacularidade" de Eva Hayward. "Essa investigação transdisciplinar opera em um multiverso onde se articulam disciplinas, interdisciplinas e multidisciplinaridades, em real apreço à diversidade de detalhes, oferendas, paixões, línguas, coisas... Um critério para avaliar o trabalho transdisciplinar é sua capacidade de aprender e modelar o *modo* de afetar-se ou comover-se, sua capacidade de *abrir* elementos inesperados em nossas corporeidades, em mundos vivazes e ressensibilizadores." King, *Networked Reenactments*, 19. Ver também King, "A Naturalcultural Collection of Affections". É imprescindível que pensemos.

Trabalho com as figuras de barbante como um tropo teórico, como uma maneira de pensar-com uma multidão de companheiros a fiar, feltrar, emaranhar, rastrear e sortir de modo simpoiético. Trabalho com e em SF, como compostagem material-semiótica, como teoria na lama, como imbróglio.[9] Os seres tentaculares não são figuras descorporificadas: são cnidários, aranhas, seres cheios de dedos como humanos, guaxinins, lulas, águas-vivas, extravagâncias neuronais, entidades fibrosas, seres flagelados, tranças de miofibrilas, emaranhados de micróbios e fungos desgrenhados e feltrados, trepadeiras que sondam, raízes que incham, gavinhas que escalam. Os seres tentaculares são também redes e interconexões, bichos da tecnologia da informação, dentro e fora das nuvens. A tentacularidade tem a ver com uma vida vivida ao longo de linhas – e há tamanha riqueza de linhas –, não em pontos, tampouco em esferas. "Os habitantes do mundo, criaturas de todos os tipos, humanas e não humanas, são caminhantes"; as gerações são como "uma série de trilhas entrelaçadas",[10] todas figuras de barbante.

Todos esses seres tentaculares e fibrosos me deixaram descontente com o pós-humanismo, embora eu me nutra de muitos trabalhos gerativos realizados sob esse signo. Meu companheiro Rusten Hogness sugeriu *composto* em vez de *pós-humano* (e *pós-humanismo*), e ainda *humusidades* em vez de *humanidades*, e eu

---

9. O termo *muddle* [traduzido aqui como "imbróglio"] vem do holandês antigo e evoca a água que se enturva, que se torna lamacenta. Eu o utilizo como um tropo teórico, um lamaçal reconfortante para perturbar o tropo da clareza visual, considerado o único sentido ou afeto possível para o pensamento mortal. Os imbróglios se agrupam com outras companhias. Os espaços vazios e a clareza de visão são ficções ruins para o pensamento; elas não são dignas de SF nem da biologia contemporânea. María Puig de la Bellacasa nutriu minha coragem feminista especulativa com "Touching Technologies, Touching Visions".
Para um esplêndido modelo animado de um neurônio vivo densamente abarrotado, onde as proteínas se sacolejam em pleno imbróglio para fazer as células funcionarem, ver "Protein Packing: Inner Life of a Cell" e Zimmer, "Watch Proteins Do the Jitterbug".
10. Ingold, *Lines*, pp. 116-119.

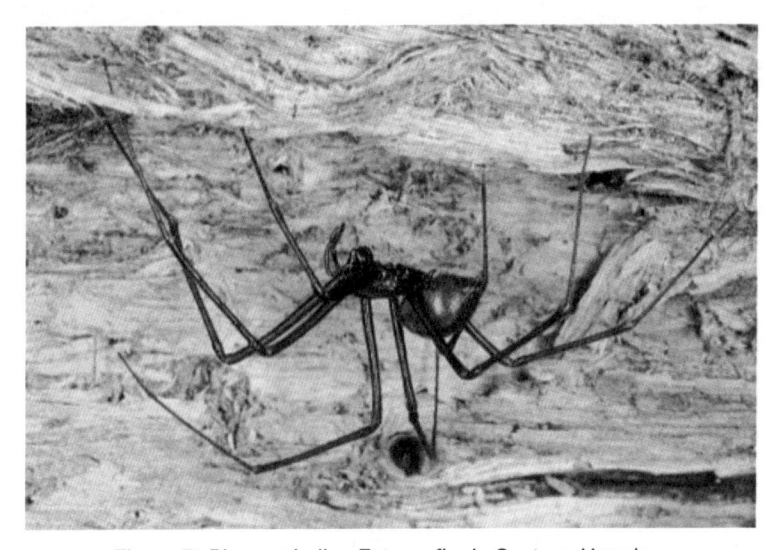

Figura 7: *Pimoa cthulhu*. Fotografia de Gustavo Hormiga.

me joguei nesta pilha bichada.[11] O humano como húmus tem potencial, se pudermos picar e desfiar o humano como *Homo*, esse projeto detumescente de um chefe executivo autoprodutor e destruidor de planetas. Imagine um colóquio que não seja sobre o Futuro das Humanidades na Reestruturação Capitalista da universidade, mas sobre o Poder das Humusidades por um Imbróglio Multiespécie Habitável! As artistas ecossexuais Beth Stephens e Annie Sprinkle fizeram um adesivo de para-choque para mim, para nós, para SF: "Compostar é tão *caliente*!"[12]

---

11. A pilha de composto se tornou irresistível graças a Puig de la Bellacasa, "Encountering Bioinfrastructure".
12. Os ativismos de arte-ciência impregnam este livro. Beth Stephens (artista e professora da Universidade da Califórnia em Santa Cruz) e sua esposa Annie Sprinkle (ativista ambiental, diretora e performer de filmes adultos radicais e ex-trabalhadora sexual) fizeram o "documentário sobre a natureza mais sexy de todos os tempos". *Goodbye Gauley Mountain: An Ecosexual Love Story* se passa na Virgínia Ocidental, terra natal de Beth Stephens, local de lutas por justiça ambiental multiespécie contra as empresas de mineração de carvão em topo de montanha. A frase no adesivo é de uma crítica de Russ

A Terra do Chthuluceno em curso é simpoiética, não autopoiética. Mundos Mortais (Terra, Gaia, Chthulu e os incontáveis nomes e poderes que não são nada gregos, latinos ou indo-europeus)[13] não fazem a si próprios, não importa quão complexos e multiníveis sejam os sistemas, não importa quanta ordem seja produzida a partir da desordem, em colapsos e reativações autopoiéticas e gerativas dos sistemas em níveis de ordem mais altos. Os sistemas autopoiéticos são extremamente interessantes, vide a história da cibernética e das ciências da informação; mas eles não são bons modelos para os mundos vivos e moribundos e para os bichos que os povoam. Os sistemas autopoiéticos não são fechados, esféricos, deterministas nem teleológicos; ainda assim, eles não são modelos suficientemente bons para o mundo mortal de SF. A *poiesis* é sinctônica, simpoiética, sempre associada em todo o percurso, sem uma "unidade" inicial nem unidades interativas subsequentes.[14]

McSpadde ao filme, "Eco-sexuals of the World Unite!". Com "amor e fúria" (Emma Goldman), "é imprescindível que pensemos" (Virginia Woolf) por um planeta habitável.

13. Ao longo deste ensaio, uso as palavras de origem latina *terra* e *terrano*, mesmo enquanto nado entre nomes e estórias gregas, inclusive a estória material-semiótica de Gaia e as "histórias de Gaia/geo-histórias" de Bruno Latour. Terra é especialmente discernível em SF, mas Gaia também tem sua importância. Gosto especialmente da trilogia *Gaea*, de John Varley: *Titan* (1979), *Wizard* (1980) e *Demon* (1984). A Gaea de Varley é uma mulher velha, um ser vivo na forma de um toroide de Stanford de 1.200 quilômetros de diâmetro na órbita de Saturno, habitado por muitas espécies diferentes. Para uma página de fãs, ver "Gaea, the Mad Titan". Os Terrestres de Latour (*Terriens*, no seu francês) e a Gaia intrusiva de Stengers reconheceriam a irascível e imprevisível Gaea de Varley. Gaia é mais legível do que Terra nas teorias de sistemas, e também em culturas *New Age*. Gaia reemerge com o Antropoceno mas, para mim, Terra soa mais próxima dos tons terrosos. No entanto, Terra e Gaia não se opõem, nem os Terranos aos Terrestres, oferecidos a nós pela escrita apaixonada, ousada e potente de Bruno Latour. Antes, Gaianos e Terranos habitam uma pilha de restos *queer*, de escala planetária, cheia de seres ctônicos que precisam urgentemente ser re-membrados. É nesse sentido que percebo a sintonia entre a "cosmopolítica" de Isabelle Stengers e a mescla verbal de "Terrápolis". Em conjunto, fazemos figuras de barbante.

14. O livro de Karen Barad, *Meeting the Universe Halfway*, alia-se a esse tipo de argumento. Fora (e dentro) desta estranha coisa a que chamamos Ocidente existem miríades de histórias, filosofias e práticas – algumas civilizatórias, outras urbanas, e ainda outras que propõem formas de viver e morrer segundo diferentes nós e padrões, que não pressupõem as unidades e polaridades

David Barash, um biólogo da evolução estadunidense, escreve de maneira cativante sobre as convergências (e não sobre as identidades ou os recursos que poderiam ser desviados para curar males ocidentais) entre as ciências ecológicas e diversas correntes, escolas e tradições budistas que insistem na ideia de conexão. Barash põe em evidência os modos de viver, morrer, agir e cultivar a respons--habilidade incrustados nessas matérias (ver *Buddhist Biology*). E se as ciências evolutivas e ecológicas do Ocidente tivessem se desenvolvido, desde o início, a partir de modos de mundificação budistas, e não protestantes? Por que me parece tão dissonante que David Barash seja um teórico da evolução comprometido com o neodarwinismo? Ver Barash, *Natural Selections*. Há uma necessidade evidente de teorias da complexidade em sintonia com o paradoxo!

Há muitos anos, com base em sua extensa pesquisa sobre conhecimentos e ciências chinesas, Joseph Needham, em *The Grand Titration: Science and Society in East and West*, fez uma pergunta similar à de David Barash, mas no âmbito da embriologia e da bioquímica. Tanto o organicismo quanto o marxismo de Needham são cruciais a esta narrativa, algo de que devemos nos lembrar ao pensar sobre as configurações daquilo que exploro neste capítulo sob o signo *Capitaloceno*. A propósito de Needham, ver Haraway, *Crystals, Fabrics, and Fields*. O que acontece se cultivarmos a respons-habilidade pelo Capitaloceno dentro das bolsas de rede da simpoiese, do budismo, da biologia evolutiva ecológica do desenvolvimento (eco-evo-devo), do marxismo, da cosmopolítica stengersiana e de outros fortes apelos contra a tolice modernizadora de algumas análises do capitalismo? O que acontece se os implacáveis jogos de soma zero do neodarwinismo cederem lugar a uma síntese evolutiva estendida? O Chthuluceno não se fecha em si mesmo, não se remata; suas zonas de contato são ubíquas e prolongam continuamente suas

isoladas (e muito menos binárias) que precisam justamente ser conectadas. A relacionalidade com configurações variadas e perigosas é tudo o que há. Até agora, os melhores modelos tecnocientíficos a nosso dispor para pensar bem sobre as relacionalidades gaianas são as teorias de sistemas falhas, mas potentes.

gavinhas espiraladas. A aranha é uma figura muito melhor para a simpoiese do que um vertebrado com patas inadequadas de um panteão qualquer. A tentacularidade é sinctônica, enrolada em tramas, sofreguidões e esgarçamentos terríveis e abissais, fazendo transmissões uma e outra vez, em recursividades gerativas que constituem formas de viver e morrer.

Depois que comecei a utilizar o termo *simpoiese*, em uma tentativa de agarrar alguma coisa que escapasse à força de atração da autopoiese, Katie King me contou sobre a dissertação de mestrado em Estudos Ambientais de M. Beth Dempster, escrita em 1998, na qual ela sugere o mesmo termo para designar "sistemas produzidos coletivamente que não têm limites espaciais ou temporais autodefinidos. A informação e o controle são distribuídos entre os componentes. Os sistemas são evolutivos e têm potencial para mudanças surpreendentes". Em contrapartida, os sistemas autopoiéticos são unidades autônomas "autoprodutoras", "com limites espaciais e temporais autodefinidos que tendem a ser homeostáticos, previsíveis e controlados de forma centralizada".[15] Dempster argumenta que muitos sistemas entendidos como autopoiéticos são, na realidade, simpoiéticos. Acredito que esse seja um ponto importante para se pensar sobre a reabilitação (tornar vivível e habitável novamente) e a sustentabilidade em meio aos tecidos porosos e às bordas abertas de mundos degradados, mas

---

15. Dempster, "A Self-Organizing Systems Perspective on Planning for Sustainability". Ver pp. 27-32 para uma comparação concisa entre os sistemas autopoiéticos e os sistemas simpoiéticos. A tabela 1, na página 30, justapõe as características que definem cada um desses sistemas: limites autoproduzidos/ausência de limites; organização fechada/organização aberta; acoplamento estrutural externo/acoplamento estrutural interno e externo; unidades autônomas/entidades amorfas complexas; controle centralizado/controle distribuído; evolução entre sistemas/evolução dentro dos sistemas; orientação para o crescimento e o desenvolvimento/orientação evolutiva; estado estável /mudança surpreendente, potencialmente dramática; previsível/imprevisível.
Katie King me contou a respeito da tese de Dempster quando tentávamos nos entender com a sobreposição de nossos prazeres e resistências (não idênticos) em relação à autopoiese e à simpoiese. Ver King, "Toward a Feminist Boundary Object-Oriented Ontology... or Should It Be a Boundary Object-Oriented Feminism?".

ainda vivos e em curso, como o planeta Terra e seus habitantes nos tempos atuais, chamados de Antropoceno. Se é mesmo verdade que a biologia e a filosofia já não podem sustentar a noção de organismos independentes em ambientes, isto é, a soma de unidades interativas e seus contextos/regras, então a simpoiese é definitivamente a regra do jogo. O individualismo delimitado (ou neoliberal) retificado pela autopoiese não é bom o suficiente, nem figurativamente nem cientificamente, e nos desencaminha por trilhas mortíferas. O realismo agencial e a intra-ação de Karen Barad tornam-se senso comum, e talvez até mesmo uma linha de vida para os caminhantes terranos.

SF – fazer figuras de barbante – é uma atividade simpoiética. Isabelle Stengers, ao pensar-com meu trabalho sobre as camas de gato e com a obra de outro de seus companheiros de pensamento, Félix Guattari, transmitiu-me de volta o modo como os jogadores recebem e passam adiante uns aos outros os padrões-em-risco, às vezes conservando, às vezes propondo e inventando:

> Se co-mentar significa pensar-com, isto é, devir-com, trata-se em si mesmo de uma maneira de retransmitir [...]. Mas saber que aquilo que tomamos nos foi antes oferecido envolve um tipo específico de pensar "entre". Isso não requer fidelidade, muito menos submissão, mas um tipo particular de lealdade, em resposta à confiança da mão estendida. Ainda que essa confiança não seja depositada em "si", mas em uma "incerteza criativa"; ainda que as consequências e o significado daquilo que foi feito, pensado ou escrito não pertençam mais a nós do que àqueles de quem se recebe a transmissão. De uma forma ou de outra, o passe agora está em nossas mãos, acompanhado da demanda de que não procedamos com uma "confiança mecânica". Nas camas de gato, ao menos dois pares de mãos são necessários. Em cada passo sucessivo, uma das partes é "passiva", oferecendo o resultado da operação anterior – um emaranhado de fios – para que a outra possa operá-lo, apenas para tornar-se novamente ativa no passo seguinte, quando um novo emaranhado se apresenta. Mas também pode-se dizer que, cada vez que o par "passivo" sustenta e é sustentado pelo emaranhado, ele também deve "deixá-lo ir" para que o outro o receba.[16]

---

16. Stengers, "Relaying a War Machine?", p. 134.

Isso é o que chamo de cultivar a respons-habilidade, a capacidade de responder com paixão e ação, em vinculações e desligamentos. Isso é também o saber e o fazer coletivos, uma ecologia de práticas. Quer tenhamos pedido por isso ou não, o padrão está em nossas mãos. A resposta à confiança da mão estendida: devemos pensar.

Marilyn Strathern é uma etnógrafa de práticas de pensamento. Ela define a antropologia como o estudo de relações com relações – um compromisso enormemente consequente, do tipo que altera a mente e o corpo.[17] Nutrida pelo trabalho de uma vida inteira em Monte Hagen, nas terras altas da Papua-Nova Guiné, Strathern escreve sobre aceitar o risco da contingência implacável, sobre colocar as relações em risco com outras relações, de mundos inesperados. Ao corporificar a prática da fabulação especulativa feminista no modo acadêmico, Strathern me ensinou – nos ensinou – uma coisa simples, mas que é capaz de virar o jogo: "Importa quais ideias usamos para pensar outras ideias."[18] Eu composto minha alma nesta pilha quente. As larvas não são humanas, seus corpos ondulantes ingerem e se estendem, seus excrementos fertilizam mundos. Seus tentáculos fazem figuras de barbante.

Importa quais pensamentos pensam pensamentos. Importa quais conhecimentos conhecem conhecimentos. Importa quais relações relacionam relações. Importa quais mundos mundificam mundos. Importa quais estórias contam estórias. As pinturas de Baila Goldenthal dão um testemunho eloquente da importância dessas matérias.[19]

---

17. Strathern, *The Relation; Partial Connections;* e *Parentesco, direito e o inesperado.*
18. Strathern, *Reproducing the Future*, p. 10.
19. Baila Goldenthal (1925-2011) criou uma série de obras extraordinárias intitulada *Cat's Cradle*, que consiste em quatro painéis em tinta a óleo sobre madeira, feitos entre 1995 e 1996, e um óleo sobre tela de 2008. Para ela, assim como para mim, a cama de gato é uma prática aberta de tecelagem contínua (ver a série *Weavers*, realizada entre 1989 e 1994). A propósito de *Cat's Cradle*, Goldenthal escreveu: "A técnica de pintura em camadas e a vitrificação invocam o tempo histórico; o caráter enigmático do jogo

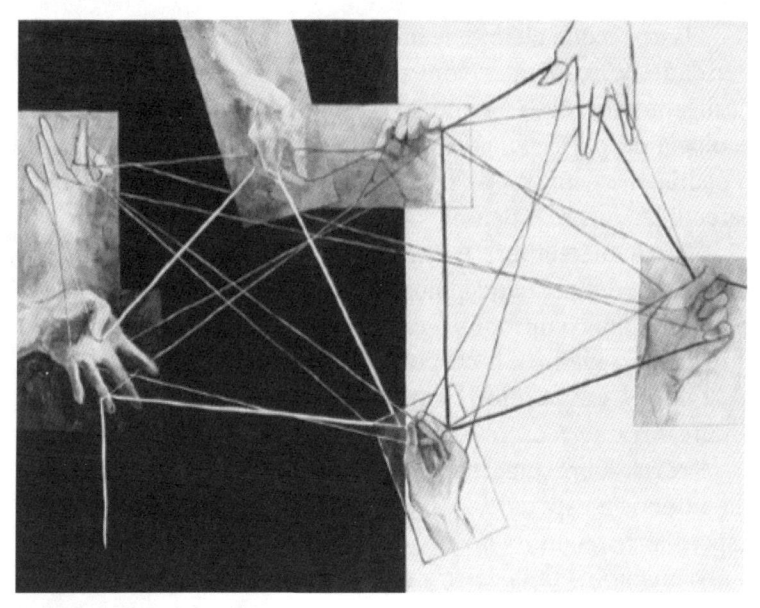

Figura 8: *Cat's Cradle/String Theory* [Cama de gato/Teoria do barbante]. Baila Goldenthal, 2008. Óleo sobre tela, 91 × 120 cm. Cortesia de Maurya Simon e Tamara Ambroson.

    O que significa renunciar à capacidade de pensar? Estes tempos chamados de Antropoceno são tempos de urgência para

reflete a complexidade das relações humanas" (Goldenthal, "Painting/Cats Cradle"). Para a artista, os jogos de cama de gato oferecem uma metáfora para o jogo da vida. Nesses quadros, a intensidade da presença das mãos em movimento convida ao parentesco com outros seres tentaculares. O painel de 2008, *Cat's Cradle/String Theory*, foi capa da segunda edição da revista *Nuclear Abolition Forum* (2013), intitulada "Moving beyond Nuclear Deterrence to a Nuclear Weapons Free World". A metamorfose, a fragilidade, a temporalidade, a desintegração, a revelação... todas essas temáticas são onipresentes na obra de Goldenthal. A artista estudou a Cabala, assim como filosofias e culturas da Índia e do sul da Ásia. Suas obras são feitas com tinta a óleo, bronze, vidro, papel, fotografia, gravura, filme e cerâmica. Goldenthal fez trabalhos poderosos, tanto em formatos esculturais quanto bidimensionais (ver Goldenthal, "Resumé"). Uma de minhas obras favoritas de sua autoria é *Desert Walls*, de meados dos anos 1980, em que Goldenthal trabalhou com fotografia e colagem, utilizando ainda tijolos, palha, gesso, metal e vidro para evocar os enigmas visuais dos penhascos e rochedos das zonas desérticas do sudoeste dos Estados Unidos.

todas as espécies, inclusive a humana. São tempos de morte e extinção em massa, de desastres sucessivos, cujas especificidades imprevisíveis têm sido entendidas insensatamente como a própria incognoscibilidade. São tempos de recusa: recusa de saber e de cultivar a capacidade da respons-habilidade, recusa de estar presente diante da catástrofe que se precipita no tempo, desviando o olhar de maneira inaudita. Sem dúvida, dizer *inaudito* diante da realidade dos últimos séculos é dizer algo quase inimaginável. Como podemos pensar em tempos de urgências *sem* os mitos autoindulgentes e autorrealizáveis do apocalipse, quando cada fibra de nosso ser está entrelaçada, e é até mesmo cúmplice, nas teias de processos nos quais é preciso se envolver e reconfigurar de alguma maneira? Quer tenhamos pedido por isso ou não, o padrão está em nossas mãos, mais uma vez. A resposta à confiança da mão estendida: é imprescindível que pensemos.

Instruída por Valerie Hartouni, recorro à análise de Hannah Arendt sobre a incapacidade de pensar de Adolf Eichmann, criminoso de guerra nazista. Naquela renúncia ao pensamento está assente a "banalidade do mal", do tipo particular que poderia tornar realidade o desastre do Antropoceno, com seus genocídios e especicídios intensificados.[20] O resultado ainda está em jogo; é imprescindível que pensemos, devemos pensar! Na leitura de Hartouni, Arendt insistia que o pensamento era profundamente diferente daquilo que poderíamos chamar de saber disciplinar, de ciência baseada em evidências ou da classificação entre verdade e crença, fato e opinião, bom e mau. Pensar, no sentido de Arendt, não é um processo para avaliar informações e argumentos, para se estar certo ou errado, para julgar a si mesmo e a outros sobre ter

---

20. Ver Arendt, *Eichmann em Jerusalém*; e Hartouni, *Visualizing Atrocity*, principalmente o capítulo 3, "Thoughtlessness and Evil". Deixo de lado o humanismo estrito e o tipo específico de sujeito pensante que caracteriza o projeto de Arendt, assim como sua insistência na solidão essencial do pensamento. A prática de pensar-com na pilha de composto SF proposta neste ensaio não é inimiga da profunda autoanálise secular empreendida pela figura humana historicamente situada de Arendt, mas isso é uma discussão para outro momento.

ou não a razão. Tudo isso é importante, mas não é o que Arendt tinha a dizer sobre o mal da insensibilidade,[21] que é o que quero trazer para a discussão a respeito da conjuntura geo-histórica que vem sendo chamada de Antropoceno.

Arendt percebeu que Eichmann não era um monstro incompreensível, mas algo muito mais aterrorizante: ela viu o lugar-comum da insensibilidade. Ali estava um ser humano incapaz de tornar presente para si aquilo que estava ausente – aquilo que não era ele mesmo, aquilo que o mundo é em seu absoluto não ensimesmamento, o que se diz inerente àquilo que não se é. Ali estava alguém que não podia ser um caminhante, que não podia se entrelaçar, que não podia rastrear as linhas de viver e morrer, que não podia cultivar a respons-habilidade, que não podia tornar presente para si mesmo aquilo que estava fazendo, que não podia viver em consequência nem com as consequências, que não podia compostar. A função importava, o dever importava, mas o mundo não importava para Eichmann. O mundo não importa para a insensibilidade comum. Os espaços esvaziados são todos preenchidos com a avaliação de informações, a determinação de amigos e inimigos, os ocupados afazeres do trabalho. A negatividade, o escavamento da positividade, está ausente: há um assombroso abandono do pensar.[22] Essa qualidade não se resumia a um vazio emocional nem a uma falta de compaixão – ainda que isso certamente fosse verdade para Eichmann –, mas a uma

---

21. *Thoughtlessness* [*Gedankenlosigkeit*], termo usado por Arendt no pós-escrito de *Eichmann em Jerusalém*, aparece alternativamente como *irreflexão*, *desapego* e *inconsciência* na edição brasileira publicada pela Companhia das Letras, com tradução de José Rubens Siqueira. Helen Torres, tradutora de *Staying with the Trouble* para o espanhol, traduziu o termo como *negligência*, enquanto Vivien García, tradutora do livro para o francês, optou pela literalidade da "ausência de pensamento". Aqui, optamos por seguir o apelo de Haraway ao sensível como dimensão produtora de pensamento. [N.T.]
22. Arendt caracterizava o pensamento como uma forma de "treinar a mente para sair em visita". "O distanciamento de certas coisas e a aproximação de outras é parte do diálogo inerente à compreensão, para cujos propósitos a experiência direta estabelece um contato demasiado próximo, e o mero conhecimento erige barreiras artificiais". Arendt, "Truth and Politics", p. 241, citada em Hartouni, *Visualizing Atrocity*, p. 75.

renúncia muito mais profunda que eu chamaria de imaterialidade, de inconsequencialidade ou, no léxico de Arendt (e também no meu), de insensibilidade. Eichmann foi astralizado diretamente para fora do imbróglio do pensamento na prática do *business as usual*, não importa o quê. Não havia maneira de o mundo se tornar uma "questão de cuidado" para Eichmann e seus herdeiros – nós?[23] O resultado foi a participação ativa no genocídio.

Anna Tsing – antropóloga, feminista, teórica cultural, contadora de estórias e conhecedora dos tecidos do capitalismo heterogêneo, da globalização, de mundos viajantes e lugares locais – estuda as "artes de viver em um planeta degradado",[24] ou, como no subtítulo de seu livro, "a possibilidade de vida nas ruínas do capitalismo". Tsing performa um tipo de pensamento que deve ser cultivado nas urgências demasiado comuns da onda de extinções, genocídios, pauperização e extermínios multiespécies. Chamo essas coisas de *urgências*, e não de *emergências*, porque essa palavra conota algo que se aproxima do apocalipse e suas mitologias. As urgências têm outras temporalidades, e esses são os nossos tempos. Esses são os tempos que devem ser pensados; esses são os tempos de urgências que precisam de estórias.

Tsing pratica a simpoiese em tempos inquietantes ao seguir os cogumelos *matsutake* por seus agenciamentos fulminantes de pessoas japonesas, estadunidenses, chinesas, coreanas, hmong, laosianas e mexicanas; esporos e fungos; carvalhos e pinheiros; simbioses micorrízicas; coletores, compradores, transportadores, restauradores e comensais; homens de negócio; cientistas, florestadores, sequenciadores de DNA com suas espécies mutantes e muito mais. Recusando-se a desviar o olhar ou a reduzir as urgências da Terra a um sistema abstrato de causalidades destruidoras

---

23. Puig de la Bellacasa, "Matters of Care in Technoscience"; Puig de la Bellacasa, *Matters of Care*.
24. "Anthropocene: Arts of Living on a Damaged Planet" foi um colóquio organizado por Anna Tsing e colegas da Universidade da Califórnia em Santa Cruz, entre 8 e 10/5/2014.

(como uma Lei da Espécie Humana ou o capitalismo indiferenciado), Tsing argumenta que a precariedade – isto é, o fracasso das promessas mentirosas do Progresso Moderno – caracteriza a vida e a morte de todos os bichos terranos nestes tempos. Ela busca por erupções inesperadas de vivacidade e por práticas contínuas, contaminadas, não determinísticas e inacabadas de habitar as ruínas. Ela performa a força das estórias, ela mostra na carne que importa quais estórias contam estórias como uma prática de cuidado e de pensamento:

> Se uma profusão de estórias conturbadas é a melhor maneira de contar sobre a diversidade contaminada, então é hora de tornar essa profusão parte de nossas práticas de conhecimento. [...]. A disposição do *matsutake* para emergir em paisagens devastadas nos permite perscrutar a ruína que se tornou nosso lar coletivo. [...] Estudá-los nos ensina sobre as possibilidades de coexistência em ambientes perturbados. Não se trata de uma desculpa para causar mais estragos. O que o *matsutake* nos mostra é um tipo de sobrevivência colaborativa.

Movida por uma curiosidade radical, Tsing faz uma etnografia da "acumulação selvagem" e do "capitalismo fragmentário", do tipo que já não pode prometer o progresso, mas que ainda pode estender a devastação – e de fato a estende, fazendo da precariedade a regra de nossa sistematicidade. Não há nenhum ponto ético, político ou teórico simples a ser tomado do trabalho de Tsing. Há, por outro lado, a força de engajar o mundo com os tipos de prática de pensamento que são impossíveis para os herdeiros de Eichmann. "Os *matsutake* nos contam sobre a sobrevivência colaborativa em meio ao distúrbio e à contaminação. Precisamos dessa habilidade para viver nas ruínas."[25] Isto não é um anseio por salvação nem por outro tipo de política otimista; tampouco se trata de um quietismo cínico diante da profundidade do problema. Ao contrário, Tsing propõe um compromisso para se viver e morrer

---

25. Todas as citações são de Tsing, *O cogumelo no fim do mundo: sobre a possibilidade de vida nas ruínas do capitalismo.*

com respons-habilidade em companhia inesperada. Esses tipos de vida e de morte têm as melhores chances de cultivar as condições necessárias para a continuidade.

O filósofo da ecologia e etnógrafo multiespécie Thom van Dooren também habita as complexidades estratificadas de viver em tempos de extinção, extermínio e recuperação parcial. Ele aprofunda nossa consideração sobre o que significa pensar, sobre aquilo que se exige de nós para que não nos tornemos insensíveis. Em seu extraordinário livro *Flight Ways*, van Dooren acompanha cinco espécies de ave que vivem em risco continuado de extinção, perguntando-se pelo significado de manter aberto o espaço para outros.[26] Esse "manter aberto" está longe de ser uma prática material ou ética óbvia ou inocente. Mesmo quando tem êxito, seu custo é o sofrimento, mas também a sobrevivência de indivíduos e espécies. Em sua análise das práticas do programa de conservação do grou-americano, por exemplo, van Dooren detalha múltiplos tipos de trabalho árduo, cativeiros multiespécies, vidas forçadas, trabalhos reprodutivos substitutos e mortes substitutas – nenhum dos quais deveria ser esquecido, especialmente nos projetos que têm bons resultados. Manter espaços abertos pode – ou não – adiar a extinção de maneiras que tornam possíveis a composição e a recomposição de agenciamentos naturaisculturais florescentes. *Flight Ways* mostra que a extinção não é um ponto ou um acontecimento único, mas, antes, um limite estendido ou uma borda alargada. A extinção é uma morte lenta e prolongada que desfia grandes tramas de modos de continuidade para muitas espécies no mundo, incluindo pessoas historicamente situadas.[27]

Van Dooren considera que o luto é intrínseco ao cultivo

---

26. Van Dooren, *Flight Ways*.
27. O pensamento de Deborah Bird Rose, colega de van Dooren, está constantemente presente nesta obra, especialmente no que se refere à sua análise da "morte dupla" [*double death*]: o desfazimento da trama de continuidade e o massacre de gerações inteiras. Ver *Reports from a Wild Country: Ethics for Decolonisation*. Ver também van Dooren e Rose, "Unloved Others"; van Dooren e Rose, "Storied-Places in a Multispecies City". O Extinction Studies Working Group [Grupo de Trabalho sobre Estudos da

da respons-habilidade. Um dos capítulos de seu livro relata os esforços de conservação dos corvos-do-havaí (*Alalā* para os havaianos, *Corvus hawaiiensis* para os lineanos), cujos lares e alimentos florestais desapareceram em grande parte, assim como suas amizades, seus filhotes e seus pares. Van Dooren argumenta que as pessoas humanas não são as únicas a sofrer com a perda de seus entes queridos, seus lugares e seus modos de vida. Outros seres também vivem o luto. Os corvos também lamentam suas perdas. A questão se baseia nos estudos biocomportamentais e na história natural íntima: a capacidade e a prática do luto não são especialidades humanas. Longe dos duvidosos privilégios do excepcionalismo humano, as pessoas pensantes precisam aprender a enlutar-se-com.

Estar em luto é conviver com uma perda, para então chegar a apreciar o que ela significa, como ela muda o mundo e como *nós mesmos* precisamos mudar e renovar nossas relações para podermos seguir adiante a partir daqui. Nesse contexto, o luto genuíno deveria nos abrir para uma consciência de nossa dependência dos relacionamentos com aqueles incontáveis outros seres que estão sendo levados à beira da extinção [...]. A realidade, porém, é que *não há* como evitar a necessidade do difícil trabalho cultural da reflexão e do luto. Esse trabalho não se opõe à ação prática; antes, ele é o fundamento de qualquer resposta sustentável e informada.

O luto é um caminho para compreender os emaranhamentos compartilhados de viver e morrer: os seres humanos precisam enlutar-se *com*, pois estamos dentro e somos parte dessa trama de desfazimento. Sem uma rememoração sustentada, não conseguimos aprender a viver com os fantasmas e, portanto, não conseguimos pensar. Como os corvos e com os corvos, vivos e mortos, "estamos em jogo em mútua companhia".[28]

Extinção], com sede na Austrália, é um agrupamento simpoiético afluente. Ver também Environmental Humanities South, sediado na Cidade do Cabo, na África do Sul.
28. Van Dooren, "Keeping Faith with Death"; *Flight Ways*, capítulo 5, "Mourning Crows: Grief in a Shared World". Esse escrito é um intercâmbio SF com o pensamento de Vinciane Despret sobre como aprender a afetar-se. Ver Despret, "The Body We Care For."

Pelo menos mais um fio SF é essencial para a prática do pensamento, que deve ser um pensar-com: a narração de estórias. Importa quais pensamentos pensam pensamentos; importa quais estórias contam estórias. Em "*Urban Penguins: Stories for Lost Places*", no capítulo dedicado aos pinguins-azuis (*Eudyptula minor*) da baía de Sydney, van Dooren consegue fabricar um sentido não antropomórfico e não antropocêntrico de lugar narrado. Em suas formas de aninhamento decididamente "filopátricas" (de amor ao lar) e em outras práticas vitais, esses pinguins urbanos – aves reais e específicas – narram o lugar, *esse lugar*, e não outro qualquer. Estabelecer a realidade e a especificidade vívida de um lugar historiado por pinguins é um grande feito semiótico- -material. A prática de contar estórias já não pode ser confinada à caixa da excepcionalidade humana. Sem abandonar o terreno da ecologia do comportamento e da história natural, a escrita de van Dooren alcança uma sintonia poderosa com a narração e a semiótica multimodal dos pinguins.[29]

Ursula Le Guin me ensinou a teoria da bolsa da narração de estórias e da história naturalcultural. Suas teorias e estórias são bolsas espaçosas para coletar, carregar e contar as coisas da vida. "Uma folha uma cabaça uma concha uma rede uma bolsa um sling uma sacola uma cesta uma garrafa um pote uma caixa um frasco. Um contentor. Um recipiente."[30] Boa parte da história da Terra tem sido contada sob o jugo da fantasia da beleza das primeiras

---

29. Ver van Dooren, *Flight Ways*, pp. 63-86. Para compreender o pensamento e a semiótica para além das premissas de doutrinas humanistas modernas, ver também a obra fundamental de Eduardo Kohn, *How Forests Think*.
30. Le Guin, *A teoria da bolsa da ficção*. Esse ensaio de 1986 modelou minha forma de pensar sobre a questão da narrativa na teoria evolutiva e sobre a figura da mulher coletora em meu livro *Primate Visions*. Le Guin havia aprendido a teoria da bolsa em matéria de evolução com *Women's Creation*, de Elizabeth Fisher, naquele período dos anos 1970 e 1980 em que grandes estórias mundanas, corajosas e especulativas ardiam na teoria feminista. Assim como a fabulação especulativa, o feminismo especulativo era, e ainda é, uma prática SF. Para um jogo SF mais complexo com Ursula Le Guin e Octavia Butler, ver o capítulo 6 deste livro, "Semear mundos: uma bolsa de sementes para terraformar com alteridades terrestres"; publicado pela primeira vez em Grebowicz e Merrick, *Beyond the Cyborg*.

palavras e armas, das primeiras belas armas *como* palavras e vice-
-versa. Ferramenta, arma, palavra: essa é a palavra feita carne à
imagem do deus celeste; este é o Antropos. Uma estória trágica
com um único ator real, um produtor de mundos real, o herói:
esse é o conto produtor-do-Homem sobre o caçador que embarca
em uma missão para matar e trazer de volta a terrível recompensa.
Esse é o conto de ação cortante, afiado e combativo que posterga
o sofrimento da intolerável passividade pegajosa e putrefata da
Terra. Todos os demais nos contos fálicos servem como adereço,
terreno, espaço para o desenlace da trama ou presa. O resto não
importa; sua função é estar no caminho, ser superado, ser a estrada
ou o canal, mas nunca a viajante, aquela que gera. A última coisa
que o herói quer é saber que suas belas palavras e armas não valem
nada sem uma bolsa, um contentor, uma rede.

Seja como for, ninguém deveria sair de casa para uma aventura sem uma sacola. Como puderam um sling, um pote ou uma
garrafa entrar na estória de repente? Como podem essas coisas
simples manter a continuidade da estória? Ou talvez – ainda pior
para o herói –, como podem essas coisas côncavas, escavadas,
esses buracos no Ser, gerar estórias mais ricas, mais peculiares,
mais abundantes, mais inadequadas e contínuas, desde o primeiro
momento? Estórias que têm espaço para o caçador, mas que não
eram e não são sobre ele, o Humano autoprodutor, a máquina
produtora de humanos da história. A leve curvatura da concha
que contém só um pouco de água, só algumas poucas sementes
para dar e receber, sugere estórias de devir-com, de indução
recíproca, de espécies companheiras cuja tarefa ao viver e morrer
é justamente não terminar a contação de estórias, a mundificação.
Com uma concha e uma rede, devir humano, devir húmus, devir
terrano toma outra forma: a forma sinuosa e serpenteante de
devir-com. Pensar-com é ficar com o problema naturalcultural
multiespécie na Terra. Nessas lutas não há garantias; não há flecha
do tempo nem Lei da História, da Ciência ou da Natureza. Há
apenas a mundificação sf inexoravelmente contingente de viver

e morrer, de devir-com e des-devir-com, da simpoiese; e assim possivelmente – só possivelmente – do florescimento multiespécie na Terra.

Assim como Le Guin, Bruno Latour compreende apaixonadamente a necessidade de mudar a estória, de aprender a narrar – a pensar –, de algum modo, para além dos contos fálicos dos Humanos na História, ainda que o conhecimento sobre como assassinar-se mutuamente (e, junto consigo, incontáveis multidões da Terra viva) não seja escasso. É imprescindível que pensemos, devemos pensar. Isso significa, simplesmente, que *devemos* mudar a estória, que a estória *deve* mudar. Le Guin escreve: "Por isso, é com certo sentimento de urgência que procuro a natureza, o sujeito, as palavras da outra história, a estória não contada, a estória da vida."[31] Latour afirma que os fundamentos da geopolítica foram explodidos neste tempo terrível chamado Antropoceno. Para resolver os problemas, nenhuma das partes em crise pode apelar para a Providência, a História, a Ciência, o Progresso, nem para qualquer outro truque de deus que esteja fora do embate comum.[32] Um mundo comum vivível deve ser composto pouco a pouco, ou de modo algum. Aquilo que se costumava chamar de natureza irrompeu nos assuntos humanos cotidianos, e vice-versa, de tal maneira e com tamanha permanência que os meios e as perspectivas de continuidade foram fundamentalmente alterados, incluindo a própria possibilidade de continuar. Em busca de práticas composicionistas capazes de construir novos coletivos eficazes, Latour argumenta que devemos aprender a contar as "histórias de Gaia". Se esse nome for muito difícil, podemos chamar nossas narrativas de "geo-histórias", nas quais "tudo o que antes era adereço ou agente passivo se torna ativo, sem por isso tornar-se parte de uma trama gigante, escrita por alguma

---

31. Le Guin, *A teoria da bolsa da ficção*.
32. Para uma introdução e uma elucidação do "truque de deus" [*god trick*] em matéria de ciência e política, ver Haraway, "Situated Knowledges".

entidade supervisora".³³ Quem conta estórias de Gaia ou geo-histórias são os "Terrestres" [*Earthbound*], aquelas e aqueles que escapam aos duvidosos prazeres das tramas transcendentes da modernidade e da divisão purificadora entre sociedade e natureza. Segundo Latour, enfrentamos uma divisão flagrante: "Alguns estão se preparando para viver como Terrestres no Antropoceno; outros decidiram permanecer como Humanos no Holoceno".³⁴

Em muitos de seus escritos, Latour desenvolve a linguagem e o imaginário das provas de força. Ao pensar sobre o Antropoceno e os Terrestres, ele expande essa metáfora para elaborar a diferença entre uma ação policial, na qual a paz é restaurada por uma ordem preexistente, e a guerra ou a política, nas quais os inimigos reais devem ser superados para se estabelecer o que será. Latour está determinado a evitar os ídolos de um reparo sempre à mão como as Leis da História, a Modernidade, o Estado, Deus, o Progresso, a Razão, a Decadência, a Natureza, a Tecnologia ou a Ciência, assim como evita o debilitante desrespeito pela diferença e pela finitude compartilhada, exercido por aqueles que já sabem as respostas diante daqueles que só precisam aprendê-las – pela

---

33. Latour, *Gifford Lectures*, "The Puzzling Face of a Secular Gaïa" (citação do manuscrito da palestra).
34. Latour, "War and Peace in an Age of Ecological Conflicts" (citação do manuscrito da palestra). O senso de proporcionalidade de Latour nessa fala é revigorante: "Humanos: *business as usual*; Terrestres: subversão total."
Em "Feral Biologies", Anna Tsing utiliza o termo *Holoceno* em um sentido radicalmente diferente daquele atribuído por Bruno Latour. Os argumentos fundamentais de uma e de outro se roçam em entendimentos que costumam ser tensos, gerando fricções interessantes. Tsing se refere ao Holoceno como o tempo-lugar para um possível ressurgimento depois da perturbação; e ao Antropoceno como o tempo-lugar da redução drástica e da simplificação radical dos refúgios do Holoceno, da erradicação irrevogável dos lugares em que o ressurgimento das assembleias multiespécies poderia ocorrer. O fato de que Latour e Tsing conferem usos diferentes às mesmas palavras importantes demonstra que as possibilidades polissêmicas estão sempre à espreita, mesmo em ambientes linguísticos intensamente inspecionados. Oposições desnecessárias podem facilmente ser extraídas das diferentes elaborações das palavras, e a perícia dos geólogos só agrega à capacidade gerativa da língua. Considero que as fricções candentes entre Latour e Tsing têm a ver com a confiança que ele deposita em Carl Schmitt e o amor que ela sente por Ursula Le Guin.

força, pela fé ou por alguma pedagogia autoconvicta. Aqueles que "acreditam" ter todas as respostas para as urgências do presente são terrivelmente perigosos. Aqueles que se recusam a ser *a favor* de alguns modos de viver e morrer e não de outros são igualmente perigosos. Questões de fato, questões de interesse[35] e questões de cuidado estão emaranhadas em figuras de barbante, em SF.

Latour abraça as ciências, não a Ciência. Em matéria de geopolítica,

> o importante é perceber que os fatos da questão não podem ser delegados a uma autoridade unificada superior que tomaria a decisão *em nosso lugar*. As controvérsias – por mais espúrias que possam ser – não são nenhuma desculpa para protelar a *decisão* sobre qual lado representa *melhor* o nosso mundo.[36]

Latour se *alinha* com os relatórios do Painel Intergovernamental sobre Mudanças Climáticas (IPCC): ele não *acredita* em suas avaliações e seus relatórios; ele *decide* a respeito do que é sólido e digno de confiança e do que não é. Ele se coloca ao lado de alguns mundos e de algumas mundificações, não de outros. Não é preciso entender o discurso da "decisão" de Latour com uma escuta individualista; ele é um composicionista determinado a compreender como um mundo comum é construído, como os coletivos são construídos-com outros de maneira recíproca, e não só por humanos. Não se trata de relativismo nem de racionalismo,

---

35. O artigo "Why Has Critique Run Out of Steam? From Matters of Fact to Matters of Concern", de Bruno Latour, marcou profundamente a compreensão coletiva das armadilhas corrosivas e complacentes da crítica simplificadora. Cultivar a respons-habilidade demanda muito mais de nós do que isso; envolve, antes, assumir o risco de colocar-se a favor de alguns mundos, e não de outros, e de ajudar a compor esses mundos com alteridades. María Puig de la Bellacasa, partícipe da mundificação SF de múltiplas vertentes, recomposta as "questões de interesse" [*matters of concern*] de Latour para fermentar um solo ainda mais fecundo. Ver "Matters of Care in Technoscience: Assembling Neglected Things".

36. Latour, "War and Peace in an Age of Ecological Conflicts", manuscrito da conferência.

mas de SF: aquilo que Latour chamaria de ciências e cientificção [*scientifiction*], e que eu chamo de ciências e fabulação especulativa. Em nossas abordagens alinhadas, todas são ciências políticas.

Alinhamento é uma metáfora fecunda para caminhantes e Terrestres. Diferentemente da palavra *decisão*, *alinhamento* não carrega tão facilmente os matizes do discurso liberal e modernista da escolha, ao menos não nos Estados Unidos. Além disso, a recusa da categoria modernista de crença também é crucial para o meu esforço de nos persuadir a assumir o Chthuluceno e suas tarefas tentaculares.[37] Assim como Stengers e eu, Latour é um materialista meticuloso, comprometido com uma ecologia de práticas e com a articulação mundana de agenciamentos que situam o trabalho e o jogo no imbróglio e na bagunça de viver e morrer. Participantes reais, articulados com diversos aliados de todos os tipos ontológicos (moléculas, colegas e muito mais), devem compor e nutrir o que é e o que será. O alinhamento na mundificação tentacular deve ser um assunto seriamente emaranhado!

Atento à imprescindível recusa da autoconvicção e dos truques de deus preexistentes (um propósito que compartilho apaixonadamente), Latour apela para a confiança inexorável no tropo semiótico-material das provas de força, um recurso que, penso, torna desnecessariamente difícil a narração de sua (e nossa) necessária estória nova. Ele define a guerra como a ausência

---

37. Para entender como a categoria modernizadora de "crença" opera na legislação, na política e na pedagogia dos Estados Unidos, e mesmo na religião e nas ciências sociais, ver Harding, "Secular Trouble". A figura da "Filha Pródiga" – jamais propriamente pertencente a lugar algum, sempre indo e vindo – aprofunda ainda mais as operações de habilitação e desabilitação da crença no texto de DeVries, "Prodigal Knowledge". Um dos hábitos de pensamento mais difíceis de desalojar para os Modernos, pelo menos nos Estados Unidos, consiste em atar as práticas de conhecimento à profissão de crença, tanto na religião como na ciência. Onde a crença é exigida, a Inquisição anda por perto. No imbróglio de Terra/Gaia, SF não pode exigir a crença, mas pode dar forma a companhias de pensamento comprometidas. Nessa ecologia de práticas, a figura para pensar-com não é tanto a "decisão", mas o "cuidado" e o "discernimento" simpoiéticos. A Filha Pródiga continua a ser uma caminhante, cujos caminhos são muito mais promissores para esses tempos turbulentos do que a estrada pavimentada que leva ao banquete preparado para o retorno do legítimo herdeiro, o Filho Pródigo, obediente para todo o sempre.

de um árbitro, de maneira que são as provas de força que devem determinar a autoridade legítima. Os Humanos na História e os Terrestres no Antropoceno estão envolvidos em provas de força nas quais não existe um Árbitro que possa estabelecer quem/o que é/foi/será. A História *versus* as histórias de Gaia estão em jogo. Essas provas – a guerra entre os Terrestres e os Humanos – não seriam feitas com bombas e mísseis, mas com quaisquer outros recursos imagináveis, sem truques de deus vindos de cima para determinar a vida e a morte, a verdade e o erro. Ainda assim, continuamos na estória do herói e das primeiras belas palavras e armas, e não na estória da bolsa. Tudo aquilo que não for decidido na presença da Autoridade significa a guerra; a Ciência (no singular e com inicial maiúscula) é a Autoridade, e a Autoridade conduz as ações policiais. Por outro lado, as ciências (sempre enraizadas em práticas) constituem a guerra. Logo, na fabulação especulativa apaixonada de Latour, essa guerra é nossa única esperança por uma política real. O passado é uma zona tão disputada quanto o presente ou o futuro.

    O pensamento e as estórias de Latour necessitam de um tipo específico de inimigo. Ele recorre à "teologia política" de Carl Schmitt, uma teoria da paz através da guerra, em que o inimigo é o *hostis*, com os diferentes matizes do termo em latim: anfitrião, hóspede, refém e inimigo valioso. Somente com semelhante inimigo, sustentam Schmitt e Latour, poderá haver respeito e uma chance de existir menos – e não mais – conflitos mortais. Aqueles que operam dentro das categorias da Autoridade e da crença são notadamente inclinados ao combate exterminador e genocida (isto é difícil de negar!). Eles ficam perdidos sem um Árbitro preestabelecido. O *hostis* exige algo muito melhor, mas toda ação permanece presa na narrativa das provas de força e do combate mortal, na qual o conhecimento sobre como assassinar-se mutuamente continua bem entrincheirado. Latour deixa claro que não *quer* essa estória, mas não propõe outra. A única possibilidade real de paz recai no conto do inimigo respeitado, o *hostis*, e das provas de força. "Mas quando se está em guerra, só se pode decidir a autoridade que se tem ou não por meio das provações dos encontros, *a depender se se ganha ou se perde.*"[38]

Sua pergunta merece mais espaço, mas algumas palavras sobre o *hostis* são necessárias. Latour e eu fomos alimentados com a hóstia [*host*] no banquete sacrificial da Eucaristia; logo, sabemos o que significa existir em um mundo material--semiótico em que o signo e o significante implodiram em uma carne plena de significado. Nenhum de nós se conforma muito bem à semiótica secular protestante que domina a universidade e a ciência, moldando nossos enfoques nos *science studies* e muito mais. Notem, contudo, que o "hospedeiro" que ingerimos – nossa comunhão – está seguramente abrigado na estória do sacrifício aceitável ao Pai. Latour e eu comemos demais disso, e de menos, quando consumimos esse hospedeiro e nos recusamos (como fazemos até hoje) a negá-lo.

Sofro permanentemente de uma indigestão violenta, mesmo quando me agarro à alegria e à implosão da metáfora e do mundo. Preciso saber mais sobre os confortos e desconfortos digestivos de Latour, porque suspeito que estejam na raiz de nossos diferentes chamados para mudar a estória em favor dos Terrestres. Na mundificação sacrificial da Eucaristia, existem alguns fortes laços de parentesco com o *host* de Schmitt, de uma perspectiva etimológica e histórica. Nele encontramos o hóspede, refém, um mantido como garantia do outro, gerador e coletor de dívidas, o anfitrião que alimenta o viajante como um convidado, um estrangeiro que deve ser respeitado, ainda que seja assassinado, hostis, o hospedeiro como uma formação

---

38. Latour, "War and Peace in an Age of Ecological Conflicts", manuscrito da conferência. Ver também Carl Schmitt, *The Nomos of the Earth* [*O nomos da Terra*]. Para uma exposição completa sobre o recurso ao *hostis* de Schmitt e à teologia política, ver Latour, *Gifford Lectures*, "War of Humans and Earthbound". Nessa conferência, Latour faz a seguinte pergunta: "Se os Humanos estão em guerra com Isso [Gaia], o que será então daqueles a quem propus chamar de Terrestres? Poderiam ser 'artesãos da paz'?" (manuscrito não publicado). Esse tipo de artesão é precisamente o que Latour procura cultivar nesse e em outros trabalhos.

armada para o combate no campo de batalha (uma prova de força). Nem praga, nem lixo, tampouco *inimicus*, mas seres que coproduzem o envolvimento da guerra, e talvez assim uma nova paz em lugar do extermínio. Mas *host* também tem outros tons, que nos indicam um caminho em direção aos seres ctônicos e tentaculares na estória da bolsa – na qual Latour e eu, com sorte, ainda podemos ser coletados e transformados para a ceia de alguma velha bruxa. Quem sabe nos concedam a permanência como hóspedes, como espécies companheiras, sobretudo se estivermos no cardápio. O hospedeiro é o hábitat do parasita, sua condição de vida e de continuidade. Ele se encontra nas perigosas zonas de contato entre a simbiogênese e a simpoiese, que produzem mundos em que novas ordens suficientemente boas, recentemente remendadas, podem (ou não) emergir das associações sempre promíscuas e oportunistas entre hospedeiro e parasita. Quiçá as entranhas abissais e não cristãs de Gaia, hábitat das potências ctônicas, seja o próprio imbróglio em prol de SF, onde a continuidade permanece em jogo. Esse é o mundo SF evocado pela epígrafe deste capítulo, "Somos todos liquens". (Sobre a dificuldade de tornar-se não cristão, ver Anidjar, *Blood*. Anidjar também faz coisas muito interessantes com o pensamento de Schmitt.)

Mas alto lá, meus seres do líquen e afiliados! Antes, precisamos nos confrontar com o malfadado Antropoceno. Não sou contra todas as provas de força, afinal, adoro basquete feminino. Mas considero que as provas de força constituem a velha narrativa. Elas são superestimadas, e ainda se parecem um pouco com aquela tarefa sem fim de limpar a privada: necessária, porém radicalmente insuficiente. Por outro lado, existem excelentes privadas composteiras... Podemos delegar algumas provas de força aos infatigáveis micróbios, para que possam produzir mais tempo e mais espaço para SF em outros imbróglios.

Os inimigos de Schmitt não permitem que a medula da estória mude. Os Terrestres precisam de uma estória de vida menos binária, mais tentacular. As estórias de Gaia de Latour merecem companheiros melhores do que Schmitt para suas narrativas. A pergunta sobre com quem pensar-com é extremamente material. Penso que o dilema de Latour não pode ser resolvido nos termos do Antropoceno. Seus Terrestres terão que trilhar Chthuluceno adentro a fim de emaranhar-se com os seres inacabados, matreiros, não heroicos, tentaculares e pavorosos. São eles que tecem as bolsas de rede semiótico-materiais que têm pouca serventia nas provas de força, mas que são de grande utilidade para trazer de volta para casa e compartilhar os meios para viver e morrer bem – e talvez até mesmo os meios para uma recuperação ecológica de bichos humanos e mais-que-humanos.

Para dar forma a seu pensamento sobre a era chamada de Antropoceno e sobre a "Gaia multifacetada" (a expressão é de Stengers) em fricção amigável com Latour, Isabelle Stengers não pede que nos recomponhamos para que nos tornemos capazes de, quiçá, colocar-nos "diante de Gaia". Assim como Latour, e ainda mais como Ursula Le Guin – uma de suas escritoras SF mais gerativas –, Stengers é irredutível com relação à necessidade de mudar a estória. Centrando-se mais propriamente na intrusão do que na composição, Stengers define Gaia como uma potência temível e devastadora que irrompe em nossas categorias de pensamento, e até mesmo no próprio pensar.[39] Terra/Gaia é criadora

---

39. Ver Stengers, *In Catastrophic Times* [*No tempo das catástrofes*]. Gaia irrompe nesse texto a partir da página 48. Stengers discute "a intrusão de Gaia" em numerosas entrevistas, ensaios e conferências. Seu pensamento, assim como o de muitos autores e autoras engajados (incluindo Latour), é atravessado por um incômodo com o rótulo cada vez mais inescapável do Antropoceno, dentro e fora das ciências, da política e da cultura. Ao mesmo tempo, luta-se por outros termos. Sobre isso, ver Stengers em conversa com Heather Davis e Etienne Turpin, "Matters of Cosmopolitics: on the provocations of Gaia".

Desde o início, o pensamento de Stengers a propósito de Gaia e da elaboração da hipótese de Gaia por Lovelock e Margulis esteve entrelaçado com seu trabalho junto a Ilya Prigogine, que entendia que o forte acoplamento linear na teoria de sistemas complexos implicava a possibilidade de uma radical mudança de sistema global, incluindo o colapso. Ver Prigogine e Stengers, *Order Out of Chaos*. A relação entre Gaia e Caos é antiga

e destruidora, não um recurso a ser explorado nem uma pupila a ser protegida, e muito menos uma mãe lactante que nos promete nutrição. Gaia não é uma pessoa, mas uma série de fenômenos sistêmicos complexos que compõem um planeta vivo. A intrusão de Gaia em nossos afazeres é um acontecimento radicalmente materialista que congrega multidões. Essa intrusão não ameaça propriamente a vida na Terra – os micróbios se adaptarão, para dizê-lo de forma branda –, mas ameaça a habitabilidade da Terra para uma vasta quantidade de tipos, espécies, agenciamentos e indivíduos a partir de um "evento" que já está em curso: a Sexta Extinção em Massa.[40]

Assim como Latour, Stengers evoca o nome de Gaia do mesmo modo que James Lovelock e Lynn Margulis o evocaram, procurando nomear acoplamentos não lineares e complexos de processos que compõem e sustentam subsistemas entrelaçados,

---

na ciência e na filosofia. Minha intenção é amarrar essa emergência, de maneira simpoiética, na mundificação das potências ctônicas contínuas, que constitui o tempo-espaço material-semiótico do Chthuluceno, mais do que do Antropoceno ou do Capitaloceno. Isso é parte daquilo que Stengers quer dizer quando descreve sua Gaia intrusiva como "cocegueta" desde o início: "Seu funcionamento 'autopoiético' não é sua verdade, mas aquilo que 'nós' (seres humanos) precisamos enfrentar, e que somos capazes de ler a partir de nossos modelos computadorizados – a face que ela volta contra 'nós' " (e-mail de Stengers a Haraway em 9/5/2014).

40. A comunidade científica estima que este "evento" de extinção, o primeiro a ocorrer desde o surgimento de nossa espécie, poderia (assim como outros grandes eventos de extinção) eliminar entre 50% e 95% da biodiversidade existente, mas de maneira muito mais rápida. Estimativas bem fundamentadas antecipam que metade das espécies de pássaros que existem hoje poderia desaparecer até 2100. Isso significa muita morte dupla, segundo qualquer medida. Para uma apresentação geral, ver *Voices for Biodiversity*, "The Sixth Great Extinction". Para uma pesquisa feita por uma premiada escritora da ciência, ver Elizabeth Kolbert, "The Sixth Great Extinction" [*A Sexta Extinção: uma história não natural*]. Os relatórios da Convenção sobre Diversidade Biológica são mais cautelosos em suas previsões, e colocam em debate as dificuldades práticas e teóricas de se obter conhecimentos confiáveis. Suas perspectivas, no entanto, não são mais animadoras. Para um relatório perturbador do verão de 2015, ver Ceballos *et al.*, "Accelerated Modern Human-Induced Species Losses".

mas não cumulativos, como uma totalidade sistêmica parcialmente coerente.[41] Segundo essa hipótese, Gaia é autopoiética: autoformada, mantenedora de limites, contingente, dinâmica e estável sob determinadas condições, e não outras. Gaia não é redutível à soma de suas partes, mas adquire uma coerência sistêmica finita diante de perturbações que ocorrem dentro de parâmetros que, por sua vez, são responsivos a processos sistêmicos dinâmicos. Gaia não se preocupa, nem poderia preocupar-se, com as intenções, os desejos ou as necessidades de humanos e de outros seres biológicos. Gaia põe em questão a nossa própria existência – nós, que provocamos sua brutal mutação, que ameaça presentes e futuros vivíveis para humanos e não humanos. Gaia não traz uma lista de perguntas à espera de políticas racionais.[42] Gaia é um acontecimento intrusivo que desfaz o pensamento habitual:

---

41. Ver Lovelock, "Gaia as Seen through the Atmosphere". Ver também Lovelock e Margulis, "Atmospheric Homeostasis by and for the Biosphere". E ainda Margulis, "Gaia Hypothesis", vídeo de uma palestra ministrada a funcionários da Aeronáutica e da Agência Espacial dos Estados Unidos, em 1984. A autopoiese foi crucial para a transformadora teoria da simbiogênese de Margulis. No entanto, considero que, se estivesse viva para abordar a questão, Margulis provavelmente recorreria à terminologia e às potências de conceitualização e figuração da simpoiese. Considero Gaia um sistema simpoiético, equivocadamente tomado por autopoiético. Ver o capítulo 3, "Simpoiese". A estória de Gaia precisa de uma reformulação intrusiva para amarrar-se com uma multidão de outros seres tentaculares e simpoiéticos promissores, a fim de produzir um rico composto e seguir adiante. Gaia ou Gê é muito mais antiga e selvagem do que Hesíodo (poeta grego contemporâneo a Homero, que viveu entre 750 e 650 AEC), mas Hesíodo higienizou-a na *Teogonia*, com seu modo de estruturar a narrativa: depois do caos, Gaia "de amplo seio", a Terra, emerge para tornar-se a morada perpétua dos imortais que reinam no Olimpo, acima, e nas profundezas do Tártaro, abaixo (ver *Theogony*, pp. 116-118 [*Teogonia: a origem dos mitos*, trad. Jaa Torrano, Editora Iluminuras]). Os seres ctônicos retrucam: "Que nada!" Gaia é um deles, uma ameaça tentacular contínua aos seres astralizados do Olimpo – não sua base ou seu fundamento, com suas gerações subsequentes de deuses, todos dispostos conforme genealogias próprias. O relato de Hesíodo é o velho conto fálico que instaura cânones há dez séculos.
42. Ainda que eu não possa deixar de pensar que qualquer política ambiental e socionatural mais racional seria útil...

Ela é aquela que questiona, de maneira específica, os contos e os estribilhos da história moderna. Aqui há apenas um único mistério real em jogo: a resposta que nós, isto é, aqueles que pertencem a esta história, seremos capazes de criar ao enfrentar as consequências daquilo que provocamos.[43]

Antropoceno

Então, o que foi que nós provocamos? Escrevo em meio à seca histórica que já dura vários anos na Califórnia e à explosiva temporada de incêndios de 2015. Retorno à fotografia de um incêndio deliberadamente ateado pela Sustainable Resource Alberta em junho de 2009, no entorno da estrada Ice Fields Parkway, próximo à localidade de Saskatchewan River Crossing. O objetivo da operação era conter a propagação de besouros-do-pinheiro-da--montanha, para criar uma barreira de fogo contra ataques futuros e promover a biodiversidade. A esperança é que esse incêndio atue como um aliado para o ressurgimento. A devastadora proliferação do besouro-do-pinheiro em todo o oeste norte-americano é um capítulo importante da mudança climática no Antropoceno, bem como as megassecas e as temporadas de incêndio extremas e prolongadas. O fogo no oeste dos Estados Unidos tem uma complicada história multiespécie: trata-se de um elemento essencial para a continuidade e também de um agente da morte dupla, da aniquilação da continuidade. A semiótica material do fogo está em jogo em nossos tempos.

É passada a hora de nos voltarmos diretamente para esta coisa--espaço-tempo-global chamada Antropoceno.[44] O termo parece ter sido cunhado no início dos anos 1980 pelo pesquisador e ecólogo Eugene Stoermer, especialista em diatomáceas de água doce da

---

43. Isabelle Stengers, citação extraída de uma compilação em inglês sobre Gaia enviada por e-mail em 14/1/2014.
44. Uso o termo *coisa* em dois sentidos que se roçam: (1) o conjunto de entidades reunidas no Parlamento das Coisas, para o qual Bruno Latour chama a atenção; e (2) algo difícil de classificar, não categorizável e provavelmente malcheiroso. Ver Latour, *We Have Never Been Modern*.

Figura 9: Florestas em chamas, ícone do Antropoceno. Rocky Mountain House, Alberta, Canadá, 2 de junho de 2009. Fotografia de Cameron Strandberg.

Universidade de Michigan, falecido em 2012. Ele introduziu o termo para referir-se às crescentes evidências relacionadas aos efeitos transformadores das atividades humanas na Terra. O nome *Antropoceno* fez sua aparição estelar dramática em discursos globalizadores no ano 2000, quando o cientista holandês Paul Crutzen, especialista em química atmosférica e vencedor do prêmio Nobel, se juntou a Stoermer para sugerir que as atividades humanas haviam sido de tal natureza e de tamanha magnitude que mereceriam o uso de um novo termo geológico para uma nova época, que sucedeu o Holoceno (que data do fim da última era glacial, isto é, do final do Pleistoceno, há aproximadamente 12 mil anos). As mudanças antrópicas estabelecidas pela máquina a vapor, criada em meados do século XVIII, e pelo uso explosivo de carvão, responsável por alterações em todo o planeta, tornaram-se evidentes nos ares, nas águas e nas rochas da Terra.[45] Há um acúmulo de provas de que a

---

45. Ver Crutzen e Stoermer, "The 'Anthropocene'" [O 'Antropoceno']. Ver

acidificação e o aquecimento dos oceanos causam a decomposição acelerada dos ecossistemas de recifes de coral, produzindo enormes e fantasmagóricos esqueletos brancos de corais descoloridos, mortos ou moribundos. Retornaremos aos corais mais adiante em nossa estória, e ao fato de que esse sistema simbiótico – com suas associações aquáticas de cnidários, zooxantelas e muitos outros bichos produtores de mundos – é um dos principais indicadores da magnitude dessa transformação global.

Por ora, observemos que o Antropoceno ganhou força nos discursos populares e científicos no contexto de esforços ubíquos e urgentes para encontrar maneiras de teorizar, modelar e gerenciar uma Grande Coisa chamada Globalização. As modelagens da mudança climática introduziram um poderoso mecanismo de *feedback* positivo que provocou uma mudança de estado nos sistemas de discursos políticos e ecológicos.[46] O fato de que

---

também Crutzen, "Geology of Mankind"; e Zalasiewicz *et al.*, "Are We Now Living in the Anthropocene?" Alguns pesquisadores sugerem datas muito anteriores para a emergência do Antropoceno, mas a maioria dos cientistas e ambientalistas tende a insistir no aumento dos efeitos antrópicos planetários a partir do final do século XVIII. Um excepcionalismo humano mais profundo (a cisão radical entre natureza e cultura) costuma acompanhar as propostas que remontam a datas mais antigas, que coincidem com a presença de *Homo sapiens* no planeta – aquele que caça suas grandes presas, agora extintas, para depois inventar a agricultura e a domesticação de animais. Em "The Trajectory of the Anthropocene", Steven *et al.* propõem um argumento mais convincente para datar o Antropoceno a partir das múltiplas "grandes acelerações" nos indicadores de sistemas terrestres e de mudanças sociais, ocorridas a partir dos anos 1950, cujo início é marcado pela explosão de bombas nucleares na atmosfera. No texto de Zalasiewicz *et al.* referido acima, os autores defendem que a adoção, por parte de organizações científicas competentes (estadunidenses e internacionais), do termo *Antropoceno* para designar uma época geológica seria determinante para a identificação de assinaturas estratigráficas. Talvez isso seja verdade, mas as ressonâncias do Antropoceno estão muito mais disseminadas do que isso. Uma das pesquisas artísticas que mais aprecio acerca dos estigmas do Antropoceno é "Virtual Places: Core Logging the Anthropocene in Real-Time", de Ryan Dewey, em que o artista compõe "amostras básicas da geologia *ad hoc* das prateleiras de varejo".

46. Para um relato etnográfico poderoso sobre seu encontro com o desenvolvimento de modelos das mudanças climáticas nos anos 1990, ver Tsing, *Friction*, "Natural Universals and the Global Scale", pp. 88-112, sobretudo "Global Climate as a Model", pp. 101-106. À pergunta "O que

Paul Crutzen era ao mesmo tempo um laureado pelo Nobel e um químico atmosférico importava. Em 2008, cientistas do mundo todo já haviam adotado o termo, ainda não oficial, mas cada vez

torna o conhecimento global possível?", Tsing responde: "O apagamento das colaborações". Mas ela não se limita a essa crítica historicamente situada. Assim como Latour e Stengers, Tsing nos conduz antes à questão que realmente importa: "Seria possível tratar das origens colaborativas da natureza sem perder as vantagens do alcance global [dos modelos]?" (p. 95). "E como poderiam os pesquisadores assumir o desafio de libertar as imaginações críticas do espectro da conquista neoliberal – individual, universal e global? Prestar atenção nas fricções produzidas em articulações contingentes pode nos ajudar a descrever a eficácia e a fragilidade de formas emergentes do capitalismo e da globalização. Essa heterogeneidade mutável é portadora de novas fontes de esperança e, evidentemente, de novos pesadelos" (p. 77). Em sua primeira conferência sobre modelagem climática, em 1995, Tsing teve uma epifania: "*A escala global tem primazia porque é a própria escala do modelo*" (p. 103, grifo da autora). Mas essa característica e suas propriedades relacionadas têm um efeito específico: elas reúnem as partes ao redor de uma mesa de negociação internacional e heterogênea – talvez não suficientemente heterogênea mas, ainda assim, não é cheia de unidades e participantes idênticos. "A incorporação de escalas menores à escala global; o alargamento de modelos para que possam incluir tudo; a construção de modelos orientados por políticas: em conjunto, essas características permitem que os modelos levem os diplomatas à mesa de negociações" (p. 105). Isso é algo que não deve ser menosprezado.
Os relatórios do Painel Intergovernamental sobre Mudanças Climáticas (IPCC) são documentos imprescindíveis, que ilustram de maneira excelente os argumentos de Tsing. Ver *Climate Change 2014: Mitigation of Climate Change* e *Climate Change 2014: Impacts, Adaptation, and Vulnerability*.
Tsing faz um rastreamento profundo das especificidades etnográficas persistentes ao longo de extensas cadeias íntimas de transações e existências. Essa aposta se mantém em fricção produtiva e não utópica com a capacidade dos modelos de mudança climática de produzir escalas e a desordem, relacionadas à vida e à morte de mundificações baseadas em lugares e deslocamentos que sempre tornam capengas nossos melhores e mais necessários enunciados universais.
A autora busca e descreve múltiplas mundificações situadas e uma pluralidade de tipos de tradução para tratar da globalização. "A atenção à fricção abre a possibilidade de um relato etnográfico sobre a interconexão global" (p. 6). A apreciação daquilo que Tsing chama de *weediness* [daninidade, qualidade das ervas daninhas] é indispensável: "Estar ciente da necessidade de formar coalizões cuidadosas com aquelas e aqueles cujos conhecimentos e prazeres têm outras origens é o início de um ambientalismo não imperialista" (p. 170). O *hostis* não comparece nesta figuração de barbantes, mas os cogumelos são presença certa como guias para se viver nas ruínas. Ver ainda Tsing, *O cogumelo no fim do mundo*.

mais indispensável.⁴⁷ Uma miríade de projetos de pesquisa, performances, instalações e conferências nas artes, nas humanidades e nas ciências sociais passaram a considerá-lo como obrigatório em suas práticas de nomeação e de pensamento – especialmente para enfrentar as extinções aceleradas em todos os táxons biológicos, e também a pauperização multiespécie (inclusive humana) em toda a extensão da Terra. Os seres humanos queimadores de fósseis parecem determinados a produzir o maior número possível de novos fósseis, o mais rapidamente possível. Em um futuro muito próximo, esses fósseis serão lidos por geólogos nos estratos rochosos sob a terra e as águas – se é que já não o fizeram. No lugar da floresta em chamas, talvez o ícone do Antropoceno deveria ser o *Burning Man!*⁴⁸

47. O Anthropocene Working Group [Grupo de Trabalho sobre o Antropoceno] se estabeleceu em 2008 com o objetivo de apresentar à União Internacional das Ciências Geológicas e à Comissão Internacional de Estratigrafia suas considerações a respeito da designação de uma nova era geológica. Ver *Newsletter of the Anthropocene Working Group*, volumes 4 e 5.
48. Para uma galeria de fotos da estátua de um homem em chamas no encerramento do festival Burning Man, ver "Burning Man Festival 2012". Assistido por dezenas de milhares de pessoas humanas (e uma quantidade desconhecida de cachorros), Burning Man é um festival anual de arte e anarquismo (comercial) com uma semana de duração, sediado no deserto de Black Rock, em Nevada, desde 1990 (de 1986 a 1990, o festival aconteceu na praia de Baker Beach, em São Francisco). A origem do evento está ligada às celebrações do solstício de verão organizadas por artistas de San Francisco. "O evento é descrito como um experimento de comunidade, arte, autoexpressão e autossuficiência radical" ("Burning Man", Wikipédia). As extravagâncias globalizadoras do Antropoceno não correspondem à mundificação entrelaçada de arte e drogas do Burning Man, mas a iconografia do imenso "Homem" posto em chamas nesse festival é irresistível. As primeiras efígies incendiadas na praia de São Francisco foram um homem de madeira, com menos de três metros de altura, e um cachorro do mesmo material, um pouco menor. Já em 1988, o Homem media mais de doze metros e o cachorro havia desaparecido. Uma vez transferido para um local próximo ao leito de um lago assoreado, em Nevada, o homem chegou ao seu auge: quase 32 metros em 2011. Esses são os Estados Unidos. *Supersize* é a regra do jogo, um hábitat adequado ao Antropos.
O termo *antropos* (ἄνθρωπος) é ambíguo, e sua etimologia é controversa. O que *antropos* não representa é o lar abundante e gerativo de uma terra multiespécie. O *Online Etymology Dictionary* afirma que o termo vem do grego *aner*, "homem", "em oposição a uma mulher, um deus ou um menino". Justamente o que eu suspeitava! A origem de *antropos* ainda é explicada

É difícil compreender a magnitude das ambições abrasadoras do homem produtor-de-fósseis, esse Antropos cujos projetos candentes de aceleração de extinções lhe valeram o nome de uma nova época geológica. Deixando de lado a extração acelerada de todos os outros minerais, carne humana e vegetal, terras ancestrais e mais, gostaríamos de poder dizer, diante do palpável e custoso colapso de ecossistemas e da propagação de desordens políticas, que o ritmo de desenvolvimento de tecnologias de energia renovável e de medidas técnicas e políticas para a redução das emissões de gás carbônico irão mitigar – senão eliminar – a carga excessiva de gases que aquecem o planeta pela queima de quantidades cada vez maiores de combustíveis fósseis. Gostaríamos de pensar, ainda, que os problemas financeiros das indústrias globais do carvão e do petróleo colocariam um fim nessa loucura até 2015. Mas não é assim. Uma olhada rápida nas notícias diárias bastaria para acabar com tais esperanças. O problema, no entanto, é ainda pior do que aquilo que poderíamos encontrar a partir de uma leitura atenta dos informes do IPCC ou da imprensa. Em um artigo intitulado "*The Third Carbon Age*" [A Terceira Era do Carbono], Michael Klare, professor de Estudos da Paz e da Segurança Mundial no Hampshire College, apresenta provas contundentes contra a ideia de que a

---

às vezes "como um composto de *aner* e *ops* ('olhos' e 'face'); literalmente, 'aquele que tem o rosto de um homem' ". Ou, às vezes, a forma de um homem. Pesquisadores da Bíblia acham difícil que ἄνθρωπος possa incluir mulheres, e isso complica as traduções de maneira fascinante: ver http://www.bible-researcher.com/anthropos.html (acesso em 7/8/2015). Outras fontes indicam que essa palavra composta significa "aquilo que está abaixo, e, portanto, é terreno, humano", ou ainda "aquele que olha para cima" – e lamentavelmente, também para baixo, para a terra. Ao contrário dos animais, o homem como *antropos* "ergue seus olhos em direção àquilo que vê". cf. http://www.science-bbs.com/114-1ang/0e74f4484b3fe0.htm (acesso em 7/8/2015). O *antropos não é* o Terrestre de Latour.
É seguro afirmar que Eugene Stoermer e Paul Crutzen não estavam muito preocupados com essas ambiguidades. Ainda assim, graças aos céus, seus olhos humanos, ao olharem para cima, estavam atentos às emissões de dióxido de carbono sobre a atmosfera da Terra. Nadando com seres tentaculares em oceanos aquecidos, esses mesmos olhos eram aqueles dedolhos, ópticos--hápticos, de bichos marinhos em simbioses com corais doentes e moribundos. Ver Hayward, "Fingery Eyes".

antiga era do carvão, substituída pela recente era do petróleo, será suplantada pela era das energias renováveis.[49] Klare detalha o crescimento dos elevados investimentos globais, nacionais e corporativos em energias renováveis; sem dúvidas, há muito lucro e muitas vantagens de poder a serem obtidas no setor. Ao mesmo tempo, todas as tecnologias e medidas estratégicas imagináveis e inimagináveis estão sendo mobilizadas pelos principais atores globais a fim de extrair até a última caloria de combustível fóssil – a qualquer profundidade e em quaisquer formações de areia, lama ou rocha, com todos os horrores causados pelo transporte até os pontos de distribuição e consumo. Nessa lógica perversa, urge incinerar tudo antes que outro se adiante em queimar aquela caloria no grande conto fálico das primeiras e últimas palavras e armas belas.[50] Na Era do Petróleo e do Gás Não Convencionais,

---

49. Em "The Third Carbon Age", Klare escreve: "De acordo com a Agência Internacional de Energia (IEA), uma organização de pesquisa intergovernamental sediada em Paris, o investimento mundial acumulado em novas tecnologias de extração e processamento de combustíveis fósseis alcançará um valor estimado de US$ 22,87 trilhões entre 2012 e 2035, enquanto o investimento em energias renováveis, hidrelétricas e nucleares chegará apenas a US$ 7,32 trilhões." Energia nuclear, depois de Fukushima! Além disso, nenhum desses cálculos prioriza a ideia de uma presença humana menor, mais leve e mais modesta na Terra, com todos os outros bichos. O Capitaloceno não pode tolerar um mundo multiespécie dos Terrestres, mesmo nos discursos sobre "sustentabilidade". A respeito das mudanças de estratégia de crescimento de grandes corporações de energia que transferem suas atividades para países com regulamentações ambientais menos restritivas, ver Klare, "What's Big Energy Smoking?". Ver também Klare, *The Race for What's Left*.

50. Todos os bichos Terranos, Gaianos e Terrestres são suscetíveis a ter seu coração partido e suas brânquias estilhaçadas pela poluição ligada às areias betuminosas. Os lagos contaminados por rejeitos das operações de extração de petróleo das areias betuminosas no norte de Alberta, no Canadá, conformam um novo tipo de região dos Grandes Lagos, agregando novos "açudes" gigantes a cada dia. A área atualmente coberta por esses lagos é cerca de 50% maior do que a área da cidade de Vancouver. As operações em areias betuminosas não devolvem para os ciclos naturais quase nada da imensa quantidade de água utilizada. Povos Terrestres que tentam estabelecer plantações e criação de animais às margens dessas águas alarmantemente coloridas, cheias de resíduos da extração, dizem que os processos sucessionais de restabelecimento desses ecossistemas biodiversos e simpoiéticos tardarão décadas e séculos – se é que ainda são realmente possíveis. Ver Pembina Institute, "Alberta's Oil Sands"; e Weber,

como chamou Klare, o fraturamento hidráulico é a ponta do iceberg (em degelo). O derretimento das calotas polares, cujas consequências são terríveis para os ursos polares e os povos costeiros, é ótimo para a exploração, a perfuração e a navegação petrolífera e militar competitiva pelas passagens do norte. Quem precisa de um quebra-gelo quando se pode contar com o degelo?[51]

Em 2012, Brad Werner, engenheiro de sistemas complexos, fez uma palestra em um dos encontros da American Geophysical Union em San Francisco. Seu argumento era muito simples: do ponto de vista científico, o capitalismo global "tornou o esgotamento de recursos tão acelerado, conveniente e livre de barreiras

"Rebuilding Land Destroyed by Oil Sands May Not Restore It". A Venezuela e a Arábia Saudita são os únicos países com mais reservas de petróleo do que Alberta. Dito isso, os Terrestres, ou Terranos, não abrem mão do presente nem do futuro; o céu está mais baixo, mas ainda não caiu. Pembina Institute, "Oil Sands Solutions". Povos indígenas, Métis e das Primeiras Nações são atores determinantes em cada aspecto dessa estória inacabada. Ver o site da Tar Sands Solution Network. A propósito do degelo marinho no Ártico, ver a figura 10.

51. Fotografia do Observatório da Terra da NASA, 2015 (domínio público). Se as chamas são o ícone do Antropoceno, escolho o degelo e a Passagem do Noroeste desbloqueada como a figura do Capitaloceno. O Soufan Group fornece serviços de inteligência e de segurança estratégica para governos e organizações multinacionais. Seu informe TSG IntelBrief: Geostrategic Competition in the Arctic inclui as seguintes passagens: "*The Guardian* estima que o Ártico contém 30% do gás natural ainda não descoberto do mundo e 15% de seu petróleo"; "Em fevereiro, a Rússia anunciou que formaria um comando militar estratégico para proteger seus interesses no Ártico"; "Rússia, Canadá, Noruega, Dinamarca e Estados Unidos reivindicam direitos sobre as águas e a plataforma continental do Oceano Ártico"; "A rota [pela Passagem do Noroeste] ofereceria aos russos uma grande vantagem no cenário internacional em relação a China ou qualquer outra nação que dependa do comércio marítimo entre Ásia e Europa".

A província de Alberta, no Canadá, ocupa a terceira posição em termos de quantidade de reservas petrolíferas comprovadas, depois da Arábia Saudita e da Venezuela. Quase todo o petróleo de Alberta se encontra nas areias betuminosas ao norte da província, local dos novos grandes lagos petrotóxicos da América do Norte. Ver Alberta Energy, "Facts and Statistics". É o Capitaloceno em ação! Ver Indigenous Environmental Network, "Canadian Indigenous Tar Sands Campaign". Mais de vinte corporações mantêm operações nas areias betuminosas que compõem o lar e o território de diversos povos indígenas, incluindo aqueles de Mikisew Cree First Nation, Athabasca Chipewyan, Fort McMurray, Fort McKay Cree, Beaver Lake Cree, Chipewyan Prairie e também os Métis.

que, como resultado, os 'sistemas humano-terrestres' estão se tornando perigosamente instáveis." Ele concluía, portanto, que a única coisa científica a fazer era se revoltar. Os movimentos – e não só os indivíduos – têm uma importância fundamental. Precisamos de formas de ação e de pensamento que não se dobrem à cultura capitalista dominante. Isso não é uma questão de opinião, dizia Werner, mas de dinâmica geofísica. A jornalista que cobriu o encontro resumiu o discurso de Werner do seguinte modo: "Ele afirma que sua pesquisa mostra que todo o nosso paradigma econômico é uma ameaça à estabilidade ecológica".[52] Werner não é o primeiro nem o último pesquisador e produtor de questões de interesse a apresentar esse argumento, mas sua lucidez em um encontro científico é revigorante. Revolta! É imprescindível que pensemos, devemos pensar. Realmente pensar, não como Eichmann, o Insensível. Sem dúvida, o diabo está nos detalhes – como se revoltar? Como se importar, e não só querer se importar?

Capitaloceno

Pelo menos uma coisa está absolutamente evidente: não importa o quão preso esteja aos universais masculinos genéricos, ou o quanto só consiga olhar para cima, o Antropos não fez esse negócio de fraturamento hidráulico, e não deveria nomear essa época enamorada pela morte dupla. Afinal, o Antropos não é o *Burning Man*. No entanto, como o termo *Antropoceno* já está tão arraigado e, para muitos atores importantes, parece menos controverso do que *Capitaloceno*, sei que continuaremos a precisar dele. Eu também devo usá-lo, embora com moderação. Quem e o que o Antropoceno for capaz de recolher em sua bolsa de rede remodelada também pode se revelar um elemento potente para viver nas ruínas, e até mesmo para uma modesta recuperação terrana.

---

52. Klein, "How Science Is Telling Us All to Revolt"; Klein, *The Shock Doctrine*.

Figura 10: Derretimento de gelo marinho na Passagem do Noroeste, ícone do Capitaloceno. Imagem da Terra Visível de Jesse Allen de 2015, que utilizou dados de 2012 do Land Atmosphere Near Real-Time Capability for EOS (LANCE). National Snow and Ice Data Center.

Ainda assim, se pudéssemos ter apenas uma única palavra para estes tempos SF, ela certamente deveria ser *Capitaloceno*.[53] A

53. *Capitaloceno* é uma dessas palavras como *simpoiese*; se você acredita que a inventou, olhe para o lado e veja quantas outras pessoas estão criando os mesmos termos ao mesmo tempo. Isso aconteceu justamente comigo, quando me perguntaram de quem eu havia tomado o termo – mas não teria eu o cunhado? ("Cunhado!") Após superar um breve acesso de ressentimento individualista, perguntei-me: por que será que algumas pessoas do meio universitário sempre perguntam às mulheres a quais escritores homens suas ideias se devem? Reconheço que não fui a única a participar do jogo de cama de gato da invenção, como sempre, mas que Jason Moore já havia exposto argumentos contundentes com os quais podemos pensar. Naquela ocasião, meu interlocutor conhecia o trabalho de Moore e estava retransmitindo-o para mim. O próprio Moore escutou o termo *Capitaloceno* pela primeira vez em 2009, em um seminário em Lund, na Suécia. Quem o propôs foi Andreas Malm, ainda estudante naquela época. Em uma conjuntura histórica de urgências, palavras--para-se-pensar-com pipocam todas juntas de uma vez de muitos caldeirões borbulhantes, porque sentimos a necessidade de dispor de melhores bolsas de rede para recoletar as coisas que convocam nossa atenção. Apesar de todos os seus problemas, o termo *Antropoceno* foi e é adotado porque permite reunir muitas questões de fato, de interesse e de cuidado. Espero que *Capitaloceno*

Espécie Homem não moldou as condições para a Terceira Era do Carbono nem para a Era Nuclear. A estória da Espécie Homem como agente do Antropoceno é uma reprise quase risível da Grande Aventura fálica, humanizadora e modernizadora na qual o homem, feito à imagem de um deus desvanecente, adquire superpoderes em sua ascensão sagrado-secular apenas para acabar mais uma vez em trágica detumescência. O homem autopoiético e autoproduzido desaba novamente, dessa vez numa trágica falha do sistema, ocasionando a transformação de ecossistemas biodiversos em desertos tresloucados de tapetes viscosos e águas-vivas pungentes. O determinismo tecnológico tampouco produziu a Terceira Era do Carbono. O carvão e a máquina a vapor não determinaram a estória. Além do mais, as datas estão todas erradas – não porque se deve remontar à última era do gelo, mas porque é preciso levar em conta as grandes remundificações do mercado e das *commodities* no decorrer dos longos séculos XVI e XVII da era corrente – ainda que consideremos (equivocadamente) que podemos permanecer eurocentrados ao interrogar as transformações "globalizadoras" que deram forma ao Capitaloceno.[54] É imprescindível falar sobre as redes de açúcar e metais preciosos, *plantations*, genocídio de povos indígenas e escravidão, com suas inovações laborais, suas deslocalizações e suas recomposições de bichos e coisas que varreram consigo trabalhadores humanos e não humanos de todos os tipos. A contagiosa Revolução Industrial inglesa teve uma enorme importância, mas foi só mais um participante nas relações de mundificação historicamente situadas e suficientemente recentes

---

role de uma miríade de línguas em breve. Ver, em particular, o trabalho de Jason Moore, um sociólogo marxista criativo da Universidade de Binghamton, em Nova York. Moore coordena a World Ecology Research Network. Para sua primeira defesa do Capitaloceno, ver Moore, "Anthropocene, Capitalocene, and the Myth of Industrialization"; e Moore, *Capitalism and the Web of Life*.

54. Para superar o eurocentrismo ao se pensar sobre a história dos centros e dos caminhos da globalização nos últimos séculos, ver Flynn e Giráldez, *China and the Birth of Globalisation in the 16th Century*. Para uma análise atenta às diferenças e fricções entre colonialismos, imperialismos, o capitalismo e formações de comércio globalizadoras, ver Ho, "Empire through Diasporic Eyes" e *The Graves of Tarem*.

que transformaram o planeta. A deslocalização de povos, plantas e animais, o desmatamento de vastas florestas e a violenta extração de metais precederam a máquina a vapor, mas isso não é razão para se lavar as mãos diante da perfídia do Antropos, da Espécie Homem ou do Homem Caçador.

As estórias sistêmicas dos metabolismos, articulações ou coproduções (escolham a melhor metáfora) interligadas entre economias e ecologias, ou ainda entre as histórias de bichos humanos e não humanos devem ser implacavelmente oportunistas e contingentes. Elas também devem ser obstinadamente relacionais, simpoiéticas e consequentes.[55] Essas histórias são terranas, não cósmicas, ou extáticas, ou amaldiçoadas no espaço sideral. O Capitaloceno também é terrano; esta não precisa ser a última época geológica biodiversa a incluir também a nossa espécie. Ainda há muitas boas estórias por contar e muitas bolsas de rede por fiar, e não só por seres humanos.

Como uma provocação, permitam-me resumir minhas objeções ao Antropoceno como uma ferramenta, uma narrativa ou uma época para se pensar com:

1. O sistema de mito associado ao Antropos é uma cilada, e suas estórias acabam mal. Mais exatamente, elas acabam em morte dupla; elas não são sobre a continuidade. É difícil contar uma boa estória com tão mau ator. Maus atores precisam de uma estória, mas não da estória toda.

---

55. Em "Anthropocene or Capitalocene, Part III", Jason Moore escreve: "Isso significa que o capital e o poder – e incontáveis outras relações estratégicas – não agem por natureza, mas se desenvolvem em uma teia da vida. A 'natureza' é concebida aqui como o conjunto das relações. Os seres humanos vivem como uma espécie produtora de ambientes que é parte da Natureza – uma espécie especificamente dotada, mas não especial. Acrescentemos que o capitalismo, em 1800, não era nenhuma Atena, plenamente crescida e armada, irrompendo da cabeça de um Zeus carbonífero. As civilizações não se formam por meio de eventos como o Big Bang. Elas emergem no decorrer de uma cascata de transformações e bifurcações de atividades humanas na teia da vida [...]. [Por exemplo,] o grande desmatamento de florestas no decurso do século XVII, como os que ocorreram na bacia do rio Vístula e na Mata Atlântica, no Brasil, em uma escala e a uma velocidade de cinco a dez vezes maior do que quaisquer desses acontecimentos na Europa durante a Idade Média."

2. A Espécie Homem não faz a história.
3. A soma de Homem e Ferramenta não faz a história; essa é só a estória da História contada pelos excepcionalistas humanos.
4. A História deve dar lugar às geo-histórias, às estórias de Gaia, às estórias sinctônicas. Os terranos vivem e morrem tentacularmente em redes, entrelaçamentos e figuras de barbante multiespécies e simpoiéticas; os terranos não fazem a História.
5. O dispositivo social humano do Antropoceno tende à instabilidade e é propenso a burocracias. A revolta precisa de outras formas de ação e de outras estórias para consolo, inspiração e efetividade.
6. Apesar de sua dependência em ágeis modelagens computadorizadas e em teorias de sistemas autopoiéticos, o Antropoceno se baseia excessivamente em teorias de relações que deveriam ser "impensáveis". Refiro-me aqui ao velho individualismo utilitarista delimitado, em que supostas unidades preexistentes, em relações de competição, sugam todo o ar da atmosfera (exceto, aparentemente, o dióxido de carbono).
7. As ciências do Antropoceno são excessivamente contidas em teorias de sistemas restritivas e nas teorias evolutivas chamadas de Síntese Moderna. Apesar de toda sua extraordinária importância, essas teorias se provaram inábeis para se pensar bem sobre a simpoiese, a simbiose, a simbiogênese, o desenvolvimento, as redes ecológicas e os micróbios. São problemas demais para uma teoria evolutiva adequada.
8. O termo *Antropoceno* tem mais sentido e utilidade para intelectuais de classes e regiões abastadas. Não se trata de um termo corriqueiro para descrever o clima, o tempo, a terra ou o cuidado com o território em vastas áreas do mundo, especialmente – mas não só – entre povos indígenas.

Estou alinhada com a ambientalista feminista Eileen Crist quando ela escreve contra os compromissos gerenciais, tecnocráticos, modernizadores, excepcionalistas humanos, embriagados pelo mercado, pelo lucro e pelo *business as usual* que caracterizam boa parte do discurso do Antropoceno. Esse discurso não é apenas equivocado e de má-fé por si só, mas também mina nossa capacidade de imaginar e cuidar de outros mundos – tanto aqueles que existem de maneira precária agora (incluindo aquilo que é chamado de natureza selvagem, por toda a história contaminada de racismo dessa expressão, característica do colonialismo de ocupação) como aqueles que precisamos trazer à existência em aliança com outros bichos, em favor da recuperação ainda possível de passados, presentes e futuros. "A persistência cada vez mais profunda da escassez e o sofrimento que ela impõe a todas as formas de vida constituem um artefato do excepcionalismo humano em todos os níveis." Por outro lado, uma humanidade com mais integridade terrena nos "convida a *priorizar* nossa retirada e nossa redução, a acolher as limitações de nossos números, nossas economias e nossos hábitats, por uma liberdade e uma qualidade de vida maiores e mais inclusivas".[56]

Se os Humanos vivem na História e os Terrestres assumem a tarefa que lhes cabe no Antropoceno, pós-humanos demais (e pós-humanistas, um conjunto completamente distinto) parecem ter migrado para o Antropoceno. Meu povo humano e não humano talvez seja aquele dos terríveis ctônicos que serpenteiam no interior dos tecidos de Terrápolis.

Notem que, na medida em que o Capitaloceno é relatado na linguagem do marxismo fundamentalista, com todas as armadilhas da Modernidade, do Progresso e da História, o termo se torna sujeito às mesmas críticas, ou a outras ainda mais ferozes. As estórias do Antropoceno e do Capitaloceno oscilam constantemente, sempre a ponto de se tornarem Grandes Demais. Marx fez melhor

---

56. Crist, "On the Poverty of Our Nomenclature", p. 144. Crist critica contundentemente as armadilhas do discurso do Antropoceno, e ainda nos oferece proposições para uma mundificação mais imaginativa e para outras formas de ficar com o problema. Para artigos emaranhados e divergentes, que ao mesmo tempo recusam e assumem o nome *Antropoceno*, ver os vídeos da conferência "Anthropocene Feminism". Para uma rica pesquisa interdisciplinar, organizada por Anna Tsing e Nils Ole Bubandt, que reúne pesquisadores do campo da antropologia, da biologia e das artes sob o signo do Antropoceno, ver Aarhus University Research on the Anthropocene.

Figura 11: *Octopi Wall Street* [Ocupar/po(l)voar Wall Street]: Revolta sinctônica. Ilustração de Marley Jarvis, Laurel Hiebert e Kira Treibergs, 2011. Oregon Institute of Marine Biology.

do que isso, Darwin também. Podemos herdar sua bravura e seu talento para contar estórias suficientemente grandes, sem apelar ao determinismo, à teleologia ou ao plano.[57]

As mundificações relacionais historicamente situadas fazem troça da divisão binária entre natureza e sociedade e de nossa submissão ao Progresso e à sua gêmea maligna, a Modernização. O Capitaloceno foi feito de maneira relacional, não por uma divindade secular como o antropos, uma lei da história, a própria

---

57. Devo a insistência nas estórias "suficientemente grandes" a Clifford, *Returns*: "Considero que essas histórias 'suficientemente grandes' são capazes de dar conta de muita coisa, mas não de tudo – sem garantias de virtude política" (p. 201). Ao rejeitar um único grande relato ou uma grande teoria sintética, Clifford trabalha para fabricar um realismo que "trabalha com estórias suficientemente grandes com finais abertos (porque seu tempo histórico linear é ontologicamente inacabado), pontos de contato, luta e diálogo" (pp. 85-86).

máquina ou um demônio chamado Modernidade. O Capitaloceno, portanto, deve ser desfeito de maneira relacional, de modo a compor alguma coisa mais vivível nos padrões e estórias SF semiótico-materiais, alguma coisa de que Ursula K. Le Guin poderia se orgulhar. Philippe Pignarre e Isabelle Stengers, consternados mais uma vez com os bilhões de habitantes humanos do planeta – e com nossa adesão contínua e diária, na prática, a essa coisa chamada capitalismo –, observam que a denúncia tem sido singularmente ineficaz; do contrário, o capitalismo teria desaparecido da Terra há muito tempo. Um compromisso sombrio e enfeitiçado pela sedução do Progresso (e seu polo oposto) nos acorrenta a infinitas alternativas infernais, como se não tivéssemos outras maneiras de remundificar, reimaginar, reviver e nos reconectar reciprocamente em bem-estar multiespécie. Essa explicação não nos exime de fazer melhor muitas coisas importantes, pelo contrário. Pignarre e Stengers reafirmam a capacidade dos coletivos situados de inventar novas práticas de imaginação, resistência, revolta, reparação e luto, outras formas de viver e morrer bem. Eles nos lembram que a desordem estabelecida não é necessária: outro mundo não é só urgentemente necessário, como também é possível – mas só se não sucumbirmos ao feitiço do desespero, do cinismo ou do otimismo, nem ao discurso de crença/descrença do Progresso.[58] Muitos teóricos marxistas e críticos culturais, em seu melhor momento, estariam de acordo.[59] Os seres tentaculares também.[60]

58. Pignarre e Stengers, *La sorcellerie capitaliste*. Latour e Stengers estão profundamente unidos em sua firme rejeição aos discursos de denúncia. Ambos me ensinaram pacientemente a entender e a reaprender sobre essa questão. Eu adoro uma boa denúncia! É um hábito difícil de desaprender.
59. É possível ler a *Dialética do esclarecimento* de Max Horkheimer e Theodor Adorno como um recurso crítico ao Progresso e à Modernização, ainda que seu resoluto secularismo se meta em seu próprio caminho. É muito difícil para um secularista realmente escutar as lulas, as bactérias e outras mulheres velhas e raivosas da Terra/Gaia. Além de Marx, os marxistas ocidentais empenhados em nutrir o Chthuluceno nas próprias entranhas do Capitaloceno são Antonio Gramsci, *Selections from the Prison Notebooks*, e Stuart Hall. Os ensaios imensamente gerativos de Hall atravessam as décadas de 1960 a 1990. Ver, por exemplo, Morley e Chen, *Stuart Hall*.
60. Ver Gilson, "Octopi Wall Street!" para uma história fascinante sobre como

Chthuluceno

Gaia é a figura do Antropoceno para muitos pensadores ocidentais contemporâneos, influenciados pela abordagem de sistemas gerativos complexos de James Lovelock e Lynn Margulis. Uma Gaia desfraldada, no entanto, está ainda melhor situada no Chthuluceno, essa temporalidade contínua que resiste à figuração e à datação, reivindicando uma miríade de nomes. Tendo surgido do Caos,[61] Gaia era e é uma poderosa força intrusiva que não cabe no bolso de ninguém, tampouco representa qualquer esperança de salvação. Ela é capaz de provocar as melhores teorias de sistemas autopoiéticos complexos do final do século XX – as mesmas que levaram ao reconhecimento da devastação causada pelos processos antrópicos dos últimos séculos –, demarcando um contraponto necessário às figuras euclidianas e às estórias do Homem.[62] Na conferência pós-eurocêntrica intitulada "Os mil nomes de Gaia",[63] o antropólogo Eduardo Viveiros de Castro e

---

o Grande Capital depredador nos Estados Unidos assumiu a forma de um cefalópode (por exemplo, os grandes polvos John D. Rockefeller/Standard Oil, que estrangularam trabalhadores, fazendeiros e cidadãos em geral com seus muitos tentáculos no início do século XX). A ressignificação dos polvos e das lulas como seres ctônicos aliados é uma notícia excelente. Que eles cubram os dispositivos de visualização dos deuses tecnoides com a noite de seus esguichos de tinta.

61. A *Teogonia* de Hesíodo narra, em uma linguagem dolorosamente bela, como Gaia/Terra emergiu do Caos para se tornar a morada dos imortais do Olimpo, acima, e do Tártaro, nas profundezas subterrâneas. Gaia é muito antiga e polimórfica, e extrapola as narrativas gregas – em que medida não se sabe, permanecendo objeto de controvérsia e especulação. No mínimo, Gaia não se limita a servir de suporte aos deuses do Olimpo! Marija Gimbutas, proeminente pesquisadora e arqueóloga não ortodoxa, afirma que a figura de Gaia como a Mãe Terra é uma forma mais recente da Grande Mãe pré-indo-europeia do Neolítico. Em 2004, a cineasta Donna Reed e a ativista e escritora neopagã Starhawk realizaram um filme sobre a vida e o trabalho de Gimbutas, *Signs out of Time*. Ver Belili Productions, "About Signs out of Time"; e Gimbutas, *The Living Goddesses*.

62. Para entender o que está em risco nessas narrativas "não euclidianas", ver Le Guin, *Always Coming Home* e "A Non-Euclidean View of California as a Cold Place to Be".

63. "Os mil nomes de Gaia: do Antropoceno à idade da Terra". Colóquio internacional, Rio de Janeiro, 15 a 19/9/2014.

a filósofa Déborah Danowski exorcizaram as noções persistentes que confinam Gaia à Grécia Antiga e às culturas europeias subsequentes, refigurando as urgências de nossos tempos. São nomes e não rostos, nem metamorfoses do mesmo, mas outra coisa, milhares de outras coisas que ainda narram as mundificações e remundificações entrelaçadas, contínuas, gerativas e destrutivas nessa era da Terra. Precisamos que outra figura, que mil nomes de outra coisa, irrompam do Antropoceno para dar forma a outra estória suficientemente grande. Tendo sido mordida pela aracnídea *Pimoa chthulhu* em uma floresta de sequoias da Califórnia, quero propor a Medusa serpentiforme e as muitas mundificações inacabadas de suas antepassadas, associadas e descendentes. Quiçá Medusa, a única Górgona mortal, possa nos conduzir aos holobiomas de Terrápolis, aumentando nossas possibilidades de espatifar os navios dos Heróis do século XXI contra os recifes de corais vivos, ao invés de permitir que suguem até a última gota de carne fóssil da rocha morta.

A figura feita de terracota de Potnia Theron, a Senhora dos Animais, retrata uma deusa alada que veste uma saia com uma fenda e toca um pássaro com cada mão.[64] Ela é uma recordação vívida da amplitude, da magnitude e do alcance temporal – passado e futuro – das potências ctônicas em mundos mediterrâneos, do

---

64. A abelha é um dos emblemas de Potnia Theron, também chamada de Potnia Melissa, a Senhora das Abelhas. Praticantes modernos de Wicca re-membram e recompõem esses seres ctônicos por meio de rituais e de poesia. Se o fogo é o emblema do Antropoceno e o gelo é a marca do Capitaloceno, agrada-me a ideia de usar a cerâmica de argila vermelha como uma figura do Chthuluceno, uma época de fogo, água e terra, em sintonia com os toques de seus bichos e sua gente. A pesquisadora Raissa DeSmet (Trumbull) fez sua pesquisa de doutorado sobre a deusa ribeirinha Ratu Kidul e as danças balinesas que se inspiram nela. DeSmet me apresentou às redes tecidas pelos seres ctônicos, tentaculares e viajantes que emergem de Naga, a divindade Hindu em forma de serpente que se move pelas águas do Sudeste Asiático. DeSmet, *A Liquid World*.

Oriente Próximo e além.⁶⁵ Potnia Theron tem suas raízes nas culturas minoicas e, posteriormente, micênicas; tendo impregnado as estórias gregas sobre Ártemis e as Górgonas (especialmente Medusa, a única Górgona mortal). A Dama das Bestas, uma espécie de protomedusa viajante, é um poderoso elo entre a ilha de Creta e a Índia. A figura alada também é chamada de Potnia Melissa, a Senhora das Abelhas, envolta em seus dotes de zumbidos, picadas e mel. Observem os sentidos acústicos, táteis e gustativos suscitados por sua carne simpoiética, mais-que-humana. Serpentes e abelhas se parecem mais com sensores tentaculares que picam do que com olhos binoculares, embora esses bichos também possam ver, com seus múltiplos sistemas ópticos e seus olhos compostos de inseto.

Em suas muitas corporificações ao redor do mundo, as deusas aladas das abelhas são muito antigas, e se fazem extremamente necessárias agora.⁶⁶ Os cachos serpenteantes e o rosto de Górgona

---

65. Os elos entre Potnia Theron e a Górgona/Medusa persistiram na arquitetura de templos e na decoração de edifícios muito depois de 600 AEC. Isto evidencia a pregnância tenaz dos poderes ctônicos em práticas, imaginações e rituais, como aqueles da Península Itálica entre os séculos V e III AEC. A temível face da Górgona se vira para fora para defender-se dos perigos exteriores, enquanto a não menos pavorosa Potnia Theron se volta para dentro, nutrindo as redes da vida. Ver Busby, *The Temple Terracottas of Etruscan Orvieto*. Maria, a mãe virgem de Deus no cristianismo, por sua vez, irrompeu nos mundos do Oriente Próximo e do Mediterrâneo. Lamentavelmente, a iconografia de Maria a representa com uma auréola de estrelas, esmagando a cabeça da serpente (por exemplo, na Medalha Milagrosa que data de uma aparição da Virgem do início do século XIX), em vez de uni-la às potências terrenas. A "senhora rodeada de estrelas" é uma figura apocalíptica que indica o fim dos tempos nas escrituras cristãs, e essa é uma má ideia. Durante toda minha infância, usei um cordão de ouro com essa medalha pendurada. Afinal, afortunadamente, foram os contágios residuais da Virgem com os seres ctônicos que se apossaram de mim, afastando-me tanto do sagrado quanto do secular para me conduzir em direção ao húmus e ao composto.

66. Em hebreu, *Deborah* significa abelha. Trata-se da única juíza mulher mencionada na Bíblia. Deborah foi uma guerreira e conselheira do período pré-monárquico de Israel. É possível que a canção "*Deborah*" date do século XII AEC. Deborah foi uma heroína militar e uma aliada de Jael, nome da personagem e um dos quatro J do romance formativo de ficção científica feminista *The Female Man*, de Joana Russ.

Figura 12: Potnia Theron com rosto de Górgona, ícone do Chthuluceno. Relevo de Potnia Theron sobre moeda, Kameiros, Rodes, século VI AEC. Terracota, 32 cm de diâmetro. Coleção do British Museum, escavada por Auguste Salzmann e Sir Alfred Bilotti; adquirida em 1860. Fotografia de Marie-Lan Nguyen ©, 2007.

de Potnia Theron/Melissa emaranham-na em diversos parentescos de forças ctônicas terrenas que viajam abundantemente no espaço e no tempo. A palavra grega *Górgona* é traduzida como algo

Em abril de 2014, o reverendo Billy Talen e a igreja de Stop Shopping exorcizaram Robobee, o robô-abelha dos laboratórios de microrrobótica de Harvard. O Robobee é um drone de alta tecnologia concebido para substituir as abelhas biológicas, cada vez mais sobrecarregadas e envenenadas, à medida que adoecem e se extinguem. *Abeluia!* As velhas estórias ainda vivem! Ver Talen, "Beware of the Robobee"; e Finnegan, "Protestors Sing Honeybeelujahs against Robobees". Ou ainda, como disse Brad Werner no congresso da American Geophysical Union: revolta! Será que já se escutam os zumbidos? É chegado o momento da picada; é tempo do enxame ctônico. É hora de cuidar das abelhas.

temível, mas talvez isso seja resultado de uma escuta patriarcal e astralizada de estórias muito mais cheias de espanto, atos de geração, destruição e obstinada finitude terrana em curso. Potnia Theron/Melissa/Medusa transformam profundamente a rostidade, e isso constitui um golpe contra as figurações humanistas (inclusive tecno-humanistas) modernas do Antropos que olha para a frente e contempla o céu. Lembremos que, em grego, *chthonios* significa "de, em, ou sob a terra e os mares" – um rico imbróglio terrano para SF, fato científico, ficção científica, feminismo especulativo e fabulação especulativa. Os seres ctônicos, precisamente, não são deuses celestes nem o fundamento dos tempos olímpicos. Eles não fazem amizade com o Antropoceno nem com o Capitaloceno, que estão muito longe de acabar com eles. Os Terrestres são capazes de tomar coragem – e passar à ação.

As Górgonas são poderosas entidades ctônicas aladas que não possuem uma genealogia apropriada. Seu alcance é lateral e tentacular; elas não têm uma linhagem estabelecida nem qualquer tipo (gênero, categoria) fiável, embora sejam representadas e narradas como femininas. Nas versões antigas, as Górgonas se entrelaçam com as Erínias (as Fúrias), potências ctônicas do submundo que vingam os crimes contra a ordem natural. Nos domínios dos seres alados, são as harpias, com seus corpos de pássaro, que desempenham essas funções vitais.[67] Agora, olhem mais uma vez para as aves de Potnia Theron e perguntem-se o que elas fazem. Seriam as harpias suas primas? Por volta de 700 AEC, Hesíodo imaginou as Górgonas como demônios dos mares e deu a elas entidades marinhas como progenitoras. Leio a *Teogonia* de Hesíodo como uma obra que buscava estabilizar uma família *queer* muito espevitada. As Górgonas irrompem, mais do que emergem; elas são intrusivas em um sentido semelhante ao que Stengers entende por Gaia.

As Górgonas transformavam em pedra os homens que olhavam para seus rostos vivos, venenosos e incrustados de serpentes.

---

67. Ver "Erinyes 1".

Fico imaginando o que teria acontecido se esses homens soubessem saudar polidamente esses temíveis seres ctônicos. Pergunto-me se ainda é possível aprender esses bons modos – se ainda há tempo de aprender agora, ou se a estratigrafia das rochas só poderá registrar os fins e o final de um Antropos petrificado.[68]
As divindades do Olimpo identificaram a Medusa mortal como uma inimiga particularmente perigosa à sucessão e à autoridade dos deuses celestes. Ela se revela, portanto, especialmente interessante ao meu esforço de propor o Chthuluceno como uma das estórias suficientemente grandes na bolsa de rede para ficar com o problema que caracteriza nossa época. Ressignifico e retorço essas estórias, mas não mais do que os próprios gregos constantemente faziam.[69] Com a ajuda de Atena – a filha predileta de Zeus, nascida de sua cabeça –, o herói Perseu é enviado para

---

68. Martha Kenney me fez notar um elemento importante da estória dos Oods na longeva série britânica de ficção científica *Doctor Who*: esses seres com cara de lula só se tornaram letais para a humanidade após terem sido mutilados, separados de sua mente-colmeia sinctônica e reduzidos à escravidão. Os empáticos humanoides Ood possuem tentáculos sinuosos na porção inferior de seus rostos alienígenas, cheios de dobras. Eles têm rombencéfalos nas mãos, o que possibilita que se comuniquem entre si, telepaticamente, por meio desses órgãos exteriores, vivos e vulneráveis (*organons*). Os humanos (definitivamente não os Terranos) amputaram esses cérebros posteriores e os substituíram por um aparato tecnológico esférico de comunicação e tradução, de maneira que, isolados, os Ood só pudessem se comunicar por meio de seus escravizadores, que os coagiram à hostilidade. Procuro não pensar nos tecnocomunicadores dos Oods como os próximos modelos de iPhone, mas sou tentada a fazê-lo quando vejo os rostos de seres humanos do século XXI nas ruas, ou mesmo à mesa de jantar, aparentemente conectados somente a seus aparelhos. Estou a salvo dessa fantasia mesquinha por um fato SF: no episódio "Planet of the Ood", os seres tentaculares são libertados graças à intervenção de Ood Sigma, que possibilita a restauração de seus seres não individuais. O ciclo narrativo de *Doctor Who* é muito melhor do que o de *Star Trek* para nos acompanhar nesse percurso.
Sobre a importância de reelaborar as fábulas nas ciências e em outras práticas de conhecimento, ver Kenney, "Fables of Attention". Kenney explora os diferentes gêneros da fábula, que permitem situar aquilo que ela chama de "fatos selvagens", instáveis em relação às operações que propõem e comprovam a força dos enunciados científicos. Ela investiga estratégias para navegar por terrenos incertos, onde as tensões produtivas entre fato e ficção se tornam necessárias em práticas efetivas.
69. "Medousa and Gorgones".

matar Medusa. Ele decepa a cabeça da Górgona e a oferece como presente à sua cúmplice, a deusa virgem da sabedoria e da guerra. Ao posicionar a cabeça cortada de Medusa diante de seu escudo, a Égide, Atena se tornou uma traidora dos Terrestres, como de costume; não podíamos esperar nada melhor de uma cria sem mãe, saída de uma cabeça. Desse assassinato por encomenda, contudo, sobreveio um grande bem, pois do corpo morto de Medusa surgiu Pégaso, o cavalo alado. As feministas têm uma amizade especial com os cavalos. Quem disse que essas estórias já não nos comovem materialmente?[70] Do sangue que gotejava da cabeça decepada de Medusa surgiram os recifes de corais rochosos dos mares ocidentais, e hoje Medusa é lembrada pela nomenclatura taxonômica das gorgônias, que designa as anêmonas e os pólipos marinhos – simbioses entre animais cnidários tentaculares e seres fotossintéticos similares às algas, chamados zooxantelas.[71]

Com os corais, nos afastamos definitivamente das representações inebriantes com cabeças e rostos, não importa quão matreiras e serpentiformes sejam. Nem mesmo Potnia Theron, Potnia Melissa e Medusa seriam capazes de desenrolar as tentacularidades necessárias sozinhas. *Pimoa chthulhu*, a aranha de minhas primeiras páginas, alia-se aos bichos resolutamente invertebrados dos mares para nos ajudar nas tarefas de pensar, figurar e contar estórias. Os corais se alinham com os polvos, as lulas e as sibas.

---

70. As *Holdfast Chronicles*, de Suzy Mckee Charnas, oferecem SF de qualidade para se pensar sobre as feministas e seus cavalos, a começar por *Walk to the End of the World*, de 1974. O sexo é representado de maneira excitante e bastante incorreta. A dimensão política da obra é revigorante.

71. Pégaso emergiu do corpo de Medusa, e os corais surgiram a partir de suas gotas de sangue. Eva Hayward foi quem primeiro chamou minha atenção para esses aspectos da narrativa. Em "The Crochet Coral Reef Project", Hayward escreve: "Se os corais nos ensinam sobre a natureza recíproca da vida, como poderemos então permanecer comprometidos a cuidar de ambientes – muitos dos quais se tornaram inabitáveis, e agora nos adoecem? [...] Talvez a Terra siga o mesmo destino de Vênus, tornando-se inabitável devido à devastação causada pelos gases de efeito estufa. Ou, quem sabe, conseguiremos restabelecer os corais e construir lares alternativos para os refugiados dos oceanos. Independentemente de nossas condições futuras, continuamos a ser parceiros com obrigações em relação aos oceanos." Ver Wertheim e Wertheim, *Crochet Coral Reef*.

Em inglês, os polvos são chamados de aranhas dos mares – não só por seus tentáculos, mas também por seus hábitos predatórios. Os seres ctônicos tentaculares precisam comer; eles estão à mesa, *cum panis*, entre espécies companheiras da Terra. São boas figuras para as precariedades sedutoras, cativantes, deslumbrantes, finitas e perigosas do Chthuluceno. O Chthuluceno não é sagrado nem profano: essa mundificação terrena é completamente terrana, lodosa e mortal, e está em jogo agora.

Os polvos são predadores ambulantes com muitos braços, que pulsam por entre os recifes de coral e sobre eles como se fossem aranhas dos mares. É assim que *Pimoa chthulhu* e *Octopus cyanea* se encontram na teia de contos do Chthuluceno.[72]

Todas essas estórias são um chamariz para a proposição do Chthuluceno como uma terceira estória necessária, uma terceira bolsa de rede para coletar aquilo que é crucial para a continuidade, para ficar com o problema.[73] Os seres ctônicos não estão confinados a um passado desaparecido. Eles são um enxame que zumbe, pica e suga neste exato momento, e os seres humanos não estão numa pilha de composto à parte. Nós somos húmus, não *Homo*,

---

72. A exposição *Tentacles: The Astounding Lives of Octopuses, Squids, and Cuttlefish*, apresentada no aquário de Monterey Bay entre 2014 e 2015, serve-me de inspiração. Ver Detienne e Vernant, *Cunning Intelligence in Greek Culture and Society*. Agradeço a Chris Connery por essa referência, em grande parte protagonizada por sibas, polvos e lulas. A inteligência aguda desses seres e a polimorfia, isto é, sua capacidade de produzir uma rede ou uma malha de elos, são colocadas em primeiro plano pelos escritores gregos. "As sibas e os polvos são puro *áporai*. Na escuridão impenetrável e sem caminhos da noite, eles secretam a imagem mais perfeita de seu *metis*" (p. 38). O quinto capítulo, "The Orphic Metis and the Cuttle-Fish of Thetis", é o mais interessante para as temáticas próprias do Chthuluceno, como o contínuo enlaçamento em *loop*, o devir-com e o polimorfismo. "A maleabilidade dos moluscos, que parecem uma massa de tentáculos (*polúplokoi*), faz de seus corpos uma rede entrelaçada, um nó vivo composto de elos móveis e animados" (p. 159). Para os gregos narrados por Detienne e Vernant, as maleáveis sibas polimórficas são mais próximas das deidades primordiais e multissexuais dos mares. São seres ambíguos, móveis e em constante transformação. Sinuosos e ondulantes, eles decidem sobre o vir a ser, pulsando com ondas de cores intensas e nuvens crípticas que secretam a escuridão. Esses bichos são hábeis em sair de dificuldades e possuem tentáculos no lugar em que homens teriam barbas.
73. Ver Haraway e Kenney, "Anthropocene, Capitalocene, Chthulucene".

Figura 13: Polvo azul (*Octopus cyanea*) no mar perto de Lanai, no Havaí. Fotografia de David Fleetham. © OceanwideImages.com.

nem *antropos*. Somos composto, não pós-humanos. Como sufixo, a palavra *kainos* (-ceno) assinala épocas novas, recentes e frescas a partir do presente espesso. Renovar as potências biodiversas da Terra constitui o trabalho e a brincadeira da simpoiese do Chthuluceno. Diferentemente do Antropoceno e do Capitaloceno, o Chthuluceno é composto de estórias e práticas multiespécies contínuas de devir-com em tempos precários e arriscados, nos quais o mundo não acabou e o céu não caiu – ainda. Estamos em jogo uns com os outros. Ao contrário do que afirmam os dramas dominantes dos discursos do Antropoceno e do Capitaloceno, os seres humanos não são os únicos atores importantes do Chthuluceno, e todos os outros seres não apenas reagem a eles. A ordem é retricotada: os seres humanos são com a Terra e da terra, e as potências bióticas e abióticas dessa Terra dão forma à narrativa principal.

Ainda assim, as ações de seres humanos reais e situados importam. Importa com que formas de viver e morrer lançamos nossa sorte, e que outras formas deixamos de lado. Isso importa não só para os seres humanos, mas também para os bichos de todos os táxons, os quais submetemos a extermínios, extinções, genocídios e perspectivas sem futuro. Quer gostemos ou não, somos parte do jogo de figuras de barbante do cuidado com e pelas mundificações precárias, que se tornaram terrivelmente mais precárias por conta do homem queimador de fósseis, produtor acelerado de novos fósseis nas orgias funestas do Antropoceno e do Capitaloceno. Cada fibra do tecido da estória urgentemente necessária do Chthuluceno precisa de uma diversidade de participantes humanos e não humanos. As atuações principais não estão restritas aos jogadores grandes-demais nas estórias grandes-demais do Capitalismo e do Antropos, que incitam estranhos pânicos apocalípticos e denúncias desengajadas, em vez de práticas atentas de pensamento, amor, fúria e cuidados.

Tanto o Antropoceno quanto o Capitaloceno se prestam muito prontamente ao cinismo, ao derrotismo e a previsões autorrealizáveis e certas de si. No discurso do *game over*, "tarde demais", que ultimamente escuto em toda parte, seja em manifestações populares ou especializadas, as soluções de geoengenharia tecnoteocráticas e o desespero parecem contaminar qualquer imaginação comum possível. Encontrar-se com as mundificações mais-que-humanas dos recifes de corais – e com tudo que necessitam para a continuidade da vida e da morte de suas miríades de bichos absolutamente diferentes de nós – é também encontrar-se com o conhecimento de que hoje existem pelo menos 250 milhões de seres humanos que dependem diretamente da contínua integridade desses holobiomas para a continuidade de sua própria possibilidade de viver e morrer bem. Corais, pessoas e povos diversos estão em risco mútuo, uns com os outros e uns pelos outros. O florescimento deve ser cultivado como uma respons-habilidade multiespécie, sem a arrogância dos deuses celestes e seus asseclas. Do contrário, a Terra biodiversa se transformará em algo muito gosmento, como qualquer sistema adaptativo complexo sobrecarregado que chega ao limite de sua capacidade de absorver injúrias, uma após a outra.

Os corais ajudaram os Terrestres a tomar consciência do Antropoceno. Desde o início, os usos do termo *Antropoceno* enfatizaram os efeitos antrópicos do aquecimento e da acidificação dos oceanos em decorrência da emissão de CO_2 gerada pela queima de combustíveis fósseis. O aquecimento e a acidificação são notórios fatores agravantes que adoecem e descolorem os recifes de coral, matando as zooxantelas fotossintetizantes e, por fim, seus simbiontes cnidários e todos os outros bichos de uma miríade de táxons, cujas mundificações dependem da integridade dos sistemas de recifes. Os corais nos oceanos e os liquens na terra também nos permitem tomar consciência do Capitaloceno: a mineração em águas profundas, o fraturamento hidráulico e a construção de oleodutos nas delicadas paisagens do Norte, cobertas de liquens, aceleram enormemente a desmundificação nacionalista, transnacionalista e corporativa.

Contudo, os simbiontes de corais e os liquens também nos conduzem generosamente ao interior das tramas historiadas no presente espesso do Chthuluceno, onde ainda é possível – por muito pouco – jogar um jogo SF muito melhor, em uma colaboração modesta com todos que fazem parte desse imbróglio. Somos todos liquens; logo, podemos ser arrancados das rochas pelas Fúrias, que ainda irrompem para vingar os crimes contra a Terra. Como alternativa, podemos nos somar às transformações metabólicas entre as rochas e em meio aos bichos para viver e morrer bem. "'Você percebe', dirá o fitolinguista ao crítico de arte, 'que [havia um tempo em que] eles nem sabiam ler *berinjela*?' E eles vão sorrir de nossa ignorância, enquanto pegam suas mochilas e caminham para ler a recém-decifrada lírica do líquen na face norte do pico Pike."[74]

Considerar essas questões em curso me leva de volta à pergunta do início deste capítulo: o que acontece quando o excepcionalismo humano e o individualismo utilitarista da economia

---

74. Le Guin, " 'The Author of Acacia Seeds' and Other Extracts from the *Journal of the Association of Therolinguistics*".

política clássica se tornam impensáveis nas melhores ciências, em todas as disciplinas e interdisciplinas? Seriamente impensáveis: indisponíveis para se pensar com. Por que o nome da era do Antropos se impôs justamente no momento em que as concepções e práticas de conhecimento sobre e a partir da simbiogênese e da simpoiese se tornaram maravilhosamente disponíveis e selvagemente gerativas em todas as humusidades – incluindo as artes, as ciências e as políticas não colonizadoras? E se os feitos lúgubres do Antropoceno e as desmundificações do Capitaloceno forem os últimos suspiros dos deuses celestes, e não os fiadores de um futuro acabado, *game over*? Importa quais pensamentos pensam pensamentos. Devemos pensar!

O Chthuluceno ainda inacabado deve recolher o lixo do Antropoceno e o extermínio do Capitaloceno, picotando, triturando e estratificando como um jardineiro louco, para formar uma pilha de composto muito mais quente para passados, presentes e futuros ainda possíveis.

Simpoiese
Simbiogênese e as artes vivazes
de ficar com o problema

Em memória de Lynn Margulis (1938-2011)
e Alison Jolly (1937-2014).

Simbiogênese

Simpoiese é uma palavra simples, que significa "fazer-com". Nada se faz por si só; nada é realmente autopoiético ou auto--organizado. Nas palavras do videogame *Never Alone*, um "jogo de mundos" criado em colaboração com o povo Inupiat, os seres da Terra *nunca estão sós*.[1] Esta é a implicação radical da simpoiese. *Simpoiese* é uma palavra apropriada para designar sistemas complexos, dinâmicos, responsivos, situados e históricos. Ela descreve a mundificação conjunta, em companhia. A simpoiese envolve a autopoiese, desdobrando-a e expandindo-a de maneira gerativa.

Uma vívida pintura chamada *Endossimbiose* está exposta no corredor que liga os Departamentos de Geociências e de Biologia na Universidade de Massachusetts, em Amherst, perto do café Life and Earth. A obra de 1,20 metro por 1,80 metro é, decerto, um indício no espaço dos modos como os bichos tornam-se uns com os outros, em devir-com recíproco.[2] Talvez por uma sensual

---

1. Ver *Never Alone* (Kisima Ingitchuna).
2. Essa grande reprodução em alta resolução é uma impressão *giclée* sobre tela feita com tintas que não desbotam. *Dazzle Gradually*, a pintura original em tinta guache de Shoshanah Dubiner, é inspirada na obra homônima de Margulis e Sagan e mede 60 cm por 90 cm. Dubiner escreveu: "O grande protozoário vermelho, *Urostyla grandis*, é baseado em um desenho feito por Stein em Leipzig, em 1959. O protozoário roxo com duas fileiras de cílios é Didinium. [...] A criatura azul que se parece com um dragão, no centro, foi inspirada por uma imagem microscópica de um cilindro de fosfolipídio captada por David Dreamer. [...] Eu queria que os organismos individuais fossem fidedignos o suficiente para que um biólogo pudesse reconhecê-los, mas permiti que a pintura como um todo se tornasse uma paisagem biológica totalmente imaginária" (Dubiner, "New Painting"). Para acessar os escritos

curiosidade molecular, e sem dúvidas por uma fome insaciável, a atração irresistível de envolver-se mutuamente constitui o motor da vida e da morte na Terra. Os bichos interpenetram-se, enlaçam-se e atravessam-se; comem-se uns aos outros, têm indigestão, digerem-se e assimilam-se parcialmente, estabelecendo agenciamentos simpoiéticos também conhecidos como células, organismos e conjuntos ecológicos. Outra palavra para nomear essas entidades simpoiéticas é *holobiontes* – segundo sua etimologia, "seres inteiros" ou "seres sãos e salvos".[3]

Isso definitivamente não equivale ao Uno nem ao Indivíduo. Antes, os holobiontes se mantêm unidos de maneiras contingentes e dinâmicas em amarrações politemporais e poliespaciais, engajando outros holobiontes em padronizações complexas. Os bichos não precedem suas relações; eles se fazem mutuamente através de involuções materiais e semióticas, a partir de seres oriundos

sobre essa pintura publicados em seu blog, ver Dubiner, "Endosymbiosis". John Feldman dirigiu um documentário intitulado *Symbiotic Earth: How Lynn Margulis Rocked the Boat and Started a Scientific Revolution* [Terra simbiótica: como Lynn Margulis balançou o barco e começou uma revolução científica, em tradução livre]. Margulis nasceu em 1938 e faleceu em 2011. No site da Universidade de Massachusetts em Amherst, ela se descrevia como uma professora de Evolução Microbial e de Hereditariedade das Organelas. Ver Mazur, "Intimacy of Strangers and Natural Selection"; Margulis, *Symbiotic Planet*; Margulis e Sagan, *Microcosmos*; Margulis e Sagan, *Acquiring Genomes*. Ver também Hird, *The Origins of Sociable Life*, um trabalho importante feito a partir de uma pesquisa de sociologia etnográfica realizada no laboratório de Margulis.

3. Em 1991, "Margulis propôs que toda associação física entre indivíduos de espécies diferentes durante uma parte considerável de suas vidas constitui uma 'simbiose', e que todas as partes são biontes, conformando um holobionte" (Walters, "Holobionts and the Hologenome Theory"). Ver Margulis, "Simbiogênese e simbionticismo". Em 1992, o termo *holobionte* foi usado por Mindell para descrever um hospedeiro e seu simbionte principal em "Phylogenetic Consequences of Symbioses". Ver também Margulis, "Biodiversity", na mesma edição dessa revista. Posteriormente, Rohwer *et al.* usaram *holobionte* para designar o hospedeiro e o conjunto de seus microrganismos simbióticos, incluindo os vírus. Para um excelente resumo dos princípios organizadores de holobiontes e hologenomas (que, ainda assim, não consegue escapar da linguagem e de descrições do tipo "hospedeiro somado ao resto"), ver Bordenstein e Theis, "Host Biology in Light of the Microbiome". Segundo o *Online Etymology Dictionary*, "são e salvo" é um dos significados atribuídos ao prefixo *holo-*. Acesso em 17/3/2016.

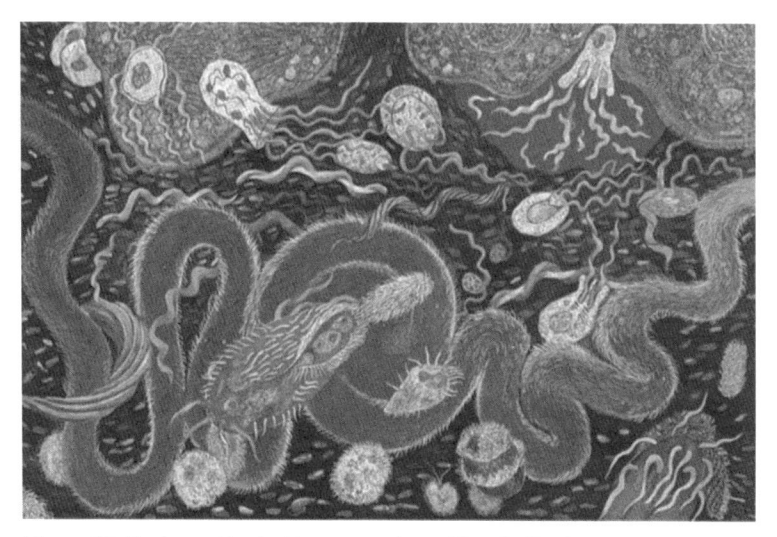

Figura 14: *Endosymbiosis: Homage to Lynn Marglis* [Endossimbiose: homenagem a Lynn Margulis]. Shoshanah Dubiner, 2012. www.cybermuse.com.

de emaranhamentos anteriores. Lynn Margulis sabia muito sobre "a intimidade entre estranhos", uma formulação que propôs para descrever as práticas mais fundamentais de devir-com recíproco entre bichos em todos os nós de intra-ação da história da Terra. De minha parte, proponho '*holoentes*' como um termo geral para substituir "unidades" ou "seres".

Assim como Lynn Margulis, utilizo o termo *holobionte* para nomear agenciamentos simbióticos, em qualquer escala de espaço ou de tempo. Esses holobiontes se parecem mais com nós formados por processos relacionais intra-ativos em sistemas dinâmicos complexos do que com entidades de uma biologia constituída por unidades delimitadas preexistentes (como os genes, as células, os organismos etc.), em interações que só podem ser concebidas como competitivas ou cooperativas. Assim como ela, o uso que faço de *holobionte* não designa "hospedeiro e simbiontes" porque todos os participantes já são simbiontes entre si, em diversos tipos de relação e com diferentes graus de abertura aos vínculos e agenciamentos com outros holobiontes. *Simbiose* não é sinônimo de "mutuamente benéfico". A gama de nomes necessários para designar os padrões heterogêneos enredados e os processos de impasses e vantagens situadas e dinâmicas entre simbiontes/holobiontes apenas começa a emergir quando os biólogos abandonam os ditames do individualismo possessivo e dos jogos de soma zero como modelo para sua explicação.

Lynn Margulis foi uma teórica radical da evolução, especialista nos estudos de micróbios, biologia celular, química, geologia e paleogeografia; apaixonada por línguas, artes, estórias, teorias de sistemas e bichos assombrosamente gerativos, incluindo os seres humanos. Seus primeiros e mais intensos amores foram as bactérias e as arqueias que povoam a Terra, com todos os seus afazeres espevitados. No cerne de sua concepção sobre a vida estava a ideia de que novos *tipos* de células, tecidos, órgãos e espécies evoluem principalmente por meio de uma intimidade duradoura entre desconhecidos. A fusão de genomas em simbioses, seguida pela seleção natural – na qual a mutação exerce um papel bastante modesto como motor de mudanças sistêmicas – conduz a níveis crescentemente complexos de quase-individualidades suficientemente boas para enfrentar o dia, ou o éon. Margulis chamou esse processo produtor de vida elementar e mortal de simbiogênese.

As bactérias e as arqueias foram as primeiras a fazê-lo. Minha impressão é que, no fundo de seu coração, Margulis sentia que as bactérias e as arqueias já haviam feito tudo, e que não sobrava muito mais por fazer ou inventar para as entidades biológicas ditas de ordem superior. Eventualmente, entretanto, ao fundirem-se entre si de maneira estável e contínua, as arqueias e as bactérias inventaram a célula complexa moderna, com seu núcleo cheio de cordões de cromossomos feitos de DNA e proteínas, assim como diversos tipos de organelas extranucleares, de filamentos ondulantes e eixos giratórios para locomoção a vesículas e túbulos especializados em incontáveis funções, que operam melhor se forem mantidos um pouco afastados um do outro.⁴ Margulis chamou esses processos de autopoiéticos. Junto com James Lovelock, ela foi uma das fundadoras da teoria de Gaia, a partir de pesquisas sobre processos sistêmicos entrelaçados, com múltiplos níveis de organização e manutenção não reducionistas, que tornam a Terra e seus seres vivos singulares.⁵ Talvez ela tivesse escolhido o termo *simpoiético*, mas a palavra e o conceito ainda não haviam emergido.⁶ Desde que autopoiese não signifique "autoprodução" autossuficiente, a autopoiese e a simpoiese colocam em primeiro ou em segundo plano diferentes aspectos da complexidade sistêmica, operando em fricção ou envolvimento gerativos, e não em oposição.

Em 1998, M. Beth Dempster, então pós-graduanda em Estudos Ambientais, sugeriu o termo *simpoiese* para designar "sistemas produzidos coletivamente que não têm limites espaciais ou temporais autodefinidos. A informação e o controle são distribuídos entre os componentes. Os sistemas são evolutivos e têm potencial para mudanças surpreendentes". Em contraste, os sistemas autopoiéticos são unidades autônomas "autoprodutoras", com "limites espaciais ou temporais autodefinidos que tendem a ser homeostáticos, previsíveis

---

4. Margulis, que à época assinava como Lynn Sagan, publicou sua teoria radical sobre as origens da célula nucleada em 1967. Assim como diversas outras contribuições revolucionárias para a ciência, a exemplo do "Aspecto trófico-dinâmico da ecologia", de Raymond Lindeman, que redefiniu paradigmas, esse artigo de Margulis foi rejeitado muitas vezes antes de ser aceito para publicação. Ver Sagan, "On the Origin of Mitosing Cells"; Margulis, "Archaeal-Eubacterial Mergers in the Origin of Eukarya". Ver também Clarke, "Autopoiesis and the Planet", para uma explicação da autopoiese segundo Margulis e uma argumentação consistente sobre o uso continuado desse conceito em seu trabalho essencial sobre as teorias de sistemas gaianos de segunda ordem.
5. Lovelock, "Gaia as Seen through the Atmosphere"; Lovelock e Margulis, "Atmospheric Homeostasis by and for the Biosphere".
6. As teorias de sistemas autopoiéticos e a figura de Gaia se mostraram fundamentais à formulação do conceito de Antropoceno. Gaia não é uma mãe acolhedora; Gaia pode perder os eixos, passando de um sistema em colapso para outro. Existem limites ao poder dos processos sistêmicos de homeostase e de reformulação da ordem a partir do caos, em níveis cada vez mais complexos de organização. A complexidade pode se desfiar; a Terra pode morrer. É importante que nos tornemos respons-hábeis.

e controlados de forma centralizada".[7] A simbiose gera problemas para a autopoiese, e a simbiogênese é um transtorno ainda maior para as unidades individuais auto-organizadas. Quanto mais onipresente parece ser a simbiogênese nos processos dinâmicos de organização dos seres vivos, mais enlaçada, trançada, expansiva, involutiva e simpoiética é a mundificação terrana.

Mixotricha paradoxa é o bicho favorito de todo mundo para explicar a "individualidade" complexa, a simbiogênese e a simbiose. Margulis descreveu essa criatura que é (são) composta(s) de pelo menos cinco *tipos* taxonômicos diferentes de células e seus genomas:

> Sob uma lente de baixa magnificação, M. *paradoxa* aparenta ser um ciliado nadador unicelular. Com um microscópio eletrônico, no entanto, é possível ver que é composto de cinco tipos de criaturas diferentes. Externamente, é evidente que se trata de um organismo unicelular classificado como protista. No interior de cada célula nucleada, porém, onde se esperaria encontrar as mitocôndrias, há muitas bactérias esféricas. Na superfície, onde os cílios deveriam estar, há algo em torno de 250.000 *Treponema spirochetes* (similares ao tipo que causa sífilis) que se parecem com cerdas, assim como um contingente de outras 250.000 bactérias com formato de bastonete (bacilos). Além disso, pudemos descrever novamente 200 espiroquetas de uma variedade maior, que chamamos de *Canaleparolina darwiniensis*.[8]

Deixando de fora os vírus, cada *M. paradoxa* não é uma, nem cinco, nem várias centenas de milhares, mas um bicho--modelo para os holobiontes. Este holobionte vive no intestino de uma térmita australiana, *Mastotermes darwiniensis*, que tem suas próprias estórias SF para contar sobre os unos e os múltiplos – os holoentes. As simbioses das térmitas, incluindo suas atividades com pessoas – para não mencionar os cogumelos –, são matéria

---

7. Dempster, "A Self-Organizing Systems Perspective on Planning for Sustainability". Em 1998, Dempster considerava que a biologia dava respaldo à conceitualização dos organismos como unidades, e que só os ecossistemas e as culturas eram efetivamente simpoiéticos. Eu argumento, com base na biologia, que já não é mais possível pensar desse modo.
8. Margulis e Sagan, "The Beast with Five Genomes".

de lendas e da gastronomia. Vejam só as publicações científicas recentes sobre os holobiomas das *Macrotermes natalensis* e seus fungos cultivados, *Termitomyces*.[9] *M. paradoxa* e sua laia têm sido minhas companheiras de escrita e pensamento há décadas.

Desde a publicação de *A origem das espécies* de Darwin, em 1859, a teoria da evolução biológica se tornou cada vez mais essencial para nossa habilidade de pensar, sentir e agir bem. As ciências darwinianas interligadas, reunidas *grosso modo* entre os anos 1930 e 1950 na "síntese moderna" ou "teoria sintética da evolução", permanecem impressionantes. Como pode uma pessoa séria não admirar obras como *Genetics and the Origin of Species* (1937), de Theodosius Dobzhansky, *Systematics and the Origin of Species* (1942), de Ernst Mayr, *Tempo and Mode in Evolution* (1944), de George Gaylord Simpson, e mesmo as formulações sociobiológicas posteriores feitas a partir da Síntese Moderna, como O *gene egoísta* (1976) de Richard Dawkins? Contudo, as unidades delimitadas (fragmentos de código, genes, células, organismos, populações, espécies, ecossistemas) e as relações descritas matematicamente em equações competitivas são praticamente os únicos atores e formatos narrativos da Síntese Moderna. O impulso evolutivo, que sempre beira as noções modernistas de progresso, é um tema constante, embora a teleologia em sentido estrito não o seja. Ao mesmo tempo que essas ciências constituem os fundamentos da conceituação científica do Antropoceno, elas são desfeitas no próprio pensamento dos sistemas do Antropoceno, que exigem uma análise capaz de abarcar tanto a autopoiese quanto a simpoiese.

Arraigadas em unidades e relações especialmente as competitivas, as ciências da Síntese Moderna (como a genética populacional, por exemplo) têm muita dificuldade com quatro domínios biológicos decisivos: a embriologia e o desenvolvimento; a simbiose e os emaranhados colaborativos de holobiontes e holobiomas;

---

9. Poulsen *et al.*, "Complementary Symbiont Contributions to Plant Decomposition in a Fungus Farming Termite". A propósito das simbioses entre térmitas, bactérias e fungos, ver o esplêndido texto de Yong, jornalista científico, "The Guts That Scrape the Skies".

as vastas mundificações dos micróbios; e as exuberantes inter- e intra-ações biocomportamentais dos bichos.[10] As abordagens sintonizadas com o "devir-com multiespécie" nos oferecem mais suporte para ficar com o problema na Terra. Uma "Nova Nova Síntese" – uma síntese estendida – está emergindo nas biologias transdisciplinares e nas artes, propondo figuras de barbante que conectam ecologias humanas e não humanas, evolução, desenvolvimento, história, afetos, performances, tecnologias e mais.

Graças sobretudo a Margulis, posso apenas esboçar alguns poucos aspectos da "Síntese Evolutiva Estendida" que se desdobra hoje, no início do século XXI.[11] As formulações sobre a simbiogênese que fazem parte do legado cosmopolita de Margulis precedem seu trabalho, remontando a obras do início do século XX do russo Konstantin Mereschkowsky, entre outros.[12] Contudo, Margulis, seus colegas e sucessores conseguiram reunir imaginações e materialidades simbiogenéticas com todas as poderosas ferramentas ciborguianas das revoluções biológicas moleculares e ultraestruturais do final do século XX: microscópios eletrônicos, sequenciadores de ácidos nucleicos, técnicas de imunoensaios, imensas bases de dados comparadas proteômicas e genômicas e mais. A força da Síntese Estendida está precisamente na convergência intelectual, cultural e técnica que torna possível o desenvolvimento de novos sistemas de modelos, novas práticas experimentais concretas,

---

10. Para uma análise dos impasses a que nos conduzem as oposições binárias entre competição e cooperação e a implacável presunção de que a explicação biológica, em última instância, deve ser competitiva e individualista, ver van Dooren e Despret, "Evolution". Nesse texto, há uma descrição plenamente desenvolvida de práticas mais adequadas de explicação, cada vez mais em jogo entre biólogas e biólogos que se aventuram pelas trilhas da evolução, da ecologia e do desenvolvimento.
11. No livro *Ecological Developmental Biology*, Gilbert e Epel reúnem evidências em favor do que chamam de "Síntese Evolutiva Estendida", que abarca a síntese moderna, a eco-devo [biologia ecológica do desenvolvimento] e a eco-evo-devo [biologia evolutiva ecológica do desenvolvimento].
12. Mereschkowsky, "Theorie der zwei Plasmaarten als Grundlage der Symbiogenesis". Ver também Anonymous, "History".

pesquisas colaborativas e instrumentos explicativos, tanto verbais como matemáticos. Tamanha convergência era materialmente impossível antes dos anos 1970, e até mesmo depois.

Um modelo é um objeto de trabalho; não se trata do mesmo *tipo* de coisa que uma metáfora ou uma analogia. Um modelo é trabalhado e faz trabalho. É como um cosmo em miniatura, em que uma Alice no País das Maravilhas com curiosidade biológica pode tomar um chá com a Rainha de Copas e perguntar a ela como funciona esse mundo, ao mesmo tempo em que ela é trabalhada por esse mundo suficientemente complexo e suficientemente simples. Na pesquisa biológica, os modelos são sistemas estabilizados que podem ser compartilhados entre colegas para investigar diferentes questões de maneira experimental e teórica. Tradicionalmente, a biologia tem feito uso de um pequeno conjunto de modelos vivos muito trabalhadores, todos conformados em nós e camadas de práticas para se tornarem aptos a certos tipos de questão, e não a outros. Ao listar sete sistemas modelo básicos da biologia do desenvolvimento (a mosca-das-frutas *Drosophila melanogaster*, o nematódeo *Caenorhabditis elegans*, o camundongo *Mus musculis*, a rã-albina *Xenopus laevis*, o peixe-zebra *Danio rerio*, o galo-banquiva *Gallus Gallus* e a mostarda *Arabidopsis thaliana*), Scott Gilbert escreveu:

O reconhecimento de um organismo estudado como sistema modelo provê uma plataforma a partir da qual é possível solicitar financiamento, assegurando a existência de uma comunidade de pesquisadores da mesma linha que tenham identificado problemas considerados importantes pela própria comunidade. Houve muito jogo de influências pelo status de sistema modelo, além do medo de que, se o seu organismo não for reconhecido como modelo, você será relegado às águas paradas da pesquisa científica. Assim, os "organismos modelo" se tornaram o centro das discussões políticas e científicas na biologia do desenvolvimento contemporânea.[13]

---

13. Gilbert, "The Adequacy of Model Systems for Evo-Devo", p. 57. Ver Black, *Models and Metaphors*; Frigg e Hartman, "Models in Science"; e Haraway, *Crystals, Fabrics, and Fields*.

Embora sejam excelentes para estudar como as partes (genes, células, tecidos etc.) de entidades bem definidas se articulam em unidades de cooperação e/ou de competição, todos esses sete sistemas individuados fracassaram nas pesquisas que estudam as inter- e intra-ações enredadas da simbiose e da simpoiese em temporalidades e espacialidades heterogêneas. Os holobiontes exigem modelos sintonizados com uma quantidade expansível de parceiros quase-coletivos/quase-individuais em relações constitutivas; essas relacionalidades *são* os objetos de estudo. Os parceiros não precedem as relações. Esses modelos estão hoje emergindo em favor dos processos transformativos da biologia evolutiva ecológica do desenvolvimento.

Margulis nos ofereceu entidades dinâmicas com múltiplas associações, como *Mixotricha paradoxa*, para compreender a invenção evolutiva de células complexas a partir das inter- e intra--ações de bactérias e arqueias. Apresentarei brevemente outros dois modelos, ambos propostos e elaborados em laboratório para o estudo das transformações nos padrões de organização do mundo vivo: (1) um modelo de bactérias coanoflageladas para a compreensão da invenção da multicelularidade animal; e (2) um modelo de lula-bactéria para a elaboração das simbioses evolutivas entre bichos, necessárias para seu devir recíproco. Um terceiro modelo simbiogenético para a formação de ecossistemas complexos se insinua imediatamente nos holobiomas dos recifes de corais. Abordarei esse modelo por meio das mundificações de arte-ciência, em vez de partir do laboratório experimental.

Embora as plantas multicelulares tenham aparecido na Terra meio milhão de anos antes, começaremos com um sistema modelo proposto para o surgimento da multicelularidade animal, em função de sua robustez e de sua riqueza simpoiética. Cada ser vivo surgiu e perseverou (ou não) banhado e embrulhado em bactérias e arqueias. Nada é verdadeiramente estéril, e essa realidade é um perigo formidável, um fato básico da vida e uma oportunidade para a geração de bichos. O laboratório de Nicole King, na Universidade da Califórnia em

Berkeley, trabalha para reconstruir as possíveis origens e o desenvolvimento da multicelularidade animal, fazendo uso de enfoques genômicos moleculares e comparativos para propor processos de infecção – isto é, simbiogenéticos.[14] Essa equipe de cientistas mostra que os encontros e os envolvimentos interespécies – inter-reinos, na realidade – podem produzir entidades que se mantêm unidas, desenvolvem-se, comunicam-se e formam tecidos em camadas, como fazem os animais. Nas palavras de Alegado e King:

> As comparações entre animais modernos e seus parentes vivos mais próximos, os coanoflagelados, sugerem que os primeiros animais faziam uso de células flageladas para capturar suas presas bacterianas. A biologia celular da predação, como a adesão celular entre predador e presa, compreende mecanismos que podem ter sido cooptados para mediar interações intercelulares durante a evolução da multicelularidade animal. Além disso, a história da ingestão de bactérias pode ter influenciado a evolução dos genomas animais ao conduzir a evolução imunológica por caminhos genéticos e ao facilitar a transferência lateral de genes. Compreender as interações entre as bactérias e os ancestrais dos animais pode nos ajudar a explicar a miríade de modos como as bactérias dão forma à biologia dos animais modernos, incluindo nós mesmos.[15]

No sentido proposto por Marilyn Strathern, as conexões parciais abundam. Ter fome, comer e digerir parcialmente, assimilando e transformando em parte: essas são as ações de espécies companheiras.

O ambicioso programa de King consiste em elaborar um sistema modelo – estabilizado e com características genômicas bem definidas – a partir de culturas de coanoflagelados (*Salpingoeca rosetta*) e de bactérias do gênero *Algoriphagus*, a fim de investigar alguns aspectos decisivos da formação de animais multicelulares. Os coanoflagelados podem viver tanto como células únicas quanto como colônias multicelulares. O que determina suas transições? A estreita relação evolutiva entre coanoflagelados e animais dá força

---

14. "King Lab: Choanoflagellates and the Origin of Animals".
15. Alegado e King, "Bacterial Influences on Animal Origins".

ao modelo.[16] A teoria simbiogenética das origens da multicelularidade é controversa, e existem explicações alternativas atraentes. O laboratório de King se distingue por sua produção de um sistema modelo que é manejável de modo experimental; transferível a outros locais, em princípio; e gerador de questões passíveis de verificação que tocam o cerne do ser animal. Ser animal é devir--com as bactérias – e, sem sombra de dúvida, com os vírus e muitos outros tipos de bichos, pois um aspecto básico da simpoiese é o caráter sempre expansível de seu conjunto de participantes. Não é de estranhar que escritoras e escritores das ciências mencionem com frequência o King Lab em nossas conversas à mesa.[17]

Passemos agora a um saboroso sistema modelo que nos permite estudar as simbioses do desenvolvimento. A questão aqui não é saber como os animais se mantêm unidos, mas, antes, como fabricam os padrões de desenvolvimento que os conduzem ao longo

16. Os coanoflagelados e suas bactérias associadas oferecem um modelo atraente, em parte porque as esponjas – por muito tempo consideradas os bichos "primitivos" mais próximos dos animais – possuem células semelhantes às dos coanoflagelados, que lhes permitem, por exemplo, capturar suas presas (bactérias e detritos orgânicos). Pesquisas mais recentes, porém, estimam que os ctenóforos (as carambolas-do-mar) são geneticamente mais próximos dos animais do que as esponjas. Ver Halanych, "The Ctenophore Lineage Is Older Than Sponges?". Ver também o belo artigo "Consider the Sponge", do jornalista científico Ed Yong. Não conheço nenhum trabalho que examine as interações entre bactérias e ctenóforos. Ao gerir as infecções e responder às formações de biofilme, no entanto, os ctenóforos se sintonizam com as bactérias e as arqueias, assim como todos nós. De qualquer modo, as relações filogenéticas não são os únicos critérios para determinar um bom modelo. Até 60% da biomassa das esponjas é composta por micróbios. Ver Hill, Lopez e Harriott, "Sponge-Specific Bacterial Symbionts in the Caribbean Sponge". Trata-se de uma verdadeira mina de ouro para o estudo dos holobiontes! Não surpreende que Nicole King tenha começado a investigar todos esses locais de vínculo e a sinalizar atividades que ainda podem unir as células semelhantes aos coanoflagelados das esponjas a seus coanoflagelados livres: suas maneiras de se nutrir, suas infecções e seus hábitos de reagrupamento em roseta. O ato de comer não decorre de um egoísmo neodarwiniano fundamentalista; trata-se, antes, da "explicação da evolução em última análise". Comer é uma atividade de caráter definitivamente infeccioso e social. Do ponto de vista biológico, o ato de comer supera o sexo em termos de potência de inovação. Afinal, comer é o que torna o sexo possível.
17. McGowan, "Where Animals Come From"; Yong, "Bacteria Transform the Closest Living Relatives of Animals from Single Cells into Colonies".

do tempo, em espantosas morfogêneses. Meu modelo favorito é a diminuta lula havaiana, *Euprymna scolopes*, e seus simbiontes bacterianos, *Vibrio fischeri*, essenciais para a construção de sua bolsa ventral, povoada por bactérias luminescentes. Ao caçar em noites escuras, ela aparenta ser um céu estrelado para suas presas; já em noites enluaradas, ela parece não ter sombra. Esta simbiose entre lulas e bactérias se mostrou extraordinariamente gerativa para muitos tipos de estudos, "da ecologia e evolução de um sistema simbiótico aos mecanismos moleculares subjacentes às interações entre parceiros, que conduzem ao estabelecimento, ao desenvolvimento e à persistência de sua aliança em longo prazo".[18]

18. McFall-Ngai, "Divining the Essence of Symbiosis", p. 2. Ver também o site de McFall-Ngai no portal da Universidade de Wisconsin. Agora ela trabalha no Pacific Biosciences Research Center [Centro de Pesquisa de Biociências do Pacífico], na Universidade do Havaí. Há outros sistemas modelo emergentes, sintonizados com eco-evo-devo, que permitem estudar a simbiose: o desenvolvimento intestinal dos ratos, graças a seus simbiontes bacterianos (no laboratório de Jeffrey Gordon, na Universidade de Washington, em St. Louis), além do desenvolvimento cerebral e do sistema imunológico desses animais, de acordo com os sinais emitidos por bactérias intestinais específicas (no laboratório de Sarkis Mazmanian no California Institute of Technology). Ver também a pesquisa eco-evo-devo sobre os sapos *Scaphiopodidae* (no laboratório de David Pfenning, da Universidade da Califórnia em Chapel Hill). A equipe do laboratório de Nancy Moran, na Universidade do Texas, fez um trabalho maravilhoso sobre a evolução conjunta e as simbioses entre os pulgões-da-ervilha e as bactérias *Buchnera*, mas seu enfoque não é o desenvolvimento. Agradeço a Scott Gilbert, em comunicação pessoal de 10/6/2015.
A reunião inaugural da Pan-American Society for Evolutionary Developmental Biology ocorreu entre 5 e 9 de agosto de 2015, no campus da Universidade da Califórnia em Berkeley. A equipe organizadora convidou 25 cientistas eco-devo, de uma ampla gama de abordagens e formações científicas, dentre as trezentas pessoas que demonstraram interesse em participar. As dez pessoas organizadoras também montaram um portal *on-line* para possibilitar a participação de mais gente. A European Society for Evolutionary Developmental Biology foi fundada em Praga, em 2006. A comunidade internacional de pesquisa eco-devo, evo-devo e eco-evo-devo é considerável e está em plena expansão. Rudolf Raff edita a revista *Evolution and Development*, fundada em 2011. Ver Abouheif *et al.*, "Eco-Evo-Devo". A produção conceitual que abriu os caminhos para evo-devo e eco-devo teve a contribuição de uma importante tradição russa, estabelecida por cientistas no final do século xix e início do xx. Ver Olsson, Levit e Hossfeld, "Evolutionary Developmental Biology". Ver também Tauber, "Reframing Developmental Biology and Building Evolutionary Theory's New Synthesis".

A menos que sejam infectadas pelas bactérias certas, no lugar certo e na hora certa, as jovens lulas não desenvolverão as estruturas próprias para abrigar as bactérias luminescentes necessárias à vida como caçadoras adultas. As bactérias são parte integrante de sua biologia do desenvolvimento. Além disso, elas produzem sinais que regulam o ritmo circadiano das lulas adultas, que, por sua vez, regulam a quantidade de bactérias, excluem associados indesejados e proveem superfícies convidativas para a instalação das *Vibrio*. Margaret McFall-Ngai, bioquímica e biofísica, formada em biologia de campo dos invertebrados marinhos, começou a trabalhar com o holobionte lula-bactéria de ocorrência natural em 1988, quando iniciou sua colaboração com Edward (Ned) Ruby, um microbiólogo igualmente interessado na simbiose. Recordando-me de que outras *Vibrio* são responsáveis pela transmissão patogênica do cólera, não me surpreendi ao aprender que essas proteobactérias são comunicadoras multitalentosas. Nas palavras de McFall-Ngai, "as *Vibrionaceae* formam um grupo de bactérias que têm um amplo escopo fisiológico, ocupando múltiplos nichos ecológicos".[19] A semiótica material é exuberantemente química; as raízes da linguagem que atravessa os táxons, com todos os seus entendimentos e mal-entendidos, encontram-se nesses vínculos.

As colaborações simpoiéticas entre lulas e bactérias são acompanhadas de figuras de barbante, igualmente simpoiéticas, em diferentes disciplinas e metodologias, incluindo o sequenciamento do genoma humano, as múltiplas tecnologias de visualização, a genômica funcional e a biologia de campo. São elas que fazem da simbiogênese um arcabouço tão potente para a biologia do século XXI. Nancy Moran, que trabalha com a simbiose do piolho-grande-da-ervilha com as proteobactérias do gênero *Buchnera*, insiste nesse aspecto:

A principal razão pela qual a pesquisa sobre a simbiose se tornou ativa repentinamente, após décadas à margem da biologia convencional, é o fato de que as tecnologias relativas ao DNA e à genômica nos oferecem

---

19. McFall-Ngai, "Divining the Essence of Symbiosis".

uma grande nova capacidade para descobrir a diversidade de simbiontes e, de modo ainda mais significativo, para entender de que maneiras as capacidades metabólicas microbianas contribuem para o funcionamento de hospedeiros e comunidades biológicas.[20]

Eu acrescentaria a necessidade de perguntar de que modo os parceiros multicelulares afetam os simbiontes microbianos nas simbioses. *Hospedeiro-simbionte* parece uma locução estranha para descrever o que está acontecendo; seja qual for sua magnitude, todas as partes que constituem holobiontes são simbiontes entre si.

Há dois artigos transformadores que, para mim, dão corpo às profundas mudanças em marcha nas ciências.[21] No primeiro deles, cujo subtítulo é *"We Have Never Been Individuals"* [Jamais fomos indivíduos], Scott Gilbert, Jan Sapp e Alfred Tauber argumentam em favor da noção de holobiontes e de uma compreensão simbiótica da vida, resumindo as evidências contra o conceito de unidades delimitadas a partir da anatomia, da fisiologia, da genética, da evolução, da imunologia e do desenvolvimento. No segundo artigo, intitulado *"Animals in a Bacterial World: A New*

---

20. Moran, "Research in the Moran Lab", site do Nancy Moran's Lab.
21. Ver Gilbert, Sapp e Tauber, "A Symbiotic View of Life"; McFall-Ngai *et al.*, "Animals in a Bacterial World". Esse artigo em coautoria resulta de uma oficina promovida pelo National Evolutionary Synthesis Center [NESC; Centro Nacional de Síntese Evolutiva]. Michael Hadfield me apresentou a Margaret McFall-Ngai em 2010, no Havaí. O pensamento e as publicações colaborativas desses autores influenciaram profundamente os meus. Gilbert (biólogo do desenvolvimento e historiador da biologia) convidou Sapp (historiador da biologia e pesquisador de biologia evolutiva para além do enquadramento neodarwinista) e Tauber (bioquímico, filósofo e historiador da ciência, com pesquisa sobre imunologia) para escrever com ele um artigo à parte por conta de divergências não solucionadas na oficina do NESC. O desacordo estava ligado ao grau de desvio da teoria de Gilbert sobre o holobionte como uma unidade de seleção em relação à teoria evolutiva neodarwinista – a "competição em última instância"; o poder de quem trapaceia na teoria evolutiva dos jogos. Gilbert considera que os sistemas imunes são muito hábeis na gestão do diálogo (e não do extermínio) com trapaceiros que promovem a cooperação e a destruição nos holobiontes. Gilbert *et al.*, "Symbiosis as a Source of Selectable Epigenetic Variation". Gilbert insiste no fato de que sempre fomos liquens. Ver também Guerrero, Margulis e Berlanga, "Symbiogenesis".

Imperative for the Life Sciences" [Animais em um mundo de bactérias: um novo imperativo para as ciências da vida], 26 coautoras e coautores apresentam os crescentes conhecimentos a respeito de uma vasta gama de interações entre animais e bactérias, tanto em ecossistemas quanto em simbiose íntima. Para esse grupo de cientistas, tais evidências deveriam alterar profundamente nossa abordagem de cinco questões:

De que modo as bactérias contribuíram para o surgimento e a evolução dos animais? Como os animais e as bactérias afetam mutuamente seus respectivos genomas? De que maneira o desenvolvimento animal normal depende de parceiros bacterianos? Como se mantém a homeostase entre os animais e seus simbiontes? E de que modo os enfoques ecológicos podem aprofundar nossa compreensão dos múltiplos níveis de interação entre animais e bactérias?[22]

Esses trabalhos são acompanhados por relatos que envolvem colegas preocupados em conferências; críticos intransigentes, desabituados a tantos atravessamentos de limites disciplinares e de evidências em um só artigo; editores inicialmente entusiasmados, mas logo hesitantes... Essas estórias não são incomuns quando tratamos de sínteses e proposições arriscadas e gerativas. Os críticos são uma parte crucial do holobioma do fazer científico, e eu não sou uma observadora desinteressada.[23] Considero importante, no entanto, o fato de que ambos os artigos tenham sido publicados em revistas proeminentes, em um momento crítico de inflexão no processo de pesquisa e entendimento dos complexos sistemas

---

22. McFall-Ngai *et al.*, "Animals in a Bacterial World"
23. A convite de Hadfield e McFall-Ngai, fiz uma modesta contribuição à revisão da introdução e da conclusão do artigo de McFall-Ngai *et al.*, "Animals in a Bacterial World". Hadfield começou a me ensinar sobre a biologia ecológica do desenvolvimento de invertebrados marinhos no início dos anos 1970, quando vivíamos em uma comuna em Honolulu. Gilbert e eu nos tornamos amigos próximos e colegas, trocamos artigos e ideias desde que ele cursava o doutorado em biologia na Universidade Johns Hopkins e eu era professora assistente do Departamento de História da Ciência, além de ter sido orientadora de Gilbert em seu mestrado simultâneo em História da Ciência.

biológicos nesses tempos urgentes chamados de Antropoceno. Este é o momento em que as artes para viver em um planeta devastado demandam pensamento e ação simpoiéticos.

Entrelaçar ciências e artes com o impulso involutivo

Estou comprometida com as mundificações de arte e ciência que propõem práticas simpoiéticas para que possamos viver em um planeta degradado. Carla Hustak e Natasha Myers nos deram um belo artigo intitulado *"Involuntionary Momentum"* [Impulso involutivo], que estabelece uma articulação entre a simbiogênese e as mundificações de arte-ciência apresentadas na terceira seção deste capítulo. As autoras releram a escrita sensorial de Darwin a partir de sua refinada atenção às orquídeas, absurdamente sexuais, e a seus insetos polinizadores. Hustak e Myers também se ocupam de diversos envolvimentos e comunicações entre abelhas, vespas, orquídeas e cientistas. Elas sugerem que a "involução" impulsiona a "evolução" da vida e da morte na Terra. Virar para dentro permite virar para fora: a forma do movimento vital traça um espaço hiperbólico, precipitando-se em estriações como as dobras de uma alface-crespa, um recife de coral ou uma malha de crochê. Assim como os biólogos da seção anterior, Hustak e Myers argumentam que o jogo de soma zero baseado na competição individualista como método é uma caricatura do mundo sensual, suculento, químico, biológico, semiótico-material e produtor de ciências. Os bichos vivos – incluindo as "plantas articuladas e outros organismos loquazes" – adoram a matemática floreada e repetitiva dos puxões e empurrões da geometria hiperbólica, e não o inferno contábil de um jogo de soma zero.[24]

24. Wertheim, *A Field Guide to Hyperbolic Space*. O espaço hiperbólico pode ser definido como "um excesso de superfície", título da primeira seção do livro de Margaret Wertheim. Aos olhos de pensadores euclidianos, a mera existência do espaço hiperbólico parecia absolutamente patológica, até que as curvaturas da mundificação se tornaram inegáveis para os matemáticos. Essas realidades crenadas compõem, há muito, o repertório de outros bichos, incluindo uma orgulhosa mulher oriunda de famílias de tecelões de seda de

As orquídeas e suas abelhas polinizadoras se constituem mutuamente por meio de uma captura recíproca, da qual nem a planta nem o inseto podem ser desemaranhados [...]. Nos encontros entre orquídeas, insetos e cientistas, podemos achar aberturas para uma ecologia de intimidades interespecíficas e proposições sutis. O que está em jogo nessa abordagem involutiva é uma teoria da relacionalidade ecológica que leva a sério as práticas, as invenções e os experimentos dos organismos na elaboração de vidas e mundos entre espécies. Essa é uma ecologia inspirada por uma ética feminista da "respons-habilidade" [...] na qual as perguntas sobre a diferença entre as espécies devem sempre ser conjugadas com a atenção aos afetos, aos entrelaçamentos e às rupturas. Nessa ecologia afetiva, a criatividade e a curiosidade caracterizam as formas experimentais de vida de todos os tipos de praticantes, e não somente aquelas dos humanos.[25]

    As orquídeas são célebres por suas flores, que se assemelham à genitália das fêmeas das espécies de inseto necessárias para sua polinização. A cor, a forma e os chamativos feromônios de uma determinada espécie de orquídea atraem o tipo certo de machos à procura de fêmeas de sua própria espécie. Na ortodoxia neodarwiniana, essas interações têm sido (mal) explicadas como um mero engodo biológico, uma exploração do inseto por parte da flor; em outras palavras, um excelente exemplo do gene egoísta em ação. Hustak e Myers, ao contrário, fazem uma leitura enviesada do neodarwinismo – mesmo nesse difícil caso de forte assimetria entre "custos e benefícios" – a fim de encontrar outros modelos, indispensáveis para uma ciência da ecologia vegetal. As estórias de mutação, adaptação e seleção natural não são silenciadas, mas tampouco são amplificadas a ponto de ensurdecer os cientistas – como se as evidências o exigissem – quando algo bem mais complexo se torna cada vez mais audível em diferentes campos de pesquisa.

Isso requer que leiamos com nossos sentidos sintonizados com as

---

Spitalfields do século xix. Enquanto bordava um babado para as beiradas da capa de um galão de leite, ela escutava Darwin falar com seu marido e seus filhos sobre as sofisticadas corridas de pombos.
25. Hustak e Myers, "Involuntary Momentum", pp. 79, 97, 106.

estórias contadas em registros que, de outro modo, seriam silenciados. Trabalhando transversalmente com as lógicas redutoras, mecanicistas e adaptacionistas que fundamentam as ciências ecológicas, oferecemos uma leitura que amplifica os relatos das práticas criativas, efêmeras e de improvisação por meio das quais as plantas e os insetos se *envolvem* na vida uns dos outros.[26]

    Mas o que acontece quando um parceiro profundamente implicado na vida de outro desaparece completamente da Terra? O que acontece quando os holobiontes se desfazem? Ou quando holobiomas inteiros se desintegram sob os escombros de simbiontes desfeitos? Se quisermos nutrir artes para viver em um planeta degradado, precisamos fazer esse tipo de pergunta em meio às urgências do Antropoceno e do Capitaloceno. É isto que Orson Scott Card explora em seu romance de ficção científica *Orador dos mortos*. Seu protagonista é um jovem que havia se destacado por seus talentos no campo da tecnociência exterminadora durante uma guerra interespécies contra uma colmeia insetoide. Mais adiante, esse personagem assume a responsabilidade pelos mortos, isto é, por coletar as estórias daqueles que são deixados para trás quando um ser, ou um modo de ser, morre. O homem teve que fazer aquilo que o menino, imerso em realidades cibernéticas e em uma guerra virtual mortal, jamais fora autorizado a fazer. Ele precisou visitar, viver com e se confrontar com os mortos e os vivos em todas as suas materialidades. A tarefa do Orador dos Mortos é trazer os ausentes para o presente, e assim tornar possíveis a vida e a morte respons-háveis em tempos vindouros. Essa dobradiça entre mundificações de arte-ciência se articula em torno da contínua performance da memória que uma orquídea guarda de sua abelha extinta.

    – Existem estas orquídeas cujas flores se parecem com abelhas fêmeas. Quando os machos tentam acasalar com elas, elas lhes transferem pólen.

---

26. Ibid., p. 77.

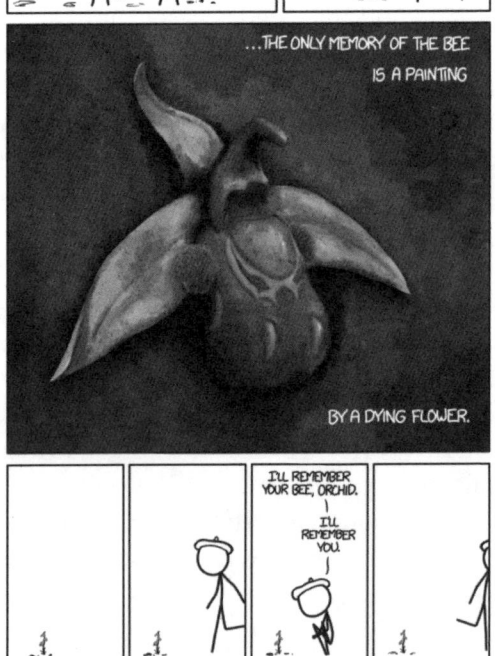

Figura 15: "Bee Orchid" [Orquídea Abelha] © xkcd.com (Randall Munroe).

– Esta orquídea (*Ophyris Apifera*) produz flores, mas nenhuma abelha pousa nela, porque a abelha que ela mimetiza se extinguiu há muito.

– Sem seu parceiro, a orquídea recorreu à autopolinização, uma estratégia genética desesperada que apenas adia o inevitável. Nada restou da abelha, mas sabemos que ela existiu pela forma da flor.

Ela é uma ideia de como a abelha fêmea era vista pela abelha macho... segundo a interpretação de uma planta.

– Uau, então...

– A única memória da abelha é uma pintura feita por uma flor moribunda.

– Eu me lembrarei da sua abelha, orquídea. Eu me lembrarei de você.

A história em quadrinhos "*Bee Orchid*" [Orquídea Abelha], de xkcd, conta que sabemos que houve uma vez uma abelha, hoje extinta, porque uma flor viva ainda se parece com os órgãos sexuais de uma fêmea ávida pela cópula. O quadrinho também faz algo muito especial: ele *não* confunde os chamarizes com a identidade; ele *não* afirma que a flor é exatamente igual à genitália do inseto desaparecido. Antes, a flor recolhe a presença da abelha de maneira oblíqua, no desejo e na mortalidade. A forma da flor é "uma ideia de como a abelha fêmea era vista pela abelha macho... segundo a interpretação de uma planta. [...] A única memória da abelha é uma pintura feita por uma flor moribunda".[27] Embora viva em apenas uma região do planeta, a abelha solitária do gênero *Eucera* ainda não está de todo extinta. A orquídea é *Ophrys apifera*. Ver "Bee Orchid". Tendo sido abraçada por abelhas vivas zumbindo, a flor se tornou um orador dos mortos. Um boneco de palito promete rememorar a flor abelha quando chegar a hora. A prática das artes da memória envolve todos os bichos terranos. Isso deve compor qualquer possibilidade de ressurgimento!

---

27. xkcd, Bee Orchid, https://xkcd.com/1259/, acesso em 10/8/2015.

Mundificações de arte-ciência para ficar com o problema

Dou sequência a este capítulo com quatro exemplos de mundificações ativistas de arte-ciência comprometidas com o restabelecimento parcial, a reabilitação modesta e o ressurgimento ainda possível nestes tempos difíceis do Antropoceno e do Capitaloceno imperiais. Penso nessas mundificações como bichos caçadores dotados de ferrões, com tentáculos que se desenrolam e agarram; como bichos artistas do disfarce que esguicham tinta a partir de um passado, um presente e um futuro em curso, chamado Chthuluceno.[28] Respondendo ao desespero com o ressurgimento, o Chthuluceno é o tempo-espaço dos seres sinctônicos, dos terranos simbiogenéticos e simpoiéticos, daqueles agora submersos e soterrados nos túneis, nas cavernas, nos escombros, nas bordas e nas fendas de águas, ares e terras em processo de degradação. Os ctônicos são os indígenas da Terra em uma miríade de línguas e estórias; e os povos indígenas e seus projetos decoloniais estão no centro de minhas estórias de aliança.

Cada uma dessas mundificações de arte-ciência cultiva uma respons-habilidade robusta por lugares e seres poderosos e ameaçados. Cada uma delas configura um sistema modelo para um pensamento e uma ação simpoiéticos, multiespécies e com múltiplos participantes, localizados em lugares especialmente sensíveis:

---

28. A propósito do ressurgimento, ver Tsing, "Uma ameaça à ressurgência holocênica é uma ameaça à habitabilidade". Tsing defende que o Holoceno foi – e continua a ser, em alguns lugares – o longo período de tempo em que os lugares de refúgio ainda existiam, e até mesmo abundavam, sustentando a remundificação da rica diversidade cultural e biológica após grandes perturbações. A atrocidade digna de um nome como Antropoceno remete à destruição de lugares e tempos de refúgio para pessoas humanas e outros bichos. Embora carregue o fardo de suas problemáticas gavinhas meio gregas, meu Chthuluceno emaranha uma miríade de temporalidades e espacialidades, assim como diversas entidades intra-ativas em assembleias que incluem mais-que-humanos, alteridades não humanas, inumanos e humanos como húmus. Os seres sinctônicos não se extinguiram, mas são mortais. Uma maneira de viver e morrer bem como bichos mortais no Chthuluceno é unir forças para reconstituir refúgios, tornando possíveis uma recuperação e uma recomposição biológica-cultural-político-tecnológica parcial e robusta – que deve necessariamente envolver o luto pelas perdas irreversíveis.

1. A Grande Barreira de Coral e todos os recifes de corais do mundo, com o projeto *Crochet Coral Reef*, iniciado e coordenado pelo Institute for Figuring, em Los Angeles.

2. A ilha da República de Madagascar, com o *Ako Project*, uma série de livros infantojuvenis sobre história natural, em malgaxe e inglês, possibilitada pela amizade entre cientistas e artistas de diferentes países.

3. As terras do Círculo Polar Ártico dos Inupiat, no Alasca, onde se passa o videogame *Never Alone*, centrado nas práticas de criação de estórias desse povo[29] e possibilitado pela simpoiese entre a produtora E-line Media e o conselho Cook Inlet Tribal Council.

4. A região de Black Mesa e as terras dos povos Navajo e Hopi, entramadas no Arizona, local de um trabalho de coalizão com muitos fios: a associação Black Mesa Indigenous Support, a Fundação Black Mesa Trust (fundada por ativistas hopis), cientistas e criadores de rebanhos indígenas comprometidos com as ovelhas navajo-churro, a organização Black Mesa Weavers for Life and Land, ativistas (sobretudo do povo Diné) da Black Mesa Water Coalition e pessoas e ovelhas de Diné' be'iíná / The Navajo Lifeway [Modo de Vida Navajo].[30]

Cada um desses projetos compreende um processo comprometido, arriscado e não inocente que implica "envolver-se na vida uns dos outros".[31] Cada projeto compõe uma figura de barbante SF pelo devir-com multiespécie, conformado e emaranhado com seres tentaculares que se agarram e se picam pela continuidade de um Chthuluceno gerativo. Essas mundificações de arte-ciência

---

29. O termo *iñupiaq* significa "pessoa real ou genuína", e serve para designar tanto as pessoas como sua língua. O idioma tem relações próximas com o dialeto groenlandês e o inuíte, do Canadá, e se distingue do yupik, do oeste do Alasca. *Inupiat* é o plural de *iñupiaq*, e designa o povo como coletivo. Ver Universidade do Alasca Fairbanks, "Alaska Native Language Center".
30. "Crochet Coral Reef"; "Ako Project"; "Never Alone"; "Black Mesa Water Coalition"; "Black Mesa Trust" (fundada por ativistas hopis); "Black Mesa Weavers for Life and Land"; "Navajo Sheep Project"; "Diné be'iíná /The Navajo Lifeway"; "Black Mesa Indigenous Support".
31. Hustak e Myers, "Involutionary Momentum", p. 77.

são holobiomas – ou holoentes – nos quais cientistas, artistas, integrantes de comunidades e seres não humanos se envolvem reciprocamente em seus projetos, em suas vidas; passando a necessitar uns dos outros de maneiras diversas, apaixonadas, corpóreas e significativas. Todos esses projetos podem nos dar ânimo em tempos letais; eles são simpoiéticos, simbiogenéticos e simanimagênicos.

Quatro zonas críticas

Os holobiomas de coral se encontram ameaçados em toda parte, banhados em oceanos que se tornam mais quentes e ácidos a cada década. Seus recifes formam os ecossistemas marinhos com maior biodiversidade. A pedra angular do holobioma de coral é a simbiose de pólipos cnidários, zooxantelas (dinoflagelados fotossintetizadores que habitam os tecidos dos corais) e uma horda de micróbios, que conformam um lar para multidões de outros bichos. Centenas de milhões de seres humanos (em grande parte, muito pobres) dependem diretamente da boa saúde dos ecossistemas de corais para sua subsistência.[32] Essas afirmações não dão conta de expressar a interdependência entre os corais e os bichos humanos e não humanos. O reconhecimento da morte dos ecossistemas dos recifes de coral em mares progressivamente

---

32. No artigo "Welcome to a New Planet", Michael Klare relata as cifras do relatório do World Wildlife Fund de setembro de 2015: a segurança alimentar de 850 milhões de pessoas depende das ecologias dos recifes de coral. O informe aponta que 85% dos corais da região do Triângulo de Coral encontram-se na lista oficial de espécies "ameaçadas". Essa região abrange as águas de Indonésia, Malásia, Filipinas, Papua-Nova Guiné, Ilhas Salomão e Timor Leste, incluindo o arquipélago de Raja Ampat, na costa ocidental de Papua, considerado o epicentro mundial de biodiversidade marinha. A irreversível derrocada dos corais, uma possibilidade real a partir de 2050, pode desencadear a miséria humana e migrações massivas de proporções inéditas, sem mencionar a miséria e a morte dupla de não humanos. A justiça climática e a justiça ambiental são negócios verdadeiramente multiespécies. Raja Ampat também é o epicentro do trabalho de coalizões inovadoras e contínuas em prol do ressurgimento. Ver World Wildlife Fund, "Living Blue Planet".

aquecidos e acidificados era o centro da promoção do termo *Antropoceno* no ano 2000. Os corais, junto com os liquens, ainda estão entre as primeiras instâncias de simbiose reconhecidas pelos biólogos: esses bichos lhes ensinaram a entender o provincianismo de suas próprias ideias sobre indivíduos e coletivos. Esses bichos ensinaram a pessoas como eu que todos nós somos liquens, que somos todos corais. Em algumas localidades, os recifes de águas profundas ainda parecem ser capazes de funcionar como refúgios para a regeneração de corais degradados de águas menos profundas.[33] Os recifes de coral são as florestas do mar, do mesmo modo que, para Anna Tsing, as florestas constituem os refúgios da terra. Além disso tudo, os mundos dos recifes de corais são dolorosamente belos. Não posso imaginar que as pessoas humanas sejam as únicas a sentir tamanha beleza na carne.

A República de Madagascar, a grande nação insular na costa leste da África, é lar de complexas tapeçarias compostas por camadas de povos e outros bichos historicamente situados, incluindo os lêmures, parentes próximos dos grandes símios. Nove de cada dez tipos de bichos não humanos de Madagascar não existem em nenhum outro lugar da Terra, incluindo todas as espécies de lêmures. A taxa de extinção e destruição dos diversos tipos de florestas e bacias hidrográficas – vitais para a população rural (a grande maioria dos cidadãos humanos de Madagascar), para os habitantes de povoados e de cidades e também para uma miríade de seres não humanos – é quase inimaginável, mas o fato é que esses fenômenos estão bastante avançados, embora sejam contestados local e translocalmente. Evidências fotográficas indicam que 40% a 50% das florestas de Madagascar que ainda prosperavam nos anos 1950 hoje desapareceram junto com seus bichos – incluindo suas gentes, que durante séculos colheram (e cultivaram) a abundância da floresta para suas próprias vidas. O bem-estar florestal é uma das

---

33. As hipóteses acerca dos refúgios de corais em águas profundas são de difícil verificação. Ainda assim, ver Greenwood, "Hope from the Deep".

prioridades mais urgentes para o florescimento – na realidade, para a sobrevivência – em toda a Terra. Os protestos devem importar; não se trata de uma escolha, mas de uma necessidade.[34]

A região do Círculo Polar Ártico sofre um dos maiores impactos do Antropoceno e do Capitaloceno. A velocidade de aquecimento do Ártico é praticamente o dobro da média global. O gelo marinho, as geleiras e o permafrost derretem. As pessoas, os animais, os micróbios e as plantas já não podem contar com as estações do ano, nem mesmo com a regularidade do ritmo entre a matéria sólida e líquida, que é fundamental para suas percepções e seus modos de seguir a vida. Comer-se mutuamente de maneira adequada requer encontrar-se de maneira adequada, e isso requer uma sincronicidade suficientemente boa. A sincronicidade é justamente uma das propriedades do sistema que está em crise em todo o planeta. A mudança na Terra não é o problema; na realidade, o ritmo e a distribuição da mudança são o problema. As nações imperialistas, obcecadas pelo consumo, rivalizam entre si nos mares cada vez mais militarizados do Círculo Polar, reivindicando e extraindo as imensas reservas de carbono fóssil que revestem o extremo norte. Tudo isso promete uma nova liberação de gases de efeito estufa a uma escala que simplesmente não pode ser permitida. Uma tempestade geofísica e geopolítica de proporções inéditas está alterando as práticas de viver e morrer em todo o

---

34. "A floresta em crescimento é um exemplo do que estou chamando de ressurgência. As relações interespécies que tornam as florestas possíveis são renovadas em sua reconstituição. Ressurgência é o trabalho de muitos organismos que, negociando através de diferenças, forjam assembleias de habitabilidade multiespécies em meio às perturbações. Os humanos não podem prolongar seus meios de subsistência sem considerar isso" (Tsing, "Uma ameaça para a ressurgência holocênica é uma ameaça à habitabilidade", p. 226). Nem todo reflorestamento é igual; nem tudo que cresce em terras perturbadas constitui uma forma de ressurgimento. O reflorestamento com espécies nativas é muito difícil em Madagascar porque o solo das áreas desmatadas está severamente degradado. O reflorestamento com espécies exóticas, algumas das quais se tornam invasoras, é feito com eucaliptos, pinheiros, acácias, mimosas, grevíleas e melaleucas. Ver "Deforestation in Madagascar". O "reflorestamento" por sistema de *plantation*, com a palma de óleo, por exemplo, era incomum em Madagascar até recentemente.

Círculo Polar Ártico. As coalizões entre os povos e bichos que a enfrentam são imprescindíveis para as possibilidades dos poderes de ressurgimento da terra.

Black Mesa, ou Big Mountain, é a terra ancestral dos povos Hopi e Diné, estendendo-se por 10.360 quilômetros quadrados no planalto do Colorado. Black Mesa é também um lugar necessário para a renda, a alimentação, a água, a socialização e as cerimônias das famílias navajos e hopis contemporâneas. A região carbonífera de Black Mesa, que foi um imenso lago durante o Pleistoceno, é a maior jazida de carvão dos Estados Unidos. A partir de 1968, essa nação capitalista, colonizadora e extrativista sediou a maior operação de mineração na superfície da América do Norte, administrada pela Peabody Western Coal Company, subsidiária da Peabody Energy, a maior empresa privada de carvão do mundo. Durante quarenta anos, o carvão das minas abertas de Black Mesa foi pulverizado, misturado com imensas quantidades de água cristalina do insubstituível aquífero navajo e transportado por 440 quilômetros por um imenso duto (de propriedade da Southern Pacific) até a central térmica altamente poluente Mohave Generating Station, em Nevada, construída pela Bechtel Corporation. Essa usina fornecia energia para as cidades tóxicas que então desabrochavam no sudoeste do deserto dos Estados Unidos, incluindo Los Angeles. Até hoje, as pessoas que vivem em Black Mesa não têm água limpa garantida nem eletricidade confiável, e muitos de seus poços foram exauridos pelo esgotamento do aquífero navajo. As ovelhas que bebem dos açudes cheios de resíduos tóxicos, ricos em sulfato, morrem envenenadas. Os lençóis freáticos estão contaminados.

Graças à ação conjunta de indígenas e colonos ambientalistas, o duto foi fechado, seguido da mina de Black Mesa e, finalmente, em 2005, da central térmica de Mohave.[35] A Peabody,

---

35. Para um exemplo da aliança ambiental entre pessoas navajos, hopis e colonos, ver "Sierra Club Sponsors 'Water Is Life' Forum with Tribal Partners". O Sierra Club foi um forte aliado do grupo de ativistas navajos e hopis de Black Mesa que lutou pelo fechamento da central geradora de Mohave e da mina de Black Mesa em 2005. Ver Francis, *Voices from Dzil'íjiin (Black Mesa)*. A

porém, planeja reabrir e expandir a mina de Black Mesa. A empresa busca combinar suas operações de extração com as da mina de Kayenta, uma localidade próxima, sob uma única licença, válida até 2026, visando ainda a outras terras necessárias para ovelhas e humanos, para não mencionar outros bichos. A operação expandida utilizaria água do aquífero de Coconino para lavar o carvão.

O carvão da mina a céu aberto de Kayenta é transportado por 156 quilômetros até a Navajo Generating Station (NGS), na fronteira entre Arizona e Utah, perto da barragem de Glen Canyon. A NGS é a maior usina do oeste dos Estados Unidos.[36] A ironia do nome da central elétrica não deve passar despercebida, já que metade dos lares navajos não dispõem de eletricidade, e que a nação Navajo não é proprietária da usina. Ainda que se deixasse de lado o bem-estar no longo prazo de seres humanos e outros bichos, ou mesmo da terra e da água, os Dinés e os Hopis ainda estariam presos em um ciclo perverso: sem uma participação significativa nos lucros obtidos com o carvão e sem acesso à energia por um custo baixo, as pessoas seguem dependentes de trabalhos relacionados à mineração. A taxa de desemprego na nação Navajo se aproxima dos 45%, e cidadãos dos povos Hopi e Diné se encontram entre os mais pobres dos Estados Unidos. Quando a NGS foi construída pela Bechtel em terras arrendadas da nação Navajo na década de 1970, a usina era a segunda maior distribuidora de energia dos Estados Unidos. O maior proprietário da NGS é o Bureau of Reclamation [Agência de Recuperação], do Ministério do Interior. O Bureau of Indian Affairs [Agência de Assuntos Indígenas], encarregado de proteger as terras e os recursos nativos,

---

associação foi fundada no final do século XIX como uma instituição de colonos brancos, com o intuito de aproximar a categoria de natureza à conservação, à eugenia e à desapropriação de povos indígenas de suas terras. O atual esforço do Sierra Club para aprender a se tornar um aliado na luta decolonial dos povos indígenas é alentador.
36. Lustgarten, "End of the Miracle Machines". Esta série de reportagens em doze partes se intitula "Killing the Colorado" e foi publicada na plataforma ProPublica. É uma leitura indispensável para se pensar sobre formas de nutrir o Chthuluceno, mesmo em meio à incessante produção e queima de fósseis do Antropoceno.

também é parte do Ministério do Interior. Nesse arranjo, o coiote está muito bem instalado no curral de ovelhas. Em 2010, a mina de Kayenta, explorada pela Peabody, foi classificada como uma das mais perigosas dos Estados Unidos, tornando-se alvo de crescente fiscalização por parte da Mine Safety and Health Administration [Administração Federal da Segurança e da Saúde nas Minas].[37] Essa usina alimenta as estações de bombeamento que permitem o transporte das águas do rio Colorado por um aqueduto de 540 quilômetros de comprimento até Tucson e Phoenix, cidades

37. O site da Peabody Energy insiste em um cenário muito diferente, repleto de plantas nativas recuperadas, pastos produtivos e revitalizados, recordes de segurança premiados, benefícios econômicos para todo mundo e pessoas felizes. Em 2006, as "práticas ambientais e comunitárias de Black Mesa foram reconhecidas como um modelo mundial de sustentabilidade pelo Energy Globe Awards em Bruxelas, na Bélgica" (Peabody Energy, "Powder River Basin and Southwest"). Ver também Peabody Energy, "Factsheet: Kayenta".
Fred Palmer, o principal lobista da Peabody para assuntos relacionados ao governo dos Estados Unidos, fundou no início dos anos 1990 a Greening Earth Society, que promovia a ideia de que a mudança climática seria benéfica às plantas e à saúde pública. A Peabody Energy liderou uma ação contra os esforços empreendidos pela Environmental Protection Agency [EPA, Agência de Proteção Ambiental], no final do segundo mandato do presidente Barack Obama, em prol de regulações mais restritivas para as emissões de carbono. Nos anos 2000, a Peabody contratou como responsável por sua pasta ambiental Craig Idso, cofundador e ex-presidente do Center for the Study of Carbon Dioxide and Global Change, um *think tank* dedicado a atacar a ciência climática dominante. Greg Boyce, CEO da Peabody em 2015, criticava regularmente os "modelos computadorizados falhos" que fundamentam a "teoria do clima". Ver Goldenberg, "The Truth behind Peabody Energy's Campaign to Rebrand Coal as a Poverty Cure". A Peabody é fundamental para a tentativa da indústria de reposicionar a eletricidade gerada por carvão como a solução para a pobreza mundial, além de ser uma das principais forças por trás da Advanced Energy for Life. Esse grupo pró-carbono tem um site espertinho, que defende que o aumento do investimento em carbono e em tecnologias cada vez mais custosas e elaboradas é essencial para o bem-estar mundial. A Peabody Energy é o único parceiro do grupo Shenhua que não é sediado na China. Ver Peabody Energy, "Peabody in China". A Peabody, contudo, passa por sérias perdas econômicas, à medida que a indústria de carvão se torna cada vez menos viável face à competição da abundância de gás natural proveniente do *fraturamento hidráulico*. O crescimento de movimentos internacionais que defendem que os combustíveis fósseis se mantenham na terra, a exemplo do People's Climate Movement e do Indigenous Environmental Movement, pode ter efeitos profundos. "Leave It in the Ground", http://leave-it-in-the-ground.org, acesso em 17/3/2016. A Peabody Energy declarou falência em 2016.

em rápido e incessante crescimento. Em 2014, em meio a lutas contínuas que denunciam os impactos da usina na qualidade do ar e defendem o acesso à água no deserto, a NGS obteve uma licença para continuar funcionando como uma central convencional de carvão até dezembro de 2044.[38]

Durante séculos, os ancestrais dos Hopis extraíram carvão para suas fogueiras dos veios de arenito de Black Mesa. A despeito da lenga-lenga destrutiva que afirma o contrário – uma cantilena bastante útil para a indústria de extração de combustíveis fósseis –, agricultores e pastores dos povos Diné e Hopi viveram juntos como vizinhos em Black Mesa, em um misto de amizade e competição, até a chegada da mineração de carvão em escala industrial. A implantação dessa indústria engendrou intensos conflitos, convenientemente mal interpretados como disputas tribais atemporais. Em 1966, corporações transnacionais obtiveram arrendamentos firmados pelos conselhos tribais dos dois povos, sem que houvesse discussão nem consentimento da maioria dos membros das aldeias e seus corpos coletivos (*kivas* e *chapters*). Os termos da barganha pela licença, inerentemente assimétricos, foram habilitados por processos legais eticamente comprometidos, personificados por John Boyden, um advogado e bispo mórmon que, sem o conhecimento dos Hopis, trabalhava simultaneamente para a Peabody e para algumas lideranças hopis. Em Black Mesa viviam milhares de Navajos, incluindo alguns dos membros mais tradicionais entre os Dinés. O conselho tribal navajo inicialmente se recusou a trabalhar com Boyden, que então procurou o apoio de lideranças hopis. Estas, lamentavelmente, encontravam-se divididas entre "tradicionalistas" e "progressistas", em um momento em que os hopis ainda não tinham um conselho de governança unificado. Boyden trabalhou eficientemente durante um longo tempo na elaboração da legislação que viria a expulsar as pessoas e as ovelhas navajos das terras e a conceder o controle sobre

---

38. Para imagens da usina Navajo Generating Station e muito mais, ver Friberg, "Picturing the Drought". A propósito da mina de Black Mesa, ver as fotografias de Minkler em "Paatuaqatsi/Water Is Life".

tais terras aos Hopis, que não viviam no território destinado à mineração na superfície. Membros tradicionais dos Hopis se opuseram ferozmente ao advogado, mas sem êxito. Com seus contatos em Washington, Boyden teve um papel fundamental na elaboração da estratégia jurídica, política e econômica que permitiu a exploração das abundantes jazidas de carvão de Black Mesa. Uma ação apresentada pela Fundação Native American Rights Fund em virtude da lei de acesso à informação [Freedom for Information Act] constatou que, ao longo de mais de trinta anos, John Boyden recebeu 2,7 milhões de dólares por seus serviços *"pro bono"* à comunidade, retirados de fundos federais destinados aos Hopis.[39] Em 1974, o Congresso dos Estados Unidos aprovou o Navajo-Hopi Land Settlement Act. Esse projeto de lei de ocupação das terras navajos e hopis foi apresentado pelo senador do Arizona, John McCain, um homem com estreitos laços pessoais e familiares com as indústrias da mineração e da energia. Sua promulgação resultou na remoção forçada de cerca de 15 mil Dinés, sem nem mesmo prover às pessoas e aos animais um lugar para onde ir – como se o vínculo com lugares específicos fosse irrelevante. Mas tanto as ovelhas como as pessoas conhecem e se importam muito com o lugar de onde vêm, onde estão, e para onde vão.[40] Em 1980, o governo federal adquiriu um terreno contaminado por urânio perto de Chambers, no Arizona, para abrigar as pessoas Dinés desalojadas. Em 1996, John McCain, então presidente da Comissão de Assuntos Indígenas do Senado, redigiu um segundo projeto de lei de remoção forçada. O povo navajo recorreu ao Alto-comissariado das Nações Unidas para os Direitos Humanos. A luta ainda continua, e jovens

---

39. A propósito das questões sobre Black Mesa entre os povos Navajo e Hopi e a empresa Peabody, ver Nies, "The Black Mesa Syndrome: Indian Lands, Black Gold". A informação sobre o pagamento de 2,7 milhões de dólares a John Boyden foi tirada desse artigo. Ver Nies, *Unreal City*; Ali, *Mining, the Environment, and Indigenous Development Conflicts*, pp. 77-85. Para vozes navajos, consultar Benally, *Bitter Water*.

40. Ver o documentário vencedor do Oscar (1986) de Florio e Mudd, *Broken Rainbow*, sobre o escândalo da extração de carvão e a remoção do povo Navajo de Black Mesa, a partir de 1864, com a finalidade de promover a especulação mineira.

ativistas fazem esforços extraordinários para sarar as feridas abertas pelo carvão que dividem os povos Hopi e Navajo. Em 2005, porém, 75% da receita anual total do povo Hopi e 40% da receita do povo Navajo provinham, em última análise, das operações de mineração de Black Mesa. A disputa é assustadoramente complexa.[41]

As estórias que vou contar sobre Black Mesa são relatos de ressurgimento diante do genocídio e do extermínio. Elas são feitas de ovelhas e tecidos, de mundificações ativistas de arte-ciência e de coalizões em luta por aquilo que os Navajos chamam de *hózhó*: equilíbrio, harmonia, beleza e relações justas entre a terra e as pessoas nesse mundo conturbado do planalto do Colorado.

Esses lugares, portanto, são quatro zonas críticas da contenda entre o Antropoceno e o Capitaloceno, de uma parte, e o Chthuluceno, da outra: as florestas de corais dos oceanos; as florestas tropicais de uma nação insular e seus ecossistemas diversos; as terras em rápido processo de derretimento e os mares do Ártico; e os veios de carvão e aquíferos de terras indígenas. Todos estão conectados em uma cadeia global de contínua devastação antrópica e colonial. É hora de voltar nossa atenção para as mundificações simpoiéticas, para os modelos vitais tecidos em padrões SF em cada zona. As estórias cotidianas e os devires que emergem dessas formas de "envolver-se nas vidas uns dos outros" propõem maneiras de ficar com o problema que cultivam o bem-estar em um planeta degradado. As estórias sinctônicas não são as fábulas dos heróis, são os contos de quem continua.

Ressurgimento em quatro partes

Crochet Coral Reef

Em 1997, Daina Taimina, uma matemática letã da Universidade

---

41. Esse resumo da situação de Black Mesa se baseia em numerosas fontes ativistas: Lacerenza, "An Historical Overview of the Navajo Relocation"; "Short History of Big Mountain – Black Mesa"; Begaye, "The Black Mesa Controversy"; Rowe, "Coal Mining on Navajo Nation in Arizona Takes Heavy Toll"; Black Mesa Water Coalition, "Our Work".

de Cornell, "finalmente conseguiu elaborar um modelo físico de espaço hiperbólico que nos permite sentir e explorar pelo toque as propriedades desta geometria única. O método que ela usou foi o crochê".[42] Com essa amarração entre a matemática e as artes têxteis em mente, em 2005, após a leitura de um artigo sobre o branqueamento dos corais, a artesã e poeta Christine Wertheim fez uma sugestão à sua irmã gêmea Margaret, matemática e artista: "Nós deveríamos crochetar uma barreira de coral".[43] Podemos lutar pelos recifes de corais dessa maneira, é o que parecia insinuar esse estranho imperativo. Na ocasião, as irmãs assistiam a um episódio de *Xena: a princesa guerreira*, e se sentiram inspiradas pelas fabulosas ações de combate da protagonista e de sua escudeira Gabrielle – ou, talvez, pela incomparável atuação de Lucy Lawless e Renée O'Connor.[44] As consequências desse convite superaram em muito aquilo que as gêmeas podiam ter imaginado naquela primeira noite em Los Angeles. Até agora, cerca de 8 mil pessoas de 27 países (Irlanda, Letônia, Emirados Árabes Unidos, Austrália, Estados Unidos, Reino Unido, Croácia, entre outros), em sua maioria mulheres, já se juntaram para crochetar com lã, algodão, sacolas plásticas, bobinas de fita descartadas, fios de náilon e vinil, plástico filme e praticamente qualquer outra coisa que possa ser conduzida para enlaçar-se e rodopiar nos códigos do crochê.

O código é muito simples: os modelos de crochê de planos hiperbólicos adquirem aos poucos suas formas franzidas, à medida que aumenta o número de pontos em cada fileira. Conforme

---

42. Wertheim, *A Field Guide to Hyperbolic Space*, p. 35.
43. Wertheim e Wertheim, *Crochet Coral Reef*, p. 17. Este livro de duzentas páginas contém fotografias suntuosas e ensaios perspicazes, além do nome de todas as pessoas que crocheteram no contexto deste ecossistema modelo de arte-ciência experimental.
44. *Xena: a princesa guerreira* é uma série de TV neozelandesa inicialmente exibida entre 1995 e 2001. O episódio em questão se chama "Dreamworker" e pertence à primeira temporada, transmitida em setembro de 1995 nos Estados Unidos. Posso imaginar Christine e Margaret coladas à tela, preparando seu próprio material de passagem dos sonhos. No episódio, "Gabrielle é raptada por Morfeu, o deus do sono, que quer casar-se com ela. Xena precisa atravessar a Passagem dos Sonhos para salvar sua amiga". Ver *Xena: a princesa guerreira*, "Dreamworker".

Figura 16: Medusa de contas feita por Vonda N. McIntyre para o projeto Crochet Coral Reef. Coleção do Institute for Figuring (IFF). Fotografia © IFF.

as artesãs tecem mais pontos por fileira de maneira irregular, estranha, caprichosa ou rigorosa, as vitalidades emergentes dessa forma de vida experimental e lanosa tomam contornos corpóreos diversos – não quaisquer contornos, mas aqueles de seres crenados que vivem como bichos marinhos dos recifes vulneráveis.[45] "Cada forma de lã tem seu DNA fibroso";[46] embora a lã não seja o único material utilizado. Anêmonas feitas de garrafas plásticas com gavinhas crochetadas de lixo ou de embalagens de plástico azul do jornal *New York Times* também encontram seus hábitats coralinos. Ao fabricar modelos fabulados, dificilmente miméticos, mas dolorosamente evocadores dos ecossistemas dos recifes de corais (ou, às vezes, só de alguns poucos bichos), o Crochet Coral Reef [Recife de Corais de Crochê] possivelmente se tornou um dos maiores projetos de arte colaborativa do mundo.

O impulso involutivo dos recifes de corais de crochê propulsiona as amarrações simpoiéticas entre matemática, biologia marinha, ativismo ambiental, sensibilização ecológica, artesanato entre mulheres, artes têxteis, expografia e práticas artísticas comunitárias. Os recifes de corais crochetados constituem um tipo de conhecimento hiperbólico corporificado, que ganha vida ao envolver-se nas materialidades do aquecimento global e da contaminação tóxica. As pessoas que os fazem praticam um devir-com multiespécie ao cultivar a capacidade de responder, a respons-habilidade.[47] O recife de crochê é fruto de "códigos algorítmicos, criatividade para a improvisação e engajamento comunitário".[48] O recife não funciona por mimetismo, mas por

---

45. Para uma leitura dos recifes de coral como formas de vida experimentais – análogas, em alguns sentidos, aos mundos de vida de inteligência artificial, mas com ecologias sociais (humanas e não humanas), materiais, narrativas e políticas completamente diferentes, ver Roosth, "Evolutionary Yarns in Seahorse Valley".
46. Wertheim e Wertheim, *op. cit.*, p. 21.
47. Ver Hayward, "The Crochet Coral Reef Project".
48. Wertheim e Wertheim, op. cit., p. 23.

um processo exploratório, com finais abertos. "Iterar, desviar, elaborar" são os princípios desse processo.⁴⁹ O DNA não poderia dizer melhor.

O Crochet Coral Reef dispõe de um conjunto principal de recifes para exposição, que inclui os que foram expostos no Warhol Museum de Pittsburgh e no Chicago Cultural Center, em 2007, e a "Floresta de Coral", exibida em Abu Dhabi em 2014. Os arranjos metamorfoseantes são mantidos no Institute for Figuring (IFF), sediado em Los Angeles, e também enchem a casa das irmãs Wertheim. O IFF é uma organização sem fins lucrativos, fundada em 2003 pelas irmãs Wertheim e dedicada às "dimensões estéticas da matemática, da ciência e da engenharia".⁵⁰ O conceito principal é o jogo material. O que o IFF propõe e instaura não são *think tanks* nem laboratórios de trabalho, mas *play tanks*, laboratórios de jogo, aquilo que entendo por artes para viver em um planeta degradado. O IFF e o Crochet Coral Reef são mundificações de arte-ciência--ativismo que reúnem pessoas com o intuito de fabricar figuras de barbante com a matemática, as ciências e as artes, criando vínculos ativos que podem importar para o ressurgimento no Antropoceno e no Capitaloceno – isto é, para fazer figuras de barbante emaranhadas no Chthuluceno. Há corporificações de "recifes biodiversos", "recife tóxico", "recife branqueado", "floresta de corais", "estrumeira de plástico", "jardim de evônimos", "recife de ossos branqueados", "jardim de corais de contas", "medusa da floresta de corais" e muito mais, além dos diversos recifes satélite feitos por coletivos de artesãs que se reúnem ao redor do mundo para montar exposições locais. As artesãs produzem recifes fabulados com boa saúde, mas tenho a impressão de que a maior parte deles manifesta os estigmas dos resíduos plásticos, do branqueamento e da poluição tóxica. Crochetar com esses restos me parece o enlaçamento do amor e da fúria.

O talento e a sensibilidade de Margaret e Christine Wertheim

---

49. Ibid., p. 17.
50. Ibid., p. 202.

– nascidas em Brisbane, perto da Grande Barreira de Coral – são fundamentais ao projeto, assim como a aptidão e a preocupação de milhares de outras pessoas que tecem os recifes do Crochet Coral Reef. Margaret Wertheim é escritora e jornalista científica, formada em matemática e física, além de artista e curadora. Ela escreveu muito sobre a história cultural da física teórica. O vídeo de seu TED Talk "*The Beautiful Math of Coral*" [A bela matemática do coral], de 2009, teve mais de 1 milhão de visualizações.[51] Autora de dois livros escritos em uma poética materialista feminina e feminista, Christine Wertheim, por sua vez, é poeta, performer, artista, crítica, curadora, artesã e professora. Ela descreve seu trabalho de forma acurada como uma "infestação de zonas férteis no cruzamento astuto entre a linguística, a psicanálise, a poesia e os estudos de gênero".[52] Evidentemente, essas irmãs gêmeas estão bem preparadas para a SF simpoiética.

    Contaminando-se mutuamente e a quem mais entrar em contato com seus bichos fibrosos, as milhares de artesãs que participam do projeto tecem vínculos psicológicos, materiais e sociais com os recifes biológicos dos oceanos. Elas não o fazem por meio da prática de campo da biologia marinha, de mergulhos entre recifes ou de qualquer outra forma de contato direto. Antes, as artesãs tecem uma "intimidade sem proximidade" – uma presença que não perturba os bichos que animam o projeto, mas que tem potencial para contribuir com o trabalho e o jogo de confrontar as práticas de extermínio desprezíveis e cobiçosas das economias e culturas industriais globalizadas.[53] A intimidade sem proximidade não é uma "presença virtual"; trata-se de uma presença "real", mas em materialidades enlaçadas em *loop*. As abstrações da matemática do crochê são uma espécie de chamariz para uma ecologia cognitiva e afetiva costurada nas artes têxteis. A feitura dos recifes de crochê é uma prática de cuidado sem necessidade de tocar os corais, com a câmera ou com as mãos, em mais uma

---

51. Margaret Wertheim, "The Beautiful Math of Coral".
52. Christine Wertheim, "CalArts Faculty Sta Directory".
53. Metcalf, "Intimacy without Proximity".

Figura 17: Tartarugas-verdes (*Chelonia mydas*) emergem do oceano e atravessam a praia para deixar seus ovos na areia. Crédito: Mark Sullivan, NOAA, licença #10137-07.

viagem de descobrimento. O jogo material constrói comunidades que cuidam. O resultado é mais um fio robusto no holobioma dos recifes: somos todos corais agora.

    Encerro esta pequena seção sobre o Crochet Coral Reef com uma deslumbrante fotografia de tartarugas-verdes saindo do mar em direção à praia para deixar seus ovos. Ela nos remete aos enredamentos natais das irmãs Wertheim e suas gavinhas com os mundos dos recifes de corais. Essa espécie de tartaruga põe seus ovos em mais de oitenta países, distribuídos pelo cinturão tropical e subtropical da Terra, e se encontra ameaçada ou em vias de extinção em toda parte. Uma fotografia de outra tartaruga-verde planando sobre a Grande Barreira de Coral da Austrália foi usada na divulgação da Câmara Regional do Tribunal dos Direitos da

Natureza no extremo norte de Queensland, em 2015.[54] Aproximadamente 18 mil tartarugas fêmeas nidificam a cada estação na ilha de Raine, na Grande Barreira de Coral. Essa população constitui um dos dois únicos grandes grupos que ainda fazem ninhos na Terra hoje.[55] O Tribunal reuniu testemunhos de pessoas indígenas a respeito do que poderia ser uma governança adequada do recife, que foram apresentados ao Tribunal Internacional dos Direitos da Natureza em Paris durante a Cúpula de Líderes sobre o Clima, em dezembro de 2015. Tartarugas marinhas, corais, relatos indígenas sobre os cuidados necessários para decolonizar o território, holobiomas de cientistas, habitantes do Chthuluceno, ativistas de diferentes tipos por justiça ambiental, artesãs e fazedores de arte-ciência de todo o mundo se reúnem em SF, em fabulações especulativas pelo florescimento.

Projeto Ako em Madagascar

Quando cursava a pós-graduação em Yale, em 1962, pesquisando o comportamento dos lêmures no local onde hoje é a reserva Berenty Primate, Alison Jolly foi tomada de um amor à primeira vista e não inocente pelos lêmures de cauda anelada, encantada por aprender mais sobre esses bichos fanfarrões, oportunistas e liderados por fêmeas que habitam as florestas espinhosas e outras florestas de galeria secas do sul da ilha. De modo simples e transformador, essa jovem branca estadunidense de 1,80 metro se tornou uma defensora apaixonada dos saberes e do bem-estar dos seres de Madagascar, com e por eles – especialmente a espantosa espécie dos lêmures, os ecossistemas florestais radicalmente diversos da ilha e as pessoas e povos complexos que a habitam. Autora de muitos livros e artigos científicos, integrante de numerosas equipes de pesquisa e projetos de conservação, Jolly faleceu em

---

54. Essa fotografia se encontra no site da Australian Earth Laws Alliance e em muitos outros lugares na internet, sempre sem créditos. Último acesso em 11/6/2015. A materialidade geo-eco-tecno de culturas visuais importa para manter espaços abertos para os bichos em seus lugares.
55. National Oceanic and Atmospheric Administration, "Green Turtles".

2014. Sua contribuição para a primatologia e a preservação da biodiversidade foi vasta, assim como suas apaixonadas análises históricas sobre os conflitos e as necessidades da conservação. Mas a própria Jolly parecia ter um afeição especial pela dádiva simpoiética que ajudou a elaborar: o Projeto Ako,[56] sintonizado com as práticas de ressurgimento dos vulneráveis mundos malgaxes. Esta é a parte de seu trabalho que eu mais amo.[57]

Jolly entendeu, no mais profundo de seu ser, as terríveis contradições e fricções de abraçar *ao mesmo tempo* as comunidades rurais, que desmatavam e queimavam as florestas para cultivar pequenos lotes agrícolas chamados *tavy*, e seus amados prossímios, com todos os seus parceiros florestais.[58] Ela sabia que não era malgaxe, obviamente – na melhor das hipóteses, ela podia ser uma

56. Ver "Ako Project: The Books", escritos por Alisson Jolly, ilustrados por Deborah Ross e com textos em malgaxe de Hantanirina Rasamimanana, 2005-2012. Os livros foram publicados pela Lemur Conservation Foundation nos Estados Unidos e no Canadá; e pela Unicef, em Madagascar (com 15 mil exemplares de cada livro e 6 mil de cada cartaz). Fora de Madagascar, há versões disponíveis em inglês e chinês; e há outras traduções previstas. Cada livro apresenta uma espécie diferente de lêmure em um tipo diferente de hábitat, incluindo o aye-aye, o lêmure-de-cauda-anelada, o sifaka, o indri, o varecia-vermelho e o lêmure-rato.
57. Ver Jolly, *Thank You, Madagascar*, um relato perspicaz, insólito, bem fundamentado, maravilhosamente bem escrito e por vezes trágico dos principais emaranhados na história do encontro de Madagascar com países do Ocidente visando à proteção da natureza, e projetos feitos entre o final do século xx e início do xxi dos quais a autora participou. Agradeço à Margaretta Jolly, filha de Alison, pelos documentos e correspondências relativos ao Ako Project.
58. Também é preciso destacar o extraordinário conhecimento e o trabalho de Patricia Wright, amiga e colega de Alison Jolly. Wright tem um papel importante em *Thank You, Madagascar*. Sem ela, não existiria o Parque Nacional de Ranomafana e todos os seus projetos em prol de cientistas malgaxes e estrangeiros, da vida silvestre e da população local. Ver "Centre ValBio: Ranomafana National Park"; "Patricia Wright"; e Wright e Andriamihaja, "Making a Rain Forest National Park Work in Madagascar". Nada disso me impede – nem impediu a Jolly e Wright – de registrar que muitas pessoas locais que vivem no entorno do parque consideram que aquelas terras, onde estão os túmulos de seus ancestrais, são suas e que elas lhes foram tiradas ilegitimamente para criar o parque e determinar suas fronteiras por meio de práticas contínuas de colonização científica e estatal. De modo similar, nada disso impede que protagonistas informados da região concluam que as árvores e os bichos dessa zona específica teriam desaparecido se não

Figura 18: Página da publicação *Tikitiki Ilay Maky/Tik-Tik the Ringtailed Lemur* [Tik-Tik, o lêmure-de-cauda-anelada]. UNICEF Madagascar e Lemur Conservation Foundation. Texto de Alison Jolly e Hanta Rasamimanana. Ilustração de Deborah Ross. Cortesia de Margaretta Jolly.

houvesse o parque. Não há maneira simples nem inocente de ficar com todas as facetas do problema, mas é precisamente por este motivo que devemos fazê-lo. Ver Jolly, *Thank You, Madagascar*, pp. 214-228.
A agricultura itinerante tradicionalmente praticada por malgaxes envolve a abertura de clareiras por meio de queimadas em pequenos lotes nas encostas e do cultivo de arrozais irrigados. Essa prática é em geral condenada por destruir a terra e sua produtividade futura, mas seu efeito, na realidade, tem sido justamente o oposto. A questão é controversa: ver Survival International, "Shifting Cultivation"; e Cairns, *Shifting Cultivation and Environmental Change*. Em *Isle of Fire*, Kull tece uma crítica mais severa à história de conservação da natureza que se impôs por meio da repressão das queimadas em Madagascar. O autor defende o manejo do fogo de base comunitária em lugar da contínua (e ineficaz) criminalização das queimadas. A regeneração dos lotes usados por agricultoras e agricultores itinerantes, depois deixados em repouso, tem sido fundamental à diversidade de espécies da floresta e à abundância da maior parte das áreas tropicais durante muito tempo – a menos que os períodos de pousio sejam curtos demais, e que a pressão por novas áreas cultiváveis seja grande demais. Os regimes de propriedade privada e seus dispositivos estatais têm dificuldade para lidar com as comunidades de agricultores itinerantes e pastores ditos nômades. Para dizê-lo de forma branda, o Estado quer que as pessoas sejam sedentarizadas, com limites de propriedade bem definidos.

Em 13/7/2015, em solidariedade a outros povos pastoris e nômades pressionados por governos nacionais centralizadores e extratores de recursos, a Black Mesa Water Coalition (BMWC) publicou em sua página no Facebook um artigo do *New York Times* que descrevia as ações do atual governo chinês para assentar (pela força, se necessário) os povos "nômades" do oeste do país. Esses esforços crescentes se devem, em grande parte, à intensificação da extração de carvão e outros minerais, bem como de outros recursos energéticos na região. Forças semelhantes operam em Black Mesa e nas terras navajos e hopis desde a metade do século XIX. Ver Jacobs, "China Fences in Its Nomads". A publicação da BMWC dizia: "Essa estória soa muito familiar, não é mesmo? É isso que a Agência de Assuntos Indígenas [Bureau of Indian Affairs, BIA] tem feito com o povo Diné, e continua fazendo até hoje com a divisão territorial dos povos Navajo e Hopi. Consultar https://www.facebook.com/blackmesawc?fref=ts. Acesso em 9/8/2015. Ver também a última seção do presente capítulo, "Tecelagem navajo".

Uma pesquisa recente buscou determinar, de maneira quantitativa, até que ponto houve redução nos períodos de pousio na agricultura itinerante e no uso da terra que caracterizam as práticas de *tavy* em uma região de corredor de floresta tropical a leste de Madagascar. O estudo afirma ter adotado métodos específicos para garantir que o sistema de conhecimento e as afirmações de especialistas em agricultura e de agricultores locais fossem igualmente considerados. Ver a conclusão em Styger *et al.*, "Influence of Slash--and-Burn Farming Practices on Fallow Succession and Land Degradation in the Rainforest Region of Madagascar", p. 257: "Nos últimos trinta anos, os períodos de pousio diminuíram de 8 a 15 anos para 3 a 5 anos. A vegetação de pousio, portanto, está mudando a cada 5 a 7 ciclos de rotação entre pousio e colheita, a partir da redução da floresta de árvores (*Trema orientalis*) em arbustos (*Psiadia altissima, Rubus moluccanus, Lantana camara*), e depois em herbáceas (*Imperata cylindrica* e samambaias) e capins (*Aristida* sp.), fora do período de produção agrícola. Essa sequência é 5 a 12 vezes mais curta que o intervalo anteriormente registrado. O uso frequente do fogo resulta na substituição de espécies nativas por espécies exóticas agressivas e favorece espécies de capim em vez de espécies florestais, criando paisagens sem árvores que não possuem qualquer valor produtivo ou ecológico." O estudo ressalta que o povo Betsimisaraka, que habita a região, detém conhecimentos abundantes sobre pousio e regeneração, mas hoje se encontra constrangido por múltiplas forças, em uma espiral de degradação de terras. As pressões ecológicas, étnicas, populacionais, regionais, nacionais, internacionais, econômicas e de hierarquia social emaranham a biodiversidade até o estrangulamento, assim como aos diversos meios de subsistência de pessoas humanas e de outros bichos.

Tradicionalmente, esses povos que praticam a agricultura itinerante não quiseram formar grandes famílias, e fizeram uso de diversos meios para limitar os nascimentos. Não é simples entender os motivos pelos quais a espiral de crescimento demográfico e as pressões sobre a terra se intensificaram nas florestas e nos campos de arroz das terras altas de Madagascar desde a metade do século XX. A propriedade privada, o Estado-nação e os dispositivos coloniais têm a maior parte da responsabilidade, mas não toda: o pesado

hóspede capaz de agir adequadamente com reciprocidade; e, na pior, só mais uma na longa fila de colonizadores, sempre tomando terras e distribuindo conselhos com as melhores intenções. Jolly estava a par das controvérsias a respeito da agricultura itinerante, que colocavam em questão sua contribuição para a destruição ou para o manejo e o cultivo da floresta. A pesquisadora aprendeu muito sobre a agricultura *tavy* e por que sua crescente prática contemporânea era letal para o futuro das florestas e seus bichos – incluindo os seres humanos, que necessitam das matas não só por seus produtos (inclusive os lêmures, que servem como alimento), mas também pela manutenção da fertilidade dos solos tropicais, pobres em fósforo. Ela sabia que a prática *tavy* havia sido parte do ciclo sucessional da floresta e da manutenção da biodiversidade, fato evidenciado pelas antigas massas florestais do parque de Ranomafana; contudo, argumentava que isso já não era mais assim. Hoje, nada mais tem tempo suficiente para se regenerar. Jolly sabia descrever com precisão as consequências da rápida pressão demográfica sobre as florestas em uma história situada, composta por múltiplas expropriações de terra, remoções forçadas, supressões violentas, imposição de regimes de propriedade privada, mercados instáveis, uma sucessão de governos nacionais falidos, uma imensa dívida pública (solicitada e imposta) e promessas rotas de desenvolvimento. Ela escreveu vividamente sobre a avaliação precisa feita pelos habitantes locais sobre o efeito do trabalho de gerações de pesquisadores estrangeiros, ao passo que esses especialistas e cientistas visitantes pouco ou nada

encargo que resulta da quantidade de seres humanos na Terra hoje não pode ser considerado responsabilidade de apenas alguns lugares (ou úteros). É difícil calcular a população de Madagascar, em parte porque não há recenseamento desde 1993. O primeiro censo foi realizado em 1975. As seguintes informações foram obtidas por inferência: "De acordo com a revisão de 2010 das *Perspectivas Mundiais de População*, a população total [da ilha] era de 20,714 milhões de habitantes em 2010, comparado a 4,084 milhões em 1950. [...] As projeções das Nações Unidas preveem uma população de 50 milhões até 2050. As taxas de natalidade caíram nas zonas rurais e sobretudo nas áreas urbanas. 70% da população vive em áreas rurais ou pratica a agricultura de subsistência" (Nações Unidas, "World Population Prospects").

sabiam sobre a terrível história do roubo de terras, das operações coloniais e pós-coloniais de busca e destruição, dos esquemas predatórios de extração, e das consequências para a população de projetos falidos de cientistas visitantes e ONGs locais e estrangeiras, geralmente bem-intencionados, mas frequentemente ignorantes. Jolly também sabia o que o trabalho real e comprometido, sustentado por colegas e pessoas amigas, era capaz de realizar em Madagascar, contra todas as probabilidades e em meio a diferenças de toda sorte. Há muitos exemplos e muitas pessoas importantes por citar, mas quero contar a estória de um desses pequenos projetos, que pode ser considerado como um sistema modelo para a simpoiese.

Escritos em inglês e malgaxe, cada livro do Projeto Ako narra de maneira vívida as aventuras de um jovem lêmure de Madagascar, de uma das seis espécies existentes – do minúsculo lêmure-rato, *ny tsididy*, ao aye-aye, ou *ny aiay*, de dedos estranhos, passando pelo indri que canta, ou *ilay babakoto*. As estórias são histórias naturais carnudas, cheias da curiosidade empírica e sensorial típica desse gênero: são aventuras espevitadas de jovens lêmures valentes que vivem as alegrias e os perigos de seus hábitats e arranjos sociais de seus grupos. O projeto oferece guias em malgaxe para professores, além de cartazes primorosamente ilustrados que mostram as regiões únicas de Madagascar onde as estórias acontecem, com cada espécie de lêmure rodeada por diversos bichos e plantas próprios de seus hábitats. Os livros *não são* manuais didáticos; são contos, banquetes para a mente, o coração e o corpo de crianças (e adultos) que não têm acesso a livros de estórias nem a bichos de seu próprio país, ou mesmo de sua região. A maioria das pessoas de Madagascar nunca viu um lêmure na terra, na televisão ou em um livro. Aqueles que têm o privilégio de frequentar uma escola onde haja livros podem encontrar imagens de coelhos franceses, um fato que Alison Jolly me contou com desgosto nos anos 1980, quando eu a entrevistei para o livro *Primate Visions*. Ainda hoje, muitos vilarejos continuam sem escolas. O currículo formal para as crianças, quer seja baseado no antigo sistema francês ou em abordagens mais recentes centradas no aluno, é irrelevante para a maior parte da população. O financiamento estatal destinado às escolas rurais é absolutamente irrisório, e a maioria das crianças em áreas rurais é educada por professoras e professores comunitários sem formação pedagógica nem salário, à exceção de docentes pagos por famílias muito pobres. O ensino sobre os bichos e as ecologias locais acontece raramente.

O Projeto Ako conseguiu contornar a carência das escolas e as burocracias não responsivas. Jolly ficou encantada ao ver as cativantes aquarelas de fauna e flora pintadas por Deborah Ross, e propôs que ela ilustrasse seus livros infantis sobre lêmures. Ross topou. Jolly então contatou sua velha amiga, Hantanirina Rasamimanana, bióloga especializada nesses animais. Juntas, elas conseguiram arrecadar fundos para fazer o projeto acontecer.[59] As emocionantes, belas, divertidas e assustadoras estórias do Projeto Ako, distribuídas fora da burocracia escolar, nutrem a empatia e o conhecimento relativos à extraordinária biodiversidade de Madagascar *para as pessoas malgaxes*.

O Projeto Ako é o fruto gerativo de um coleguismo e uma amizade de décadas.[60] Em 1983, Alison Jolly conheceu Hanta Rasamimanana, uma cientista dezessete anos mais jovem. Elas se uniram como mães para realizar trabalhos de campo em contextos desafiadores, como primatologistas fascinadas por lêmures-de-cauda-anelada, como apaixonadas pelo povo malgaxe e pela

---

59. Deborah Ross é ilustradora. Suas obras foram reproduzidas em importantes revistas e expostas em zoológicos e jardins botânicos. Ross ministrou oficinas de aquarela para os estúdios Walt Disney, DreamWorks, Pixar e CalArts. Sua principal contribuição ao projeto Ako foram as oficinas de arte para malgaxes das áreas rurais de Kirindy e Tampolo. Ver Ross, "Deborah Ross Arts". Janet Mary Robinson, que ilustra os cartazes do projeto Ako, por sua vez, é formada em ilustração científica e em ecologia e meio ambiente. Agradeço a Margaretta Jolly pelas informações sobre as origens do projeto (e-mail de Jolly a Haraway, 28/6/2015).
60. Jolly, "Alison Jolly and Hantanirina Rasamimanana", p. 45. Para um relato do primeiro encontro entre Jolly e Rasamimanana e suas colaborações posteriores, ver Jolly, *Lords and Lemurs*. Para conhecer um pouco do pensamento conjunto dessas cientistas, ver Jolly *et al.*, "Territory as Bet-Hedging".

natureza, e ainda como participantes da política local e internacional, com diferentes graus de vulnerabilidade e autoridade situadas. Nascida na capital e pertencente à geração de malgaxes que foi financiada pela União Soviética durante o socialismo de Didier Ratsiraka, Rasamimanana formou-se em zootecnia pela Academia Veterinária de Moscou. Mestre em Conservação de Primatas e doutora pelo Museu Nacional de História Natural de Paris, Rasamimanana é professora de Zoologia e Educação Científica na Escola Normal Superior de Antananarivo. Especialista em lêmures-de-cauda-anelada, publicou diversos artigos sobre o comportamento alimentar, o gasto energético e a precedência e autoridade suprema ("dominância") das lêmures fêmeas em suas sociedades. Suas incumbências acadêmicas no contexto universitário em Madagascar foram muitas: ela foi a principal responsável por criar um mestrado em Conservação de Primatas na cidade de Mahajanga e nas ilhas Comores. Conselheira do Currículo Nacional de Madagascar, também coordena o programa do Projeto Ako para professores. Os guias para docentes malgaxes que acompanham as obras são de sua autoria, baseados nas oficinas que realizava nas áreas rurais.[61]

No verão de 2013, Rasamimanana foi a responsável pelo programa do quinto Congresso Internacional de Prossímios, realizado no Centre ValBio Research Campus, no Parque Nacional de Ranomafana – local onde Patricia Wright, amiga e colega de Alison Jolly, e tantas outras pessoas trabalharam durante décadas para fortalecer a biodiversidade e a pesquisa sobre primatas feita *por* cientistas malgaxes *em* Madagascar.[62] Oitenta das duzentas

---

61. Sem dar-se por vencida, Jolly lamenta que mesmo a promoção de Rasamimanana da dimensão pedagógica e das pesquisas relativas aos livros do Projeto Ako ainda não foi capaz de superar a reticência de muitos docentes em utilizar esses materiais não ortodoxos. Jolly, *Thank You, Madagascar*, p. 51. Em "Conservation Education in Madagascar", Dolins *et al.* defendem que "embora os esforços de organizações não governamentais sejam muito importantes, o Ministério da Educação necessita urgentemente incorporar a educação para a biodiversidade nos programas de todos os níveis curriculares, do ensino fundamental até a universidade".
62. Ver Fifth International Prosimian Congress, site, e Durrell Wildlife

Figura 19: Pintura para *Tsambíkí Ilamba Fotsy/Bounce the White Sifaka* [Salta o lêmure-sifaka branco]. Unicef Madagascar e Lemur Conservation Foundation. Texto de Alison Jolly e Hanta Rasamimanana. Ilustração de Deborah Ross. Cortesia de Margaretta Jolly e Deborah Ross.

pessoas presentes no congresso eram nascidas na ilha. Metade das participantes eram estudantes, que corporificavam a próxima geração de cientistas dedicados a manter um espaço e um tempo abertos para os lêmures e seus associados nas vulneráveis teias florestais. Em notas escritas em um de seus diários de conservação, pouco antes de sua morte, Jolly celebrava o significado desse congresso:

A grande mudança é que a maior parte dos artigos são de autoria de pessoas malgaxes que pesquisam sobre sua própria biodiversidade, desejosas de dar continuidade à carreira profissional na área de conservação. É um contraste diante da constante perplexidade de tantos outros malgaxes por alguém querer visitar as florestas! É também uma grande reviravolta em relação a todas as conferências realizadas no passado, dominadas por estrangeiros.[63]

Graças aos vínculos que mantinham entre si e a suas colaborações com artistas, ilustradoras e profissionais do livro, as cientistas e contadoras de estórias Jolly e Rasamimanana puderam trazer o Projeto Ako ao mundo. Por meio do trabalho e do jogo neste projeto, elas foram capazes de atravessar diversas crises que marcaram Madagascar e seu histórico de conservação da natureza, nutrindo novas gerações de naturalistas e cientistas malgaxes – que incluem crianças pequenas, guias de estações de pesquisa em reservas e estudantes do nível fundamental e superior. De maneira solidária, não inocente e com incansável compromisso, Jolly e Rasamimanana praticaram as artes de viver em um planeta degradado. Isto importa.

Never Alone (*Kisima Ingitchuna*)

Meu terceiro exemplo de mundificação de arte-ciência para viver em um planeta degradado são os "jogos de mundos", feitos com e

---

Conservation, "World Primate Experts Focus on Madagascar". Para uma lista de publicações relacionadas, consultar ValBio, "ICTE - Centre ValBio Publications".
63. Jolly, *Thank You, Madagascar*, p. 362.

a partir de estórias e práticas de povos indígenas. "De que servem as velhas estórias se não compartilhamos a sabedoria que elas contêm?"[64]

Esses jogos são práticas mundificadoras, que rememoram e criam mundos em tempos perigosos. Povos indígenas ao redor da Terra têm perspectivas singulares a respeito dos discursos sobre as extinções por vir e os extermínios do Antropoceno e do Capitaloceno.[65] A ideia de que o desastre se aproxima não é nova; na

---

64. Essa citação foi extraída das legendas em inglês do trailer de divulgação do jogo *Never Alone*, no momento em que vemos Nuna, a raposa-do-ártico, e o espírito ajudante. Para acessar trechos de uma entrevista com Amy Freeden, do Cook Inlet Tribal Council, e Sean Vesce, da produtora E-Line Media, concedida à National Public Radio (NPR), ver Demby, "Updating Centuries: Old Folktales with Puzzles and Power-Ups". Na entrevista, lê-se: "A última pessoa viva a contar esta estória foi um mestre contador de estórias chamado Robert Cleveland. Amy e sua equipe fizeram um trabalho impressionante e conseguiram localizar a descendente mais velha de Robert – uma mulher chamada Minnie Gray, na casa dos oitenta anos, acredito, que morava a apenas alguns quarteirões da sede do Cook Inlet Tribal Council. Então, nós a convidamos e demos início a uma série de conversas com ela. Apresentamos a ela a equipe e o que queríamos fazer. E ficamos encantados por ela nos encorajar de verdade não apenas a usar a estória de seu pai como inspiração, mas também a adaptá-la e desenvolvê-la conforme o contexto do jogo. Uma das coisas que Minnie nos ensinou é que a narração de estórias não é um ato fixo." O processo de desenvolvimento do jogo é descrito em detalhes, incluindo uma de suas decisões consequentes: "Fizemos a escolha criativa de manter os áudios [falados] do jogo em inupiaque, disponibilizando legendas em dez idiomas. A intenção era recriar a experiência de escutar uma estória contada por um ancião em sua própria língua. É uma impressão difícil de descrever, mas queríamos recriá-la para que as jogadoras e os jogadores tivessem um gosto do quão poderoso era ouvi-las assim." Na entrevista, Amy Freeden cita Daniel Starkey, um crítico de jogos indígena que escreve para a plataforma Eurogamer.net: "*Never Alone* (*Kisima Ingitchuna*, em inupiaque) é diferente dos outros jogos. Sua mera existência me interpela. Em vez de suscitar a autocomiseração, o jogo se apresenta como um desafio radical a tudo aquilo que me tornei, mostrando-me não só que preciso ser melhor, mas também como devo fazê-lo" (Starkey, "*Never Alone* Review").
Cerca de quarenta membros da comunidade inupiat apoiaram o projeto de diversas maneiras ao longo de sua produção, além de muitos outros em momentos importantes do desenvolvimento. Uma das principais preocupações dos colaboradores indígenas, incluindo as crianças que testaram as primeiras versões, era assegurar que o jogo se baseara em ideias, experiências e condições ambientais do povo Inupiat. A entrevista da NPR traz ainda uma descrição do envolvimento das crianças na escolha do animal (uma raposa, uma coruja, um lobo?) que acompanha a personagem da menina Nuna.

65. *Never Alone* conta a estória de uma tempestade sem fim que ameaça a

realidade, o desastre, o genocídio e a devastação de lugares e lares já acontece há décadas e séculos, e nunca cessou. O ressurgimento de povos e lugares é nutrido com uma vitalidade dilacerada em meio a tantas perdas, ao luto, à memória, à resiliência, à reinvenção do que significa ser indígena, à recusa a negar a destruição irreversível, e à recusa a desvincular-se dos modos de viver e morrer bem em tempos presentes e futuros. Os jogos de mundos requerem colaborações inventivas e simpoiéticas, capazes de reunir coisas e pessoas tão diversas como plataformas de videogames e seus designers, contadores de estórias indígenas, artistas visuais, escultores e fabricantes de marionetes, além de ativistas comunitários e jovens versados em cultura digital. No momento em que escrevo esta frase, o conjunto de jogos de mundos de computador é pequeno: existe apenas um. Há outros, entretanto, em fase de colaboração e elaboração.[66]

Ainda que os modelos de simpoiese sejam expansíveis, é fundamental não saquear as estórias indígenas situadas mais uma vez, como se fossem recursos para os lamentos de projetos e

---

sobrevivência das pessoas. Os povos contemporâneos do Ártico têm explicações bastante elaboradas para as alterações climáticas e as transformações de seus ambientes. O termo pertinente, neste caso, não é *Antropoceno*. Ver, por exemplo, a sinopse de *Inuit Knowledge and Climate Change* no site da Isuma TV: "O diretor de *Atanarjuat: The Fast Runner*, Zacharias Kunuk (baseado em Nunavut), e o pesquisador e documentarista Ian Mauro (*Seeds of Change*) se juntaram com comunidades inuítes para documentar seus conhecimentos e experiências ligados às mudanças climáticas. O novo documentário – o primeiro na língua inuktitut sobre o tema – conduz os espectadores "à terra" e a encontros com anciãos e caçadores para investigar os impactos ecológicos e sociais de um Ártico em pleno processo de aquecimento. Este filme inesquecível nos ajuda a apreciar a cultura e a perícia dos inuítes com relação às mudanças climáticas, assim como os modos como os povos indígenas procuram adaptar-se a elas."
Para um trabalho de campo que investiga os termos vernaculares com os quais um grupo de inuítes do Alaska fala das mudanças climáticas, ver Callison, *How Climate Change Comes to Matter*.
66. As culturas digitais indígenas são situadas em histórias e políticas complexas, e seus formatos extrapolam os jogos de computador. Há outros jogos projetados a partir da cultura material de povos indígenas, mas nenhum como *Never Alone*. Ver Ginsberg, "Rethinking the Digital Age"; Ginsberg, Abu-Lughod e Larkin, *Media Worlds*; Lewis, *Navajo Talking Picture*.

Figura 20: Imagem de capa de *Never Alone* (*Kisima Ingitchuna*) [Jamais Sozinhos]. Cortesia de E-line Media, em colaboração com Upper One Games e Cook Inlet Tribal Council.

povos colonizadores, essas entidades que sempre parecem mortas--vivas. *Never Alone* não é um jogo *new age* por uma unidade universal, uma solução pós-humanista para crises epistemológicas, um modelo geral de colaboração ou uma forma de requintar o Antropoceno com Sabedoria Climática Indígena. *Never Alone* tampouco é um manual para o Chthuluceno. Se aquilo que o povo Inupiat chama de Sila se encontra com o Chthuluceno tentacular nos jogos SF, essa é uma proposta que assume riscos, e não uma tradução inocente.[67] *Never Alone* requer um tipo diferente de

---

67. A noção de "Sila" é explicada em *Never Alone* como um "discernimento cultural" que precisa ser adquirido à medida que se joga. Eu sempre morro no início no jogo, mas é possível trapacear assistindo a vídeos no Youtube. Ver "*Never Alone* Cultural Insights: Sila Has a Soul", em que Fannie Kuutuuq e outros discutem esse termo pan-inuíte. *Sila* significa algo próximo a "clima" para os anglófonos do sul – mas só se *clima* corresponder ao céu e ao ar, o sopro-alma, elemento que envolve o mundo e insufla a vida nos seres; ou ainda ao meio que vai da Terra à Lua, com suas mudanças e seus poderes dinâmicos. Ver Merker, "Breath Soul and Wind Owner". O conceito de mudança climática

atenção. Talvez o fato de que eu sempre morra logo no início do jogo seja menos um reflexo de minhas parcas habilidades de jogadora do que um lembrete adequado de que um jogo de mundos é uma forma de narração de estórias indígena, situada em histórias específicas. O fato de que o jogo é narrado em inupiaque com legendas em inglês é outra lembrança de onde se encontra a autoridade mundificadora. As estórias, até mesmo aquelas que encontramos à venda na internet, pertencem a contadoras e contadores que podem (ou não) compartilhá-las em práticas situadas de mundificação. As condições para o compartilhamento dessas estórias não devem ser estabelecidas por saqueadores, acadêmicos ou outros.[68] Isso *não significa* que o jogo é restrito a comentadores nativos, em lugares nativos e para públicos nativos, como se fosse uma caricatura perversa das reservas. O que isso *realmente significa* é que os termos da narração, da escuta e do jogo foram relocalizados de maneira decisiva.

Never Alone (Kisima Ingitchuna) é o primeiro jogo desenvolvido em colaboração com pessoas Inupiat, o povo originário do Alasca. Jogue

---

não engloba Sila, e vice-versa; mas essas ideias ou objetos de trabalho já se encontraram. Isso tem consequências para o que se considera como agências, temporalidades e respons-habilidades. Importa quais pensamentos pensam pensamentos, quais estórias contam estórias, quais conhecimentos conhecem conhecimentos.

68. Estou de acordo com William Elliott com relação a essas precauções em seu envolvimento com pensadores e estórias indígenas, inclusive com novas abordagens a animismos localizados. Elliot generosamente compartilhou comigo dois manuscritos de textos seus: "Ravens' World: Environmental Elegy and Beyond in a Changing North" e "*Never Alone:* Alaska Native Storytelling, Digital Media, and Premodern Posthumanisms". Na entrevista à NPR já citada, Amy Freeden (membro do Cook Inlet Tribal Council) comentou a respeito da colaboração com a produtora E-Line Media: "Sei que isso pode soar um pouco forte, mas quando conversamos sobre fundar a primeira empresa indígena de videogames, queríamos definir um alto patamar. Queríamos nos apropriar desse espaço da contação tradicional de estórias pelos videogames" (Demby, "Updating Centuries-Old Folktales"). Freeden é direta ao afirmar que o compartilhamento de estórias indígenas, para além dos termos habituais da apropriação colonizadora, depende da posse das narrativas e dos dispositivos de narração de estórias.

como uma menina Inupiat e uma raposa-do-ártico numa busca pela origem da eterna nevasca que ameaça a sobrevivência de tudo aquilo que elas conhecem.[69]

Nenhuma pessoa age sozinha. As conexões e os corredores são práticos e materiais, ainda que também sejam fabulosos, localizados em uma instância que as pessoas anglófonas tendem a desqualificar como "o mundo espiritual". A coragem e as habilidades da menina Nuna também são fundamentais. Essas são as artes de viver em um planeta degradado, para retomar a expressão de Anna Tsing. *Never Alone* pode ser jogado em um padrão de figuras de barbante com *Always Coming Home*, de Ursula Le Guin.

Os desenvolvedores de *games* entendem que o novo gênero de "jogos de mundos" se dá em meio a estórias indígenas em curso. A equipe que criou *Never Alone (Kisima Ingitchuna)* inclui Gloria O'Neill, presidente e diretora do Cook Inlet Tribal Council; dezenas de conselheiros e anciãos da comunidade indígena do Alasca; Alan Gershenfeld, cofundador da E-Line Media; Sean Vesce, diretor criativo da E-Line Media; a equipe do estúdio de design em Seattle; pessoas de todas as idades que testaram o jogo; e um senso compartilhado da atual urgência em relação às terras e às águas, com seus seres humanos e outros-que-humanos.

O'Neill afirmou ter adorado a possibilidade de participar do videogame porque o conselho pôde ser um codesenvolvedor no processo – e porque nenhum outro grupo indígena americano jamais havia desempenhado semelhante papel na história da indústria dos videogames.[70]

A simpoiese de *Never Alone* tem muitos fios. Um deles é de difícil compreensão para a maior parte dos modernistas: a riqueza simanimagênica do jogo e de suas estórias. A pequena Nuna e sua companheira, uma raposa-do-ártico, partem de sua aldeia natal para enfrentar uma nevasca sem precedentes, encontrar sua causa

---

69. Citação do site do *Never Alone (Kisima Ingitchuna)*.
70. Takahashi, "After *Never Alone*, E-Line Media and Alaska Native Group See Big Opportunity in 'World Games'". Takahashi relata: "[O jogo] obteve mais de 700 críticas em uma ampla gama de publicações (incluindo o *GamesBeat*) e tem sido discutido em todo o mundo. *Never Alone* figurou em mais de cinquenta premiações em 2014. Vídeos de jogadoras e jogadores no Youtube e no Twitch atraem milhões de visualizações." Agradeço a Marco Harding pela referência e por me ensinar a jogar.

e, assim, salvar as pessoas e o lugar. Ajudando-se mutuamente, a menina e a raposa aprendem a atravessar diversos obstáculos, e mesmo a nadar dentro da barriga de uma baleia, até finalmente escaparem através de seu espiráculo em direção ao céu. Esse tipo de elo *sim* e de viagem fabulada não constitui um problema ontológico nem epistemológico, ou, pelo menos, não um que importe. Mas a presença e a ação de uma multidão de espíritos ajudantes são absolutamente centrais nessa mundificação, nessas estórias e nessa simpoiese no Ártico do Antropoceno. Ontologias de sistemas de informação digital, espíritos ajudantes, meninas e raposas bioculturais precisam de agilidade e seriedade ao jogar com figuras de barbante para que "nunca sós" adquira seu significado pleno.

Em seu trabalho com caçadores indígenas no Brasil, com quem aprendeu a teorizar o realinhamento conceitual radical que chamou de multinaturalismo e perspectivismo, Eduardo Viveiros de Castro escreveu: "O Animismo é a única versão *sensível* do materialismo."[71] Não estou dizendo que adultos como eu – ou que crianças como Nuna – "acreditem" no mundo espiritual. A crença não é uma categoria indígena nem "chthulucena". A categoria de crença, inexoravelmente atolada nas lutas intestinas e colonizadoras do cristianismo – incluindo suas formas seculares, acadêmicas e cívicas –, é atada à doutrina, à profissão, à confissão e à taxonomia de erros. Em outras palavras, a crença não é sensível.[72] Estou falando da semiótica material, das práticas de

---

71. Eduardo Viveiros de Castro, comunicação pessoal, 2/10/2014. [Aqui cabe ressaltar o duplo sentido de *sensible* em inglês: sensível e sensato (N.T.)]
72. Essa é uma das razões pelas quais a "crença" não tem nada a ver com as práticas científicas. As ciências – mesmo a matemática e a física – são práticas sensíveis, em todos os seus funcionamentos semiótico-materiais. Isabelle Stengers tem sido incansavelmente consistente a esse respeito: seu amor pelos planos inclinados de Galileu depende do entendimento de que a ciência é sensível. Indagar se alguém "acredita" na evolução ou nas mudanças climáticas é uma pergunta cristã (seja em formato religioso ou secular), para a qual somente uma confissão de fé seria aceita. Nesses mundos, a Ciência e a Religião reinam, e é impossível jogar *Never Alone*. Meu guia na história da

mundificação através das quais os mundos se formam, da simpoiese que não é somente simbiogenética, mas que também é sempre um materialismo sensível. Os materialismos sensíveis do impulso involutivo são muito mais inovadores do que os modernismos seculares admitiriam. As estórias para se viver no Chthuluceno exigem uma certa suspensão de ontologias e epistemologias; elas requerem que sejamos capazes de manejá-las com leveza, em favor de histórias naturais mais ousadas e experimentais. Não se pode jogar *Never Alone* sem habitar um materialismo sensível e simanimagênico, com todos os seus empurrões, puxões, afetos e acoplamentos. O ressurgimento desse mundo e de outros talvez dependa de aprendermos a jogar.

Como sempre morro no início de *Never Alone*, não me esqueço que os espíritos ajudantes favorecem seus parentes. O animismo não é algo que possa ser vestido por visitantes como uma capa mágica. Fazer parentes no Chthuluceno em curso será mais difícil do que isso, e mesmo os herdeiros relutantes dos colonizadores são pouco aptos a estabelecer condições que permitam o reconhecimento de parentescos. Além disso, muitos inuítes hoje, incluindo aqueles comprometidos com uma renovação cultural, desconfiam do animismo em seu próprio legado. Ficar com o problema e desejar o ressurgimento requer que herdemos histórias difíceis para todos – mas não igualmente difíceis, nem das mesmas maneiras.

Tecelagem navajo: Performance cosmológica, ritmo matemático, ovelhas navajo-churro, *hózhó*

> Black Mesa: sobre ela, a vida.
> Haverá vida novamente, é o que dizem.
> Por esta razão elas tecem.[73]

---

categoria de "crença", especialmente com relação às culturas protestantes colonizadoras, é o artigo de Susan Harding, "Secular Trouble". Ver também Harvey, *The Handbook of Contemporary Animism*.

Para narrar meu último sistema modelo para a simpoiese, retorno às fibras das proposições arriscadas que ligam o Crochet Coral Reef à tecelagem navajo. A tecelagem navajo é praticada em toda a nação Navajo, mas vou me concentrar nas tecelãs de Black Mesa e em suas alianças com as ovelhas.[74] Seria um grave erro de categorização chamar a tecelagem navajo de "ativismo de arte-ciência", ainda que esta seja uma designação suficientemente cômoda para o Crochet Coral Reef. Além de ignorar a existência de nomeações Dinés sólidas e precisas, as categorias "arte" e "ciência" continuam fazendo um trabalho colonizador nesse contexto. Contudo, também seria um grave erro de categorização separar a tecelagem navajo das práticas matemáticas, cosmológicas e criativas que jamais se encaixariam nas definições coloniais em uso do "tradicional". Assim como o Crochet Coral Reef, a tecelagem navajo – especialmente aquela feita com a lã de ovelhas churro –

---

73. "Dzit Yíjiin bikáa'gi iiná náánásdláadóó ha'níigo biniiyé da'jitt'ó", traduzido para o inglês por Mae Washington. Ver Black Mesa Weavers for Life and Land, "Black Mesa Weavers and Wool".
74. A tecelagem contínua é uma prática material-semiótica, em meu entendimento. A Black Mesa Water Coalition publica em sua página no Facebook fotos de maravilhosas mantas contemporâneas à venda e das pessoas que as tecem (incluindo crianças que estão aprendendo a técnica), além de imagens das mantas em processo de produção.
A organização Black Mesa Weavers for Life and Land viabilizou a produção de três edições limitadas de mantas de Black Mesa. As mantas, um trabalho simpoiético, foram elaboradas por pessoas Dinés que praticam o pastoreio e a tecelagem, tecidas a partir de lã de ovelhas navajo-churro e fabricadas em colaboração com a Black Mesa Weavers for Life and Land, o San Jose Museum of Quilts and Textiles, a Fundação Christensen e a empresa têxtil Pendleton Woolen Mills. Para fotografias das mantas de Black Mesa, ver San Jose Museum of Quilts and Textiles, "Black Mesa Blanket".
A Pendleton Woolen Mills, uma gigante das mantas de lã do final do século xix que visava ao comércio indígena, teve um papel importante na história das duras condições da tecelagem navajo. Os "grandes fabricantes de mantas usurparam o mercado indígena dos Estados Unidos e se apropriaram de uma grande parte do mercado anglo-americano" (M'Closkey, *Swept under the Rug*, p. 87). Hoje, a venda das mantas também financia bolsas para estudantes indígenas através da iniciativa American Indian College Fund, da Pendleton. As famílias navajos prezam tanto suas mantas fabricadas pela empresa quanto aquelas tecidas por pessoas navajos.

vincula pessoas e animais ao formar padrões de cuidado e respons-habilidade em lugares arrasados pelo excesso de mortes, onde a continuidade está ameaçada. Como no caso do Crochet Coral Reef, o jogo entre a produção coletiva e a invenção pessoal é onipresente no trabalho têxtil navajo. Tanto o Crochet Coral Reef quanto a tecelagem navajo existem em meio a uma ecologia modernizante de estruturas comodificadoras e de gênero que dão mais valor à "arte" do que ao "artesanato". Tanto o Crochet Coral Reef como a tecelagem navajo são realizados principalmente por mulheres, embora os homens também figurem em suas redes de pensadoras/fazedoras.[75] Tanto o Crochet Coral Reef quanto a tecelagem navajo performam mundos com uma vitalidade matemática que permanece invisível na doxa dos estudos acadêmicos sobre as práticas têxteis de mulheres na produção indígena e colona. E, por fim, em sintonia com a simpoiese de coalizões práticas, tanto o Crochet Coral Reef quanto a tecelagem navajo estão no cerne do pensar/fazer em prol de políticas e ecologias mais vivíveis, nesses tempos de extração e queimada chamados de Antropoceno e Capitaloceno. Em emaranhamentos cara a cara, de mão em mão, a Grande Barreira de Corais e Black Mesa são entretecidas e crochetadas em performances cosmológicas que animam o Chthuluceno tentacular dos Mil Nomes.

O refrão de uma oração navajo costuma acompanhar o trabalho de quem tece: "Comigo há beleza" (*shil hózhó*), "em mim há beleza" (*shii' hózhó*), "de mim a beleza irradia" (*shits' áá d óó hózhó*).[76] *Hózhó* é um conceito central na cosmologia navajo e em

---

75. "Pensadoras/fazedoras" é uma forma de designar as pessoas envolvidas nas práticas inextricáveis de pensar/fazer que chamamos de arte. Aprendi essa expressão com Loveless, "Acts of Pedagogy".
76. Willink e Zolbrod, *Weaving a World*, p. 8. Essa obra é fruto de longas discussões sobre os tecidos e as práticas de tecelagem navajos com mais de sessenta anciãos do leste da nação Navajo, realizadas na década de 1990 em Crownpoint e arredores, no Novo México. A criação da casa de leilões de tapetes navajos de Crownpoint, em 1968, e da Crownpoint Rug Weavers Association (associação composta por tecelãs e tecelões navajos de toda a Região Sudoeste) foram determinantes para o fortalecimento do bem-estar de pessoas navajos que praticam a tecelagem, e também para a retomada do

Figura 21: Tapete navajo, *Two Gray Hills* [Dois montes grises]. Artista desconhecida. Peça adquirida na década de 1960 pelo pai de Rusten Hogness, John Hogness, na Nação Navajo. Fotografia de Donna Haraway.

sua prática cotidiana. É comumente traduzido para o inglês como "beleza", "harmonia" e "ordem", mas penso que uma tradução melhor ressaltaria as relações justas do mundo – incluindo os seres humanos e não humanos que não estão *no* mundo como se este fosse um contentor, mas que são *do* mundo, participando de sua substância narrada e dinâmica. A desordem, frequentemente representada nos feitos do Coiote, perturba as relações justas, que precisam ser restauradas em cerimônias e na vida cotidiana para que um viver adequado seja novamente possível, para que cada pessoa seja restaurada em *hózhó* ao Povo. Para os Dinés, a ganância é a maior fonte da desordem: ela destrói as relações justas pela raiz.

Tecer é uma prática útil, sem dúvida, e também econômica; mas, fundamentalmente, tecer é ainda uma performance cosmológica, que entrelaça as conexões e as relações adequadas na urdidura e na trama do tecido.[77] Seus padrões geométricos de

---

controle de seus mercados, desenhos e narrativas. Compradores de todo o mundo podem obter os tapetes diretamente das pessoas que os tecem, que também administram os leilões. Consultar "Crownpoint Navajo Rug Auction" e Iverson, *Diné*, p. 268. A maior parte das pessoas que trabalham com tecelagem, no entanto, ainda são muito mal remuneradas, sem contar tudo que envolve a fabricação de uma manta. A casa de leilões de Crownpoint teve problemas financeiros que a levaram à falência em 2014, mas o projeto se reorganizou na forma de uma nova casa de leilões de tapetes em Crownpoint.
Em 1996, ano da publicação de *Weaving a World*, Willink e Zolbrod já trabalhavam juntos havia mais de 25 anos. Roseann Willink, docente da Universidade do Novo México, é membro do Mexican Clan [*naakai dine'é*, clã mexicano], nascida para o Towering House Clan [*Kinyaa-áanii*, clã da casa imponente]. Paul Zolbrod defende que as poéticas e as narrativas navajos estão intimamente entramadas nas condutas da vida cotidiana, estabelecendo relações entre as pessoas da comunidade e o cosmos. Zolbrod publicou *Diné bahane': The Navajo Creation Story*, a versão mais completa disponível em inglês. Ver Denetdale, *Reclaiming Diné History*, pp. 23-26.
Para relatos de artesãs e artesãos navajos a propósito da sobrevivência econômica e cultural por meio da arte da tecelagem, ver o filme escrito e dirigido por Bennie Klain, *Weaving Worlds*.
77. M'Closkey, *Swept under the Rug*, pp. 17-23, 205-252. Nessa obra, Kathy M'Closkey apresenta, de maneira convincente, a tecelagem navajo como uma performance cosmológica, baseada em seu próprio trabalho com tecelãs e em pesquisas acadêmicas anteriores, especialmente *Dynamic Symmetry and Holistic Asymmetry*, de Witherspoon e Peterson, e *Weaving a World*, de

repetição e invenção são performances de estórias e conhecimentos dinés; eles propõem e corporificam relações produtoras e mantenedoras de mundos. A padronização dinâmica permanece na tecelagem contemporânea, que explora temas, cores, estórias e fibras tanto novas como herdadas.[78] Os tecidos são individuais,

Willink e Zolbrod. A maior parte dos pesquisadores e museólogos considerou a tecelagem navajo como uma mercadoria ou um produto artístico, mas não como uma performance cosmológica indígena essencial à manutenção de *hózhó*. Isso se deve à longa história da venda de mantas a negociantes em condições absolutamente injustas, e também à imposição, pelos mercados da arte e do turismo, de determinados padrões, fibras e pigmentos. Os padrões navajos não são protegidos por direitos autorais, e reproduções baratas são fabricadas em Oaxaca ou no Paquistão, sob condições de trabalho intoleráveis. Ver M'Closkey e Halberstadt, "The Fleecing of Navajo Weavers".
A quantidade e a qualidade dos tecidos navajos atuais são extraordinárias. Os tecidos contemporâneos competem em um mercado abarrotado de cópias produzidas no exterior e de primorosas mantas navajos autênticas e mais antigas, que eram vendidas por peso nos entrepostos comerciais das reservas como crédito para a compra de produtos de primeira necessidade, desde o final do século XIX até os anos 1960. Hoje, essas mantas tradicionais podem ser vendidas por centenas de milhares de dólares em um mercado da arte que não devolve nenhuma parte do dinheiro às famílias das artesãs que originalmente as fabricaram. Enquanto isso, mantas de qualidade semelhante ou ainda melhor, com desenhos novos e antigos, são vendidas a compradores individuais em leilões ou no mercado de artesanato a preços melhores do que no passado, mas ainda inviáveis para a maior parte das famílias que praticam a tecelagem. Ver M'Closkey, *Swept under the Rug*, para uma análise detalhada da exploração dos tecidos e das tecelãs navajos. Muitas de suas informações vêm dos arquivos do Hubbell Trading Post, entreposto considerado Patrimônio Histórico Nacional em 1967. Ver Hubbell Trading Post, "History and Culture". O primeiro capítulo deste livro, "Brincar de figuras de barbante com espécies companheiras", sugere que as brincadeiras de figuras de barbante navajos, *na'atl'o'*, estão atados à criação de narrativas e performances da *Spider Woman* e das *Holy Twins*. *Na'atl'o'* também é chamada de "tecelagem contínua".
78. Ver Begay, "Shi'Sha'Hane (My Story)", pp. 13-27. Em 2013, o Gorman Museum, da Universidade da Califórnia em Davis, realizou uma exposição das tapeçarias de D. Y. Begay, que pertence à quarta geração de uma família de tecelãs. Ver Dave Jones, "Navajo Tapestries Capture the Soul of Her Land". Ver também o site de "Weaving in Beauty" e de Monument Valley High School, "Ndahoo'aah Relearning/New Learning Navajo Crafts/Computer Design". Ndahoo'aah é um programa de verão sobre design, linguagem de programação, matemática e artesanato tradicional navajo que acontece a cada verão na escola Monument Valley. Na descrição do site: "Ndahoo'aah ensina algumas técnicas tradicionais de artesanato navajo que ainda são praticadas na Reserva. [...] Ao mesmo tempo, Ndahoo'aah ensina a linguagem de programação Logo, com enfoque em matemática (especialmente

feitos por uma mulher específica, e incorporam seu estilo e sua sensibilidade, podendo ser reconhecidos por membros conhecedores da comunidade.[79] O nome das tecelãs e suas linhagens importam, mas os tecidos não são feitos para ser possuídos como propriedades. Não há contradição nisso nem no emaranhamento entre a criatividade pessoal e a dimensão cosmológica. A ordem *sensível* inerente ao cosmo narrado da *Changing Woman* [Mulher Mutável], das *Holy Twins* [Gêmeas Sagradas] da *Spider Woman* [Mulher-aranha] e de outras entidades sagradas fazedoras de

geometria). Ferramentas gráficas são então utilizadas para produzir padrões e combinações de cores tradicionais". Para relatos de tecelãs e outros pensadores/fazedores, acessar a seção "Stories" do site de Ndahoo'aah. Ver também Eglash, "Native American Cybernetics". Ao aprender com os jovens de Black Mesa e da Diné College, ou ainda com as tecelãs que os ajudaram a compreender seus algoritmos, Ron Eglash e seus colaboradores ligam a robustez desses mundos de conhecimento àquilo que chamam de "justiça gerativa". O objetivo dessa abordagem *não* é misturar conhecimentos indígenas e ocidentais, e depois sacudir. Trata-se, antes, de uma possibilidade tensa de explorar zonas de contato gerativas sem negar longas histórias de violência. E-mail de Ron Eglash a Donna Haraway, 2/3/2016.
79. "O trabalho artístico, reflexo do estado de espírito de cada pessoa que tece, é inerente à beleza da tapeçaria, criando padrões a partir de movimentos matemáticos contínuos e regenerando o simbolismo reconhecido pelo povo Diné" (Clinton, "The Corn Pollen Path of Diné Rug Weaving"). Em seu livro em processo, "Attaching, for Climate Change: A Sympoiesis of Media", Katie King traz o *khipu*, instrumento inca feito de cordões amarrados, como "emaranhados disciplinares e transcontextuais", ao mesmo tempo um modelo e uma performance de sistemas complexos, de meios de comunicação e de geotransformação". King escreve: "As artes têxteis e a etnomatemática são recursos necessariamente transdisciplinares para um tipo de saber que é continuamente recriado [nos mundos que se formam em torno dos *khipu*], em uma zona de continuidade cultural rara após a colonização. Os Andes são uma área geopolítica multitemporal para o cuidado dos objetos e das ecologias" (comunicação pessoal, 2015). Ver King, "In Knots".
Os recifes coralinos, as florestas de Madagascar, o Ártico inuíte e a Black Mesa dos povos Navajo e Hopi também são "zonas geopolíticas multitemporais para o cuidado dos objetos e das ecologias, mesmo depois da colonização". A tecelagem contínua, as performances cosmológicas, os jogos de mundos e a "escrita sem palavras" dos *khipu*, o jogo *Never Alone*, a tecelagem navajo e o projeto Crochet Coral Reef, em especial, formam complexas figuras de barbantes de pensamento/feitura/ação. Nos termos de King, mais uma vez, são "reciprocidades que se tornaram visíveis". Boone e Mignolo, *Writing without Words*. A propósito das "reciprocidades que se tornam visíveis", ver Salomon, *The Cord Keepers*, p. 279. Agradeço a Katie King por essas referências.

mundo é o padrão por um modo de viver justo. Tecer não é uma atividade secular nem religiosa: é sensível. Ela performa e manifesta as conexões significativas vividas para sustentar o parentesco, os comportamentos, a ação relacional – pelo *hózhó* – de seres humanos e não humanos. A mundificação situada é contínua; nem tradicional, nem moderna.

A tecelagem navajo dependia especialmente das ovelhas churro, trazidas pelos espanhóis para as Américas no século XVI. Criadas por pastores navajos durante muito tempo, elas se desenvolveram como um tipo diferente de ovelha, chamado *T'aa Dibei*, ou ovelhas navajo-churro, particularmente bem adaptada às terras de Diné Bikéyah, no planalto do Colorado.[80] Segundo as temporalidades históricas ocidentais, o pastoreio matrifocal e a agricultura navajo se desenvolveram durante os séculos XVIII e XIX, tendo as ovelhas como principais companheiras para viver

---

80. Ao pesquisar sobre a criação de ovelhas rústicas espanholas (churro) nas zonas desérticas do sudoeste dos Estados Unidos, encontrei um dos projetos de mídia indígena que mais aprecio: uma animação shoshone feita com massa de modelar. Os Goshutes do leste de Nevada e do oeste de Utah são povos Shoshones. Assim como todos os povos do Sudoeste norte-americano, eles vivem embrenhados em ecologias, economias e políticas vinculadas à mineração de urânio, à guerra e ao processamento e armazenamento de resíduos. Seus ancestrais viveram nesses desertos durante mais de mil anos; vivos e mortos, são indígenas no Chthuluceno em curso, atados nas amarras imperiais do Antropoceno e do Capitaloceno. A trilha sonora da animação – intitulada *Frog Races Coyote/Itsappeh wa'ai Wako* [A rã aposta corrida com o coiote] e coordenada pela iniciativa Gosiute/Shoshoni Project, da Universidade de Utah – é uma espécie de colagem sonora feita a partir dos arquivos de diversos contadores de estórias em língua shoshone. As rãs pensam-com as rãs; a rã vence o coiote na corrida ao redor do lago. A ação coletiva pode derrotar até o adversário mais astuto.

A estória da rã e do coiote é ensinada hoje no programa curricular indígena de Utah (Utah Indian Curriculum Guide, "The Goshutes"). A escuta e o ensino do idioma shoshone em escolas públicas e na internet faz parte da América indígena que *não* desaparece, mas viaja de língua em língua a lugares inesperados, para reabrir questões pertinentes à continuidade, às contas a prestar e aos relatos de estórias vividas.

A respeito da importância do fomento ao uso efetivo de línguas indígenas, em todas as suas "vitalidades emergentes", entre as pessoas jovens que já não são fluentes em sua língua materna, ver Perley, "Zombie *Linguistics*".

e morrer em *hózhó*. A arte da tecelagem e o cuidado das ovelhas churro instauram reciprocamente as relações dinés de ordem cósmica e material.

    O povo Diné enfrentou dois períodos de intensos esforços das autoridades estadunidenses para exterminar as ovelhas churro. O primeiro desses genocídios, chamado *Hwéeldi*, foi perpetrado em 1863 por ordens de Kit Carson e do Departamento de Guerra dos Estados Unidos. O episódio ocorreu durante a Longa Marcha de Todos os Povos, que foram encurralados à força em Dinetah e tiveram de caminhar por centenas de quilômetros até Bosque Redondo, no Novo México. O *Hwéeldi* seguiu-se à política de terra arrasada liderada por Carson contra os Navajos, na qual a matança de seus animais constituía um ato central para a remoção do grupo. Desde o início, em todo o Oeste e o Sudoeste dos Estados Unidos, os modernizadores consideraram o rebanho introduzido pelos espanhóis como rústico e subdesenvolvido. O extermínio das ovelhas, a destruição dos pomares de pêssego e a remoção forçada das pessoas até Fort Summer/Bosque Redondo eram, com efeito, ações normais dos agentes colonizadores estadunidenses nessa empreitada pacificadora e civilizadora de uma população nômade rebelde. A denominação adequada é tentativa de genocídio. A essa marcha forçada, cheia de sofrimento e morte, seguiram-se quatro anos de aprisionamento em um campo de detenção, e ainda a longa caminhada de volta às suas terras. O *Hwéeldi* é lembrado na carne da terra e do povo; trata-se de um trauma "originário", como aquele que Toni Morrison descreveu em seu romance *Paraíso*.

    O povo Diné retornou à reserva navajo no planalto do Colorado. As ovelhas churro haviam sido cuidadas pelas pessoas que conseguiram escapar dos soldados de Kit Carson nos desfiladeiros profundos e nas áreas remotas de Dinetah, incluindo Big Mountain/Dzil ni Staa/Black Mesa. Os limites da reserva foram gradualmente expandidos até a década de 1930. Embora o governo dos Estados Unidos jamais tenha fornecido as ovelhas prometidas após o regresso dos Dinés de Bosque Redondo, os rebanhos cresceram muito mais rapidamente do que a população humana. Esse crescimento se deu em parte pelo sistema de entrepostos comerciais, no qual a lã era transformada em mantas vendidas por peso, em um esquema de endividamento perpétuo. Para cobrir suas necessidades básicas nesse sistema de dívida, o povo Navajo se viu forçado a produzir cada vez mais lã, a partir de um número cada vez maior de ovelhas. Os negociantes compravam os tecidos das mulheres como se fossem lã crua, de pouco valor, para então revendê-los nos mercados da arte e do turismo. Apesar dos esforços dos agentes federais, a maioria dos Dinés continuou a preferir as ovelhas churro, resistentes e polivalentes, a ovelhas merino e outras raças "melhoradas". Ovelhas, cabras, cavalos, vacas e bois eram parte do padrão de pastoreio navajo, ordenado segundo complexas relações de clã e de gênero. Juntos, os animais e as pessoas faziam parentes.[81] As ovelhas e as cabras foram especialmente importantes para que as mulheres pudessem alimentar e abastecer suas famílias, além de assegurar sua autoridade dentro dos clãs.

Nos anos 1930, com o agravamento da erosão, a pastagem intensiva e a seca prolongada, o sistema se encontrava em progressiva desarmonia, uma condição reconhecida tanto pelos brancos quanto pelas comunidades navajos. A segunda grande tentativa do governo dos Estados Unidos de exterminar as ovelhas navajo--churro se deu nesse contexto. À semelhança do primeiro trauma originário, é impossível esquecer ou fazer o luto efetivo desse evento letal, que produz maus frutos até hoje. Restaurar e restituir a terra, os animais e as pessoas ao *hózhó* é um processo em curso, que ainda demanda uma tecelagem contínua. As estruturas coloniais e capitalistas dos dois extermínios não foram

---

81. Para uma argumentação consistente a propósito da formação de parentesco entre povos indígenas da América do Norte, entre si e também com outras plantas e animais – processos perturbados por relações de mercantilização impostas e por sistemas de parentesco cristãos – ver Kim TallBear, "Failed Settler Kinship, Truth and Reconciliation, and Science". TallBear é uma liderança no pensamento sobre a "feitura do amor e das relações para além das sexualidades coloniais". Ela se inspirou em histórias do povo Dakota para esse texto, publicado em um blog.

desmanteladas. O primeiro extermínio de ovelhas churro foi perpetrado por homens do Exército dos Estados Unidos. O segundo também foi conduzido à força, dessa vez por autoridades agrícolas progressistas, no quadro do dispositivo e da ideologia do New Deal. Esses agentes trabalhavam com o conceito ecológico de capacidade de carga, com o conceito patriarcal e colonial de lares comandados por homens e com o conceito de progresso dos modernizadores. Em 1934, cientistas do Departamento de Agricultura do governo dos Estados Unidos e seus encarregados mataram a maior parte das cabras das mulheres navajos, principal fonte de carne e de subsistência para suas famílias. Esses funcionários não se perguntaram como as estruturas econômicas coloniais – a exemplo do comércio desleal de lã – poderiam ser causas importantes da pobreza e do dano ecológico. Eles atribuíram a erosão dos territórios navajos à superpopulação de ovelhas, que tomaram como uma espécie de fato biológico. A divisão do mundo entre natureza e cultura da parte dos colonos brancos resultou na cisão dos modos de vida navajos. Isso se produziu por dispositivos ecológicos e econômicos coloniais praticados por diferentes tipos de especialistas científicos, incapazes de pensar sistematicamente uns com os outros – e muito menos com os pastores e as tecelãs navajos. Em 1935, os agentes mataram uma grande quantidade de ovelhas, tendo as churras como alvo prioritário. Muitas delas eram conhecidas individualmente por sua gente, e foram executadas diante de suas famílias humanas. As pilhas de ossos que resultaram do assassinato dos animais ainda eram evidentes nos anos 1970, como se pode ver por fotografias. As pessoas ainda narram o trauma de maneira dramática, e chegam a descrever animais específicos de seus rebanhos.

Após o massacre de aproximadamente 1 milhão de ovinos e caprinos (sem que tenha havido uma compensação significativa até hoje), foram impostas cotas pecuárias. A propriedade coletiva da terra não foi reconhecida. O recenseamento a partir do qual as cotas e as licenças para a criação de gado foram alocadas reconhecia somente os chefes de família, que não podiam ser mulheres casadas. Isso foi um golpe duro contra a ordenação matrifocal das relações do povo Diné com a terra, com os animais e entre si. A transumância foi perturbada pelo redesenho dos limites das terras, transformadas em unidades territoriais administrativas [*Land Management Units*]. A erosão foi exacerbada, uma vez que os movimentos de pastagem dinâmicos, sazonais e sensíveis aos padrões de chuva foram dificultados pelas novas fronteiras. Além de constituir um ato de arrogância científica colonial e de uma ignorância criminosa, o extermínio de animais perpetrado nos anos 1930 resultou em uma profunda descapitalização de todo o povo, cuja pobreza atual – ligada às consequências do primeiro *Hwéeldi* – se intensificou estruturalmente. Como a saúde de terras, águas, animais e seres humanos não foi restabelecida em *hózhó*, o pastoreio equilibrado não pôde ser reconstituído. O ressurgimento no planalto do Colorado foi profundamente ferido. A população dos rebanhos e a erosão continuam a ser graves problemas, acentuados pelo profundo ressentimento em relação ao controle forçado, incluindo os dispositivos conceituais coloniais que seguem existindo dentro da própria nação Navajo.

Na década de 1930, em plena crise causada pela seca e pelo desequilíbrio dos modos de vida multiespécies, perdeu-se uma oportunidade de colocar determinadas ideias científicas e ecológicas (como a capacidade de carga) em uma difícil conversa com conceitos e práticas navajos relacionados ao *hózhó*. Nem a capacidade de carga nem o *hózhó* são conceitos fixos ou deterministas; ambos são relacionais, contextuais, sintonizados com alguns modos de viver e morrer, e não outros. Importa quais conceitos pensam conceitos, e vice-versa. Neste caso, no entanto, as estruturas coloniais garantiram que os conceitos importantes não pudessem se pensar mutuamente – que não pudessem fazer emergir algo que talvez ainda não existisse para nenhum dos povos, mas que fosse necessário para eles. Quando um sistema de pensamento e de práticas só é capaz de depreciar e anular outro por meio de procedimentos coloniais recursivos, não pode haver simpoiese nem *hózhó*.

As consequências da incapacidade de inventar as conversas decoloniais necessárias têm ramificações no presente. Desde aquele tempo, as atividades de pastoreio já não são capazes de sustentar o povo Diné. A pobreza se perpetua graças à economia baseada no trabalho assalariado, implementada após a Segunda Guerra Mundial, em um contexto severamente marcado pelo desemprego e pelo subemprego, por subsídios federais, turismo e receitas provenientes da mineração de urânio e carvão.[82] Apesar de tudo, há uma extraordinária estória de ressurgimento e de restabelecimento parcial que também deve ser contada, uma estória que pertence ao povo Diné e a seus aliados no Chthuluceno em curso, na *Diné Bahane'*/História do Povo/Narrativa de Origem Navajo que está em curso. Em 1970, somente 430 ovelhas navajo-churro haviam sobrevivido, espalhadas por toda a reserva. Os Dinés tradicionais de Black Mesa e outros protegeram as ovelhas que conseguiram em lugares remotos. Outras ovelhas churro sobreviveram a partir de uma população pesquisada no laboratório de criação de ovelhas Southwest Range and Sheep Breeding Laboratory em Fort Wingate, no Novo México, entre 1934 e 1967. Quando o projeto de pesquisa foi encerrado, em 1967, 165 ovelhas churro foram compradas em leilão por um fazendeiro de Gonzales, na Califórnia, que as utilizou como alvo de tiros em um empreendimento de safáris para notáveis de Hollywood. Além

82. Essa visão geral do quase extermínio das ovelhas navajo-churro nos anos 1930 é informada por diversas fontes, principalmente a minuciosa pesquisa de Weisiger, em seu livro *Dreaming of Sheep in Navajo Country*. Ver também Weisiger, "Gendered Injustice"; o site do Navajo Sheep Project; White, *The Roots of Dependency*; Johnson e Roessel, *Navajo Livestock Reduction*; e McPherson, "Navajo Livestock Reduction in Southeastern Utah, 1933-46". Em *A Plague of Sheep*, Elinor Melville alega que as ovelhas espanholas foram espécies colonizadoras de uma eficácia devastadora. Essas criaturas do império alteraram para sempre, e em favor dos colonizadores, a ecologia de uma sociedade indígena no planalto Central do México. O mesmo pode ser dito das ovelhas do Sudoeste dos Estados Unidos. As origens, contudo, não determinam destinos fechados. Graças a complexas formas de resistência às práticas coloniais em curso, as ovelhas e os povos indígenas e aliados dessas terras forjaram entre si modos de viver e morrer multiespécies notavelmente duráveis no planalto do Colorado.

de sua pelagem dupla, de fibras longas e com alto teor de lanolina, de sua capacidade de sobrevivência em pastos miseráveis e das excelentes habilidades de maternagem das fêmeas, os carneiros churros frequentemente possuem um duplo par de chifres que incita os excêntricos da caça a pagar para transformá-los em troféus. A estória de ressurgimento navajo-churro começa nessas encruzilhadas – com pastores e tecelãs navajos; cientistas anglo--americanos comprometidos com as ovelhas churro e sua gente; estudantes navajos e anglo-americanos; fazendeiros hispânicos e anglo-americanos; indígenas Tarahumara e Raramuri de Sierra Madre Ocidental, no norte do México, que procriaram as ovelhas churro do Navajo Sheep Project com suas próprias ovelhas rústicas para recuperar a diversidade genética; ativistas de Black Mesa e muitos outros mais. Os pastores dinés conseguiram cuidar dos rebanhos remanescentes durante décadas, apesar das adversidades. Em 1970, Buster Naegle, que passara a administrar o rancho em Gonzales para criar cavalos da linhagem Paint Horses, doou seis ovelhas e dois carneiros de quatro chifres a Lyle McNeal, um cientista especializado em animais, então pesquisador da Universidade Politécnica da Califórnia em San Luis Obispo. Em 1977, dando sequência ao trabalho contínuo de coalizão, McNeal fundou o Navajo Sheep Project.[83]

A estória de restauração navajo-churro é de uma complexidade tentacular e fibrosa, trançada por muitos atores e tão cheia de êxitos quanto de obstáculos. Nos anos 1980, tendo reunido as ovelhas da reserva para reconstituir os rebanhos em cooperação com pessoas Dinés, Lyle McNeal doou os primeiros cordeiros que nasceram ao coletivo Women in Resistance on Black Mesa [Mulheres em Resistência por Black Mesa]. Ao longo de 25 anos, as operações necessárias para manter vivo o rebanho original envolveram treze mudanças por quatro estados e muitas peripécias jurídicas, especialmente com a lei de propriedade privada. Junto a pastores de ovelhas churro e a tecelãs dinés, como

---

83. Ver Horoshko, "Rare Breed"; e Navajo Sheep Project, "History".

Glenna Begay, Lena Nez e outras, Carol Halberstadt, uma poeta de Massachusetts, ativista e entusiasta da lã, cofundou a cooperativa de comércio justo Black Mesa Weavers for Life and Land [Tecelãs de Black Mesa pela Vida e a Terra]. A cooperativa busca melhorar as condições econômicas e sociais das pessoas Dinés de Black Mesa oferecendo apoio para a criação de ovelhas, a compra de lã e a tecelagem.[84] Um rebanho navajo-churro destinado ao ensino estabeleceu-se na Diné College, a universidade diné em Tsaile, no Arizona. A organização *Diné be'iína*/The Navajo Lifeway foi fundada em 1991, com o objetivo de fortalecer as parcerias comunitárias em prol da restauração econômica e cultural. A cada verão, a universidade sedia a celebração *Diné be'iína*/Sheep Is Life [As ovelhas são a vida].[85] As ovelhas churro são fundamentais à renovação cultural navajo, por meio da tecelagem e do cuidado com o rebanho. Reconectar gerações destroçadas por escolas em regime de internato e pelo extermínios de rebanhos, ou ainda encorajar o uso da língua navajo entre as pessoas jovens são algumas das ações entrelaçadas com esses animais.[86] A carne seca kosher de cordeiro navajo-churro; as lhamas protetoras dos rebanhos; a American Livestock Breeds Conservancy (organização pela conservação de espécies pecuárias); a Navajo-Churro Sheep Association, o Agricultural Research Service National Center for Genetic Resources Preservation (centro de pesquisa agrícola); a Slow Food Foundation for Biodiversity; o Two Grey Hills Trading Post (entreposto comercial); o Teec Nos Pos Chapter e sua unidade regional de processamento de lã; a Ganados del Valle (empresa de desenvolvimento agrícola hispano-americana); as organizações de tecelãs Tierra Wool e Los Ojos Handweavers; a casa de leilão Crownpoint Auction; e a associação Heifer International – todos estão envolvidos em diversas configurações.[87]

---

84. Ver Black Mesa Weavers for Life and Land, "Diné Navajo Weavers and Wool"; e Halberstadt, "Black Mesa Weavers for Life and Land".
85. Diné be'iína/The Navajo Lifeway, "*Diné be'iína*/Sheep Is Life".
86. Strawn e Littrel, "Returning Navajo-Churro Sheep for Weaving".
87. Roy Kady, um dos mais conhecidos homens tecelões da nação Navajo,

Há ainda outro elemento, não menos importante: as próprias ovelhas são participantes ativas em seus mundos relacionais entrelaçados. Como todas as ovelhas, as churras são capazes de reconhecer centenas de rostos; elas conhecem sua gente e sua terra.[88] Tecer é uma performance cosmológica, uma mundificação relacional que envolve fibras humanas e não humanas do Povo Sagrado, seres humanos comuns e também plantas, solos, águas e ovelhas. Os bichos são fundamentais para o cuidado do território, a justiça ambiental e a robustez de ecossistemas humanos e não humanos – para o *hózhó*. Importa quais seres reconhecem outros seres.

Assim, as ovelhas nos conduzem de volta a Black Mesa e a uma última simpoiese com ativistas – pensadores/fazedores – da organização Black Mesa Water Coalition [BMWC, Coalizão da Água de Black Mesa]. Para apoiar as tecelãs, os pastores e as ovelhas da região, a BMWC se alia com a Diné' be'iína na compra da lã, além de manter uma parceria com a Peace Fleece, uma companhia de criação de ovinos do Maine.[89] A BMWC é

---

dedicou sua vida ao bem-estar das ovelhas navajo-churro. Para uma estória sobre Kady, ver Kiefel, "Heifer Helps Navajos Bolster Sheep Herd". *A Gift from Talking God*, realizado por Blystone e Chanler em 2009, é um documentário comovente (disponível em DVD) narrado por Jack Loefler e protagonizado por Roy Kady, Jay Begay, Lyle McNeal e Gary Paul Nabhan. Ver também Kraker, "The Real Sheep"; e Cannon, "Sacred Sheep Revive Navajo Tradition, for Now".
88. "Os estudos de comportamento realizados em nosso laboratório, usando labirintos que implicavam escolhas e tarefas de discriminação operante, revelaram que as ovelhas têm uma capacidade excepcional de reconhecimento facial, similar à dos seres humanos. [...] Esses experimentos demonstraram que as ovelhas são capazes de distinguir entre rostos humanos e rostos ovinos, entre diferentes tipos de ovelhas e mesmo entre sexos de um mesmo tipo" (Tate *et al.*, "Behavioural and Neurophysiological Evidence for Face Identity and Face Emotion Processing in Animals", 2155).
89. Peter Hagerty, cofundador da Peace Fleece, foi um criador de ovelhas e cavalos que comprava lã da União Soviética em 1985, numa tentativa de desfazer os nós da Guerra Fria. Ele conta: "Eu costumava descrever a Peace Fleece como uma empresa internacional de lã que promove o comércio entre países que são inimigos históricos, como a Palestina e Israel, e a Rússia e os Estados Unidos. Essa descrição é verdadeira ainda hoje, mas recentemente passei a ver a Peace Fleece mais como um lugar onde pessoas comuns se reúnem cotidianamente para ajudar umas às outras a enfrentar o dia" (Peace Fleece, "The Story"). Ver Peace Fleece, "Irene Bennalley". A propósito de Irene Bennalley, ver Benanav, "The Sheep Are Like Our Parents".

profundamente emaranhada com as ovelhas e os seres humanos que povoam terras devastadas e histórias arruinadas. Mas a razão pela qual amarro os fios da performance cosmológica aos da tecelagem conjunta e contínua da BMWC é fundamentada no carvão, na água, em movimentos indígenas por justiça ambiental e em coalizões emergentes em tempos de urgências por uma Transição Justa em favor de mundos possíveis. Provavelmente ainda possíveis. Apenas ainda possíveis. Ainda possíveis *se* nos tornarmos mutuamente capazes de mundificar e remundificar pelo florescimento. Proponho a Black Mesa Water Coalition como um modelo simpoiético para aprender a ficar com o problema conjuntamente, para o *hózhó*.

A BMWC foi fundada em 2001 por um coletivo de jovens de diferentes aldeias e etnias, em sua maioria estudantes, comprometidos a lidar com o esgotamento das reservas de água, a exploração dos recursos naturais e a saúde das comunidades navajos e hopis.[90] Tendo se organizado rapidamente para enfrentar a Peabody Energy, eles tiveram um papel fundamental no fechamento da mina de Black Mesa e da central geradora de Mohave em 2006. Mas isso foi só o começo, e não o fim. Para a coalizão, Black Mesa é um lugar decisivo para aprender a operar a transição de economias e ecologias baseadas em carvão para energias renováveis e abundantes, como a solar e outras. Essa prática situada em terras degradadas é necessária para a justiça ambiental multiespécie. Black Mesa não é um lugar qualquer: na cosmologia navajo, Black

---

90. Ver Black Mesa Water Coalition (BMWC), "About". Sobre a Fundação e os objetivos da BMWC, ver Paget-Clarke, "An Interview with Wahleah Johns and Lilian Hill". Whaleah Johns é Diné de Forest Lake, uma comunidade de Black Mesa (ver o site de Johns). Johns começou a trabalhar a partir da área da baía de San Francisco em 2013, e foi coordenadora do projeto solar da BMWC. Lilian Hill, por sua vez, é de Kykotsmovi, do clã Tabaco. É bioconstrutora e permacultora certificada e vive em Kykotsmovi (Hill, "Hopi Tutskwa Permaculture"). O grupo de ativistas da BMWC esteve junto à rede Indigenous Rising [Levante Indígena] durante a COP21, a Conferência das Nações Unidas sobre as Mudanças Climáticas em 2015, em Paris, e na Cúpula dos Povos pela Justiça Climática [People's Summit For Climate Justice]. Jihan Gearon, diretora executiva da BMWC, deu um depoimento em 23/9/2015 para o Tribunal dos Povos. Para uma gravação do áudio, ver Gearon, Peoples Tribunal.

Mesa é a mãe, rodeada por quatro montanhas sagradas. As águas são o sangue da mãe, e o carvão é seu fígado. Essa geoanatomia diné condensada é apenas um indicador da cosmologia relacional e corpórea do lugar, absolutamente ilegível para a Peabody Energy – e, de modo geral, para as formas de colonialismo de ocupação até hoje. Minha colega Anna Tsing fala em "mundos pelos quais vale a pena lutar"; Black Mesa é um deles.[91]

Desde 2005, em aliança com muitos parceiros, a Just Transition Initiative [Iniciativa por uma Transição Justa] da BMWC desenvolve uma visão e um conjunto de práticas abrangentes para contribuir com o fortalecimento das pessoas, da cultura e das terras do local, procurando transformar em realidade o ressurgimento em Black Mesa e além. Fazem parte do trabalho da BMWC projetos-pilotos que visam à restauração das bacias hidrográficas regionais, ao desenvolvimento econômico, e à visão e ao trabalho em favor de projetos de promoção de energia solar, segurança alimentar, venda de lã navajo, economia verde e soluções por justiça climática em Black Mesa. Esse grupo de ativistas procura desenvolver um movimento regional forte e integrado por justiça social e ambiental, liderado por comunidades e organizações indígenas em aliança com a Climate Justice Alliance.[92] São ideias e

---

91. Haraway e Tsing, "Tunneling in the Chthulucene". Para pensar com outras pessoas do Sudoeste dos EUA, ver Basso, *Wisdom Sits in Places*.
92. BMWC, "Our Work"; Communities United for a Just Transition, "Our Power Convening". Ver BMWC, "10th Anniversary Video", narrado pela diretora executiva Jihan Gearon. Para um vídeo com a equipe de codiretores da BMWC em 2009, ver Johns e Begay, "Speech at Power Shift '09". Ver também BMWC, "Green Economy Project". Para uma reflexão potente sobre como seguir trabalhando de maneira conjunta ao longo do tempo e em meio à diferença, ver Gearon, "Strategies for Healing Our Movements". Membra do clã Tódích'íí'nii (*Bitter Water*) e afro-americana, Gearon graduou-se em Sistemas Terrestres na Univesidade de Stanford, com enfoque em Ciências e Tecnologias da Energia. Ver Afro-Native Narratives, "Jihan Gearon, Indigenous People's Rights Advocate". Para sua geração, a existência de diálogos urgentes entre conceitos e práticas que precisam ser vinculados é mais possível – em termos políticos, culturais, espirituais e científicos. Gearon figurou na lista de cinquenta pessoas influentes da revista *Gris* em 2016: "The 50 People You'll Be Talking About in 2016", https://grist.org/grist-50/prole/jihan-gearon/.Acessoem16/3/2017.

ações significativas e importantes: esse tipo de tecelagem contínua está no cerne do que significa ficar com o problema em um mundo degradado. A BMWC continua a ser liderada por jovens adultos, integrantes de uma rede multigeracional, e a propor o tipo de ressurgimento capaz de enfrentar os repetidos traumas originários da história sem negação, cinismo, ou desespero. No meu vocabulário, a coalizão pela água de Black Mesa é um tentáculo potente do Chthuluceno emergente.

Conclusão: amarrando os fios

Nós nos relacionamos, conhecemos, pensamos, mundificamos e contamos estórias por meio de e com outras estórias, outros mundos, outros saberes, outros pensamentos, outros desejos. Todos os bichos da Terra também fazem assim, em toda nossa diversidade espevitada, em amarrações e especiações que rompem as categorias. Há outras palavras para designar a mesma coisa: materialismo, evolução, ecologia, simpoiese, história, conhecimentos situados, performance cosmológica, mundificações de arte-ciência, animismo... Essa lista é completada por todas as contaminações e infecções que cada um desses termos evoca. Os bichos estão em risco uns com os outros em cada mistura, em cada revirada da pilha de composto terrana. Somos composto, não pós-humanos; habitamos as humusidades, não as humanidades. Filosófica e materialmente, sou uma compostista, não uma pós-humanista. Os bichos – humanos e não humanos – estão em devir-com mútuo, compondo-se e decompondo-se entre si, em todas as escalas e em todos os registros de tempo e de coisas, em emaranhados simpoiéticos, em mundificações e desmundificações terranas, ecológicas e evolutivas do desenvolvimento.

Este capítulo começou com a simbiogênese, proposta por Lynn Margulis, e enveredou pelas biologias que tornaram possível uma síntese evolutiva estendida, indispensável para se pensar bem sobre os modos multiespécies de viver e morrer na Terra em todas as escalas de tempo e espaço. O impulso involutivo de uma abelha extinta e sua fiel orquídea envolvem as biologias evolutivas e ecológicas do desenvolvimento em quatro ecologias naturais-sociais de um planeta degradado. Lugares reais: estes são os mundos pelos quais vale a pena lutar. Cada um deles nutre coalizões corajosas, sagazes e gerativas entre artistas, cientistas e ativistas, transpondo perigosas divisões históricas. As biologias, as artes e as políticas se necessitam mutuamente. Em uma dinâmica de involução, elas se incitam reciprocamente a pensar/fazer em simpoiese por mundos mais vivíveis, os quais chamo de Chthuluceno.[93]

O sentido de cosmopolítica de Isabelle Stengers me dá coragem.[94] Os bichos, incluindo as pessoas humanas, estão na

---

93. Giovanna Di Chiro é professora de Estudos Ambientais na Swarthmore College. Ela é minha guia, há muitos anos, na tentativa de reunir o movimento feminista, a justiça ambiental multiétnica e antirracista, os bichos dos mares e das águas interiores, as coalizões urbanas contra a poluição e a pesquisa-ação. Nossas pesquisas sobre a simbiose e as relações evolutivas também nos aproximam. As figuras de barbante que vinculam as mulheres – e os homens – em todos esses mundos por meio da amizade, da orientação e de projetos de pesquisa moldaram esse padrão. Ver Di Chiro, "Cosmopolitics of a Seaweed Sisterhood", "A New Spelling of Sustainability", "Acting Globally" e "Beyond Ecoliberal 'Common Futures'".
Di Chiro fez parte de uma irmandade simpoiética de águas marinhas que marcou sua vida. Ela estava na graduação na Universidade da Califórnia em Santa Cruz em 1979, e trabalhou com a psicóloga Linda Goff. Coletava material para a equipe de pesquisa de recifes de corais em Oahu, no Havaí, próximo a Coconut Island, que descreveu o *Prochloron didemni*, um simbionte cianobacteriano que vive no intestino de seu parceiro ascidiano. A análise molecular e ultraestrutural ofereceu evidências de uma relação evolutiva entre *Prochloron* e os cloroplastos eucariontes das plantas verdes. Ver Giddings, Withers e Staehlin, "Supramolecular Structure of Stacked and Unstacked Regions of the Photosynthetic Membranes of *Prochloron*". Alguns anos antes, eu lecionava Biologia e História da Ciência na Universidade do Havaí, em Oahu. Escrevi alguns capítulos de minha tese de doutorado sobre as metáforas orgânicas que dão forma aos embriões na biologia evolutiva enquanto vivia em uma comuna em Coconut Island, onde também morava Michael Hadfield, um renomado pesquisador de biologia ecológica e do desenvolvimento no meio marinho, fundamental ao atual florescimento da eco-evo-devo (discutida na primeira parte deste capítulo). Ver Haraway, *Crystals, Fabrics, and Fields*. Di Chiro fez sua tese de doutorado em história da consciência com minha orientação na Universidade da Califórnia em Santa Cruz, defendida em 1995. São camas de gato, eu diria...
94. Stengers, *Cosmopolitics I* e *Cosmopolitics II*; Stengers, "A proposição cosmopolítica".

presença uns dos outros; ou melhor, dentro dos tubos, das dobras e das frestas uns dos outros, alojados em seus interiores e em seus exteriores, mas também não exatamente. Nestes nossos tempos, devemos tomar as decisões e operar as transformações urgentes para aprender de novo – ou pela primeira vez – a tornarmo-nos seres menos mortíferos, mais respons-hábeis, mais em sintonia, mais capazes de surpreender e de praticar as artes de viver e morrer bem em simbiose, em simpoiese e em simanimagênese multiespécie em um planeta degradado. Devemos fazê-lo sem garantias nem expectativas de harmonia com aquelas e aqueles que não são nós mesmos, embora tampouco é certo que sejam "outros". Nem Um, nem Outro, é o que somos e o que sempre fomos. Todos nós precisamos nos tornar mais ontologicamente inventivos e sensíveis neste holobioma espevitado que afinal é a Terra, quer a chamemos de Gaia ou de Mil Outros Nomes.

Fazer parentes
Antropoceno, Capitaloceno,
Plantationoceno, Chthuluceno

Não há dúvida de que os processos antrópicos tiveram efeitos planetários, em inter- intra-ação com outros processos e espécies, desde que a nossa espécie foi identificada (há algumas centenas de milhares de anos), e o impacto da agricultura tem sido especialmente significativo (há alguns milhares de anos). É evidente que, desde o princípio, os maiores de todos os terraformadores (e reformadores) planetários foram, e ainda são, as bactérias e seus parentes, também envolvidos em uma miríade de tipos de inter- intra-ação (que incluem as pessoas e suas práticas, tecnológicas e de outros tipos).[1] Milhões de anos antes do desenvolvimento da agricultura humana, a propagação das plantas pela dispersão de sementes transformou consideravelmente o planeta, assim como muitos outros eventos históricos revolucionários, ecológicos e evolutivos do desenvolvimento.

As pessoas se somaram a esta peleja espevitada de maneira precoce e dinâmica, ainda antes de serem/sermos os bichos que viriam a ser chamados de *Homo sapiens*. Considero, contudo, que as questões que envolvem nomear relevantes ao Antropoceno, Plantationoceno ou Capitaloceno têm a ver com a escala, a relação taxa/velocidade, a sincronicidade e a complexidade. Ao considerarmos fenômenos sistêmicos, as perguntas constantes devem ser: em que momento as mudanças de grau se tornam mudanças de natureza? E quais são os efeitos de pessoas biocultural, biotécnica, biopolítica e historicamente situadas (não do Homem) em relação – e em combinação – aos efeitos de outros agenciamentos de espécies e outras forças bióticas e abióticas? Nenhuma espécie age sozinha, nem mesmo a nossa, do alto de sua arrogância e da

1. Intra-ação é um conceito elaborado por Karen Barad no livro *Meeting the Universe Halfway*. Continuo a utilizar "interação" a fim de manter a legibilidade do texto para públicos que ainda não compreendem as mudanças radicais que a análise de Barad exige, mas também, provavelmente, por conta de meus hábitos linguísticos promíscuos.

pretensão de ser constituída por bons indivíduos, segundo roteiros ocidentais, ditos modernos. Os agenciamentos entre espécies orgânicas e atores abióticos fazem história, do tipo evolutivo e de outros tipos também.

Mas haverá um ponto de inflexão das consequências que mude a regra do "jogo" da vida na Terra para tudo e para todos? É mais do que a mudança climática, são também as imensas descargas de produtos químicos tóxicos, a mineração, a poluição nuclear, o esgotamento de lagos e rios acima e abaixo do solo, a simplificação de ecossistemas, os imensos genocídios de humanos e outros bichos etc., ligados de maneira sistêmica, em padrões que nos ameaçam com um grande colapso do sistema sobre outro grande colapso do sistema sobre outro grande colapso do sistema. A recursividade pode ser enfadonha.

Em um artigo recente chamado *"Feral Biologies"*, Anna Tsing sugere que o ponto de inflexão entre o Holoceno e o Antropoceno pode corresponder à eliminação da maior parte dos refúgios nos quais diversas assembleias de espécies (que incluem ou não os seres humanos) podem ser reconstituídas após eventos extremos (como a desertificação, ou o desmatamento, ou...).[2] Essa ideia tem parentesco com os argumentos de Jason Moore, coordenador da World-Ecology Research Network, de que a natureza barata está realmente chegando ao fim. Moore afirma que o barateamento da natureza já não pode mais sustentar o ritmo de extração e produção no/do mundo contemporâneo por muito tempo, uma vez que a maior parte das reservas da Terra já foi drenada, queimada, esgotada, envenenada, exterminada ou mesmo exaurida.[3] Investimentos colossais e tecnologias extremamente criativas e destrutivas podem até refrear esse acerto de contas, mas a natureza barata de fato acabou. Anna Tsing argumenta que o Holoceno foi o longo período em que os refúgios biológicos, os lugares de refúgio, ainda existiam, e até mesmo abundavam,

---

2. Tsing, "Feral Biologies".
3. Moore, *Capitalism in the Web of Life*.

sustentando a remundificação em meio à rica diversidade cultural e biológica. Talvez a atrocidade merecedora de um nome como Antropoceno tenha a ver com a destruição de lugares e tempos de refúgio para seres humanos e outros bichos. Não sou a única a considerar o Antropoceno mais como um evento limite do que como uma época, a exemplo da fronteira K-Pg, entre o Cretáceo e o Paleoceno.[4] O Antropoceno demarca graves descontinuidades: o que vem depois não será como o que veio antes. Penso que o nosso trabalho é fazer com que o Antropoceno seja o mais curto/enxuto possível. Devemos cultivar conjuntamente, de todas as maneiras imagináveis, épocas por vir que possam reconstituir refúgios.

Neste momento, a Terra está cheia de refugiados, humanos e não humanos, sem refúgio.

A necessidade de um novo grande nome – na verdade, de vários nomes – parece-me justificada, daí Antropoceno, Plantationoceno[5] e Capitaloceno (um termo que tomei de Andreas

---

4. Agradeço a Scott Gilbert por ressaltar, no debate "*Ethnos* e outras interações", na Universidade de Aarhus, em outubro de 2014, que o Antropoceno (e o Plantationoceno) deveria ser considerado um evento limite, como a fronteira K-Pg, e não uma época.

5. Em um debate gravado para *Ethnos* na Universidade de Aarhus, em outubro de 2014, as participantes geraram coletivamente o termo *Plantationoceno* para nomear a transformação devastadora de diversos tipos de florestas, campos e lugares cultivados por humanos em *plantations* extrativas e cercadas, dependentes do trabalho escravo e de outras formas de trabalho alienado, explorado e geralmente deslocado. Ver Tsing et. al., "Anthropologists Are Talking about the Anthropocene"; e o site de AURA. Estudiosos consideram, há muito, que o sistema de *plantation* com base no trabalho escravo foi o modelo e o motor do sistema fabril baseado em máquinas, ávido consumidor de carvão, comumente considerado como um ponto de inflexão do Antropoceno. Os quintais das pessoas escravizadas, cultivados mesmo nas circunstâncias mais adversas, não proviam somente o alimento necessário para as pessoas, mas também o refúgio para uma biodiversidade de plantas, animais, fungos e solos. Esses jardins e hortas de subsistência compõem um mundo ainda pouco conhecido das viagens e da propagação de uma miríade de bichos, sobretudo em comparação aos jardins botânicos imperiais. Uma operação que define o Plantationoceno, o Capitaloceno e o Antropoceno tomados em conjunto é a movimentação da geratividade material-semiótica ao redor do mundo, tendo em vista a acumulação de capital e o lucro – o rápido deslocamento e a reformulação de germoplasma, genomas, estacas e todos os outros nomes e formas de partes de organismos,

Malm e Jason Moore).⁶ Também insisto que precisamos de mais um nome para designar as forças e os poderes sinctônicos, dinâmicos e contínuos dos quais as pessoas fazem parte e nos quais a continuidade está em jogo. Talvez, mas só talvez – e somente com intenso compromisso, trabalho e jogo colaborativos com outros terranos –, o florescimento de ricos agenciamentos multiespécies que incluem as pessoas será possível. Chamo tudo isso de Chthuluceno – passado, presente e porvir.⁷ Esses tempos-espaços reais e possíveis não recebem este nome em homenagem a Cthulhu (notem a diferença na ortografia), o monstro do pesadelo racista e misógino do escritor SF H. P. Lovecraft. Antes, o Chthuluceno evoca as diversas potências e forças tentaculares de todo o planeta – entidades agregadas que têm nomes como Naga, Gaia, Tangaroa (que irrompe das águas abundantes de Papa), Terra, Haniyasu-hime, Spider Woman, Pachamama, Oyá, Gorgo, Raven, A'akuluujjusi e muitas outras. Embora carregue o fardo de

---

plantas, animais e pessoas desenraizadas. O Plantationoceno perdura, com uma ferocidade cada vez maior, na produção industrial e globalizada de carne, nas monoculturas do agronegócio e na substituição de extensas florestas multiespécies, que sustentam bichos humanos e não humanos, por cultivos como a palma de óleo. Algumas pessoas que participaram do debate *Ethnos* foram Noboru Ishikawa (Departamento de Antropologia, Center for Southeast Asian Studies, Universidade de Quioto); Anna Tsing (Departamento de Antropologia, Universidade da Califórnia, Santa Cruz); Donna Haraway (Departamento de História da consciência, Universidade da Califórnia, Santa Cruz); Scott F. Gilbert (Departamento de Biologia, Swarthmore); Nils Bubandt (Departamento de Cultura e Sociedade, Aarhus University) e Kenneth Olwig (Arquitetura e Paisagismo, Universidade Sueca de Ciências Agrícolas). Gilbert adotou o termo *Plantationoceno* em argumentos-chave na conclusão da segunda edição de seu manual (amplamente utilizado), *Ecological Developmental Biology*.
6. Em comunicação pessoal por e-mail, no final de 2014, Jason Moore e Alf Hornborg relataram que Andreas Malm propôs o termo *Capitaloceno* em um seminário em Lund, na Suécia, em 2009, quando ainda era estudante de pós-graduação. Paralelamente, passei a usar o termo em palestras públicas a partir de 2012. Moore editou um livro intitulado *Anthropocene or Capitalocene?* (PM Press, 2016), que contém textos escritos por mim, por ele e por outros autores. Nossas redes colaborativas se adensam.
7. O sufixo -*ceno* prolifera! Arrisco essa superabundância porque estou no encalço dos significados da raiz de *ceno/kainos*: a temporalidade do "agora" espesso, fibroso e grumoso, que é antigo sem sê-lo.

suas problemáticas raízes gregas, "meu" Chthuluceno emaranha inúmeras temporalidades e espacialidades em uma miríade de agenciamentos de entidades intra-ativas que compreendem mais--que-humanos, outros-que-humanos, não humanos e humanos--como-húmus. Mesmo traduzidas para um texto de língua inglesa--americana como este, Naga, Gaia, Tangaroa, Medusa, Spider Woman e toda sua parentela são alguns dos muitos milhares de nomes apropriados para uma veia de SF que Lovecraft jamais poderia ter imaginado ou acolhido – notadamente, as teias da fabulação especulativa, do feminismo especulativo, da ficção científica e dos fatos científicos.[8] Importa quais estórias contam estórias, quais conceitos pensam conceitos. Matemática, visual e narrativamente, importa quais figuras figuram figuras, quais sistemas sistematizam sistemas.

Todos os mil nomes são grandes demais e pequenos demais; todas as estórias são grandes demais e pequenas demais. Como me ensinou Jim Clifford, precisamos de estórias (e teorias) que sejam apenas grandes o suficiente para reunir as complexidades e manter as bordas abertas e ávidas por novas e velhas conexões, sempre surpreendentes.[9]

Uma maneira de viver e morrer bem como bichos mortais no Chthuluceno é unir forças para reconstituir refúgios, para possibilitar uma recuperação e uma recomposição biológica-cultural--política-tecnológica parcial e robusta, que deve necessariamente incluir o luto por perdas irreversíveis. Thom van Dooren e Vinciane Despret me ensinaram isso.[10] As perdas já são tão numerosas, e haverá muitas mais ainda. O florescimento gerativo renovado

---

8. Os Mil Nomes de Gaia foi uma conferência internacional gerativa organizada por Eduardo Viveiros de Castro, Déborah Danowski e seus colaboradores no Rio de Janeiro, de 15 a 19/9/2014. As palestras, incluindo uma conversa com minha contribuição, estão disponíveis em The Thousand Names of Gaia, "Vídeos" e Haraway, "Entrevista".
9. Clifford, *Returns*, pp. 8, 64, 201, 212.
10. Van Dooren, *Flight Ways*; Despret, "Ceux qui insistent". Para uma variedade de ensaios importantes de Vinciane Despret (traduzidos para o inglês), ver Buchanan, Bussolini e Chrulew, "Philosophical Ethology II: Vinciane Despret".

não pode surgir dos mitos de imortalidade nem da incapacidade de devir-com os mortos e os extintos. O *Orador dos mortos*, de Orson Scott Card, tem muito trabalho pela frente,[11] e a mundificação de Ursula Le Guin em *Always Coming Home* tem ainda mais.

Sou uma compostista, não uma pós-humanista: somos todos composto, não pós-humanos. A fronteira demarcada pelo Antropoceno/Capitaloceno significa muitas coisas, inclusive o fato de que há uma imensa destruição irreversível realmente em curso – não só para os 11 bilhões de seres humanos (ou mais) que estarão na Terra ao final do século XXI, mas também para incontáveis outros bichos. (O número incompreensível, mas sóbrio, de cerca de 11 bilhões só se manterá se as atuais taxas mundiais de natalidade humana permanecerem baixas; se voltarem a subir, qualquer coisa é possível.) A beira da extinção não é apenas uma metáfora; o colapso do sistema não é um filme de suspense. Perguntem a qualquer refugiado, de qualquer espécie.

O Chthuluceno precisa de um slogan – mais do que um, certamente. Enquanto ainda grito "Ciborgues pela sobrevivência terrena", "Corra ligeiro, morda com força" e "Cale a boca e treine", proponho "Faça parentes, não bebês!". Fazer – e reconhecer – parentes talvez seja a parte mais difícil, e a mais urgente.[12] As

---

11. Scott Card, *Orador dos mortos*.
12. Fazer parentes requer respeito à diversidade de parentescos historicamente situados, que não deveriam ser generalizados nem apropriados em benefício de uma humanidade comum, um coletivo multiespécie ou qualquer categoria similar, demasiado apressada. Os parentescos excluem e incluem, e é assim que devem ser. É importante que as alianças estejam muito atentas a essa questão. Nos Estados Unidos, enquanto movimentos negros se organizavam contra o assassinato de pessoas negras pela polícia e outras atrocidades, numerosas pessoas brancas, liberais, participavam de um triste (e instrutivo) espetáculo, ao negar o chamado #BlackLivesMatter com a réplica #AllLivesMatter. Formar alianças exige reconhecer especificidades, prioridades e urgências. Alicia Garza, Patrisse Cullors e Opal Tometi criaram o #BlackLivesMatter como um chamado à ação. Garza escreveu um texto poderoso em que narra a história da *hashtag* e do movimento, e também as iniciativas subsequentes para deslegitimá-lo por meio do apelo a um falso parentesco universal, em vez de formar alianças capazes de prestar contas à celebração e à humanização das vidas negras. Ver Garza, "A Herstory of the #BlackLivesMatter Movement". Como insiste Garza, quando as pessoas

feministas da nossa época têm sido as responsáveis por desenredar a suposta necessidade natural das amarras entre sexo e gênero, raça e sexo, raça e nação, classe e raça, gênero e morfologia, sexo e reprodução, ou ainda entre a reprodução e a composição de pessoas (aqui estamos especialmente em dívida com as pessoas da Melanésia, em aliança com Marilyn Strathern e sua parentela de etnógrafas).[13] Se deve haver uma ecojustiça multiespécie que também seja capaz de acolher uma diversidade de pessoas humanas, já é tempo de que as feministas exerçam a liderança na imaginação, na teoria e na ação, para desenredar as amarras entre genealogia e parentesco e entre parentes e espécies.

Bactérias e fungos nos oferecem metáforas em abundância; mas, deixando de lado as metáforas (boa sorte com isso!), temos um trabalho mamífero a fazer, junto com nossos colaboradores e cooperadores simpoiéticos, bióticos e abióticos. Precisamos fazer parentes de maneira sinctônica e simpoiética. Quem ou o que quer

negras forem livres, todas as pessoas serão livres. Mas isso requer que as vidas negras estejam no centro das preocupações, porque a continuidade de seu abuso é um elemento constitutivo da sociedade estadunidense.
Questões similares surgem nas relações essenciais do Black Lives Matter com a justiça ambiental, um assunto explorado em uma série de publicações perspicazes por Brentin Mock, um dos editores de Grist: https://grist.org/author/brentin-mock/ (acesso em 17/3/2016). Fazer parentes, em muitos sentidos, não é uma prática separada desses temas.
Problemas parecidos também se aplicam à ideia de "reconciliação" e à facilidade com que esse termo é usado para produzir parentescos e nações. A pretensão de fazer parentes sem levar em conta as políticas coloniais (e outras) de extermínio ou de assimilação, passadas e contínuas, produz "famílias" muito disfuncionais, para falar de forma branda. Kim TallBear e Erica Lee fazem um trabalho fundamental nesse campo, em meio a uma explosão gerativa de ação, pesquisa e pensamento públicos, indígenas e feministas. Aqui, os mundos comuns – a cosmopolítica – com os quais é preciso seguir adiante podem ter uma chance de ser construídos. Ver TallBear, "Failed Settler Kinship, Truth and Reconciliation, and Science"; e Lee, "Reconciling in the Apocalypse". A crítica de TallBear às sexualidades coloniais influenciaram meu trabalho, assim como seus argumentos em favor das práticas de parentesco, herdadas ou (ainda não) inventadas, impregnadas em mundificações indígenas experimentais, contínuas, historicamente situadas e cuidadosas. Ver TallBear, "Making Love and Relations Beyond Settler Sexualities". O movimento Idle No More, assim como o Black Lives Matter, toca na raiz de qualquer "holoente" micorrízico, multibichos e multipessoas possível em um planeta degradado.
13. Strathern, *The Gender of the Gift*.

que sejamos, precisamos fazer-com – devir-com, compor-com – os Terrestres [*Earthbound*] (agradeço a Bruno Latour, em modo anglófilo, por este termo).[14]

Nós, pessoas humanas de toda parte, precisamos tratar das intensas urgências sistêmicas. Até agora, no entanto, como colocou Kim Stanley Robinson em *2312* – uma narrativa SF (demasiado otimista?) que se passa entre 2005 e 2060 –, vivemos os tempos da "Vacilação", um "estado de agitação indecisa".[15] Talvez "a Vacilação" seja um nome mais apropriado do que Antropoceno ou Capitaloceno! A Vacilação ficará inscrita nos estratos rochosos da Terra – na verdade, já está inscrita em suas camadas mineralizadas. Os seres sinctônicos não vacilam; eles compõem e decompõem, em práticas tão perigosas quanto promissoras. O mínimo que se pode dizer é que a hegemonia humana não é um assunto sinctônico. Como diz o adesivo que as artistas ecossexuais Beth Stephens e Annie Sprinkle fizeram para mim, compostar é tão *caliente*!

Meu propósito é fazer com que *parente* signifique algo diferente, para além das entidades atadas por ascendência ou genealogia. A princípio, esse suave movimento de desfamiliarização pode parecer um erro, mas logo (com alguma sorte) ele parecerá ter sido sempre o certo. Fazer parentes significa fazer pessoas, não necessariamente como indivíduos nem como seres humanos. Ainda na universidade, fui movida pelo trocadilho de Shakespeare entre *kin* [parente, afim] e *kind* [categoria, tipo, espécie, gentil] – os *kindest* [*os mais gentis*] não eram necessariamente parentes de uma mesma família consanguínea.[16] Fazer parentes e fazer afins (categorias, cuidados, parentescos colaterais, sem laços de

---

14. Latour, "Diante de Gaia: oito conferências sobre a natureza no Antropoceno".
15. Robinson, *2312*. Essa extraordinária narrativa SF ganhou o prêmio Nebula de melhor romance.
16. A autora recorda um jogo de palavras proferido pelo protagonista de *Hamlet*, que se refere à relação de parentesco com seu tio Cláudio (suspeito de matar seu pai para casar com sua mãe e tomar o trono da Dinamarca) como "A little more than kin, and less than kind" ("Um pouco mais que parente, e menos que afim", em tradução livre; "Mais que parente, menos do que filho",

nascimento e tantos outros ecos) alarga a imaginação e pode mudar a narrativa. Marilyn Strathern me ensinou que, em inglês britânico, o termo *relatives* [parentes] originalmente significava "relações lógicas", e só passou a designar "membros da família" no século XVII. Este é, definitivamente, um dos factoides que eu adoro.[17] Se sairmos do inglês, a selva se multiplica.

A meu ver, o alargamento e a recomposição de parentescos são possíveis pelo fato de que todos os seres da Terra são parentes no sentido mais profundo do termo. Já é passada a hora de oferecer um cuidado melhor com tipos-como-agenciamentos (e não uma espécie por vez). *Parente* é um tipo de palavra que reúne e congrega. Todos os bichos compartilham uma "carne" comum – lateral, semiotica e genealogicamente. Os antepassados se revelam estranhos muito interessantes; nossos parentes não são familiares (estão fora daquilo que consideramos ser a família ou *gens*)[18] – eles são inquietantes, assombrosos, ativos.

na tradução de Barbara Heliodora). Optamos por traduzir *kind* como "tipo", mas a polivalência do termo em inglês também importa para o pensamento tentacular de Haraway. [N.T.]

17. Ver Strathern, "Shifting Relations". Fazer parentes é uma prática popular crescente, e novos nomes para designá-la também proliferam. Em *That Should Be a Word*, Skurnick propõe o termo *kinnovator* [*parentinovador*], uma pessoa que forma laços familiares não convencionais; ao qual agrego *kinnovation* [*parentinovação*]. A autora sugere ainda *clanarchist* [*clanarquista*]. Essas não são meras palavras, mas pistas e empurrões para provocar terremotos que deslocam as práticas de criação de parentesco para além dos dispositivos da família ocidental, seja ela heteronormativa ou não. Considero que os recém--nascidos deveriam ser raros, cuidados e preciosos, e os parentes deveriam ser abundantes, inesperados, duradouros e igualmente preciosos.

18. *Gens* é mais uma palavra de origem patriarcal com a qual as feministas têm brincado. As origens e os fins não se determinam mutuamente. Na história das línguas indo-europeias, *kin* e *gens* são companheiros de ninhada. Para momentos comunistas e esperançosos de intra-ação, ver Bear *et al.*, "Gens". O estilo desse manifesto talvez seja demasiado seco, embora o resumo em tópicos seja útil; não há exemplos suculentos para seduzir os leitores mal-acostumados. As referências, porém, oferecem uma grande variedade de recursos para acessar tudo isso. A maioria é fruto de longos trabalhos etnográficos, caracterizados pelo envolvimento íntimo e pela teorização profunda. Ver especialmente Tsing, *O cogumelo no fim do mundo*. A precisão da abordagem metodológica de "Gens: a Feminist Manifesto for the Study of Capitalism" está em seu apelo àqueles pretensos marxistas e outros

É demais para um pequeno slogan, eu sei! Ainda assim, é preciso tentar. Daqui a um par de séculos, talvez, a quantidade de seres humanos neste planeta poderá voltar a ser algo em torno de 2 ou 3 bilhões. Em todo esse percurso, as pessoas podem tomar parte como meios, não apenas como fins, para o crescente bem-estar de uma diversidade de seres humanos e outros bichos. Então façamos parentes, não bebês! O que importa é como parentes geram parentes.[19]

teóricos que resistem ao feminismo e, portanto, não se engajam com a heterogeneidade de mundos da vida real, permanecendo atados a categorias como Mercado, Economia e Financeirização (ou ainda, eu acrescentaria, Reprodução, Produção e População); em suma, categorias supostamente adequadas da economia política social-liberal padrão e não feminista. Viva, Revolution Books de Honolulu e toda sua parentela!
19. Em minha experiência, as pessoas estimadas, que considero parte do "nosso povo" – à "esquerda", ou qualquer outro nome que ainda possamos usar sem sofrer uma apoplexia –, geralmente enxergam neoimperialismo, neoliberalismo, misoginia e racismo na parte "não bebês" da frase "Faça parentes, não bebês" (e quem pode culpá-las?). Poderíamos imaginar que o slogan "faça parentes" seria a parte mais fácil e mais firmemente estabelecida em fundamentos éticos e políticos, mas isso não é verdade. "Faça parentes" e "não bebês" são frases difíceis, que exigem nossa melhor criatividade emocional, intelectual, artística e política, tanto individual como coletiva, para atravessar diferenças ideológicas e regionais, entre outras. Tenho a impressão de que o "nosso povo" pode ser comparado, em parte, a alguns negacionistas do clima cristãos: as crenças e os compromissos são profundos demais para permitir uma revisão do pensar e do sentir. Para muitos da nossa gente, revisitar o fenômeno apropriado pela direita e por profissionais do desenvolvimento como uma "explosão populacional" pode ser percebido como uma aproximação do lado obscuro.
Mas a negação não nos servirá. Sei que "população" é uma categoria produtora de Estados; um tipo de "abstração" e "discurso" que refaz a realidade para todas as pessoas, mas não em benefício de todo mundo. Existem provas de todo tipo – comparáveis, em termos epistemológicos e afetivos, às numerosas evidências da rápida mudança climática antropogênica – que mostram que 7 a 11 bilhões de seres humanos produzem demandas que não podem ser satisfeitas sem ocasionar enormes danos a seres humanos e não humanos de toda a Terra. Não se trata de uma questão de simples casualidade: a ecojustiça não permite abordagens com uma única variável para os progressivos extermínios, pauperizações e extinções que vêm ocorrendo na Terra. Culpar o capitalismo, o imperialismo, o neoliberalismo, a modernização ou qualquer outro "não nós" pela destruição em curso, enredada com a quantidade de seres humanos no planeta, tampouco funcionará. Essas questões exigem um trabalho difícil, incessante; mas

também demandam alegria, brincadeira e respons-habilidade para envolver-se com alteridades inesperadas. Cada parte dessas questões é demasiado importante para a Terra para ser deixada nas mãos da direita, de profissionais do desenvolvimento ou quaisquer outros dessas áreas *business-as-usual*. Um brinde aos parentescos estranhos, não natalistas e fora de categoria! Precisamos encontrar maneiras de celebrar as baixas taxas de natalidade e as decisões pessoais e íntimas que produzem vidas florescentes e generosas (incluindo as formações inovadoras e duradouras de parentesco, a parentinovação) sem gerar mais bebês. Isso é especialmente urgente em regiões, nações, comunidades, famílias e classes sociais abastadas (mas não só nelas), por seu alto consumo energético e pela exportação de miséria. Precisamos encorajar a população e as políticas que envolvem questões demográficas assustadoras por meio da proliferação de parentes não natais, incluindo políticas de imigração não racistas, políticas ambientais e sociais de apoio para pessoas recém-chegadas e "nativas" (educação, moradia, saúde, criatividade sexual e de gênero, agricultura, pedagogias para cuidar de bichos não humanos, tecnologias e inovações sociais para manter as pessoas idosas saudáveis, produtivas etc.).
O "direito" inalienável – que expressão para uma matéria de sensibilidade tão corporal! – de parir ou não parir um bebê não está em questão aqui. A coerção neste contexto é errada em todos os níveis imagináveis, e tende a sair pela culatra de qualquer modo, mesmo que se possa tolerar a lei ou o costume coercitivo (eu não posso). E se, por outro lado, o novo normal fosse uma expectativa cultural de que toda nova criança tivesse ao menos três progenitores, comprometidos ao longo de toda sua vida (que não seriam necessariamente amantes e tampouco gerariam mais bebês depois, embora possam viver em lares multicriancas e multigeracionais)? E se práticas sérias de adoção de idosos ou por parte de idosos se tornassem comuns? E se os países que estão preocupados com suas baixas taxas de natalidade (como Dinamarca, Alemanha, Japão, Rússia, Cingapura, Taiwan, a América branca e mais) reconhecessem que o medo dos imigrantes é um grande problema, e que os projetos e as fantasias de pureza racial conduzem ao ressurgimento do pró-natalismo? E se as pessoas em todos os lugares procurassem estabelecer parentescos inovadores e não natais entre indivíduos e coletivos de mundos *queer*, decoloniais e indígenas, ao invés de olhar para segmentos ricos e de extração de riquezas europeus, euro-americanos, chineses ou indianos?
É importante lembrar que as fantasias de pureza racial e a recusa a aceitar imigrantes como cidadãos plenos constituem o motor das políticas atuais no mundo "progressista" e "desenvolvido". Ver Hakim, "Sex Education in Europe Turns to Urging More Births". Em resposta a este texto, o jornalista científico Rusten Hogness escreveu em sua página no Facebook (em 9/4/2015): "O que está havendo com a nossa imaginação e com a nossa capacidade de cuidar uns dos outros (tanto humanos quanto não humanos) se não conseguimos encontrar maneiras de responder às questões levantadas pelas mudanças na distribuição de idade sem gerar cada vez mais bebês humanos? Precisamos encontrar maneiras de celebrar as pessoas jovens que decidem não gerar

bebês, em vez de acrescentar o nacionalismo à mistura já potente de pressões pró-natalistas sobre elas" (https://www.facebook.com/rusten.hogness?fref=ts, acesso em 17/3/2016).
O pró-natalismo, em todos os seus poderosos disfarces, deveria estar em questão em quase toda parte. Digo "quase" como uma forma de lembrar das consequências do genocídio e do deslocamento para muitos povos – atrocidades em curso. O "quase" também é um estímulo para recordar o uso abusivo de procedimentos de esterilização e de meios contraceptivos completamente inadequados e inutilizáveis, a redução de mulheres e homens a cifras em novas e velhas políticas de controle populacional e outras práticas misóginas, patriarcais, etnicistas e racistas que fundamentam o modo *business-as-usual* em todo o mundo. Ver, por exemplo, Wilson, "The 'New' Global Population Control Policies".
Para uma análise crítica indispensável da geopolítica e da história intelectual internacional do discurso sobre o controle populacional, ver Bashford, *Global Population*. Para um estudo crítico centrado nos graves dados da vida social na Guatemala, ver Nelson, *Who Counts?* Esses estudos mostram por que pode ser tão perigoso insistir no fardo representado pela quantidade crescente de seres humanos, especialmente como uma abstração da demografia mundial. Agradeço a Michelle Murphy pelas referências e por sua resistência a meus argumentos, ainda que eles fossem bem intencionados. Ainda os considero necessários. Ver Murphy, "Thinking against Population and with Distributed Futures".
Precisamos urgentemente de um tipo de apoio mútuo que assuma riscos ao abordar todas essas questões, em conflito e colaboração.

Inundadas de urina
DES e Premarin em respons-
-habilidade multiespécie

Companheiras de ninhada ciborgue

Os ciborgues são parentes, paridos após a Segunda Guerra Mundial, da ninhada[1] de tecnologias da informação e de corpos, políticas e culturas digitais globalizadas de tipos humanos e não humanos. Os ciborgues não são máquinas em sentido algum, tampouco são híbridos de máquina e organismo. Na realidade, os ciborgues não são híbridos de nada. São, mais propriamente, entidades implodidas; densas "coisas" semiótico-materiais; figuras de barbante articuladas, feitas de relações ontologicamente heterogêneas, historicamente situadas, materialmente ricas e viralmente proliferantes de tipos particulares – que não estão em toda parte o tempo todo, mas aqui, ali e entre, com consequências. Tipos particulares de máquinas historicamente situadas, assinaladas pelas palavras *informação* e *sistema*, desempenham seu papel na vida e na morte dos ciborgues. Tipos particulares de organismos historicamente situados, sinalizados por expressões relacionadas aos sistemas de trabalho, energia e comunicação também fazem sua parte. Por fim, tipos particulares de seres humanos historicamente situados exercem sua função, em devir-com as práticas e os artefatos da tecnociência. Caracterizadas por conexões parciais, as partes não se somam para formar nenhum todo; antes, elas compõem mundos de um viver e morrer inacabado, não opcional, estratificado e enredado,

---

1. Ao longo deste ensaio, Haraway faz uso frequente do substantivo *litter*, evocando seus múltiplos sentidos em inglês (ninhada, dejetos, lixo, camada humífera da floresta etc.). Na tradução, buscou-se imprimir a tônica mais adequada para cada ocorrência desses homônimos. [N.T.]

em emergência e em desaparecimento. Os ciborgues são constitutivamente cheios de bichos multiescalares, multitemporais e multimateriais, de tipos vivos e não vivos.[2] Os ciborgues importam na mundificação terrana.

Ainda assim, os ciborgues são bichos de uma ninhada *queer*, e não a Figura Principal de Nossos Tempos. Aqui, *queer* indica a ausência de compromisso com a reprodução de tipos e espécies, bem como uma prática relacional insolente com futuridades. Irredutíveis aos ciborgues, a ninhada e os detritos me interessam, com sua parentela e seus tipos específicos, nutridos dos eflúvios fluidos e sólidos da Terra no final do século XX e no início do século XXI. Retorno aos "meus" ciborgues dessa ninhada a fim de passar adiante as figuras de barbante – as fabulações especulativas, os fatos científicos, as ficções científicas e os feminismos especulativos – a qualquer tipo de garra tentacular que possa receber os padrões para manter a possibilidade de viver e morrer bem em "nossos tempos".

Composta por uma cachorra da Califórnia que está envelhecendo, éguas grávidas das pradarias do oeste do Canadá, mulheres humanas conhecidas como "as filhas do DES", uma grande quantidade de mulheres estadunidenses em menopausa e outros jogadores sortidos da história dos estrogênios "naturais" e "sintéticos", a ninhada deste capítulo é decantada a partir de corpos inundados por um tipo particular de fluido acre: a urina. Dejeto e recurso, a urina fora de lugar proveniente de corpos femininos específicos constitui o oceano salino necessário a este conto. Vazamentos e redemoinhos se encontram por toda parte. Talvez eles possam ajudar a abrir as vias para uma práxis de cuidado e resposta – de respons-habilidade – na contínua mundificação multiespécie em uma terra ferida.

---

2. Podemos considerar os ciborgues como "holoentes", no sentido desenvolvido no capítulo 3.

DES para Hot Pepper

Em outubro de 2011, Cayenne, também conhecida como Hot Pepper – minha amiga canina de doze anos de idade e parceira de esporte de toda a vida – começou a tomar um notório estrogênio sintético, não esteroide, produzido industrialmente para o tratamento de incontinência urinária: o DES (dietilestilbestrol).[3] Talvez eu não devesse dizer que ela "começou a tomar" mas, mais exatamente, que "eu comecei a oferecer a ela um petisco noturno ocasional, logo após o último xixi do dia: uma cápsula suculenta e melada de DES Earth Balance® coberta de margarina". Platão já nos havia dado o tom nas ambiguidades inextricáveis de seu *pharmakon*: cura e veneno; cuidado e curare; remédio e toxina; tratamento e ameaça. Cachorras castradas de mais idade como Cayenne e mulheres pós-menopáusicas como eu, em

---

3. Ver a entrada "Diethylstilbestrol" na Wikipédia. Esta é uma primeira parada com uma bibliografia útil, mas sem qualquer serventia para rastrear as conexões entre o DES e as feministas e outras ativistas pela saúde das mulheres. A esse propósito, ver Bell, *DES Daughters: Embodied Knowledge, and the Transformation of Women's Health Politics in the Late Twentieth Century*. Barbara Seaman, falecida em 2008, é uma das heroínas desta estória. Seu trabalho foi crucial para persuadir o governo federal dos EUA a convocar um grupo de trabalho para investigar a substância. Em 1975, Seaman foi uma das cofundadoras da National Women's Health Network [Rede Nacional de Saúde das Mulheres]. Um pouco da história e das homenagens a ela podem ser encontradas em "A Tribute to Barbara Seaman" e em Seaman, "Health Activism, American Feminist". As mulheres judias também tiveram um papel central na história do ativismo feminista pela saúde das mulheres. Pat Cody, outra heroína falecida recentemente, também se dedicava efetivamente a transformar uma tragédia pessoal (causada pelo DES) em um movimento feminista internacional pela saúde. Ver Rosen, "Pat Cody". Para uma pesquisa inovadora de *science studies* feministas, com processos *standard setting*, ver Oudshourn, *Beyond the Natural Body*.
A primeira geração de usuárias de DES teve altas taxas de incidência e mortalidade por câncer de mama. As descendentes da segunda geração, "as filhas do DES", desenvolveram formas graves de câncer vaginal e de mama, além de outros problemas como infertilidade e "resultados anormais de gravidez". Isso significa crianças mortas ou com deficiência. O DES é o único cancerígeno transplacentário conhecido em nossa espécie. Tremendo mérito! Trata-se de um agente teratogênico. Ver "Abnormal pregnancy outcome". Os filhos do DES também foram afetados pelos efeitos perniciosos da substância.

geral, seriam beneficiadas pelo fortalecimento hormonal da musculatura lisa e frouxa da uretra para a contenção de vazamentos socialmente inaceitáveis. Para feministas como eu, marinadas desde a juventude em movimentos pela saúde das mulheres e *science studies* feministas, a expressão *deficiência de estrogênio* é difícil de pronunciar. Mas o fato é que algumas pitadas extras de estrogênio podem fazer um trabalho útil no corpo de mamíferas em processo de envelhecimento – ao custo, é certo, de muitas formas correntes de viver e morrer. Na realidade, naquelas de nós que não têm ovários, ou cujos ovários estão ressequidos, as glândulas suprarrenais ainda são capazes de secretar alguns estrogênios, mas o rendimento é muito baixo, e a musculatura lisa pode tornar-se bastante flácida.

Administrar uma dose de dietilestilbestrol, ainda que muito baixa e infrequente, a esta adorada cadela idosa e não reprodutora pela qual sou responsável, entretanto, provocou em mim uma síndrome de ansiedade de DES aguda. Minha pressão arterial ultrapassou a pressão alta canina de Cayenne, que havia sido a motivação inicial para a mudança de seus remédios para o tratamento da incontinência urinária. Ainda que eu pudesse conter minha crítica ao biocapital em um frasco selado, fluidos biopolíticos feministas começaram a verter de todos os meus poros, ensopando minhas obrigações para com a nossa cachorra. Rusten, meu cônjuge humano masculino, viu-se profundamente arrastado para dentro desse poço de aflição mamífera feminina – e não só porque nenhum de nós gostaria de dormir em nossa cama conjugal de espécies *queer* sobre uma poça de urina, caso a musculatura lisa desprovida de estrogênio da uretra não fosse tratada nas horas noturnas. O parentesco entre espécies tem consequências. Nossa síndrome de ansiedade de DES, agora compartilhada, precisou ser imediatamente tratada por nossa excelente veterinária de atenção primária, que nos apresentou estudos científicos e sua própria experiência em prescrever doses baixas de DES e com frequência mínima a cachorras idosas. Esta era a "cura pela fala" de que precisávamos: uma dose alta de razão, evidências e estórias, tomada semanalmente com insólitas moléculas rebeldes. Em todo caso, nossa veterinária é jovem demais para ter sido infectada pelo tipo de pavor que sinto pelo DES. Além disso, ela não poderia ser filha de uma mulher que tomou DES em algum momento entre 1940 e 1971, quando um relatório publicado no *New England Journal of Medicine* relacionou o DES ao surgimento de terríveis adenocarcinomas de células claras vaginais em meninas e jovens mulheres que haviam sido expostas à droga ainda no útero. De outro modo, nossa veterinária certamente se lembraria bem daquilo que tanto temo. Uma cura pela fala talvez não seja o suficiente.

Ainda que, no início dos anos 1950, um estudo realizado pela Universidade de Chicago e avaliado pelo sistema duplo-cego tenha mostrado que não existem benefícios no uso de DES para a manutenção da gravidez em mulheres; e embora seis dos sete principais livros sobre ginecologia humana afirmassem, já no final dos anos 1960, que o DES não prevenia abortos, o medicamento continuou a ser prescrito durante três décadas para evitar abortos, e também para um monte de outras "indicações" quase cômicas – mas que não tinham graça nenhuma – comprovadas ou não. Em última análise, só nos Estados Unidos, é provável que 2 milhões de mulheres tenham tomado DES durante a gravidez. É bem possível que cada pessoa que leia este capítulo conheça alguém que é fruto dessas gestações, mas que talvez desconheça o motivo de seu sofrimento, frequentemente escondido. Conheço pessoas nessa situação e sei o que elas enfrentam, ou ao menos um pouco. Uma extraordinária amiga, psicóloga e pesquisadora, contou-me sua estória com DES quando eu contei a ela sobre Cayenne, performando justamente os atos gerativos de "devir-com" que ocupam minha alma desde que escrevi *Quando as espécies se encontram*, ou mesmo desde o "*Manifesto ciborgue*." Minha amiga humana, essa filha humana do DES, já era uma ávida admiradora de Cayenne, apesar de ser alérgica a cachorros. Ela é uma das humanas que, ao me visitar, provoca entusiasmadas performances caninas de solicitação de brincadeira por parte de minha cachorra muito recatada. De maneira curiosa e repentina, porém, o inesperado parentesco por DES as atirou juntas, transversal e não genealogicamente, em uma outra ninhada. Separadas por alergias, elas foram reunidas na carne por um estrogênio não esteroide mal-afamado. Está claro para mim que a humana Sheila incumbiu-se de ficar atenta, com um olhar torto *queer* de irmã, àquelas cápsulas de gelatina que dou à cachorra Cayenne. Essa olhada lateral, amorosamente crítica, complementa os exames de sangue regulares aos quais Cayenne precisará se submeter para monitorar a saúde de suas células hematopoiéticas e de suas funções imunológicas.[4] Não é fácil achar um bom esfíncter por aí.

Hoje, por excelentes razões ligadas à história e à ação dos movimentos pela saúde das mulheres e, finalmente, por agências como a Food and Drug Administration (FDA), o DES é uma substância controlada, vendida somente (ou principalmente) para não humanos. Nos anos 1990, a única indicação aprovada para o uso de DES em seres humanos referia-se ao tratamento de câncer de próstata avançado em homens e de câncer de mama avançado em mulheres pós-menopáusicas, mas esse uso já foi suplantado. O último fabricante de DES dos Estados Unidos, Eli Lilly, deixou de fabricar e comercializar a droga em 1997, quando esta já não gerava mais lucro. Esse é o motivo pelo qual, em 2011, Cayenne e eu fomos parar em uma farmácia de manipulação e homeopatia.[5]

---

4. "O efeito colateral mais grave da terapia de estrogênio [em cães] é a supressão da medula óssea, resultando em uma toxicidade que pode levar a uma anemia aplástica fatal [...]. Os efeitos colaterais são mais comuns em animais de maior idade" (Forney, "Diethylstilbestrol for Veterinary Use").

5. Ver Brooks, "Diethylstilbestrol": "À medida que os usos do DES foram reduzidos a alguns poucos tratamentos veterinários, os fabricantes decidiram que já não seria rentável dar continuidade à sua produção. No final dos anos 1990, o DES estava fora do mercado. Afortunadamente para muitas cadelas incontinentes (com esperanças de continuar sua vida dentro de casa), as questões relativas ao caráter carcinogênico dessa substância para humanos não atravessaram o terreno da saúde canina. Administrado em doses baixas e infrequentes [*sic*], o DES tem uma posição incomparável no tratamento de incontinência canina, em termos de segurança e de conveniência. O medicamento é agora produzido em farmácias de manipulação e está prontamente disponível para pacientes que dele necessitam por prescrição

O dietilestilbestrol foi sintetizado pela primeira vez em 1938, em um laboratório da Universidade de Oxford, nos derradeiros dias heroicos da história da endocrinologia. Naquela época, ainda era possível encontrar bioquímicos eminentes rondando pelos andares de abatedouros de animais não humanos, coletando muitos quilos de ovários, pâncreas, testículos, glândulas suprarrenais, rins, hipófises (imaginem coletar quilos de hipófises!) e outros órgãos e tecidos de diversas espécies. Esses achados eram esmiuçados em laboratório para que fossem extraídas e caracterizadas, química e fisiologicamente, as primeiras poucas e preciosas microgramas de esteroides naturais ou outros hormônios potentes. O assédio à sepultura de humanos recém-falecidos para a dissecação de corpos que aconteceu durante o Renascimento europeu tem uma longa e inquietante história de laboratório que se estende até o presente. Hoje, os ratos de laboratório e suas partes arquivadas e curadas provavelmente seriam nossos melhores informantes a respeito das estórias atuais de órgãos sem corpos e de vida após a morte. Na década de 1930, os laboratórios bioquímicos ainda estavam habituados a destilar quantidades mínimas de ouro químico a partir do refugo de tanques de urina e outros fluidos corporais, humanos e não humanos.

O DES não provém dessas fontes materiais, mas habita as mesmas histórias cruzadas, em que aquilo que conta como natural ou artificial era (e é) constantemente transformado no estudo e na produção de coisas chamadas "hormônios sexuais". Não causa espanto que biólogas feministas como eu constatem que nossas políticas e psiques sejam inexorável e diversamente materiais, de uma maneira que Foucault dificilmente teria imaginado. São essas manchas úmidas de laboratório em meio à produção de conhecimento noturno que despertam as feministas.

É assim que, na minha cidade, é possível comprar essas moléculas caras, cancerígenas, imunossupressoras, indutoras de

médica." Importante ator do marketing de produtos para animais de companhia, Foster e Smith, em "Diethylstilbestrol", contam-nos que o uso prolongado em animais domésticos pode causar câncer de ovário.

anemia e enrijecedoras de musculaturas lisas, o DES, na forma de um pó nevoso em cápsulas de gelatina à venda na farmácia de manipulação e homeopatia Lauden Integrative Pharmacy. "Farmácia de manipulação" soa tão século XX aos meus ouvidos – mas entendo que quando a Grande Indústria Farmacêutica deixa de produzir ou vender uma molécula que ainda tem utilidade, a farmácia atualizada (que não é melhor do que deveria ser), só aparentemente antiquada, fica com as sobras. A Lauden Integrative Pharmacy vende diversas substâncias homeopáticas para animais humanos e mais-que-humanos. Comprei as cápsulas de DES de Cayenne em um balcão adornado com cores, pôsteres e ícones de medicinas alternativas "ocidentais" e "orientais", antigas e modernas.

Seria um eufemismo dizer que esta é uma cena emblemática da mistura de estruturas e afetos que caracterizam a tecnociência biomédica. A Lauden formula muitos medicamentos quimioterápicos e outras substâncias prescritas pela clínica veterinária onde Cayenne e eu estivemos sob os cuidados de uma excelente clínica geral, especialista em cardiologia, para tratamento de sua valvopatia mitral precoce. Essa doença é o motivo pelo qual a pressão arterial moderadamente elevada de minha ágil e esportiva Hot Pepper não seria aceitável, e o novo diagnóstico de valvopatia mitral precoce foi a razão pela qual decidimos trocar a prescrição de uma droga que ela tomou alegremente durante anos, o Propalin® (fenilpropanolamina, ou FPA, "para uso oral exclusivamente em cachorros"), pelo DES. O FPA faz um ótimo trabalho ao inchar a musculatura lisa da uretra, mantendo a urina em seus reservatórios higiênicos e liberando-a unicamente em momentos apropriados e lugares designados. Infelizmente, o FPA atua de forma indiscriminada, causando também um estreitamento da musculatura lisa arterial e, assim, um aumento na pressão sanguínea – o que não é uma boa ideia para cachorras com doença cardíaca precoce. Para o bem e para o mal, os estrogênios são mais seletivos em relação aos tecidos em que se alojam – qualquer pessoa com seios ou câncer de mama sabe disso.

Mas o que realmente chama minha atenção é o negócio multiespécie que se dá na farmácia de manipulação. Quando tenho episódios de ansiedade, fico propensa a compulsivas estrepolias de pesquisa, e a síndrome de ansiedade de DES não foi uma exceção. Urina, uretras, válvulas cardíacas danificadas, "resultados anormais de gravidez", seios e úteros assolados pelo câncer forneceram a matéria orgânica interespécies desta estória. Até agora, meu conto salientou uma pilha de restos de bichos feita de cachorros, seres humanos e outros animais abatidos, sobretudo porcos, ovelhas e vacas. Essa última categoria nos conduzirá à derradeira estrofe do recital de DES para engordar a ninhada e os dejetos antes de chegarmos às próximas moléculas de estrogênio que protagonizam o refazimento de parentes e tipos.

O DES foi a molécula utilizada na primeira demonstração científica experimental que teve êxito em estimular o crescimento hormonal em bovinos na história dessas relações humano-animais a que chamamos de agropecuária.[6] Embora um grupo de pesquisadores da Universidade de Purdue tenha comprovado, ainda em 1947, que o DES é capaz de induzir o crescimento em novilhas, a instituição não buscou proteger a patente do trabalho com bovinos e ovinos coordenado por sua equipe de pesquisa. Esses cientistas agrícolas escolheram o DES porque ele já era utilizado em implantes elaborados para aves domésticas, esses emplumados animais de carga da história da agropecuária industrial. A FDA proibiu o uso de DES para estimular o crescimento em frangos e carneiros no ano de 1959, e em todas as rações animais em 1979. De 1954 até o início da década de 1970, no entanto, o DES foi amplamente utilizado como indutor de crescimento pela indústria de carne bovina. A indústria da agricultura e as universidades de ciências agrícolas (especialmente a Iowa State College) colaboraram estreitamente com as pesquisas para esse uso. Durante o período pós-guerra, o complexo agrícola-industrial vivia seu momento de salto de crescimento adolescente. Em 1953, W. Burroughs e a Iowa State

---

6. Raun e Preston, "History of Diethylstilbestrol Use in Cattle".

College solicitaram a patente sobre a administração de DES para bovinos por via oral, concedida em 1956. Em 1972, a FDA retirou do mercado os produtos correspondentes para uso em gado (e os implantes, em 1973). Resíduos de DES encontrados no fígado de bovinos e nas filhas humanas do DES confluíram para a retirada da substância do mercado agrícola legal, embora estórias de seu uso ilegal ainda venham à tona.

Mas a estória central aqui não é o DES; a grande estória é a implacável ascensão de hormônios indutores de crescimento e suas próximas gerações de moléculas essenciais à indústria pecuária de confinamento que destrói ecossistemas, transforma o trabalho humano e animal e mutila almas multiespécies, promovendo epidemias, monoculturas cerealistas e corações partidos entre espécies. De repente, não consigo esquecer que, em 1947, as novilhas também se tornaram filhas do DES, assim como os filhos de bovinos que nasceram aos montes. A ninhada "melhorada" de resíduos ciborguianos é descomunal. As manchas de urina de minha cachorra gotejante, descendente de uma família de cachorros conhecida por sua destreza no pastoreio de rebanhos muito antes da época do DES, conduzem inexoravelmente a currais de confinamento e engorda, a matadouros e obrigações não cumpridas para com o bem-estar agrícola, animal, humano e ecológico, e também a ações de defesa em todo o mundo. Trata-se da respons-habilidade ainda por vir, mais uma vez. Devir-com na mundificação de espécies companheiras demanda muito das companheiras e companheiros de ninhada.

Conjugar parentes com Premarin

Conjugar é acoplar-se mutuamente: o amor conjugal é um amor acoplado; os compostos químicos conjugados reúnem dois ou mais componentes. As pessoas se conjugam em espaços públicos, acoplando-se conjunta e transversalmente através do tempo e do espaço para fazer com que coisas significativas aconteçam. Estudantes conjugam verbos para explorar as flexões acopladas de pessoa, número, gênero, voz, modo e tempo em um campo de produção de sentido semiótico-material. Para aprender sobre o acoplamento recursivo, conjugue o verbo *conjugar*. Agora, faça isso com estrogênios. A conjuntivite é uma irritação da membrana mucosa que reveste a superfície interna das pálpebras. O que significaria uma conjuntivite nas fluidas misturas odoríferas de estrogênios conjugados, como a mistura heterogênea de estrogênios naturais, mas não humanos, purificados a partir da urina de éguas grávidas para a fabricação de pílulas muito lucrativas para a Grande Indústria Farmacêutica? O que significaria dar a muitas mulheres humanas os meios para decidir se devem ou não gestar, suportar ondas de calor, perder massa óssea, aumentar ou diminuir o risco de desenvolver câncer ou doenças cardíacas? Ou ainda, descobrir que "nossos próprios corpos" incluem éguas, seus potros (e alguns garanhões), com todas as consequências éticas e políticas dessa conjugação? Os estrogênios conjugados têm a ver com os acoplamentos mútuos e consequentes entre moléculas e espécies. O dicionário de sinônimos *Moby Thesaurus* propõe um sinônimo de dar água na boca para *conjugar*: *conglobar*. É isso que vou tentar fazer com cavalos, humanos, urina e corações conjugados com Premarin.

Numa época distante, quando eu ainda pensava que precisava de estrogênios durante a menopausa – para evitar uma doença cardíaca hereditária, vejam só –, eu contava com o complexo animal-industrial, com as gestações repetidas de éguas em confinamento contínuo e os estrogênios naturais conjugados conhecidos como Premarin (um composto com progestina que constitui a terapia de reposição hormonal [TRH]), extraídos da urina equina.[7] Hoje, dou à minha cachorra um estrogênio sintético

---

7. Artigos populares na internet sobre os efeitos dos estrogênios em (e para) mulheres incluem "Estrogen" em HealthyWomen.org; e "Estrogen" em Midlife-Passages.com. O Premarin® é uma mistura de estrogênios conjugados e uma marca registrada. Esses estrogênios de origem equina são quimicamente distintos dos estrogênios produzidos pelo corpo humano. Apesar de não serem bioidênticos, eles são bioativos entre espécies. O Ethinyl estradiol, produzido em laboratório, como o DES, é o estrogênio artificial mais comumente encontrado nas pílulas anticoncepcionais atuais. Os hormônios

com uma terrível história humana e bovina para controle de sua incontinência urinária, pelo bem de seu coração – e de seu modo de vida caseiro. (Funciona.) Oh, Cayenne, cachorra do meu coração! Um gosto humano pela ironia não nos servirá para atravessar essas relações entre espécies companheiras, essas refeições de moléculas situadas e a imprescindível respons-habilidade ainda por vir. De alguma maneira, meu eu menopáusico – eu, uma pesquisadora feminista dos *science studies* e amante dos animais por toda a vida – não procurou saber muito sobre as éguas grávidas e seus filhotes descartáveis.

Será que eu tinha me esquecido, nunca soube, não reparei – ou apenas não me importei? Que tipo de conjuntivite foi essa que me acometeu? Os movimentos sociais que lutavam pelo florescimento animal reparavam naqueles cavalos e provocavam alvoroços muito efetivos a seu respeito. Esses movimentos estavam cheios de homens e mulheres feministas como eu; por que não eu também? Foi só depois de perceber que a terapia de reposição hormonal provavelmente debilitaria meu coração em

---

são classificados segundo nomenclaturas que causam confusão, em termos biológicos e políticos, como *natural*, *sintético*, *biomimético*, *bioidêntico* e *artificial*. Os estrogênios derivados da soja, por exemplo, são geralmente considerados "naturais", mas não por serem quimicamente idênticos àqueles que ocorrem naturalmente em seres humanos. "Natural", aqui, tem a ver com um "biovalor" de marca, em muitos sentidos disputados. O Cenestin é um estrogênio conjugado, elaborado a partir de plantas, comercializado pela companhia Duramed Pharmaceuticals. Apesar de ser chamada de "natural", essa mistura conjugada é quimicamente idêntica ao Premarin, e nenhuma das duas é bioidêntica aos estrogênios humanos. Por ser derivado de equinos, o Premarin é considerado "sintético", embora seja altamente processado, mas não sintetizado em laboratório. Ver Petras, "Making Sense of HRT". Ao substituir a urina de éguas por uma fonte vegetal, o Cenestin é o tipo de solução provisória que se torna rentável quando o custo biopolítico/bioético de um produto tecnocientífico aumenta demais em determinada ecologia naturalcultural. A Duramed apresenta seus estrogênios conjugados como "sintéticos", ou ainda como uma "forma avançada de Premarin", insistindo que o "Cenestin não contém quaisquer hormônios sintetizados a partir de cavalos". O Cenestin, portanto, é natural, sintético, mimético e avançado, a uma só vez. A relação do Premarin com as éguas, por outro lado, impede que a mistura seja classificada como "natural". As patentes mantêm os advogados corporativos ocupados, passando ao largo dos direitos de denominação dessas drogas.

vez de protegê-lo que os cavalos passaram a fazer parte de minha compreensão? Já não me lembro. Marx entendia tudo sobre como as posições privilegiadas bloqueiam o conhecimento das condições do próprio privilégio. Foi o que aconteceu com as introdutoras da teoria feminista do ponto de vista, as fundadoras dos movimentos de saúde da mulher e as pensadoras e ativistas que conformaram os movimentos em prol do florescimento animal também – ou seja, minhas amigas, camaradas e colegas – muito antes da minha menopausa. Mesmo assim, durante um longo tempo, consegui ignorar as condições de trabalho daqueles cavalos adultos, bem como o destino dos potros excedentes. Engoli estrogênios equinos conjugados, bebi a urina misturada de éguas agrupadas, literalmente, mas não cheguei a conjugar bem com os próprios cavalos. A vergonha é um cutucão em favor de toda uma vida para se repensar e reelaborar as próprias contas a prestar!

Em 1930, uma colaboração entre uma companhia farmacêutica canadense e um endocrinologista da Universidade McGill levou ao desenvolvimento do Emmenin®, o primeiro estrogênio conjugado solúvel em água e ativado por via oral.[8] Emmenin® era inicialmente extraído da urina de mulheres canadenses durante as últimas etapas da gravidez, mas as condições de oferta fizeram com que os pesquisadores e a empresa procurassem uma fonte de matéria-prima mamífera mais disponível e abundante. Ainda que fossem remuneradas para tanto, e por mais desesperadas que estivessem, as mulheres grávidas não ficavam ligadas às bolsas coletoras durante muito tempo nem urinavam o suficiente para prover hormônios para suas irmãs humanas. À época, pesquisadores alemães investigavam estrogênios hidrossolúveis a partir

---

8. Hormone Health Network, "Emmenin". O primeiro tratamento hormonal para sintomas de menopausa humana a ser comercializado nos Estados Unidos data de 1929, feito a partir do líquido amniótico de vacas grávidas. O Emmenin, derivado da urina de mulheres grávidas do Canadá, foi vendido pela primeira vez nos EUA em 1933. Já em 1939, o DES era anunciado como um estrogênio mais potente que o Emmenin. Essa mistura de espécies orgânicas e tecnológicas historicamente situadas, humanas e não humanas – um evidente coquetel ciborgue – não podia passar despercebida.

da urina de zebras e éguas grávidas do zoológico de Berlim. Já em 1939, a companhia farmacêutica Ayerst havia conseguido estabelecer um método para obtenção de um concentrado estável a partir da urina de éguas grávidas. Em 1941, o Premarin, resultado de um processo de extração e concentração com mais de cem etapas, estava pronto para ser comercializado no Canadá. As éguas, confinadas em pequenos estábulos e ligadas a suas bolsas coletoras durante meses, eram as trabalhadoras originalmente contratadas nas fazendas de Québec, enquanto o produto final era manufaturado em Montreal. Eventualmente, a alta demanda decorrente do aumento da prescrição de hormônios para a menopausa, combinada com a história de sucessivas aquisições entre companhias farmacêuticas, fizeram com que a produção fosse deslocada para as vastas pradarias do oeste do Canadá, com uma nova usina de processamento em Manitoba.

Em 1997, quase uma década após o início da minha menopausa, o Premarin havia se transformado no medicamento mais prescrito dos Estados Unidos, e suas vendas alcançaram a cifra de 2 bilhões de dólares no ano de 2002.[9] Em 2011, esse composto de medicamentos era utilizado em mais de 3 mil pesquisas científicas, e hoje continua a ser a terapia de estrogênios mais estudada do mundo. Em 2002, dados consistentes coletados pela Women's Health Initiative demonstraram definitivamente que os estrogênios não só não previnem doenças cardíacas, como também estão ligados a uma incidência maior de trombose, acidentes vasculares cerebrais, infartos e cânceres de mama. As vendas de Premarin caíram rapidamente – e muito. Os trabalhadores equinos, agora redundantes, foram para os matadouros – muitos deles. Os trabalhadores terceirizados das fazendas ficaram sem trabalho. A indústria de medicamentos estrebuchava. E as mulheres se preocupavam, eu sei.

---

9. Women's Health Initiative, "Risks and Benefits of Estrogen Plus Progestin in Healthy Postmenopausal Women"; Vance, "Premarin." Ver também Wilks, "The Comparative Potencies of Birth Control and Menopausal Hormone Drug Use".

Ainda que em volume reduzido, a coleta de urina de éguas grávidas continua a ser um negócio internacional, e o Premarin ainda é um produto bastante prescrito e rentável. A Pfizer, que comprou a Wyeth-Ayerest em 2009, atualmente tem contratos firmados com mais de vinte fazendas de criação de cavalos, em grande parte situadas no oeste do Canadá. Em 2003, a Wyeth-Ayerest tinha contrato com mais de quatrocentas fazendas de PMU [sigla de *pregnant mare urine*, urina de égua grávida] só na província de Manitoba. Entre 2003 e 2007, com a reorganização da indústria que se seguiu à crise de prescrições do Premarin após 2002, o lucro por égua nas fazendas de PMU aumentou – e muito. O North American Equine Ranching Information Council [NAERIC, Conselho Norte-Americano de Informação sobre Criação Equina], uma associação que representa as indústrias do setor com compromisso e sofisticação, procura expor a melhor face da história e das práticas contemporâneas das fazendas de PMU.[10] O site do NAERIC apresenta uma descrição em "quatro estações", ilustrada com belas fotografias do ciclo de vida anual dos cavalos em fazendas aparentemente idílicas, supostamente regulamentadas e inspecionadas em detalhe para a garantia do bem-estar dos animais. A página relata que, a partir do outono e até o início da primavera, as éguas permanecem confinadas em seus "confortáveis" estábulos privados, ligadas a uma "bolsa leve e flexível, pendurada do teto por fios de suspensão de borracha" que permitem uma gama completa de movimentos, incluindo deitar-se. Elas têm acesso a água suficiente, uma mudança significativa em relação ao período que precedeu a reforma, quando a demanda por urina concentrada superou a sede equina, com previsíveis consequências para a saúde dos animais. Na página do NAERIC é possível consultar um informe intitulado *Equine Veterinarians' Consensus Report on the Care of Horses on* PMU *Ranches* [Relatório do consenso de veterinários de equinos sobre o cuidado dos cavalos

---

10. North American Equine Ranching Information Council, "About the Equine Ranching Industry".

nas fazendas de PMU]. Elaborado por grupos internacionais de veterinários em colaboração com associações de defesa do bem-estar animal que inspecionam as estâncias equinas, o relatório concluiu, após uma investigação realizada em 1995, que diversas reformas conduziram a melhorias consideráveis na vida dos cavalos: "O público geral deve assegurar-se de que os cuidados e o bem-estar dos cavalos envolvidos na produção de medicamentos para o tratamento de reposição de estrogênio são de qualidade e rigorosamente monitorados."[11]

A análise *in situ* de várias fazendas feita pela organização HorseAid, em 1999, encontrou condições muito menos satisfatórias do que as que haviam sido apresentadas pelo NAERIC, mesmo considerando que suas diretrizes são suficientemente boas para os cavalos. Tais recomendações deixam a necessidade de exercício físico a critério dos criadores, que têm poucos meios e não dispõem de instalações internas adequadas ao inverno nas planícies do norte.[12] As éguas confinadas passam tempo demais paradas, comem demais, engordam, desenvolvem problemas nas patas... Soa bastante similar ao que muitas fêmeas trabalhadoras de outras espécies precisam enfrentar. Com poucas condições para implementar mudanças custosas nas práticas de cuidado, os criadores terceirizados se encontram na parte mais baixa da cadeia alimentar financeira gerada pela urina de éguas grávidas, da mesma maneira que na produção industrial de frangos de corte e outros animais.

Em 2011, cerca de 2 mil potros NAERIC nasciam a cada ano em 26 fazendas de PMU, incluindo cavalos de tração, cavalos de montaria e cavalos esportivos. Os animais eram vendidos principalmente para famílias e estábulos de exposição. Desde 1998, aproximadamente 49 mil cavalos foram registrados junto

---

11. Idem, "Equine Veterinarians' Consensus Report on the Care of Horses on PMU Ranches".
12. HorseAid, "What Are the Living Conditions of the Mares?"

ao NAERIC. Os potros das chamadas raças de criação são mais rentáveis, de maneira que poucos vêm a ser abatidos ou inseridos nos dispositivos de resgate e adoção. Atualmente, os criadores dependem tanto da venda dos potros quanto da própria urina coletada das éguas. Muitas dessas fazendas utilizam sites e formas de promoção idênticas àquelas de criadores de cavalos não relacionados com o Premarin. Em quase todos os sentidos, são indistinguíveis de outros criadores comuns de equinos.[13]

As reformas promovidas pelo NAERIC foram implementadas graças à ação de grupos de defesa dos direitos dos animais, da saúde dos cavalos e da saúde das mulheres. A partir de um estudo de campo participativo realizado em 1986, a HorseAid foi a primeira organização pelos direitos dos animais a investigar tanto as condições das fazendas de PMU quanto os riscos dos medicamentos de TRH para as mulheres. Os resultados devastadores dessa pesquisa foram publicados em 1988 por impresso e em 1994 na internet, acompanhados de imagens gráficas e descrições detalhadas das práticas nas fazendas e na indústria, além de dados médicos sobre o uso do tratamento em humanas.[14] Em 1995, sete anos após a primeira publicação do relatório da HorseAid, o NAERIC foi criado com a finalidade de promover reformas e um tratamento mais "humano" dos cavalos nas fazendas de PMU. A reforma, no entanto, não era – e não é – o objetivo final da HorseAid nem de organizações como o International Fund for Horses [Fundo Internacional para Cavalos]. Esses grupos continuam a advogar pelo fechamento de todas as fazendas de PMU, onde subsistem práticas de confinamento de éguas grávidas durante meses, por mais "confortáveis" que sejam (em uma caixa de 1 metro de comprimento por 2,5 metros de largura e 1,5 metro de altura por seis meses, por exemplo), e de abate daquelas que não conseguem engravidar.[15] A disponibilidade de

---

13. Ver "Premarin Controversy", na *Wikipedia*. Ver também Horse Fund, "Fact Sheet"; o site da Horse Aid; e Hall, "The Bright Side of PMU."
14. Horse Aid Report, "PREgnant MARes' urINe, Curse or Cure?"
15. Horse Fund, "Fact Sheet". A ficha informativa (disponível em horsefund.org) descreve um cenário completamente diferente daquele relatado no site do

uma gama mais ampla de hormônios sintetizados em laboratório e de origem vegetal dificulta o rechaço dos argumentos em favor do fechamento das instâncias de produção de PMU. Levando em conta todas as fazendas de PMU em atividade no ano de 2002, a HorseAid estimou que aproximadamente 15 mil potros "excedentes" teriam sido abatidos. Atualmente, devido à queda nas vendas de Premarin desde 2002, à suspensão de contratos com as fazendas de criação e a uma produção de potros mais orientada para o mercado, o número de mortes é muito mais baixo, mas ainda poderia ser zero.[16]

A HorseAid sempre foi explícita em relação à sua defesa da saúde das mulheres e do bem-estar dos cavalos. Seus relatórios também mencionavam as dificuldades das fazendas e criadores inseridos em um sistema dominado pelo agronegócio, no qual obter o sustento por meio da agropecuária transformou-se em algo brutal. Evidentemente, este fato não contempla o que tornaria viável a criação de cavalos nas pradarias do norte, considerando o bem-estar econômico e ecológico de humanos e outros animais, e essa deveria ser uma meta imprescindível.

NAERIC. A HorseAid é mais cautelosa em suas descrições e datas do que o International Fund for Horses, que até 2011 apresentou as condições descritas nos anos 1980 e 1990 como se fossem atuais. Essa mesma Fundação publicou uma linha do tempo interessante que condena o Premarin e seu acidentado histórico médico e corporativo (disponível em http://www.horsefund.org/premarin-timeline.phpemnov. 2011, inacessível em ago. 2015). Para dados sobre as vendas do Premarin e cifras sobre as fazendas de PMU, de 1965 a 2010, ver Allin, "Wyeth Wins, Horses Lose". Em 2010, Jane Allin era analista de pesquisa para o International Fund for Horses. A Pfizer aumentará a coleção de fazendas de PMU em 2016-2017.

16. O Equine Angels Rescue Sanctuary trabalha em Manitoba há quase uma década. A organização conta, em seu site, como ajudou trabalhadores das fazendas de PMU a deixar essa atividade. O projeto buscava atender as necessidades de criadores, potros, éguas e cavalos. Uma nota, publicada no site em fevereiro de 2015, relata os avanços do projeto. Ver Weller, *Equine Angels*. Em 2011, havia diversas outras iniciativas de resgate de equinos em atividade. A última vez que revisei essa estória inacabada foi em 13/8/2015. Ver Equine Advocates, "PMU Industry". As operações de resgate refletem o rápido declínio na quantidade de fazendas de PMU desde 2002, e hoje atendem mais éguas "aposentadas" das fazendas de PMU do que potros oriundos de episódios de superprodução. A urina de éguas grávidas, contudo, continua a ser coletada e utilizada em produtos que contêm Premarin.

Respons-habilidade viral

Não há inocência nessas estórias de parentesco. A prestação de contas é extensa e permanentemente inacabada. Na realidade, a responsabilidade dentro das mundificações em jogo nessas estórias e em favor delas requer o cultivo de respons-habilidades virais, que portam significados e materiais para além dos tipos e das espécies. Elas devem contagiar os processos e as práticas que ainda podem desencadear epidemias de recuperação multiespécie na Terra, e talvez até mesmo o florescimento em tempos e lugares habituais. Chamem isso de utopia, de habitar lugares desprezados, chamem de toque, contato, de vírus da esperança em rápida mutação, ou ainda de um compromisso de ficar com o problema, que varia menos rapidamente. Meu *slogan* dos anos 1980, "Ciborgues pela sobrevivência terrena", ainda ressoa em uma cacofonia de som e fúria que emana da vasta ninhada parida de sofrimentos compartilhados, embora não miméticos, que engendram os movimentos pelo florescimento que virá.

Na minha estória com o DES, rastrear as manchas de urina de Cayenne até lugares remotos, fora dos caminhos habituais, conduziu-nos a uma conglobação em franca expansão de dispositivos interligados de pesquisa, marketing, medicina, veterinária, ativismo, agricultura e saberes acadêmicos, produtores de corpos e subjetividades. Espécies digitais e moleculares disputam a atenção com vaginas e uretras. Fêmeas em apuros emergem profusamente em toda parte. Até as moléculas sintetizadas industrialmente parecem reagir à sedução de tropismos sexuais (jamais reprodutivos, nesta estória), apesar de décadas de astuta desconfiança feminista com relação aos ditos hormônios sexuais. Os ciborgues riem. Será que os ciborgues desenvolvem valvopatias mitrais ou passam pela menopausa? É claro que sim, do mesmo modo que sua parentela. As relações de cuidado íntimo que acoplam uma mulher e uma cachorra arrasam todo tipo de público como um vírus. Contágio puro. As espécies companheiras se infectam mutuamente o tempo todo. As obrigações éticas e políticas dos corpos são contagiosas, ou ao menos deveriam sê-lo. Antes que eu e minha cachorra pudéssemos sair da estória, encontrávamo-nos na companhia não opcional (e responsáveis por) de novilhas em laboratórios; bovinos de corte em currais de confinamento e engorda; mulheres grávidas em lugares de todo tipo; filhas, filhos, netas e netos de mulheres que uma vez estiveram grávidas; ativistas coléricas e bem informadas dos movimentos pela saúde das mulheres; cachorras com doenças cardíacas e bandos de outras fêmeas esterilizadas com incontinência urinária e suas gentes em camas e clínicas veterinárias.

Na minha estória com o Premarin, todos os participantes pareciam marinados em tonéis de urina de equinas do Canadá – aparentemente, a única coisa que mantinha unidas as espécies vulneráveis e viralmente proliferantes do conto. As viagens de uma marca registrada através dos corpos congrega, na necessidade de fabricar a respons-habilidade, uma mistura bastante heterogênea de seres mortais: fetos de bezerros despojados de líquido amniótico, gestantes canadenses urinando, éguas grávidas com seus potros e seus consortes em Manitoba e além, ativistas pelo resgate de animais e pela defesa da saúde das mulheres; criadores terceirizados e precarizados, uma mulher menopáusica da Califórnia preocupada com doenças cardíacas hereditárias, na companhia de uma multidão lucrativa de outras estadunidenses menopáusicas prontas para soluções consumíveis, e ainda zebras em zoológicos alemães nos anos 1930. A Grande Indústria Farmacêutica, o Grande Agronegócio e a Grande Ciência nos proporcionaram vilões e drama em abundância, mas também abundam as razões para atenuar a certeza absoluta da vilania e explorar a complexidade da mundificação ciborgue.

Cada comensal exposto a altos riscos de doença cardíaca hereditária que precisou comer estrogênios conhecidos e perigosos mais adiante na vida parece ser, neste conto, aquilo que finalmente conjuga – acopla – a autora ciborgue à cachorra de seu coração. *Cum panis*, espécies companheiras, duas fêmeas de duas espécies (junto com seus microbiomas com zilhões de outras espécies) juntas à mesa, com algumas décadas de diferença, devorando estrogênios duvidosos para cuidar de si e da outra. Por que contar estórias assim, nas quais as aberturas só se multiplicam, sem nenhum ponto-final? Porque existem respons-habilidades bastante definidas que são fortalecidas nesses relatos.

Já não é nenhuma novidade que as corporações, as fazendas de criação, as clínicas, os laboratórios, os lares, a ciência, a tecnologia e a vida multiespécie se encontram emaranhados em processos de mundificação multiescalares, multitemporais e multimateriais – mas os detalhes importam. Os detalhes vinculam seres reais a respons-habilidades reais. Cada vez que uma estória me ajuda a lembrar aquilo que eu achava que sabia, ou me apresenta a novos conhecimentos, um músculo crítico para importar-se e cuidar do florescimento faz um pouco de exercício aeróbico. Esse tipo de exercício aprimora o pensamento coletivo, e o movimento coletivo também. Cada vez que consigo rastrear um enredo, adicionando alguns fios que inicialmente poderiam parecer caprichosos, mas que depois se revelam essenciais à trama, compreendo um pouco melhor que ficar com o problema da mundificação complexa é a regra do jogo de viver e morrer bem conjuntamente na Terra. Ter tomado Premarin faz de mim uma pessoa com mais respons-sabilidades em relação ao bem-estar de criadores, ecologias das pradarias do norte, cavalos, ativistas, cientistas e mulheres com câncer de mama. Dar DES à minha cachorra me torna responsável por histórias e possibilidades em curso, de um modo diferente do que se nunca tivéssemos estabelecido parentesco com os locais de vínculo dessa molécula. Talvez a leitura deste capítulo também tenha consequências para a respons-habilidade. Diante de histórias terríveis, somos responsáveis por moldar as condições favoráveis ao florescimento multiespécie, mas não das mesmas maneiras. As diferenças importam – nas ecologias, nas economias, nas espécies e nas vidas.

Semear mundos
Uma bolsa de sementes
para terraformar com
alteridades terrestres

> "Você percebe", dirá o fitolinguista ao crítico de arte, "que eles nem sabiam ler *berinjela*?" E eles vão sorrir de nossa ignorância, enquanto pegam suas mochilas e caminham para ler a recém-decifrada lírica do líquen na face norte do Pico Pike.
> Ursula K. Le Guin, *"A autora das sementes de acácias e outras passagens da revista da Associação de Therolinguística"*

Durante a era da Guerra nas Estrelas de Reagan, nos anos 1980, eu usava um *slogan* político que dizia: "Ciborgues pela sobrevivência terrena!" A época aterrorizante de George H. W. Bush e dos Bushes secundários me fizeram passar para outro *slogan*, emprestado dos treinadores durões de *Schutzhund*: "Corra ligeiro, morda com força!" e "Cale a boca e treine!" Hoje, meu *slogan* é: "Fique com o problema!" Em meio a todos esses nós, porém, e especialmente agora, ondequando estiver esse lugar-tempo potente e espaçoso, precisamos de um tipo de sabedoria surrada e resistente. Seguindo as instruções de espécies companheiras de uma miríade de reinos terranos em todos os seus lugares-tempo, precisamos ressemear nossas almas e nossos mundos natais a fim de florescer – novamente, ou talvez pela primeira vez – em um planeta vulnerável que ainda não foi assassinado.[1] Precisamos não só ressemear,

---

1. Todos os meus escritos sobre as espécies companheiras são instruídos por "Unruly Edges: Mushrooms as Companion Species", de Anna Tsing. Tsing consegue narrar a história do mundo a partir do ponto de vista de associados fúngicos, sem os confortos enganosos do excepcionalismo humano, além de fazer uma releitura de *A origem da família, da propriedade privada e do Estado*, de Engels. O conto de Tsing é uma fabulação especulativa,

mas também reinocular com todos os associados que fermentam, fomentam e fixam os nutrientes de que as sementes necessitam para prosperar. A recuperação ainda é possível, mas somente em alianças multiespécies capazes de transpor a divisão assassina entre natureza, cultura e tecnologia, ou ainda entre organismo, linguagem e máquina.[2] O ciborgue feminista ensinou-me isso. Os mundos humanimais de cachorros, frangos, tartarugas e lobos ensinaram-me isso. Em um contraponto fúngico, microbiano e simbiogenético, as acácias da África, das Américas, da Austrália e das ilhas do Pacífico ensinam-me isso com sua congérie de associados que se estendem por entre os táxons. Semear mundos é abrir a estória das espécies companheiras para abarcar mais de sua implacável diversidade e de seus problemas urgentes.

Para estudar o tipo de sabedoria situada, mortal e germinal de que necessitamos, recorro a Ursula K. Le Guin e Octavia Butler.[3] Importa com que estórias contamos outras estórias; importa com que conceitos pensamos outros conceitos. Importa ondecomo Ouroboros engole o próprio conto, de novo.[4] É assim que a mundificação segue adiante consigo mesma no tempo dos

---

um gênero SF imprescindível para a teoria feminista. Ela e eu mantemos uma relação de indução recíproca, um processo evolutivo e ecológico do desenvolvimento fundamental a todo devir-com. Ver também Gilbert e Epel, *Ecological Developmental Biology*.

2. Ver Rose, *Reports from a Wild Country*. Deborah Bird Rose ensinou-me que a recuperação – não a reconciliação, nem a restauração – é o que é necessário e, talvez, apenas possível. Considero que diversas palavras que começam com re- são úteis, incluindo *ressurgimento* e *resiliência*. Pós- é um prefixo mais problemático.

3. A propósito de Ursula Le Guin, ver especialmente *Floresta é o nome do mundo* e "A autora das sementes de acácias e outras passagens da revista da Associação de Therolinguística", conto publicado pela primeira vez em 1974, no livro *Fellowship of the Stars*. A obra de Le Guin é perpassada por muitos escritos em prol da justiça ambiental e do ressurgimento ecológico. A propósito de Octavia Butler, ver especialmente *Parábola do semeador* e *Parábola dos talentos*. Butler inspirou toda uma nova geração de "estórias de movimentos por justiça social"; ver Brown e Imarisha, *Octavia's Brood*.

4. Aqui, Haraway faz um jogo de palavras homófonas sem correspondência em português, remetendo ao movimento espiralar de sua narrativa e à circularidade da serpente símbolo de Ourobouros: *tale* [conto] e *tail* [cauda]. [N.T.]

dragões. Estes são *koans* simples e difíceis; veremos que tipo de prole poderão desovar. Ursula Le Guin, uma estudante esmerada dos dragões, ensinou-me a teoria da bolsa da ficção e da história naturalcultural.[5] Suas teorias e estórias são bolsas espaçosas para coletar, carregar e contar o estofo do viver. "Uma folha uma cabaça uma concha uma rede uma bolsa um sling uma sacola uma cesta uma garrafa um pote uma caixa um frasco. Um contentor. Um recipiente."[6]

Boa parte da história da Terra tem sido contada sob o jugo da fantasia da beleza das primeiras palavras e armas, das primeiras armas *como* palavras e vice-versa. Ferramenta, arma, palavra: esta é a palavra feita carne à imagem do deus celeste. Uma estória trágica com um único ator real, um produtor de mundos real, o herói; este é o conto produtor-do-Homem sobre o caçador que embarca numa missão para matar e trazer de volta a terrível recompensa. Esse é o conto de ação cortante, afiado e combativo que posterga o sofrimento da insuportável passividade pegajosa e putrefata da terra. Todos os demais componentes dos contos fálicos servem de adereço, terreno, espaço para o desenlace da trama ou presa. Eles não importam; seu trabalho é estar no caminho, ser superado, ser a estrada ou o conduíte, mas jamais a viajante, aquela que engendra. A última coisa que o herói quer é saber que suas belas palavras e armas serão inúteis se não tiverem uma bolsa, um contentor, uma rede.

Seja como for, nenhum aventureiro ou aventureira deveria sair de casa sem um saco. Como um sling, um pote ou uma garrafa entraram na estória de repente? Como essas reles coisas mantêm a continuidade da estória? Ou talvez – ainda pior para o herói –, como podem essas coisas côncavas, escavadas, esses buracos no

---

5. O ensaio *A teoria da bolsa da ficção*, de Le Guin, moldou minha forma de pensar sobre a narrativa na teoria evolutiva e sobre a figura da mulher coletora em meu livro *Primate Visions*. Le Guin aprendeu a Teoria da Bolsa da Evolução de Elizabeth Fisher (*Women's Creation*), naquele período das décadas de 1970 e 1980 em que grandes narrativas corajosas, especulativas e mundanas ardiam na teoria feminista. Assim como a fabulação especulativa, o feminismo especulativo era (e ainda é) uma prática sf.
6. Le Guin, *A teoria da bolsa da ficção*.

Ser, gerar estórias mais ricas, mais peculiares, mais abundantes, mais inadequadas e contínuas, desde o início? Estórias que têm espaço para o caçador, mas que não eram e não são sobre ele, o Humano autoprodutor, a máquina produtora de humanos da história. A leve curvatura da concha que contém só um pouco de água, só algumas sementes para dar e receber sugere estórias de devir-com, de indução recíproca, de espécies companheiras cuja tarefa ao viver e morrer é justamente não terminar a contação de estórias, a mundificação. Com uma concha e uma rede, devir humano, devir húmus, devir terrano toma outra forma: a forma sinuosa e serpenteante de devir-com.

Le Guin prontamente assegura a todas aquelas e aqueles de nós que desconfiam de holismos e organicismos evasivos e sentimentais:

Não [sou] uma humana pouco agressiva ou pouco combativa, que isso fique claro. Eu sou uma mulher envelhecida e zangada, impondo-me com a minha bolsa, lutando contra os bandidos. [...] É apenas uma daquelas malditas coisas que têm que ser feitas para se poder continuar coletando aveia selvagem e contando estórias.[7]

Existe espaço para o conflito nas estórias de Le Guin, mas suas narrativas da bolsa estão cheias de muitas outras coisas, em contos maravilhosos e bagunçados para recontar, ou ressemear, as possibilidades de seguir adiante conjuntamente agora e na estória profunda da Terra:

Às vezes parece que essa estória [heroica] está se aproximando do seu fim. Para evitar que não haja mais estórias a contar, algumas de nós aqui fora, exiladas em meio a aveia selvagem, achamos que seria bom começar a contar outra estória, com a qual, talvez, as pessoas possam seguir adiante quando a velha estiver terminada [...] Por isso, é com certo sentimento de urgência que procuro a natureza, o sujeito, as palavras da outra estória, a estória não contada, a estória da vida.[8]

Octavia Butler sabe tudo sobre as estórias não contadas,

---

7. Idem, ibidem.
8. Idem, ibidem.

aquelas que necessitam de uma bolsa de sementes remendada e de uma semeadora viajante para escavar um lugar para o florescimento depois das catástrofes daquela Estória Afiada. Na *Parábola do semeador*, uma adolescente estadunidense hiperempática chamada Lauren Oya Olamina cresce dentro de uma comunidade murada em Los Angeles. Importante na Santeria do Novo Mundo, nas religiões dos orixás e em certos cultos católicos da Virgem Maria, a Oyá iorubá, mãe de nove, é a orixá do rio Níger, com seus nove afluentes, seus nove tentáculos que sustentam os vivos e os mortos. Ela é uma das entidades ctônicas de mil nomes que geraram os tempos persistentes que chamo de Chthuluceno. O vento, a criação e a morte são os atributos e os poderes de Oyá para a mundificação. O dom e a maldição de Olamina consistiam em sua inescapável habilidade de sentir a dor de todos os seres vivos, como consequência de uma droga que sua mãe, adicta, havia tomado durante a gestação. Após o assassinato de sua família, a jovem parte de uma sociedade devastada e moribunda em viagem com um bando heterogêneo de sobreviventes para semear uma nova comunidade, enraizada em uma religião chamada Semente da Terra [*Earthseed*]. No arco narrativo do que teria sido uma trilogia (a autora morreu antes de concluir o terceiro volume, *Parable of the Trickster*), a mundificação sf de Butler imaginou que a Semente da Terra finalmente floresceria em um novo mundo natal entre as estrelas. Lauren Oya Olamina, entretanto, criou a primeira comunidade da Semente da Terra no norte da Califórnia. É nesse lugar, portanto, e em outros locais na Terra, que devem permanecer minhas próprias explorações para ressemear nosso mundo natal. Esse lar é o lugar onde as lições de Octavia Butler se aplicam com especial ferocidade.

Nas *Parábolas*, "Deus é mudança". A Semente da Terra ensina que as sementes da vida na Terra podem ser transplantadas, e podem adaptar-se e florescer em todos os tipos de lugar e tempo, sempre inesperados e perigosos. Atenção ao "podem", não necessariamente "poderiam" ou "deveriam". O conjunto da obra de Butler como escritora sf está cravado no problema da destruição e do florescimento ferido – e não simplesmente da sobrevivência – no exílio, na diáspora, na abdução e na transportação. Trata-se do dom e do fardo terreno de descendentes de pessoas escravizadas, refugiadas, imigrantes, viajantes e também indígenas. Esse não é um fardo que termina no momento da ocupação. No modo SF,[9] minha própria escrita opera e joga apenas na terra, no lodo de ciborgues, cachorros, acácias, formigas, micróbios, fungos e todos os seus parentes e agregados. Com a reviravolta na barriga que a etimologia provoca, lembro também que *kin* [parente], com a troca das letras *g* e *k* entre primos indo-europeus, transforma-se em *gen*, a caminho de *get* [progênie]. Somos todas crias terranas, parentela sinuosa e também arborescente — prole distendida, bichada e soprada — em sucessivas gerações contaminadas e cheias de sementes, de um tipo rebentado a outro.

Plantar sementes requer meios, solo, matéria, murmúrio, mãe... *Matter, mutter, mother*.[10] Essas palavras interessam-me muito no modo de atenção terraformador SF e em favor dele. Na modalidade feminista SF, a matéria nunca é "mero" meio para

9. Aqui, meu guia com e por meio de SF, meu "mystra", é LaBare, "Farfetchings" (o termo *mystra* acumula significações a partir da p. 17). LaBare argumenta que SF não é fundamentalmente um gênero – mesmo no sentido ampliado que abarca filmes, quadrinhos e muitas outras coisas além da revista ou do livro impresso. O modo SF é, antes, um modo de atenção, uma teoria da história e uma prática de mundificação. LaBare escreve: "O que chamo de 'modo SF' oferece uma maneira de concentrar essa atenção, de imaginar e elaborar alternativas para o mundo, enfim, tal como ele é" (p. 1). LaBare sugere que o modo SF presta atenção ao que é "*concebível, possível, inexorável, plausível* e *lógico*" (grifo do autor, p. 27). Uma de suas principais *mystras* é Le Guin, especialmente a partir de sua compreensão de "falar às avessas" [*talking backwards*] em *Always Coming Home*, um romance pós-apocalíptico que se passa no norte da Califórnia. Ler a *Parábola do semeador* e *Always Coming Home* juntos é uma boa maneira de encher a bolsa de provisões ao viajar pela costa, em favor de uma ação terraformadora de recuperação antes do apocalipse, e não depois dele. Instruídas nesse modo SF, as pessoas humanas e as alteridades da Terra talvez consigam evitar o desastre inexorável e plantar o germe concebível da possibilidade de uma recuperação multiespécie e multiespaçotempo, antes que seja tarde demais.
10. Aqui, a autora joga com as sonoridades e raízes comuns entre as palavras *matter* [matéria], *mother* [mãe] e *mutter*, que em inglês significa tanto "murmúrio" quanto leguminosas como ervilhas, além de ser "mãe" em germânico. [N.T.].

a semente que a "informa"; antes, misturados na bolsa da terra, parentes [*kin*] e progênie [*get*] compõem uma congregação muito mais abundante para a mundificação. *Matéria* é uma palavra poderosa, minuciosamente corporificada, a matriz das coisas, parente da geratriz ribeirinha Oyá. Não é preciso cavar nem nadar muito para chegar à matéria como fonte, solo, fundamento, fluxo, razão e coisa consequente – a matéria mesma da coisa, a geratriz que é simultaneamente fluida e sólida, matemática e carnal. Por essa rota etimológica, chegamos a uma tonalidade da matéria como *madeira*, em português, a dura madeira de lei. Matéria como madeira me leva a *Floresta é o nome do mundo*, livro de Ursula Le Guin publicado em 1976. A obra é parte de suas fabulações Hainish sobre seres nativos dispersos e colonizadores engalfinhados numa luta entre a exploração imperialista e as oportunidades para o florescimento multiespécie. Essa estória se passa em outro planeta, e se parece muito com o conto de opressão colonial em nome da pacificação e da extração de recursos que acontece em Pandora na superprodução *Avatar*, dirigida por James Cameron e lançada em 2009. Há somente um detalhe que faz bastante diferença: em *Floresta é o nome do mundo*, Le Guin não apresenta um herói colonial "branco" penitente e redimido. Sua estória tem a forma da bolsa desdenhada pelos heróis. Além disso, ainda que condenem seu principal opressor a viver, em vez de matá-lo depois da vitória, para os "nativos" de Le Guin, as consequências de sua luta por liberdade trazem o conhecimento duradouro de como matar-se *uns aos outros*, e não só ao invasor, assim como a sabedoria de recordar, recoletar ou talvez reaprender a florescer diante de semelhante história. Não há nenhum *status quo ante*, nenhum conto de salvação, como acontece em Pandora. Instruída pela luta no planeta Athshea, de *Floresta é o nome do mundo*, permanecerei na Terra e imaginarei que a espécie Hainish de Le Guin não descendia completamente da linhagem ou da teia hominídea, por mais disseminadas que sejam. Matéria, *matter*, *mater*, *mutter* me impelem, nos impelem – esse nós coletivo reunido na bolsa narrativa do Chthuluceno – a seguir com o

Figura 22: Uma formiga da espécie *Rhytidoponera metallica* transporta uma semente de *Acacia neurophylla* segurando-a pelos elaiossomos, no oeste da Austrália. © Benoit Guenard, 2007.

problema naturalcultural e multiespécie da Terra, com a força da luta pela liberdade num mundo pós-colonial no planeta Athshea, ficcionado por Le Guin. É hora de retornar à questão sobre como encontrar sementes para terraformar pela recuperação de um mundo terreno de diferença, mesmo ondequando o conhecimento sobre como matar não é escasso.

Minha bolsa para terraformar está cheia de sementes de acácia; mas, como veremos, essa coleção também traz consigo sua própria cota de problemas. Começo pelo cadáver decapitado de uma formiga, encontrado por cientistas-exploradores próximo à Semente 31 em uma fileira de sementes de acácia degerminadas, situada ao final de um túnel na colônia de formigas do conto "*A autora das sementes de acácias e outras passagens da revista da Associação de Therolinguística*". Os therolinguistas ficaram perplexos ao ler as mensagens grafadas com secreções da glândula tátil, aparentemente escritas pela formiga com sua própria tinta bioquímica sobre as sementes alinhadas, e não souberam ao certo como interpretar o texto ou como descobrir a identidade da formiga. Seria uma intrusa assassinada pelos soldados da colônia? Uma residente rebelde que escrevia mensagens subversivas contra a rainha e seus ovos? Uma poeta trágica mirmexiana?[11] Os therolinguistas não podiam aplicar as regras das línguas humanas nessa tarefa. Sua compreensão da comunicação animal era (e ainda é) esfarrapadamente fragmentada, cheia de suposições em meio à profunda diferença naturalcultural. A partir do estudo científico e hermenêutico de outras linguagens animais registradas em difíceis expedições de descobrimento, os therolinguistas defendiam que "a linguagem é comunicação". Segundo eles, diversas espécies fazem uso de uma ativa semiótica cinestésica coletiva, e também de uma linguagem quimiossensorial, visual e tátil. É possível que tenham ficado perturbados com a leitura do inesperado texto escrito com exsudações de formiga, mas confiavam que, ao menos, estavam se engajando em atos de therolinguística, e que algum dia, talvez, aprenderiam a lê-lo.

As plantas, contudo, "não se comunicam" – especularam eles – e, portanto, não têm linguagem. Algo diferente acontece no

---

11. *Myrmex* é uma palavra grega que significa formiga. Na mitologia grega, Myrmex era uma jovem ática que provocou a ira de Atena ao reivindicar como sua a invenção do arado, e foi transformada em formiga pela deusa. A julgar pelos túneis cavados pelas formigas em todo o mundo, em comparação com as credenciais mais estelares de Atena, parece-me que Myrmex provavelmente tinha razão. Sair da cabeça do papai realmente não é a mesma coisa que cavar e percorrer túneis dentro da terra, seja você uma deusa, uma mulher ou uma formiga. A propósito das formigas, ver os incomparáveis trabalhos de Deborah Gordon, *Ants at Work*; *Ant Encounters* e "The Ecology of Collective Behavior". Para outras abordagens, ver Hölldobler e Wilson, *The Superorganism* e *The Ants*. Com base em seus estudos sobre o desenvolvimento comportamental de colônias de formigas colheitadeiras no deserto do Arizona e em evidências de que esses insetos, individualmente, trocam de tarefas ao longo de suas vidas, Gordon criticou a insistência de E. O. Wilson no argumento de que o comportamento das formigas seria rigidamente determinado. Para mim, Wilson está para Gordon como a heroica Atena está para Myrmex, a inventiva jovem ática com uma bolsa de sementes e uma ferramenta para cavar. Para uma introdução ao mundo das acácias, consultar a entrada "Acacia" na Wikipédia, e depois "Biology of Acacia", edição especial da *Australian Systematic Botany* (2003). Para que não se pense que todas as ações de construção de mundos são estórias de formigas, ver Mann, "Termites Help Build Savannah Societies".

mundo vegetal; algo que talvez deveria ser chamado de arte.[12] A fitolinguística aplicada nessas linhas por cientistas e exploradores estava apenas começando, e certamente exigiria modos de atenção e metodologias de campo inteiramente novos, além de inventividade conceitual. O presidente da Associação de Therolinguistas entusiasmou-se na lírica:

> Se existe uma arte vegetal não comunicativa, devemos repensar os próprios elementos de nossa ciência e aprender todo um novo conjunto de técnicas. Pois simplesmente não é possível trazer as habilidades críticas e técnicas adequadas ao estudo de histórias policiais da doninha, ou a ficção erótica dos batráquios, ou as sagas dos túneis das minhocas, à abordagem da arte da sequoia ou da abobrinha.[13]

A meu ver, o presidente estava certo ao afirmar a necessidade de questionar os tecidos de nossos próprios saberes e modos de conhecimento para poder responder à diferença não antropocêntrica. Um olhar mais atento àquela formiga decapitada e àquelas sementes de acácia degerminadas, porém, teria mostrado a esses cientistas, ainda zoocêntricos, que sua estetização sublime das plantas desencaminhava sua compreensão das espécies companheiras produtoras da Terra. As plantas são comunicadoras perfeitas numa vasta gama de modalidades terranas, produzindo e intercambiando significados em meio a uma impressionante galáxia de associados que atravessam os táxons de seres vivos. Assim como as bactérias e os fungos, as plantas são as linhas de vida que comunicam os animais com o mundo abiótico, do Sol aos gases e às rochas. Para ir ao encontro dessa matéria, precisamos deixar a estória de Le Guin, por ora, para recorrer às estórias contadas por estudantes de simbiose, de simbiogênese e da biologia evolutiva ecológica do desenvolvimento.[14]

---

12. Le Guin, "'The Author of Acacia Seeds' and Other Extracts from the *Journal of the Association of Therolinguistics*".
13. Idem, ibidem.
14. Ver, por exemplo, Gilbert e Epel, *Ecological Developmental Biology*; Gilbert et al., "Symbiosis as a Source of Selectable Epigenetic Variation"; McFall--Ngai, "The Development of Cooperative Associations between Animals and

As acácias e formigas fazem quase todo o trabalho por nós. Com 1.500 espécies (das quais mil, aproximadamente, são nativas da Austrália), *Acacia* é um dos maiores gêneros de árvores e arbustos da Terra. Diferentes acácias florescem em climas temperados, tropicais e desérticos, atravessando oceanos e continentes. São espécies cruciais para a manutenção da boa saúde da biodiversidade de ecologias complexas, abrigando muitos inquilinos e nutrindo uma lista heteróclita de comensais. Transladadas a partir de onde quer tenham se originado, as acácias foram as queridinhas de florestadores humanos durante a colonização, e ainda hoje são a especialidade de paisagistas e cultivadores de plantas. Ao longo dessas histórias, algumas acácias cresceram excessivamente e se tornaram destruidoras de ecologias endêmicas, cuja restauração ecológica é responsabilidade sobretudo de biólogos e cidadãos comuns de lugares em recuperação.[15] Em partes ou inteiras, as acácias aparecem nos lugares mais inesperados. Elas oferecem madeiras nobres exuberantes e em abundância, a exemplo da havaiana *koa*, que é derrubada pelo ganancioso extermínio massivo capitalista-global. As acácias também produzem modestas gomas de polissacarídeos: a goma-arábica, obtida a partir da *Acacia senegal*, que é usada em produtos industriais como sorvetes, cremes para as mãos, cervejas, tintas, jujubas e nos antigos selos postais. Essa mesma exsudação de seiva constitui o sistema imunológico das próprias acácias, ajudando a selar feridas e desencorajando fungos e bactérias oportunistas. As abelhas ainda produzem um mel muito apreciado a partir das flores de acácia, um dos poucos

---

Bacteria"; McFall- Ngai, "Unseen Forces"; e Hird, *The Origins of Sociable Life*. A propósito da simbiogênese como motor das mudanças evolutivas, ver Margulis e Sagan, *Acquiring Genomes*.

15. Para mais informações sobre os problemas causados pelas acácias australianas na América do Sul e na África do Sul, ver o site da Global Invasive Species Database. Ver também "Pacific Islands Ecosystems at Risk" para informações sobre a *Acacia mearnisii* (acácia-negra). Na Califórnia, diversas espécies de acácia preocupam os ambientalistas, especialmente a *Acacia cyclops*. Todas essas espécies viajantes e controversas nos ensinam a ficar com o problema multiespécie que motiva a maior parte de meu trabalho e jogo atualmente.

tipos de mel que não cristalizam. Diversos animais utilizam as acácias como alimento, incluindo as mariposas, os seres humanos e a única aranha vegetariana conhecida. As pessoas dependem das acácias para obter pastas de sementes, bolinhos de favas, *curries*, brotos, sementes torradas e cervejas.

As acácias fazem parte da vasta família das leguminosas. Isso significa que, entre seus variados talentos, muitas acácias são capazes de fixar o nitrogênio necessário para a fertilidade do solo, o crescimento vegetal e a existência animal, graças a sua associação com simbiontes fúngicos micorrízicos (que, por sua vez, hospedam seus próprios endossimbiontes bacterianos).[16] Seus mecanismos de defesa contra ruminantes e parasitas fazem das acácias verdadeiras usinas químicas de alcaloides: elas secretam compostos variados com efeitos psicoativos em animais como nós. Com meu cérebro de hominídeo, posso apenas imaginar os efeitos desses compostos em bichos como os insetos. Do ponto de vista das girafas, as acácias ostentam apetitosas saladas verdes em suas copas, e em resposta a sua poda assídua, as acácias produzem a pitoresca paisagem de dossel da savana africana, tão prezada por fotógrafos humanos e empreendimentos turísticos; isso sem falar de sua sombra, que salva vidas e proporciona descanso para muitos outros bichos.

Acolhida no interior desta grande bolsa de rede narrativa, estou pronta para acrescentar alguns poucos detalhes próprios à estória contínua da bolsa de Le Guin sobre a formiga decapitada e suas tabuletas de sementes de acácia. Os therolinguistas se preocupavam em decifrar a mensagem do texto, mas o que mais me intriga é o que teria atraído a formiga à semente de acácia

---

16. Ver Bonfante e Anca, "Plants, Mycorrhizal Fungi, and Bacteria". Esse artigo chama a atenção para as múltiplas facetas da comunicação entre seres que participam de consórcios multiespécies. Como indica o resumo, "a liberação de moléculas ativas, inclusive moléculas voláteis, e o contato físico entre os associados parecem importantes para que as redes entre bactérias, fungos micorrízicos e plantas se estabeleçam. O artigo aborda a implicação eventual de *quorum sensing* e de sistemas de secreção de tipo III, ainda que a natureza exata das complexas interações entre espécies e filos permaneça incerta".

em primeiro lugar. Como conheceram uma à outra? Como se comunicavam? Por que a formiga pintou sua mensagem sobre aquela superfície brilhante? A pista é a semente degerminada. A *Acacia verticillata* (um arbusto australiano cuja presença na costa sul da Califórnia preocupa os ecologistas) produz sementes que são dispersadas pelas formigas. Para atrair a atenção dos insetos, as astutas acácias possuem uma vistosa haste enrolada em volta de cada semente. As formigas transportam as sementes decoradas até seus ninhos, onde consomem à vontade esses gordurosos tecidos, chamados elaiossomos. Com o tempo, as sementes germinam para fora do cômodo útero fornecido pelos túneis das formigas. Estas, por sua vez, dispõem do alimento nutritivo e altamente calórico de que precisam para abastecer todos esses relatos sobre seu hábito de trabalhar duro. Em termos ecológicos e evolutivos, as formigas e as acácias se necessitam reciprocamente para seus negócios reprodutivos.

Algumas associações entre formigas e acácias são ainda mais elaboradas, chegando a alcançar os tecidos internos e a moldar o genoma e o padrão de desenvolvimento das estruturas e funções de cada participante das duas espécies companheiras. Diferentes acácias da América Central fabricam estípulas, grandes estruturas ocas com forma de espinho que fornecem abrigo a diversas espécies de formigas do gênero *Pseudomyrmex*: "As formigas se alimentam de secreções da seiva dos pecíolos e de corpos alimentícios ricos em lipídios [e proteínas] localizados nas pontas dos folíolos, chamados de corpos de Beltian. Em troca, as formigas oferecem à planta uma proteção suplementar contra herbívoros."[17] Não há nada como o ataque de um bando tenaz de formigas raivosas para estragar o dia de ruminantes de todas as espécies em busca de alimento e, como consequência, mandá-los para locais menos infestados. Em *Intimate Relations*, um dos cinco episódios da série documental apresentada por

---

17. Ver "Acacia", na *Wikipédia*. Ver também Heil *et al.*, "Evolutionary Change from Induced to Constitutive Expression of an Indirect Plant Resistance".

David Attenborough, transmitida em 2005 pela BBC Science and Nature, podemos assistir a essas matérias em requintados detalhes sensoriais. Percebemos que "certas formigas 'cultivam' as árvores que as abrigam, dando origem a áreas conhecidas como 'jardins do diabo'. Para garantir que cresçam sem competição, as formigas eliminam outras plântulas da vegetação circundante".[18] Para realizar essa tarefa, elas roem metodicamente ramos e brotos antes de injetar ácido fórmico no tecido condutivo das plantas agressoras. Mutualismos semelhantes entre formigas e acácias ocorrem também na África. Por exemplo, as acácias *whistling thorn* (*Acacia depanolobium*), do Quênia, oferecem abrigo em seus espinhos e néctar em seus nectários extraflorais para suas formigas simbióticas, como a *Crematogaster mimosae*. Por sua parte, as formigas protegem a planta e atacam grandes mamíferos herbívoros e besouros que perfuram os talos e danificam a planta. Quanto mais observamos, mais percebemos que a regra do jogo de viver e morrer na Terra é um intrincado assunto multiespécie que leva o nome de simbiose: o jugo de espécies companheiras, juntas à mesa.

Tanto as formigas como as acácias constituem grupos bem populosos e altamente diversos. Às vezes, viajam pelo mundo; às vezes, são tão caseiras que não podem florescer longe de seus vizinhos e territórios natais. Caseiras ou viajantes, seus modos de viver e morrer têm consequências para a terraformação passada e presente. Ávidas por associações com bichos de todos os tamanhos e escalas, as formigas e as acácias são oportunistas em suas tentativas de viver e morrer bem em lugares-tempos evolutivos e orgânicos ou grupais. Em toda sua complexidade e persistência, essas espécies geram imenso dano e ao mesmo tempo sustentam mundos inteiros – algumas vezes em associação com pessoas humanas, outras não. O diabo está verdadeiramente nos detalhes de naturezasculturas respons-hábeis, habitadas por

---

18. Ver Attenborough, "Intimate Relations". Ver também A. Ross, "Devilish Ants Control the Garden".

espécies companheiras capazes de prestar contas umas às outras. Elas – nós – estamos aqui para viver e morrer com, não só para pensar com e escrever com. Mas para isso também, também estamos aqui para semear mundos com, para escrever com exsudatos de formigas sobre sementes de acácia a fim de manter a continuidade das estórias. Minha narrativa sobre esses simbiontes versados em mundanidade não é um conto de retidão e paz definitiva. Não mais do que a estória da bolsa de Le Guin – com a senhora idosa rabugenta, pronta para usar sua bolsa para golpear vilões, e sua autora ávida pela ordem e também pela desordem de seus bichos insolentes, humanos ou não. Assim como Le Guin, estou comprometida com os detalhes melindrosos e perturbadores das boas estórias que não sabem como terminar. As boas estórias perscrutam passados ricos a fim de sustentar presentes espessos para manter a continuidade da estória para quem vier depois.[19] A compreensão de Emma Goldman sobre o amor e a fúria anarquistas faz sentido no mundo das formigas e das acácias. Essas espécies companheiras dão a deixa para as estórias enroladas – com seus rosnados, mordidas, ganidos, jogos, farejadas e tudo mais. A simbiogênese não é um sinônimo para o bem, mas para devir-com mutuamente em respons-habilidade.

Finalmente – já era tempo –, a simpoiese amplia e desloca a autopoiese e todas as outras fantasias de sistemas autoformados e autossustentados. A simpoiese é uma bolsa para a continuidade, um jugo para devir-com, para ficar com o problema que consiste em herdar os danos e feitos de histórias naturaisculturais coloniais e pós-coloniais, ao mesmo tempo em que se conta o conto sobre

---

19. Aqui e em todo este ensaio, minha dívida com Deborah Bird Rose é evidente. Ver principalmente sua elaboração da ideia de "morte dupla" em "What If the Angel of History Were a Dog?". Esse conceito designa o assassinato da continuidade e a destruição de gerações inteiras. Com sua obra *Reports from a Wild Country*, Rose me ensinou sobre a necessidade da recuperação e sobre os modos aborígenes de fabricar a responsabilidade e de habitar o tempo. Ver ainda o importante periódico de livre acesso *Environmental Humanities*, cujos direitos pertencem agora à Duke University Press.

uma recuperação ainda possível. Embora fossem presos a suas peles de animais, os therolinguistas de Le Guin eram capazes de enxergar essas possibilidades assombrosas e inspiradoras:

E com eles, ou depois deles, não poderá chegar aquele aventureiro ainda mais ousado – o primeiro geolinguista que, ignorando a delicada e transitória lírica do líquen, lerá sob ele a ainda menos comunicativa, ainda mais passiva, totalmente atemporal, fria e vulcânica poesia das rochas: cada uma, uma palavra dita, sabe-se lá há quanto tempo, pela própria terra, na imensa solidão do espaço e na sua ainda mais imensa comunidade.[20]

Comunicativas e mudas, a senhora idosa e sua bolsa poderão ser encontradas nas comunidades da Semente da Terra, na Terra e através do tempo-espaço. *Mutter, matter, mother.*

---

20. Le Guin, "*A autora das sementes de acácias e outras passagens da revista da Associação de Therolinguística*".

Uma prática curiosa

> Uma pesquisa interessante é a pesquisa conduzida sob condições que tornam os seres interessantes.
> Vinciane Despret[1]

> Pensar com uma mentalidade alargada significa treinar a imaginação para sair em visita.
> Hannah Arendt, Lições sobre a filosofia política de Kant[2]

Vinciane Despret pensa-com outros seres, humanos e não humanos. Essa é uma vocação rara e preciosa. Vocação: chamado, chamar com, ser chamada por, clamar como se o mundo importasse, convocar, ir longe demais, sair em visita. Certa manhã, Despret escutou o canto de um melro-preto – um melro vivo que cantava em sua janela – e assim aprendeu como soa a importância. Ela pensa em sintonia com aquelas e aqueles com quem pensa – recursiva, inventiva, incansavelmente – com alegria e vigor. Ela estuda os modos como os seres se tornam mutuamente capazes nos encontros reais, e teoriza – isto é, torna convincente e acessível – esse tipo de teoria e método. Despret não está interessada em pensar a partir da descoberta da estupidez alheia, reduzindo o campo de atenção para provar determinado ponto. Seu tipo de pensamento amplia, e até mesmo inventa, as competências de todos os participantes, incluindo ela mesma. O campo dos modos de ser e conhecer se dilata, expande-se, agregando possibilidades ontológicas e epistemológicas para propor e instaurar algo que

---

1. Vinciane Despret, comunicação pessoal.
2. Arendt, *Lectures on Kant's Political Philosophy*, p. 43

não estava ali antes. Essa mundificação constitui sua prática. Filósofa e cientista, Despret é alérgica à denúncia e tem sede de descoberta. Ela necessita daquilo que deve ser conhecido e construído em conjunto, com e para os seres terrenos – vivos, mortos e vindouros.

Em referência à sua própria prática de observação dos cientistas, e também às práticas de observação de ovelhas soay da etóloga Thelma Rowell, Despret sustenta "uma posição epistemológica particular com a qual [está] comprometida, e que [considera] uma virtude: a virtude da polidez".[3] Sua forma de cultivar a polidez é curiosa, em todos os sentidos. Ela treina todo o seu ser – e não só sua imaginação – "para sair em visita", nas palavras de Arendt. Essa não é uma prática fácil: requer a capacidade de achar os demais ativamente interessantes, mesmo ou especialmente aqueles a quem a maioria das pessoas afirma já conhecer demasiadamente. Tal prática demanda a habilidade de fazer a seus interlocutores perguntas que sejam verdadeiramente interessantes. Para tanto, é preciso cultivar a virtude selvagem da curiosidade, ressintonizando as próprias habilidades de sentir e responder – e ainda fazer tudo isso de maneira polida! Que tipo de polidez seria esta? Soa um tanto arriscada... A curiosidade sempre leva quem a pratica a se afastar um pouco demais dos caminhos já trilhados, e é aí que se encontram as estórias.

A primeira coisa que está em risco na prática de Despret, e a mais importante, é a abordagem que pressupõe que os seres têm naturezas e habilidades preestabelecidas que são simplesmente colocadas em jogo num encontro. O tipo de polidez de Despret, ao contrário, realiza o enérgico trabalho de manter a possibilidade de

---

3. Despret, "Sheep Do Have Opinions", p. 360. [Traduzimos por "polidez" a palavra inglesa *politeness*. Haraway descreve uma polidez mundana que é antes uma prática "de articular corpos a outros corpos com cuidado para que outros significativos possam florescer", uma solicitude ética e cosmopolítica, não uma mera cordialidade: "Eu gosto da linguagem da 'política' tal como é usada por Despret, Latour e Stengers, que vejo relacionada a *pólis* e a *polidez*: boas maneiras (*politesse*), responder *a* e *com*" (*Quando as espécies se encontram*, p. 134). (N.T.)]

que haja surpresas à espera, de que algo *interessante* esteja a ponto de acontecer – mas somente se cultivarmos a virtude de deixar que esses outros a quem visitamos conformem o acontecimento de maneira intra-ativa. Eles não são quem/o que esperávamos visitar, e nós tampouco somos quem/o que se esperava. Sair em visita é uma dança que produz sujeitos e objetos, e o coreógrafo é um malandro. Fazer perguntas passa a significar indagar-se a respeito daquilo que parece intrigante aos demais, e de como aprender a se envolver com *isso* pode transformar todas as partes de maneira imprevisível. As boas perguntas só vêm a quem investiga com polidez, sobretudo se a investigadora polida é provocada pelo canto de um melro. Com boas perguntas, até mesmo (ou especialmente) os erros e mal-entendidos podem se tornar interessantes. Não é tanto uma questão de boas maneiras, mas de epistemologia e ontologia, de um método atento às práticas situadas fora dos caminhos percorridos. O mínimo que se pode dizer é que esse tipo de polidez não se encontra nas colunas de conselhos das revistas nem em manuais de etiqueta.

Não faltam exemplos de situações em que Despret aprendeu e ensinou a indagação polida. Talvez a mais conhecida seja sua visita ao deserto de Neguev, local da pesquisa de campo do ornitólogo israelense Amotz Zahavi, onde ela encontrou zaragateiros-árabes que desafiavam os discursos ortodoxos a respeito do que os pássaros deveriam fazer – embora os cientistas também estivessem atuando *cientificamente* para além do roteiro preestabelecido. Mais especificamente, Zahavi interrogava em minucioso detalhe: o que importa aos zaragateiros? Ele não seria capaz de fazer boa ciência de outra maneira. Os comportamentos altruístas das aves não tinham precedentes. Segundo Zahavi, elas pareciam agir assim por motivos de prestígio competitivo, o que não encontrava respaldo em teorias como a da seleção de parentesco. O ornitólogo permitiu que os zaragateiros fossem interessantes. Fez perguntas interessantes a eles, viu-os dançar. De acordo com a descrição de Zahavi, "Esses pássaros não só *dançam* juntos ao nascer do sol, não só entusiasmam-se ao oferecer presentes uns aos outros, não só *se orgulham* de cuidar do ninho de outros ou de defender camaradas em perigo, como também suas relações se baseiam na confiança".[4]

Despret conta ter aprendido que a vivacidade dos pássaros e as práticas específicas de observação e narração dos pesquisadores não eram nada independentes umas das outras. Não se tratava apenas de uma questão de visões de mundo e de teorias relacionadas que moldariam o projeto de pesquisa e suas interpretações, nem de qualquer outro efeito puramente discursivo. O que os cientistas efetivamente fazem no trabalho de campo afeta a maneira como os "animais veem seus cientistas vendo-os" e, portanto, como os animais respondem a eles.[5] Num sentido forte, os pássaros e as pessoas que os observam tornam-se mutuamente capazes de maneiras que não estão escritas em roteiros preexistentes, mas que na pesquisa prática são inventadas ou provocadas, em vez de simplesmente mostradas. Os pássaros e os cientistas estabeleceram relações móveis e dinâmicas de sintonização. Seus comportamentos eram produzidos, mas não inventados. As estórias são essenciais, mas elas nunca são "meras" estórias. Zahavi parecia determinado a realizar experimentos *com* os zaragateiros, em vez de experimentos *sobre* os zaragateiros. Ele tentava, de modo particularmente exigente, olhar o mundo *com* os zaragateiros ao invés de limitar-se a olhar *para* eles. Essas mesmas exigências foram feitas a Despret, que havia se juntado para observar os cientistas, mas que acabou envolvida num emaranhamento de práticas muito mais complexo. Os pássaros e os cientistas fazem algo, e o fazem conjuntamente. Eles devêm-com reciprocamente.

Esse mundo no deserto ao sul de Israel era composto pela adição de competências para suscitar outras competências, pela adição de perspectivas para agregar outras perspectivas, pela adição de subjetividades para engajar outras subjetividades, pela adição de versões para compreender outras versões. Em suma,

---

4. Despret, "Domesticating Practices", p. 24.
5. Idem, ibidem, p. 36.

a ciência funcionava por adição, não por subtração. Mundos se expandiram; os zaragateiros e os cientistas, incluindo Despret, passaram a habitar um mundo de proposições inéditas: "Os humanos e os zaragateiros criam narrativas, ao invés de simplesmente contá-las. Eles criam/revelam novos roteiros."[6] Boas perguntas foram feitas; respostas surpreendentes tornaram o mundo mais abundante. Sair em visita pode ser uma prática arriscada, mas definitivamente não é entediante.

A obra de Despret é cheia de colaborações literais com pessoas e animais, não de meras metáforas para pensar uns com os outros. Admito que as colaborações que emaranham pessoas, bichos e dispositivos me atraem particularmente. Não causa surpresa, portanto, que o trabalho de Despret e da socióloga Jocelyne Porcher com criadores de porcos e vacas me dê forças para seguir adiante. Despret e Porcher visitaram fazendas não industriais de criação de vacas e porcos na França, onde seres humanos e animais interagem cotidianamente. Essa vivência fazia com que os criadores, lúcidos e nada românticos, dissessem coisas como: "Nós não paramos de falar com nossos animais".[7] A questão que conduzia as pesquisadoras às pessoas que criavam animais envolvia um esforço de pensar o que significa afirmar que esses animais domésticos e produtores de alimentos estão *trabalhando*, e *trabalhando com* seus seres humanos. A primeira dificuldade, evidentemente, era entender como fazer perguntas que interessassem aos criadores, e que os engajassem em suas conversas e trabalhos com os animais. Pedir a eles que identificassem as semelhanças e diferenças gerais entre animais e humanos seria decididamente desinteressante. Essas pessoas fazem com que animais específicos vivam e morram, e também vivem e morrem

---

6. Idem, ibidem, p. 31.
7. Despret, "The Becoming of Subjectivity in Animal Worlds", p. 124. Com coragem e precisão, Porcher também pesquisou terríveis instalações industriais de porcos que jamais poderiam ser chamadas de fazendas. Para sua visão sobre o que é possível, ver Porcher, *Vivre avec les animaux*.

ao seu lado. A tarefa consistia em envolver os criadores na construção de perguntas que lhes importassem. Os criadores sempre "arrancavam" das pesquisadoras as perguntas que tratavam de questões que lhes diziam respeito em seu trabalho.

A estória dá muitas voltas, mas o que mais chamou minha atenção foi a insistência das pessoas que trabalham com criação no fato de que seus animais "sabem o que nós queremos, mas nós, nós não sabemos o que eles querem".[8] Procurar compreender o que querem seus animais, de maneira que seres humanos e vacas possam realizar a criação juntos e com êxito era o trabalho de colaboração fundamental nas fazendas. Os criadores que eram incapazes de escutar, falar ou responder a seus animais não eram bons criadores aos olhos de seus pares. Os animais estavam atentos a quem os criava. Dedicar uma atenção igualmente efetiva às vacas e aos porcos era a tarefa de bons criadores. Isso configura uma extensão de subjetividades tanto para as pessoas como para os bichos: "Tornar-se aquilo que o outro nos sugere, aceitar uma proposição de subjetividade, agir da maneira como o outro nos aborda, atualizando e verificando essa proposição no sentido de torná-la verdadeira".[9] O resultado é a existência de animais que cultivam humanos e humanos que cultivam animais. A vida e a morte estão em jogo. "Trabalhar conjuntamente" nesse tipo de interação cotidiana que envolve trabalho, conversa e atenção parece ser a expressão mais adequada.

Estou sempre faminta pelas novas visitas de Despret a bichos, suas pessoas e seus dispositivos; sempre faminta por mais de suas elucidações sobre a "antropozoogênese".[10] Por outro lado, dificilmente fico satisfeita quando só há pessoas humanas no cardápio. Esse preconceito foi por água abaixo quando li *Women Who Make a Fuss: The Unfaithful Daughters of Virginia Woolf*, escrito por Isabelle Stengers e Vinciane Despret, na companhia de um

---

8. Despret, "The Becoming of Subjectivity in Animal Worlds", p. 133.
9. Idem, ibidem, p. 135.
10. Despret, "The Body We Care For".

coletivo extraordinário de mulheres espevitadas.[11] "É imprescindível que pensemos!", clama o livro, ecoando a célebre frase de *Três guinéus*, de Virginia Woolf. Nos mundos ocidentais, e também em outros lugares, as mulheres raramente foram incluídas na filiação patrilinear do pensamento, sobretudo naquela que toma a decisão de entrar em (mais uma) guerra. Por que deveria Virginia Woolf, ou qualquer outra mulher (ou homem, a propósito), ser fiel a essas linhas e a suas exigências de sacrifício? A infidelidade parece ser o mínimo que deveríamos exigir de nós mesmas!

Tudo isso importa, mas não é exatamente a questão deste livro. Trata-se, antes, de determinar o que *pensar* poderia significar na civilização em que nos encontramos. "Mas como podemos retomar uma aventura coletiva e múltipla a ser incessantemente reinventada, não numa base individual, mas de uma maneira que passe o testemunho adiante, isto é, que afirme novas doações e novas incógnitas?"[12] Precisamos, de algum modo, fazer a transmissão, herdar o problema e reinventar as condições para o florescimento multiespécie. Isso não vale só para tempos de guerra e genocídios humanos sem fim, mas também para uma época de extinções em massa e genocídios multiespécies provocados por seres humanos, que arrastam pessoas e bichos para o abismo. Precisamos "ousar 'fazer' a retransmissão, isto é, criar, fabular, para não nos desesperarmos. Para induzir uma transformação, talvez, mas sem a lealdade artificial que se assemelharia a algo 'em nome de uma causa', não importa quão nobre possa ser".[13]

Tanto Hannah Arendt como Virginia Woolf compreendiam os riscos elevados de se treinar a mente e a imaginação para sair em visita, para se aventurar além dos caminhos percorridos para encontrar parentes inesperados e não natais. Elas conheciam os riscos de dar início a uma conversa, de colocar perguntas interessantes e responder a elas, de propor conjuntamente algo imprevisto, assumindo obrigações que não foram solicitadas, mas

---

11. Stengers e Despret, *Women Who Make a Fuss*.
12. Idem, ibidem, p. 46.
13. Idem, ibidem, p. 47.

que derivam do encontro. Isso é o que chamo de cultivar a respons-
-habilidade. Sair em visita não é uma prática heroica, fazer um
alvoroço[14] não é a Revolução; pensar de maneira recíproca com
outros não é o Pensamento. Abrir a possibilidade de propor outras
versões para que as estórias possam ser contínuas é algo tão
mundano, tão terrestre... este é justamente o ponto. O melro canta
sua importância, os zaragateiros dançam seu prestígio brilhante,
as contadoras de estórias fissuram a desordem estabelecida. Isto é
o que "ir longe demais" significa, e essa prática curiosa não oferece
qualquer segurança. À semelhança de Arendt e de Woolf, Despret e
suas colaboradoras entendem que estamos lidando com "a ideia de
um mundo que poderia ser habitável".[15] A força das mulheres que
fazem um alvoroço não está em representar o Verdadeiro, mas em
testemunhar a possibilidade de outros modos de fazer aquilo que
talvez fosse "melhor". Um alvoroço não é uma declaração heroica
de uma grande causa; ao contrário, ele afirma a necessidade de
resistir à asfixiante impotência criada pela "impossibilidade de
agir de outra forma, queiramos ou não", que hoje reina em toda
parte.[16] Já é passada a hora de fazer esse alvoroço.

A prática curiosa de Despret não tem nada a ver com a
lealdade a uma causa ou doutrina. Ao contrário, ela está profundamente alicerçada em outra virtude que às vezes é confundida com
a lealdade, mas que consiste em "pensar a partir de" um legado.
Despret está atenta às obrigações inerentes a partir de histórias
situadas, de estórias situadas. Ela volta a contar a parábola dos
doze camelos para destrinchar o significado de "partir de", isto é,
de "permanecer comprometida com aquilo *a partir* do que falamos,
pensamos ou agimos. Significa, ainda, nos permitirmos aprender
a partir do acontecimento e criar a partir dele". Numa espécie de

---

14. *Make a fuss* ("fazer um alvoroço") é uma referência ao título do livro de Isabelle Stengers e Vinciane Despret citado anteriormente, *Women Who Make a Fuss*, que subverte essa expressão machista que visaria regular comportamentos atribuídos à feminilidade. (N.T.)
15. Stengers e Despret, *Women Who Make a Fuss*, p. 159.
16. Idem, ibidem, pp. 162-163.

cama de gato com fábulas poderosas, Despret recebeu a parábola de Isabelle Stengers, e depois a repassou para mim, no início de 2013. Aqui, volto a passá-la para ela. Herdar é uma ação "que exige pensamento e compromisso. Um ato que clama por nossa transformação pelo próprio ato de herdar".[17]

Nessa parábola, um pai deixa em testamento a seus três filhos briguentos uma herança aparentemente impossível. Onze camelos deveriam ser divididos da seguinte maneira: metade para o filho mais velho, um quarto para o segundo filho e um sexto para o terceiro. Os requisitos absurdos do legado deixaram os filhos perplexos. Eles estavam prestes a descumprir os termos do testamento quando decidiram visitar um ancião que vivia no povoado, que lhes ofereceu o décimo segundo camelo. Sua gentileza sagaz permitiu que os herdeiros encontrassem uma solução para seu difícil legado – eles puderam tornar sua herança ativa, viva, gerativa. Com doze camelos, as frações podiam ser aplicadas, e ainda sobrava um camelo para devolver ao ancião.

Despret observa que o conto deixava os camelos de fora da expansão criativa que permitiu que os participantes descobrissem o que significa "partir de". Os camelos narrados eram bestas de figuração convencionais, discursivas. Sua única função era dar aos filhos problemáticos uma ocasião para desenvolver seu entendimento patriarcal, recapitulando em grande parte aquela história da filosofia que Despret herdou – e eu também. Ao escutar, contar e ativar a seu modo essa estória particular, no entanto, ela torna presente algo que antes estava ausente. Ela faz um alvoroço curioso e interessante sem denunciar ninguém. Assim, outro legado emerge e faz reivindicações a quem estiver escutando, a quem estiver sintonizado. Não é só a filosofia que precisa mudar, o mundo mortal também muda. Com suas longas pernas, seus beiços grossos e suas corcovas, os camelos sacodem a poeira de sua pele quente e curtida, aconchegando-se na contadora

---

17. Essas citações foram extraídas de um rascunho enviado a mim em 2013, sem paginação, e posteriormente publicado como Despret, "Why 'I Had Not Read Derrida' ".

de estórias para que ela lhes faça um carinho atrás da orelha. Graças a Despret, nós agora herdamos os camelos – e com eles, suas gentes e seus mercados, seus lugares de trabalho e viagem, seus modos de viver e morrer em mundos ameaçados, como o deserto de Gobi hoje.[18] Nós partimos dessa estória, doravante dilatada, que postula demandas inesperadas ao cultivo da respons--habilidade. Se mantivermos nossa fé em começar a partir dessa estória transformada, já não podemos ignorar ou não nos importar com o fato de que os camelos e as pessoas estão em risco mútuo – em diferentes regiões, gêneros, raças, espécies e práticas. A partir de agora, chamaremos isso de filosofia, de jogo de cama de gato, mas não de linhagem. Temos a obrigação de falar a partir de mundos situados. Já não precisamos partir de uma filiação patrilinear humanista, com seus apagamentos assombrosos e seus atos de equilibrista. O risco de escutar uma estória é que ela nos obriga a ramificar as teias que não podem ser conhecidas antes de nos aventurarmos pela miríade de fios que as constituem. No mundo da antropozoogênese, é mais provável que da figuração nasçam dentes, e que ela acabe por nos morder a bunda.

A etologia filosófica de Despret parte tanto dos mortos e desaparecidos quanto dos vivos e visíveis. Sua maneira de estudar as práticas de luto situadas entre seres humanos é fortemente aparentada com sua etologia filosófica; em ambos os domínios, ela trata de compreender como – na prática – as pessoas podem convocar, e de fato convocam, o que está ausente em uma copresença vívida, em muitos tipos de temporalidade e materialidade. Ela presta atenção na maneira como essas práticas – a narrativa ativada – podem participar daquilo que chamo de "continuidade": os modos de nutrir, inventar, descobrir ou remendar as formas de viver e morrer bem uns com os outros nas tramas de uma

---

18. Ver, por exemplo, *The Story of the Weeping Camel,* um filme roteirizado e dirigido por Davaa e Falorni.

Terra cuja própria habitabilidade está sob ameaça.[19] A continuidade fracassa de muitas maneiras nestes tempos de extinção, extermínio, guerras, extração e genocídios acelerados, fazendo ruir incontáveis modos de vida. Muitos tipos de ausência, ou de ameaças de ausência, devem ser continuamente trazidos à respons-habilidade – não de maneira abstrata, mas na prática caseira, contada e cultivada.

Para minha surpresa, essa questão conduziu a mim e a Despret até os pombos de corrida, também chamados de pombos-correio (em francês, *voyageurs*), e seus fervorosos admiradores (em português, columbófilos, pessoas que amam os pombos). Em julho de 2010, depois de passar uma semana extraordinária com Despret e suas colegas no castelo de Cerisy, escrevi um texto para ela em que propus a feitura de jogos de figuras de barbante com espécies companheiras para o cultivo da respons-habilidade multiespécie.[20] O rascunho que enviei a Despret tratava do *PigeonBlog*, o maravilhoso projeto de arte, tecnologia e ativismo ambiental de Beatriz da Costa, e também de uma discussão sobre as comunidades de pombos-correio e seus admiradores do sul da Califórnia. As corridas de pombos são um esporte praticado por homens da classe trabalhadora no mundo inteiro, em condições extremamente difíceis de guerra urbana (Bagdá, Damasco), injustiça racial e econômica (Nova York, Berlim) e diversos tipos de trabalho e jogo desterrados em diferentes regiões do planeta (como França, Irã e Estados Unidos).

Eu me importo com as práticas de arte-design-ativismo que reúnem seres humanos e bichos de toda sorte em espaços públicos compartilhados, frequentemente controversos e sob disputa. "Partir" *desta* preocupação, e não de uma preocupação genérica e delirante qualquer, levou-me a aterrissar nos pombais

---

19. Ver Despret, *Au bonheur des morts* [Ed. Bras.: Um brinde aos mortos, Trac. Hortência Lencastre. São Paulo: n-1 edições, 2023.].
20. O artigo de Cerisy foi publicado pela primeira vez em francês (Haraway, "Jeux de ficelles avec les espèces compagnes") e depois revisado para compor o primeiro capítulo de *Ficar com o problema*.

inovadores onde Despret, em sintonia com as práticas de comemoração, já havia começado a se empoleirar. Ao me conduzir à *Capsule*, o pombal projetado por Matali Crasset, construído em 2003 no parque de diversões de Caudry, Despret compartilhou comigo seu entendimento a respeito de uma prática potente de comemoração: aquela que mantém espaços reais abertos para permitir a continuidade de vidas e trabalhos diante das ameaças de desaparecimento.[21] A associação de columbófilos de Beauvois--en-Cambrésis solicitou a Crasset, artista e designer industrial, a construção de um protótipo de pombal que fosse capaz de combinar beleza, funcionalidade (para pessoas e aves) e um atrativo pedagógico, a fim de atrair futuros praticantes para aprender essas exigentes habilidades. Para tanto, foi necessário que pombos reais prosperassem ao habitar o pombal, que columbófilos reais experimentassem seu funcionamento e que visitantes reais do parque ecológico – que recuperou terras agrícolas degradadas, transformando-as numa reserva natural diversa, dedicada ao revigoramento de bichos e pessoas – fossem infectados pelo desejo de uma vida capaz de se transformar na companhia de viajantes aviários. Despret compreendeu que o protótipo, o memorial, precisava existir *por* e *para* os pombos-correio e sua gente – passada, presente e vindoura.[22]

Nem os bichos nem as pessoas poderiam ter existido ou resistido se não pudessem contar uns com os outros por meio de práticas curiosas e contínuas. Vinculados a passados ainda em curso, eles avançam juntos em presentes espessos e futuros ainda possíveis. Ficam com o problema em fabulações especulativas.

---

21. Ver Crasset, "Capsule", e a figura 5 deste livro.
22. Despret, "Ceux qui insistent".

Estórias de Camille
As crias do composto

Então Camille entrou em nossas vidas, tornando presentes as gerações entramadas de espécies vulneráveis e coevolutivas que ainda não nasceram nem eclodiram. Termino este livro com uma estória, uma fabulação especulativa, propondo uma retransmissão para futuros incertos. Tudo começou em uma oficina de escrita realizada em Cerisy no verão de 2013, no âmbito do colóquio sobre *gestes spéculatifs* organizado por Isabelle Stengers. Fruto da gestação de práticas de escrita SF, Camille guarda na carne memórias de mundos que ainda podem voltar a ser habitáveis. Camille é parte das crias do composto que amadurecem na terra para dizer *não* ao pós-humano de cada dia.

Inscrevi-me na oficina que aconteceria à tarde em Cerisy, chamada Narration Spéculative. No primeiro dia, separaram-nos em grupos de duas ou três pessoas e nos deram uma tarefa: deveríamos imaginar um bebê e, de alguma maneira, fazer com que essa criança atravessasse cinco gerações humanas. Em nossos tempos marcados pelo excesso de mortes, tanto de indivíduos como de espécies inteiras, cinco meras gerações humanas podem parecer um tempo impossivelmente longo para imaginar o florescimento com e por um mundo multiespécie renovado. Ao longo da semana, os grupos escreveram muitos tipos de futuros possíveis, num jogo indisciplinado de formas literárias. Versões abundavam. O cineasta Fabrizio Terranova e a psicóloga, filósofa e etóloga Vinciane Despret faziam parte do meu grupo. A versão que conto aqui é ela mesma um gesto especulativo. Trata-se de uma recordação e um chamado por um "nós" que veio a existir por meio da fabulação conjunta de uma estória durante um verão na Normandia. Não posso contar exatamente a mesma narrativa que meus coescritores proporiam ou se lembrariam. Este relato é uma fabulação especulativa em curso, não um relatório de conferência destinado aos arquivos. Começamos a escrever estórias de Camille juntos, depois continuamos a fazê-lo sozinhos, algumas vezes repassando as narrativas de volta aos escritores originais para elaboração, outras não. Também nos encontramos com Camille e as Crias do Composto em outras colaborações de escrita.[1] Todas as versões são necessárias para Camille. Minhas memórias dessa oficina consistem num lançamento ativo de fios, a partir de estórias contínuas e compartilhadas e por essas estórias. Camille, Donna, Vinciane e Fabrizio se trouxeram à copresença: nós nos tornamos capazes mutuamente.

As Crias do Composto insistem que precisamos escrever estórias e viver vidas pelo florescimento e pela abundância, sobretudo em meio à destruição e à pauperização descontroladas. Anna Tsing nos incita a remendar conjuntamente as "artes de viver em um planeta degradado" – entre elas, cultivar a capacidade de reimaginar a riqueza; aprender práticas de restabelecimento, mais do que de plenitude; e tecer colaborações improváveis, sem preocupar-se demasiado com tipos ontológicos convencionais.[2] As estórias de Camille convidam a participar de um tipo de ficção de gênero compromissada com o fortalecimento das formas de propor futuros próximos, futuros possíveis e presentes implausíveis, mas reais. Minhas estórias de Camille incidem em erros políticos e ecológicos terríveis. Elas pedem ao leitor que pratique uma desconfiança generosa ao se unir à batalha pela invenção de uma colheita espevitada de Crias do Composto.[3] As pessoas

1. Ver Zoutini, Strivay e Terranova, "Les enfants du compost, les enfants des monarques". Inspirado na ninhada indisciplinada de crias do composto, Fabrizio Terranova fez um retrato narrativo na forma de um longa-metragem: *Donna Haraway: Story Telling for Earthly Survival.*
2. Ver o site e os registros em vídeo da conferência "Anthropocene: Arts of Living on a Damaged Planet", organizada por Anna Tsing e colegas na Universidade da Califórnia em Santa Cruz, de 8 a 10/5/2014. Ver também Tsing et al., *Arts of Living on a Damaged Planet.*
3. Os projetos *Make Kin Not Babies* [Faça parentes, não bebês] e *Children of Compost* [Crias do composto] contarão com um mundo digital coletivo em que será possível jogar e compartilhar narrativas. Muitas coisas serão bem-vindas: fragmentos, estórias lapidadas, esboços de tramas, especulações científicas, desenhos, mecanismos biológicos e tecnológicos plausíveis em prol das transformações contínuas dos *sims*, projetos de design, imagens,

Figura 23: Máscara *Mariposa*, Guerrero (México). 62 × 72,5 × 12,5 cm, anterior a 1990. Coleção Samuel Frid, Museu de Antropologia de Vancouver da Universidade da Colúmbia Britânica. Vista da instalação, exposição *The Marvellous Real: Art from Mexico, 1926-2011* (de 25/10/2013 a 30/03/2014), Museu de Antropologia de Vancouver da Universidade da Colúmbia Britânica. Curadoria de Nicola Levell. Fotografia de Jim Clifford.

que leem ficção científica estão habituadas com as artes vívidas e irreverentes da *fan fiction*. Os arcos narrativos e seus mundos são matéria fértil para transformações mutantes, ou prolongamentos tão amorosos quanto perversos. As Crias do Composto não nos convidam tanto à *fan fiction* quanto à ficção *sim*, do gênero da simpoiese e da sinctonia – o encontro de seres terrenos. As Crias do Composto querem que as estórias de Camille sejam um projeto piloto, um modelo, um objeto de jogo e de trabalho para a composição de projetos coletivos – não só na imaginação, mas também na própria escrita de estórias... sobre e sob a terra.

Vinciane, Fabrizio e eu sentimos uma pressão vital de dar a nosso bebê um nome e uma trilha para aquilo que ainda não era, mas que poderia ser. Também sentimos uma pressão vital para pedir a nosso bebê que participasse do aprendizado, ao longo de cinco gerações, de redução radical da pressão que a população humana exerce sobre a Terra, atualmente em vias de alcançar mais de 11 bilhões ao final do século XXI da Era Comum. Dificilmente conseguiríamos nos aproximar dessas cinco gerações por meio de uma estória de reprodução heteronormativa (para utilizar essa expressão feia, mas apropriada, das feministas estadunidenses)! Mais de um ano depois, percebi que Camille me ensinou a dizer: "Faça parentes, não bebês".[4]

---

animações, jogos, personagens, panfletos, manifestos, histórias, críticas, bestiários, guias de campo, publicações de blog, *slogans*... A ficção *sim* pode transformar as tramas, introduzir novos personagens e narrativas, jogar com mídias, argumentar, desenhar, especular e mais. Em breve serão lançadas novas páginas e blogs na internet. Ver também o site de Stories for Change, um "lugar de encontro virtual para ativistas e facilitadores de narrativas digitais".

4. Este slogan se juntou à pilha de provocações simbiogenéticas e simpoiéticas que mobilizam minha escrita. Nos anos 1980, Elizabeth Bird – à época, estudante de pós-graduação do Departamento de História da Consciência – deu-me "Ciborgues pela sobrevivência terrena". Mais recentemente, enquanto tomávamos o café da manhã, Rusten Hogness me ofereceu "Composto, não pós-humano!", assim como *humusidades*, em vez de *humanidades*. Camille nos deu "Faça parentes, não bebês". Romper a pretensa necessidade de vínculo entre parentesco e reprodução é uma tarefa fundamental para as feministas hoje. Com nossa deslealdade à genealogia patriarcal, contribuímos para desnaturalizar os laços entre raça e nação, embora esse trabalho não

Imediatamente, porém, assim que propusemos o nome de Camille, notamos que agora tínhamos em nossos braços uma

tenha fim. Também ajudamos a desvincular sexo e gênero, ainda que isso tampouco esteja concluído. As feministas também têm atuado de maneira decisiva para desabilitar as pretensões do excepcionalismo humano. Não causa espanto que haja muito mais trabalho colaborativo ainda por fazer, fortalecendo redes, cortando alguns laços e atando outros, para se viver e morrer bem num mundo habitável. Nos encontros da Society for Social Studies of Science, em Denver, em novembro de 2015, Adele Clarke e eu organizamos um painel intitulado *Make Kin Not Babies* [Faça parentes, não bebês], em que defendemos inovadoras abordagens não natalistas, antirracistas, pró--mulheres, pró-crianças, pró-indígenas e não coloniais. Além de mim e de Adele Clarke, as outras palestrantes eram: Alondra Nelson, Michelle Murphy, Kim TallBear e Chia-Ling Wu.
Herdar as redes de relações afetivas e materiais em curso e voltar a tecê-las; isso é o que está em jogo. Essas são as teias necessárias para ficar com o problema. No âmbito acadêmico, a etnografia foi a disciplina que melhor compreendeu que o estabelecimento de relações de parentesco envolve todas as categorias de jogadores – inclusive deuses, tecnologias, bichos, "parentes" esperados e inesperados e mais –, além de diversos processos que, juntos, tornam insustentável a definição de "parentesco" como as relações formadas unicamente por descendência e reprodução (ou por ascendência e linhagem). Existe uma vasta literatura sobre parentesco, o estabelecimento de relações que não deveriam ser consideradas como genealógicas e os processos que não deveriam ser qualificados como reprodutivos. As estórias de Camille se fiam especialmente em trabalhos etnográficos como os de Strathern (*O gênero da dádiva* e *The Relation*), Goslinga ("Embodiment and the Metaphysics of Virgin Birth in South India") e Ramberg ("Troubling Kinship" e *Given to the Goddess*). A palavra *parente* é importante demais para ser abandonada aos nossos adversários. *Família* tampouco é capaz de fazer o trabalho de *kin* [parente], com suas raízes/rotas que conduzem a *kind* [categoria, tipo, espécie, amável] e à polivalência desse termo. O sentido de fazer parentes proposto aqui não demanda somente deidades e espíritos situados – um ato que ainda perturba os ditos modernos –, mas também uma heterogeneidade de bichos e suas persuasões biológicas. No mundo de Camille, fazer parentes deve ser uma prática *sensível*, tanto no registro animista quanto no biológico. As palavras importantes devem ser *ressignificadas*, *repovoadas* e *novamente habitadas*. "Faça parentes, não bebês" tem a ver com fazer parentescos estranhos, que passam por reimaginar a mundificação com a ajuda de *Kynship Chronicles*, de Daniel Heath, e do site de Justice, Imagine Otherwise. SF é indispensável.
Imersa nos mundos melanésios, Marilyn Strathern sugeriu que "uma pessoa é a forma que as relações tomam; trata-se de um compósito de relações, em vez de um indivíduo proprietário" (Ramberg, "Troubling Kinship", p. 666; Strathern, *O gênero da dádiva*). As Comunidades do Composto dependem dessa abordagem em matéria de figuras de barbante para fazer pessoas mais-que-humanas.

criança esperneante, que não tinha nada a ver com os gêneros convencionais nem com o excepcionalismo humano. Esta era uma criança nascida para a simpoiese – para devir-com e fazer-com uma ninhada variegada de alteridades terrestres.[5]

Imaginando o mundo de Camille

Por sorte, Camille veio a existir num momento de irrupção potente e inesperada de numerosas comunidades interconectadas em todo o planeta, cada uma com poucas centenas de integrantes, que se sentiram compelidos a migrar para lugares em ruínas a fim de trabalhar com parceiros humanos e não humanos para curar esses lugares, construindo redes, trilhas, nós e teias de e por um mundo novamente habitável.[6]

Apenas uma parte dessa impressionante e contagiosa ação pelo bem-estar em todos os lugares da Terra veio de comunidades

---

5. O substantivo *motley*, em inglês, designa um tecido de múltiplos tons. O adjetivo *motley*, por sua vez, descreve uma diversidade incongruente. Precisamos de ambas as tonalidades. [Traduzimos o adjetivo *motley* como *variegada* (N.T.)].
6. Alguns outros assentamentos e migrações das Comunidades do Composto se concentravam nas consequências da mineração: 1. Na China, em terras e povoados em ruínas nas proximidades de diferentes minas de carvão, a ação foi liderada por mulheres rurais mais velhas e ativistas de movimentos verdes chineses. Ver "China and Coal". Agradeço a meus colegas Chris Connery e Lisa Rofel, assim como à Dai Jinhua (ativista feminista marxista e crítica cultural chinesa) por sua ajuda inestimável. 2. Em Alberta e em Nunavut, no Canadá, os movimentos de resistência contra a extração de areias betuminosas e outros projetos de extração de combustíveis fósseis foram organizados por coalizões indígenas e sulistas. 3. Na bacia de Galilee, na Austrália, o movimento se estruturou em solidariedade à resistência dos povos Wangan e Jagalingou contra a mina de carvão Carmichael. Ver Palese, "It's Not Just Indigenous Australians v. Adani". 4. Nas terras navajo e hopi em Black Mesa, formaram-se alianças entre ativistas indígenas, anglo-americanos e latinos. Ver o capítulo 3. 5. No Peru e na Bolívia, o movimento se deu em solidariedade aos movimentos contra a mineração. Ver Cadena, "Indigenous Cosmopolitics in the Andes". 6. Na região de Putumayo, na Colômbia, as pessoas se organizaram em resistência à mineração e à agroindústria. Ver K. Lyons, "Soils and Peace" e "Soil Science, Development, and the 'Elusive Nature' of Colombia's Amazonian Plains"; e Forest Peoples Program, "Indigenous Peoples of Putumayo Say No to Mining in Their Territories".

migratórias intencionais como a de Camille. Inspiradas em longas histórias de resistência criativa e vida gerativa, mesmo nas piores circunstâncias, pessoas de toda parte viram-se profundamente cansadas de esperar por soluções externas, que nunca se materializavam, para problemas locais e sistêmicos. Indivíduos, organizações e comunidades, grandes e pequenas, uniram-se entre si e com comunidades migrantes como a de Camille para dar outra forma à vida terrana, em favor de uma época que poderia suceder as descontinuidades letais do Antropoceno, do Capitaloceno e do Plantationoceno. Em ondas e pulsos simultâneos de mudança de sistema, diversos povos indígenas e todos os tipos de trabalhadores, inclusive crianças – há muito submetidas a condições devastadoras de extração e produção em suas terras, águas, lares e viagens –, inovaram e fortaleceram coalizões para tecer novamente as condições de viver e morrer que permitiriam o florescimento no presente e em tempos por vir. Essas erupções de ativismo e energia curativa foram provocadas por amor à Terra e seus seres humanos e não humanos, e também por fúria diante do ritmo e do alcance das extinções, extermínios, genocídios e da pauperização, em padrões impostos por formas de vida e morte multiespécies que ameaçavam a continuidade de todos os seres. O amor e a fúria continham os germes do restabelecimento parcial, mesmo diante da destruição iminente.

    Nenhuma das Comunidades do Composto podia imaginar que habitava ou se mudaria para uma "terra vazia". Seus integrantes resistiram ferozmente a essas ficções destrutivas, ainda poderosas, do colonialismo de ocupação e da pregação religiosa, secular ou não. Essas comunidades brincavam e trabalhavam duro para entender como herdar as camadas sucessivas de modos de viver e morrer que impregnam cada lugar e cada corredor. Diferentemente das participantes de muitos outros movimentos, estórias e literaturas utópicas da história da Terra, as Crias do Composto sabiam que não podiam se iludir acreditando que poderiam começar do zero. Era precisamente a intuição oposta que as mobilizava; elas indagavam e respondiam sobre como viver nas ruínas ainda habitadas, com os fantasmas e os vivos também. Provenientes de todas as classes econômicas, cores, castas, religiões, secularismos e regiões, membros desses diversos assentamentos emergentes ao redor da Terra viviam por meio de algumas práticas simples, mas transformadoras, que por sua vez atraíam – isto é, passaram a contagiar de maneira vital – muitos outros povos e comunidades, migratórios e estáveis. As Comunidades do Composto divergiam em relação ao desenvolvimento de sua criatividade simpoiética, mas permaneciam unidas por fios pegajosos.

As práticas de vinculação se desenvolveram a partir do entendimento de que o restabelecimento e a continuidade de lugares em ruínas demandam formas inovadoras de gerar parentesco. Nesses novos assentamentos contagiosos, cada pessoa nascida deve ter ao menos três progenitores, que podem (ou não) praticar novos ou velhos gêneros. Diferenças corporais e suas histórias tensas são altamente apreciadas. Novas crianças devem ser raras e preciosas, e devem ter a companhia robusta de seres de muitos tipos, jovens e velhos. As relações de parentesco podem ser formadas a qualquer momento da vida, de maneira que progenitores e outros tipos de parentes podem ser agregados ou inventados em momentos significativos de transição. Esses relacionamentos instauram compromissos fortes e vitalícios, além de obrigações de diversos tipos. Nesses dispersos mundos emergentes, fazer parentes como um meio de reduzir a quantidade de seres humanos e suas demandas sobre a Terra e, ao mesmo tempo, contribuir para o florescimento de pessoas e outros bichos, implicava intensas energias e paixões. Mas era preciso estabelecer parentescos e reequilibrar a quantidade de seres humanos em conexões arriscadas e corporificadas com lugares, corredores, histórias e lutas decoloniais e pós-coloniais contínuas, não de maneira abstrata, nem por ordem externa. Vários modelos fracassados de controle populacional ofereciam fortes contos de advertência.

O trabalho dessas comunidades, portanto, era e é a feitura

Figura 24: *Make Kin Not Babies* [Faça parentes, não bebês]. Adesivo, 8 × 5 cm, criado por Kern Toy, Beth Stephens, Annie Sprinkle e Donna Haraway.

intencional de parentesco, em meio a danos profundos e à diferença significativa. No início do século XXI, a ação social histórica e determinados conhecimentos científicos e culturais – ativados, em grande parte, por movimentos anticoloniais, antirracistas, feministas e pró-*queer* – desataram seriamente as amarras entre sexo e gênero e entre raça e nação, antes imaginadas como naturais. Desfazer o compromisso destrutivo e generalizado ainda concebido como natural entre a geração de parentesco e uma genealogia reprodutiva biogenética arborescente se tornou uma tarefa fundamental das Crias do Composto.

Para que seja coletiva, a decisão de trazer um novo ser humano à existência é fortemente estruturada nas comunidades emergentes. Além disso, não se podia coagir ninguém a gestar, nem punir ninguém por parir fora dos auspícios comunitários.[7]

---

7. Determinar em que consistia a liberdade reprodutiva permaneceu uma questão controversa nos encontros das Crias do Composto, especialmente

As Crias do Composto proveem as crianças nascidas de todas as maneiras possíveis, enquanto trabalham e brincam para transformar os dispositivos de feitura de parentesco e para reduzir radicalmente os encargos ocasionados pela quantidade de seres humanos sobre a Terra. Ainda que o formato de decisão individual em relação ao nascimento de um novo bebê seja desencorajado, a liberdade reprodutiva das pessoas é ativamente valorizada.

O poder mais estimado dessa liberdade reprodutiva é o direito e a obrigação da pessoa que gesta, de qualquer gênero, de escolher um animal simbionte para a nova criança.[8] Os membros

durante as primeiras gerações, que viveram intensamente as consequências da imensa quantidade de seres humanos na Terra. A Grande Aceleração demográfica começou a partir de 1950, e alcançou seu ponto máximo no final do século XXI. O processo de reequilibrar e reduzir a quantidade de humanos ao redor da Terra sem exacerbar desigualdades profundas foi difícil, em todos os sentidos imagináveis. Algumas comunidades trabalharam para adaptar suas abordagens em matéria de direitos, considerando que se tratava de uma decisão que cabia, em última instância, às pessoas concebidas como indivíduos. Outras comunidades, entretanto, herdaram e inventaram maneiras muito diferentes de praticar e pensar sobre a feitura de novas pessoas e as ramificações das obrigações e poderes de outras pessoas envolvidas. Coagir alguém a gerar ou a não gerar novas crianças foi considerado um crime, que podia resultar no banimento da comunidade. Às vezes, contudo, conflitos violentos ocorriam em torno da decisão de gerar ou não novos bebês, ou da determinação de quem ou o que constitui um parente. As Comunidades do Composto insistiam que *parente* não correspondia a uma relacionalidade universal e indiferenciada; as exclusões e inclusões continuaram a ser a regra do jogo do parentesco, como sempre foram. As definições sobre inclusão, exclusão, expansão e contração passaram por mudanças radicais, frequentemente turbulentas. As Crias do Composto compreenderam que reelaborar as definições e práticas de liberdade reprodutiva em termos simbióticos era uma de suas principais obrigações, embora sempre tenha sido necessário se opor a forças opressivas e totalitárias nas comunidades intencionais, assim como sempre foi necessário interrogar as categorias discursivas, marcadas pelo termo *bio*, que informam a simbiogênese.

8. As palavras *simbionte* e *simbiote* são sinônimos; ambas se referem a um organismo que vive em estado de simbiose, seja ela benéfica ou não para uma, duas ou mais partes. Em nossas estórias, portanto, tanto o parceiro humano como o parceiro não humano deveria ser chamado de *simbionte*, ou *simbiote*. A simbiogênese se refere à união remendada de entidades vivas com a finalidade de produzir algo novo no modo biológico, mais do que no modo digital ou em qualquer outro. A simbiogênese não produz apenas novos bichos, mas também novos tipos de organização. Ela abre a paleta (e o paladar) de vidas colaborativas possíveis. Muitas Comunidades do Composto decidiram cultivar

humanos nascidos no contexto de tomada de decisão comunitária vêm ao mundo como simbiontes de bichos de espécies ativamente ameaçadas. São, portanto, emaranhados com o tecido inteiriço de padrões de viver e morrer desses seres específicos e todos os seus associados, para os quais a possibilidade de um futuro é extremamente frágil. Os bebês humanos nascidos por escolha reprodutiva individual não se tornam simbiontes biológicos, mas experimentam muitos outros tipos de simpoiese com bichos humanos e não humanos. Com o passar das gerações, as Comunidades do Composto experimentaram dificuldades complexas, como formações de castas hierárquicas e, às vezes, confrontos violentos entre as crianças nascidas como simbiontes e aquelas nascidas como seres humanos individuais mais convencionais. Algumas vezes, *sims* e não *sims* eram literalmente incapazes de enxergar as mesmas coisas.

Os simbiontes animais geralmente pertencem a espécies migratórias, o que molda de maneira decisiva as linhas de visita, trabalho e jogo para todos os parceiros da simbiose. Os membros (humanos e não humanos) das simbioses das Crias do Composto viajam ou dependem de associados que viajam; os corredores são essenciais à sua existência. A restauração e o cuidado dos corredores – da conexão – é uma tarefa central para essas comunidades. É assim que elas imaginam e praticam a reparação de terras e águas devastadas e seus bichos, humanos e não humanos.[9] As Crias do

---

as transformações simbiogenéticas com simbiontes vegetais ou fúngicos ao torná-los os principais parceiros de bebês e fetos humanos. Todas as simbioses necessariamente implicavam agenciamentos íntimos de bactérias, arqueias, protistas, vírus e fungos. A comunidade de Camille era mais próxima de outras comunidades em que as crianças eram vinculadas principalmente a animais, mas essas distinções se debilitaram ao longo das gerações, à medida que emergiram socialidades multiespecíficas de muitos tipos, antes inimagináveis.

9. Para reflexões provocadoras a propósito dos corredores ecológicos, ver Hannibal, *The Spine of the Continent*; Soulé e Terborgh, *Continental Conservation*; Hilty, Lidicker e Merelender, *Corridor Ecology*; e Meloy, *Eating Stone*. O projeto Yellowstone to Yukon Conservation Initiative (ver o site) é crítico e inspirador. Apesar de adorar essas pesquisas científicas e seus escritos, ainda anseio por encontros vigorosos entre saberes complexos,

Composto passaram a ver sua própria linhagem compartilhada como húmus, ao invés de se considerar como humanos ou não humanos. O cerne da educação de cada nova criança consiste em aprender a viver em simbiose, de modo a cuidar de seu simbionte animal e de todos os outros seres de que ele necessita, a fim de possibilitar sua continuidade durante pelo menos cinco gerações humanas. Cuidar do simbionte animal significa ser cuidado de volta, na invenção de práticas de cuidado de *eus* simbióticos que se ramificam. Ao herdar e inventar práticas de recuperação, sobrevivência e florescimento, os simbiontes humanos e animais mantêm a continuidade da transmissão da vida mortal.

Como os parceiros animais da simbiose pertencem a espécies migratórias, cada criança humana deve aprender e viver em caminhos e encruzilhadas, com outras pessoas e seus simbiontes, em alianças e colaborações necessárias para que a continuidade seja possível. Nessas comunidades, treinar a mente para sair em visita – literal e figurativamente – é uma prática pedagógica para toda a vida. As ciências e as artes são praticadas e ampliadas de maneira apaixonada, juntas ou separadas, como um meio de sintonizar as comunidades ecológicas naturaisculturais em rápida evolução – e também as pessoas – com formas de viver e morrer bem no decurso destes perigosos séculos de irreversível mudança climática, com suas taxas permanentemente altas de extinção e outros problemas.

Um poder de liberdade individual estimado das crianças consiste na possibilidade de escolher um gênero – ou não – quando e se certos padrões de viver e morrer evocarem esse desejo. As modificações corporais são habituais na comunidade de Camille.

---

situados, multinaturais, plurilíngues e multiculturais – conduzidos de um modo prático e não romântico, que não desconsidere as cosmopolíticas indígenas e seus diversos povos. Para um exemplo positivo, ver Koelle, "Rights of Way". As separações e os desentendimentos que persistem entre o pensamento e os projetos decoloniais e o pensamento e os projetos ligados à biodiversidade são uma tragédia para as pessoas humanas, seus povos e outros bichos. Ao praticar o pensamento sobre os corredores, as Comunidades do Composto fazem todo o possível para colocar esses mundos díspares em contato.

Alguns genes e microrganismos do simbionte são acrescentados à herança corporal da criança-*sim* no momento do nascimento, de modo que a sensibilidade e a maneira de reagir ao mundo do bicho animal possam se tornar mais vívidas e precisas para a parte humana da equipe. Os parceiros animais não são modificados dessa forma, embora suas relações contínuas com terras, águas, povos, pessoas, bichos e dispositivos também os capacitem de maneiras novas e surpreendentes, incluindo as contínuas mudanças biológicas eco-evo-devo.[10] Ao longo da vida, as pessoas humanas podem adotar outras modificações corporais por prazer, estética ou trabalho, contanto que essas modificações tendam ao bem-estar de ambos simbiontes no húmus da simpoiese.

A comunidade de Camille se mudou para o sul da Virgínia Ocidental, nos Apalaches, instalando-se em um local situado às margens do rio Kanawha, próximo a Gauley Mountain, que havia sido devastado pela mineração de carvão a céu aberto. O rio e seus afluentes estavam contaminados, os vales estavam cheios de escombros das minas. As pessoas eram usadas e abandonadas pelas empresas de carvão. O povo de Camille se aliou a comunidades multiespécies em luta nas montanhas escarpadas e nos vales, tanto com pessoas locais quanto com outros bichos.[11] A maioria das

---

10. A biologia evolutiva ecológica do desenvolvimento, ou eco-evo-devo (*Ecological Evolutionary Developmental Biology*), é uma das práticas de conhecimento mais importantes para a reformulação das ciências no final do século xx e no início do século xxi da Era Corrente. Ver Gilbert e Epel, *Ecological Developmental Biology*, especialmente a conclusão escrita por Gilbert.
11. Ver o artigo "Mountaintop Removal Mining" na Wikipédia. Ver também Stephens e Sprinkle, *Goodbye Gauley Mountain*. Situei a comunidade de Camille na região às margens do rio Kanawha, onde a artista Beth Stephens cresceu, e para onde ela e sua esposa, Annie Sprinkle, retornaram para realizar seu filme. Fazendo parentes, Annie e Beth se casaram com a montanha – um dos vários cônjuges terrosos aos quais se uniram em suas práticas ecossexuais viajantes. A história e a vitalidade contínua da cultura e da política das classes trabalhadoras ligadas à mineração de carvão são fundamentais para o que Camille e sua comunidade devem continuar a aprender. Historicamente, a Virgínia Ocidental foi o lar e o território de caça dos povos Shawnee, Cherokee, Delaware, Seneca, Wyandot, Ottawa, Tuscarora, Susquehannock, Hurões, Sioux, Mingo, Iroqueses e ainda outros.

Comunidades do Composto que se vincularam ao agrupamento de Camille habitava lugares devastados pela extração de combustíveis fósseis e pela mineração de ouro, urânio e outros metais. Lugares eviscerados pelo desmatamento e pela agricultura praticada como monocultura e como mineração de água e nutrientes também existiam em abundância no mundo ampliado de Camille.

As borboletas-monarcas frequentam a comunidade de Camille na Virgínia Ocidental durante os verões. Elas migram por um percurso de milhares de quilômetros em direção ao sul para passar o inverno em algumas florestas específicas de pinheiros e abetos oyamel no centro do México, ao longo da fronteira entre os estados de Michoacán e México.¹² No século XX, a borboleta-monarca foi

---

No século XVIII, à medida que os colonos escoceses e irlandeses avançavam em direção ao oeste da Virgínia, muitos indígenas da América do Norte buscaram refúgio nas montanhas da cordilheira Blue Ridge. A fim de aliar-se efetivamente às pessoas locais em favor de futuros multiespécies, a comunidade de Camille deveria conhecer distintas histórias raciais e de classe: (1) aquelas das comunidades e famílias mineiras (afro-americanas e de colonos brancos) devastadas pela mineração de remoção de topo da montanha dos séculos XX e XXI e pela reestruturação econômica da indústria do carvão na Virgínia Ocidental (King Coal); e (2) aquela do povo vizinho Monacan, população negra/indígena de Amherst, na Virgínia, e de outros lugares do sudeste, que também elaboraram políticas e identidades ressurgentes nos séculos XX e XXI. Ver Cook, *Monacans and Miners*. Para o relato de sua infância e de seu retorno à Virginia Ocidental, ver Stephens, "Goodbye Gauley Mountain". A violência que a mineração a céu aberto inflige sobre a terra e as pessoas não poderia ser maior. Para uma comparação entre a situação nos Apalaches (mineração de carvão) e no Peru (mineração de cobre), ver Gallagher, "Peru" e "Mountain Justice Summer Convergence". A mineração em superfície está muito longe de ser a estória toda, um fato evidenciado pelo rápido aumento do fraturamento hidráulico para extrair gás natural, inclusive na região de Appalachia. Ver Cocklin, "Southwestern Plans to Step on the Gas Pedal in Appalachia Next Year".
[*Mountaintop removal* (MTR), ou remoção do topo da montanha, é uma forma de mineração no cume de montanhas que usa explosivos e maquinaria pesada para eliminar florestas, escavar o solo e a rocha e expor as camadas de carvão subjacentes. Os escombros geralmente passam a entulhar e poluir os vales adjacentes. (N.T.)]
12. Oberhauser e Solensky, *The Monarch Butterfly*; Rea, Oberhauser e Quinn, *Milkweed, Monarchs and More*; Pyle, *Chasing Monarchs*; Kingsolver, *Flight Behavior*. Para uma controvérsia, baseada em contagens recentes, visando determinar se é a migração ou o tamanho da população de borboletas-monarcas na América do Norte que está em declínio, ver Burnett, "Monarch

nomeada o inseto do estado da Virgínia Ocidental. O Santuário Reserva de la Biosfera Mariposa Monarca, reconhecido como Patrimônio da Humanidade pela Unesco em 2008, estabeleceu-se na ecorregião das florestas que sobreviveram ao longo do eixo neovulcânico.

Durante suas complexas migrações, as borboletas-monarcas precisam comer, reproduzir-se e repousar em cidades, *ejidos*, terras indígenas, fazendas, florestas e pastagens de uma vasta paisagem devastada, habitada por pessoas e povos que vivem e morrem em muitos tipos de ecologias e economias em disputa. As larvas fruto das migrações saltitantes que as monarcas do leste fazem na primavera, do sul em direção ao norte, enfrentam as consequências das tecnologias genéticas e químicas da agricultura industrial de massa, que as privam de seu alimento básico (as folhas de asclépias nativas locais) ao longo da maior parte das rotas. Do México ao Canadá, a aparição sazonal de variedades locais de asclépia é sincopada na carne das lagartas das monarcas. Algumas espécies de asclépia florescem em terras perturbadas; elas são boas plantas pioneiras. A asclépia mais comum no centro e no leste da América do Norte, *Asclepias syriaca*, é uma planta do início da sucessão ecológica. Ela prospera na beira de estradas e nos sulcos de plantios, sendo especialmente suscetível a herbicidas como o Roundup, da empresa Monsanto, que contém glifosato. Outra espécie de asclépia importante para a migração das borboletas-monarcas ao leste é *Asclepias meadii*, nativa dos pastos e das pradarias de clímax

---

Migration Rebounds" e Kaplan, "Are Monarch Butterflies Really Being Massacred?". Ver também os sites de Monarch Butterfly; Monarch Butterfly Conservation in California; Monarch Butterfly Biosphere Reserve e West Virginia State Butterfly. Para um bom mapa das migrações, ver "Flight of the Butterflies".

As borboletas-monarcas do oeste passam o inverno na Califórnia, inclusive na minha cidade, Santa Cruz. A cada ano, procuramos avidamente por elas nos eucaliptos, nos pinheiros de Monterey e nos bosques de ciprestes do Natural Bridges State Park e do Lighthouse Park. Em 1997, havia 120 mil monarcas em Santa Cruz. Em 2009, esse número despencou para 1.200. Em 2014 havia apenas poucas dezenas, chegando talvez a duzentas no inverno de 2015. Ver Jepsen *et al.*, "Western Monarchs at Risk".

em estágios mais avançados da sucessão. Como as pradarias de clímax foram quase completamente destruídas em toda a América da Norte, essa asclépia corre grande perigo.[13]

Durante a primavera, o verão e o outono, uma grande variedade de plantas de floração precoce, de meia-estação e tardia, incluindo as asclépias em flor, produz um néctar que é sugado vorazmente pelas monarcas adultas. O futuro da migração a leste da América do Norte, na jornada em direção ao sul até o México, está ameaçado pela perda dos hábitats das plantas produtoras de néctar que servem de alimento para as borboletas adultas não reprodutoras, que voam para passar o inverno empoleiradas em suas árvores prediletas nas florestas das montanhas. Essas florestas, por sua vez, enfrentam a degradação naturalcultural em histórias complexas de contínua opressão étnica, de classe e de Estado sobre populações camponesas e povos indígenas da região, como os Mazahuas e os Otomis.[14]

Desarticuladas no espaço e no tempo e desprovidas de alimento em ambas as direções, as larvas morrem de fome. Famintas,

---

13. Há aproximadamente 110 espécies de asclépia na América do Norte e cerca de 3 mil espécies ao redor do mundo.
14. Tucker, "Community Institutions and Forest Management in Mexico's Monarch Butterfly Reserve"; Farfán et al., "Mazahua Ethnobotany and Subsistence in the Monarch Butterfly Biosphere Reserve, Mexico"; Zebich--Knos, "A Good Neighbor Policy?"; Vidal, López-Garcia, e Rendón-Salinas, "Trends in Deforestation and Forest Degradation in the Monarch Butterfly Biosphere Reserve in Mexico"; Rendón-Salinas e Tavera-Alonso, "Forest Surface Occupied by Monarch Butterfly Hibernation Colonies in December 2013".
Ver também o artigo "Mazahua People" na Wikipédia. Em "Zapatista Army of Mazahua Women in Defense of Water", Araujo et al. escrevem: "Os Mazahuas são um povo indígena do México que habita a parte noroeste do estado do México e a área nordeste de Michoacán, com presença também no Distrito Federal, devido a migrações recentes. A maior concentração de Mazahuas se encontra nos municípios de San Felipe del Progresso e San José del Rincón, ambos no estado do México, perto de Toluca. De acordo com o censo mexicano de 1990, havia 127.826 falantes do idioma mazahua. O último censo calculou 350 mil Mazahuas. A palavra *mazahua* é de origem náuatle, e significa 'donos de cervos', provavelmente em referência à rica fauna das regiões montanhosas habitadas pelos Mazahuas. As pessoas desse povo, entretanto, referem-se a si mesmas como *Hñatho*."

as adultas perdem suas forças e não conseguem alcançar seus lares de inverno. As migrações entre as Américas fracassam. As árvores do México central lamentam a perda de seus aglomerados cintilantes de inverno. Os prados, as fazendas e os jardins públicos dos Estados Unidos e do sul do Canadá ficam desolados no verão sem o tremeluzir preto e laranja das revoadas.

A pessoa que pariu Camille 1 escolheu as borboletas-monarcas da América do Norte como simbiontes da criança. Essas borboletas integram duas correntes migratórias magníficas, mas severamente degradadas: a do leste, do Canadá até o México; e a do oeste, que desce pelo estado de Washington e passa ao longo da Califórnia, atravessando as montanhas Rochosas. A pessoa que gestou Camille exerceu sua liberdade reprodutiva com uma esperança selvagem, decidindo vincular o feto que logo nasceria com as duas correntes dessa trança de movimento das borboletas. Isso significa que a primeira geração de Camille e pelo menos quatro gerações humanas subsequentes cresceriam cultivando conhecimentos e *know-how* comprometidos com a continuidade desses deslumbrantes insetos ameaçados e de suas comunidades humanas e não humanas, ao longo dos caminhos e nós de suas migrações e residências *nesses* lugares e corredores – não em toda parte, nem o tempo todo. A comunidade de Camille compreendia que as borboletas-monarcas não estavam ameaçadas como espécie no planeta todo, mas que duas grandes correntes de uma migração continental – um vasto movimento interconectado de uma miríade de bichos que vivem e morrem juntos – estavam prestes a perecer.

A pessoa que gestou Camille e escolheu a borboleta-monarca como sua simbionte era solteira e tinha a respons-habilidade de exercer uma liberdade gerativa, potente e não inocente, prenhe de consequências para os mundos que se ramificariam ao longo de cinco gerações. Essa singularidade irredutível, esse exercício particular de escolha reprodutiva colocou em marcha um esforço que durou vários séculos, envolvendo muitos atores, a fim de manter vivas as práticas migratórias entre (e ao longo de) continentes para todos os bichos envolvidos. As Comunidades do Composto não alinhavam suas crianças com "espécies em perigo de extinção", no sentido desenvolvido pelas organizações de conservação da natureza no século xx. Na compreensão das Comunidades do Composto, sua tarefa consistia em cultivar e inventar as artes de viver com e por mundos situados e degradados – não como uma abstração ou uma tipologia, mas como parte desses lugares arruinados, vivos e moribundos, e de sua defesa. As distintas gerações de Camille se tornaram afluentes em comunidades mundanas ao longo de suas vidas; o trabalho e o jogo com e pelas borboletas propiciava residências intensas e migrações ativas com uma multidão de pessoas humanas e outros bichos. Quando uma geração de Camille se aproximava da morte, uma criança-*sim* deveria nascer na comunidade a tempo de que a mais velha, sua mentora de simbiose, pudesse ensinar a mais nova a se preparar.[15]

Cada Camille sabia que o trabalho poderia fracassar a qualquer momento. Os perigos permaneciam extremos. As extinções e os extermínios excessivos continuavam a arrasar a Terra, como legado de séculos de exploração econômica, cultural e ecológica de pessoas humanas e de outros seres. Ainda assim, a manutenção de espaços abertos para outros bichos e suas gentes comprometidas também tinha êxito e florescia. Parcerias multiespécies de muitos tipos contribuíam para a construção de uma terra habitável em tempos continuamente turbulentos.

Estórias de Camille

A estória que conto aqui segue o rastro de cinco gerações de Camilles, ao longo de algumas poucas linhas e nós de seus percursos de vida – entre o nascimento de Camille 1, em 2025, e a morte de Camille 5, em

---

15. Era possível que, nas gerações subsequentes, nenhuma pessoa grávida decidisse dar sequência ao vínculo simbiótico de uma nova criança com as borboletas-monarcas, preferindo deixar essa simbiose terminar para iniciar outra. Tais decisões aconteciam, mas a maior parte dos progenitores das gerações seguintes sentiam intensamente, em sua carne e em seu espírito, que as simbioses reprodutivas ao longo de cinco gerações também eram vitais para eles.

2425. *Este conto clama por práticas colaborativas e divergentes de fazer estórias, na forma de textos e performances narrativas, sonoras e visuais, do digital ao escultórico, e em todo tipo de materialidade praticável. Minhas estórias são, quando muito, figuras de barbante sugestivas; elas aspiram a uma trama mais cheia, que ainda possa manter os padrões abertos, com locais de vínculo que se ramificam até aquelas e aqueles ainda por vir que as contarão. Espero que leitoras e leitores mudem partes da estória e a levem para outros lugares, ampliando, materializando, corporificando e reimaginando os modos de vida das gerações de Camille.*

As estórias de Camille chegam somente até a quinta geração. Elas ainda não são capazes de cumprir as obrigações que a Confederação Haudenosaunee impôs a si mesma e, por conseguinte, a qualquer pessoa tocada pelo relato, mesmo em atos de apropriação não reconhecidos: agir de maneira a tornar-se respons-hábil diante de e pelos seres da sétima geração por vir.[16] *As Crias do Composto, para além do alcance das Estórias de Camille, talvez pudessem se tornar capazes de tal tipo de mundificação, que ainda parecia possível, de alguma maneira, antes do Capitaloceno e da Grande Vacilação.*

---

16. Nascido em 1930, Oren R. Lyons Jr., do clã Tartaruga da nação Seneca, da Confederação Haudenosaunee, escreveu: "Nós olhamos adiante, conforme um dos primeiros encargos que recebemos como chefes, a fim de assegurar que toda decisão que tomamos tenha relação com o bem-estar e a prosperidade da sétima geração por vir." E questiona: "E a sétima geração? Para onde as pessoas serão levadas? O que elas terão?" Ver O. Lyons, "An Iroquois Perspective", pp. 173-174. Ver também O. Lyons et al., *Exiled in the Land of the Free*.
The Great Binding Law [A Grande Lei Vinculante, em tradução livre] da Constituição das Nações Iroquesas diz: "Em todas as tuas deliberações no Conselho Confederado, em teus esforços de legislar, em todos os teus atos oficiais, o interesse particular será esquecido. Não ignores as advertências de parentes, caso te repreendam por qualquer erro ou mal que possas cometer, mas retorna ao caminho da Grande Lei, que é justa e correta. Busca e vela pelo bem-estar de todo o povo e tenha sempre em vista não só o presente, mas também as gerações vindouras, mesmo aquelas e aqueles cujos rostos ainda estão sob a superfície da terra – os seres ainda não nascidos da Nação futura." Ver também Barker, *Native Acts* e "Indigenous Feminisms". Para uma introdução às relações entre indigeneidade e tecnociência, em um trabalho de pesquisa extraordinário, ver o site de Kim TallBear.

No decurso das cinco gerações de Camille, a quantidade total de seres humanos na Terra – incluindo as pessoas em simbiose com animais vulneráveis escolhidos por seus progenitores (sims) e as que não faziam parte dessas simbioses (não-sims) – diminuiu de 10 bilhões no seu ponto máximo, em 2100, até estabilizar-se em torno de 3 bilhões em 2400. Se as Comunidades do Composto não tivessem se mostrado tão exitosas e contagiosas entre as pessoas e os povos humanos desde os primeiros anos, a população mundial teria superado 11 bilhões antes de 2100. O respiro propiciado por essa diferença de 1 bilhão de seres humanos abriu possibilidades para a continuidade de muitos modos de viver e morrer ameaçados, de seres humanos e não humanos.[17]

17. Ver Nações Unidas, "World Population Prospects". Os demógrafos profissionais, que formularam seu pensamento a partir da categoria "populações", compreenderam que mesmo o advento de guerras extremas e de doenças pandêmicas em meados do século xxi não afetaria tanto a carga mundial final, exercida por aproximadamente 11 bilhões de pessoas até o final do século. Somente uma política radical de filho único, imposta em toda a Terra, poderia tê-lo feito. Além de ser impossível de pôr em prática, essa abordagem tem implicações políticas desiguais, coercitivas, misóginas e racistas evidentes, até para os pensadores mais abstratos. As práticas infecciosas e não coercitivas das Comunidades do Composto eram muito mais radicais. Elas conduziram ao rápido estabelecimento de uma norma triparental, numa matriz de práticas de vida não biogenéticas, multicrianças e multigeracionais, tanto tradicionais quanto recém-inventadas. A história das políticas de filho único do século xx revelaram seu caráter punitivo, arraigado em sacrifícios coercitivos e desiguais. A abordagem triparental, que a princípio parecia meramente utópica, demonstrou o contrário, sobretudo associada às exuberantes práticas decoloniais cultivadas pelas Comunidades do Composto. Os arranjos de três ou mais progenitores, desenvolvidos por essas comunidades ao longo de várias décadas, provaram-se intensamente pró-crianças, pró-progenitores, pró-amizade e pró-comunidade – tanto para pessoas humanas quanto para outros bichos. A historiografia vê esse período inventivo como uma época de proliferação de rituais, cerimônias e celebrações para fazer parentes de modo simpoiético, e não biogenético. Um dos resultados mais marcantes dessa inventividade foi o ressurgimento de práticas de amizade entre crianças e entre pessoas adultas em toda a Terra. Ver Murphy, "Thinking against Population and with Distributed Futures"; Nelson, *Who Counts?*; Bashford, *Global Population*; e Crist, "Choosing a Planet of Life".
Em "A Manifesto for Abundant Futures" (p. 322), Collard, Dempsey e Sundberg escrevem: "Por *abundância*, queremos dizer formas de vida e maneiras de viver juntos mais diversas e autônomas. Ao considerar como instaurar mundos

Figura 25: Lagarta da borboleta-monarca *Danaus plexippus* sobre um botão de asclépia. Fotografia de Singer S. Ron, U.S. Fish and Wildlife Service.

CAMILLE 1

Nasce em 2025. 8 bilhões de seres humanos vivem na Terra. Morre em 2100. 10 bilhões de seres humanos vivem na Terra.

Em 2020, cerca de trezentas pessoas – incluindo duzentas adultas dos quatro principais gêneros praticados à época[18] e cem

multiespécies, nos inspiramos em movimentos indígenas e camponeses de todo o mundo, assim como em saberes acadêmicos decoloniais e pós--coloniais."

18. No início do século XXI, os quatro principais gêneros disponíveis no mundo ocidental eram: mulher cis, homem cis, mulher trans e homem trans. A maioria das pessoas conhecedoras, no entanto, considerava esta lista enganosa, empobrecida e restrita, de um ponto de vista histórico e geográfico. A beleza desse sistema de nomeação, contudo, estava em seus laços com o estereoisomerismo na química e com as sensibilidades espaciais para criar taxonomias que transpõem domínios. Nesse período inicial de reformatação de gêneros, questões relativas a como ser um bom parceiro cis a uma pessoa trans foram amplamente debatidas. Muitas pessoas do assentamento de Camille 1 haviam participado ativamente de círculos trans antes de se juntar a uma Comunidade do Composto. O binarismo de gênero extremo, uma anomalia histórica do suposto período moderno ocidental, continuou

crianças ou adolescentes menores de dezoito anos –, com diversos legados de classe, raça, religião e região, construíram um vilarejo no local onde os rios Novo e Gauley confluem para formar o rio Kanawha, na Virgínia Ocidental. Elas nomearam o assentamento de Nova Gauley, em homenagem às terras e águas devastadas pela mineração de remoção do topo da montanha. Historiadoras e historiadores da época sugeriram que o período entre os anos 2000 e 2050 na Terra deveria chamar-se Grande Vacilação.[19] Foi uma época de angústia generalizada e inefetiva diante da destruição ambiental, evidências irrefutáveis de extinção em massa acelerada, mudanças climáticas violentas, desintegração social, recrudescimento de guerras, aumento contínuo da população humana devido ao alto número de jovens (embora as taxas de nascimento já não superassem as de reposição) e vastas migrações de refugiados, humanos e não humanos, sem refúgio.

Durante esse período terrível – quando ainda era possível, no entanto, que a ação conjunta fizesse alguma diferença – numerosas comunidades emergiram ao redor da Terra. Esses agrupamentos se chamavam Comunidades do Composto, e as pessoas que os integravam chamavam a si mesmas de *compostistas*. Vários nomes em diversas línguas também propuseram o jogo de figuras de barbante da ressurgência coletiva. Essas comunidades compreenderam que a Grande Vacilação poderia acabar em crises terminais, a não ser que a ação coletiva radical conseguisse fermentar um tempo turbulento, mas gerativo, de reviravoltas, revolta, revolução e ressurgimento.

Durante os primeiros anos, as pessoas adultas de Nova

---

a assolar as percepções e práticas de nomeação no decurso da Vacilação Tardia. Nessa altura, as Comunidades do Composto estavam começando a fazer uma diferença considerável em favor do florescimento multigênero e multiespécie. Ver Weaver, "Trans Species" e "Becoming in Kind".
19. Robinson, *2312*. Nesse romance sf, a Grande Vacilação [The *Great Dithering*] se passa entre 2005 e 2060, sucedida pelos Anos de Crise e sua falência múltipla de sistemas, e depois pela balcanização da Terra no espaço, que transformou o planeta em uma fossa necessária, mas sem esperanças, de miséria multiespécie e ações humanas inexoravelmente ineficazes.

Gauley não deram origem a novos bebês. Elas se concentraram em construir culturas, economias, rituais e políticas em que os parentescos estranhos seriam abundantes e as crianças seriam raras, mas preciosas.[20] O trabalho e a brincadeira de fazer parentes da comunidade construíram capacidades fundamentais para o ressurgimento e o florescimento multiespécies. A amizade foi especialmente cultivada e celebrada como uma prática de feitura de parentes ao longo da vida. Em 2025, a comunidade se sentiu pronta para o nascimento dos primeiros bebês, que seriam vinculados a simbiontes animais. As pessoas adultas consideraram que a maior parte de suas crianças já nascidas, que haviam ajudado a fundar a comunidade, estavam prontas e ávidas para irmanar-se às jovens simbiontes vindouras. Todas as pessoas entendiam que esse tipo de simpoiese não havia sido praticado antes em nenhum lugar da Terra. Elas sabiam que não seria fácil aprender a viver coletivamente em simbioses íntimas e mundanas de cuidados com outros animais – uma prática de reparar lugares devastados e de fazer florescer futuros multiespécies.

Camille 1 nasceu em meio a um pequeno grupo de cinco bebês, e era a[21] única criança vinculada a um inseto. As outras crianças dessa primeira leva se tornaram simbiontes de um peixe (a enguia-americana, *Anguilla rostrata*), um pássaro (o falcão--americano, *Falco sparverius*), um crustáceo (o lagostim do rio Big Sandy, *Cambarus veteranus*) e um anfíbio (a salamandra *Ambystoma barbouri*).[22] As simbioses com mamíferos passaram a ser

20. "Parentescos estranhos" [*oddkin*] era a expressão comumente utilizada para designar as relações de parentesco que extrapolam os laços biogenéticos convencionais.
21. Uma nota sobre os pronomes: *per* era o pronome de gênero neutro aplicável a todas as pessoas. Marge Piercy sugeriu esta opção já em 1976, em *Woman on the Edge of Time*. *Per* poderia continuar a ser o pronome habitual das pessoas que decidissem, ao longo de suas vidas, desenvolver os hábitos corporais conscienciosos de um (ou mais) gêneros, embora algumas preferissem pronomes descritivos de gênero. Com a vantagem da inteligibilidade em muitos idiomas, *sim* era frequentemente usado como pronome para designar parceiros humanos e animais em simbiose ou em outros tipos de simpoiese radical.
22. Em 2012, mais de quinhentos bichos raros, ameaçados ou em perigo de

realizadas a partir da segunda onda de nascimentos, cinco anos

extinção (insetos, aracnídeos, moluscos, peixes, répteis, anfíbios, pássaros e mamíferos) foram registrados oficialmente no West Virginia Natural Heritage Program [Programa de Patrimônio Natural da Virgínia Ocidental]. Ver West Virginia Department of Natural Resources, "Rare, Threatened, and Endangered Animals". A região dos Apalaches é um *hotspot* único na Terra de biodiversidade das salamandras, para as quais a mineração a céu aberto constitui uma grande ameaça, destruindo seus hábitats e contaminando as águas. As salamandras migratórias que se deslocam entre as terras secas e seus polos de reprodução estão ameaçadas principalmente pela fragmentação de seu hábitat. O aumento das temperaturas devido ao aquecimento global terá grande impacto no hábitat das salamandras. Proteger os corredores de maneira que elas possam se deslocar para locais suficientemente frescos é fundamental. Ver Lanno, *Amphibian Declines*, "Appalachian Salamanders", "Biodiversity of the Southern Appalachians"; Conservation and Research Center of the Smithsonian National Zoological Park, "Proceedings of the Appalachian Salamander Conservation Workshop, May 30-31, 2008"; IUCN Red List of Threatened Species, "*Ambystoma barbouri*".
Para saber mais sobre esses maravilhosos peixes catádromos que passam por uma miríade de metamorfoses, não há relato mais comovente e informativo do que Prosek, *Eels*. A propósito da Vacilação oficial com relação à sua proteção, ver U.S. Fish and Wildlife Service, "The American Eel".
Os falcões-americanos ainda não eram uma espécie oficialmente ameaçada na época de Camille 1, mas sua presença havia diminuído vertiginosamente em muitas zonas de seu alcance, à medida que o agronegócio destruía progressivamente seus hábitats. Anteriormente, os falcões-americanos foram beneficiados por práticas agrícolas menos tóxicas e não monocultoras, inclusive o pastoreio de animais ao ar livre, porque essas aves caçam melhor em campos abertos, pradarias, pastos e beiras de estrada do que em florestas. O reflorestamento de campos agrícolas abandonados do nordeste dos EUA é outro problema para esses falcões de menor porte. Essas aves adoráveis se alimentam de pequenos mamíferos como ratos e camundongos, pequenos pássaros e répteis, além de insetos como grilos, cigarras, besouros, libélulas, borboletas e mariposas. Contagens realizadas no Santuário de Aves de Rapina de Hawk Mountain, na Pensilvânia, mostraram que a população desses predadores alados havia aumentado dos anos 1930 até meados dos anos 1970, tendo diminuído no final da década de 1970 e no início dos anos 1980. Esse número manteve-se relativamente estável entre o final dos anos 1980 e o final dos anos 1990, até que a espécie tornou-se rara no início dos anos 2000. O vírus do Nilo Ocidental pode ter sido um fator significativo para essa redução: em 2015, 95% das aves testadas tinham desenvolvido anticorpos contra esse vírus. À época do nascimento do grupo de Camille 1, em 2025, apesar de sua longa história de boa coadaptação com as pessoas humanas, os falcões-americanos enfrentavam sérias dificuldades em muitos lugares.
Algumas populações de falcões permanecem no mesmo local o ano inteiro; outras migram por longas distâncias de norte a sul. Esses falcões, originários das Américas, ganham suas vidas da Terra do Fogo até as florestas boreais do Alasca e do Canadá. Em Nova Gauley, a melhor época para procurá-los

depois, começando com espécies vulneráveis de morcegos. Muitas vezes, era mais fácil identificar insetos, peixes, mamíferos e aves migratórias em perigo como potenciais simbiontes das novas crianças do que répteis, anfíbios e crustáceos. A preferência dada a simbiontes migratórios foi relativizada, sobretudo à medida que a conservação de corredores de todos os tipos se tornava ainda mais urgente. O aumento das temperaturas em decorrência das mudanças climáticas impeliu muitas espécies tradicionalmente não migratórias para fora de suas zonas habituais. Os primeiros amores continuaram a ser os bichos viajantes e as trilhas remotas – principalmente porque essas pequenas comunidades humanas se tornavam mais mundanas, cultural e geograficamente, por meio do cultivo dos vínculos necessários aos cuidados de seus parceiros em simbiose. Alguns membros das Comunidades do Composto se comprometeram com bichos de diminutos hábitats remanescentes com suas minuciosas exigências ecológicas e o amor ao lar que os atava estreitamente a esses lugares em particular.[23]

é durante sua migração, de meados de setembro a meados de outubro. Ver Hawk Mountain, "American Kestrel" e "Long-Term Study of American Kestrel Reproductive Ecology".
Em 2015, o U.S. Fish and Wildlife Service [Serviço de Pesca e Vida Silvestre dos EUA, instituição federal que se ocupa da gestão e preservação da fauna] solicitou que duas espécies de lagostim que vivem na Virgínia Ocidental fossem oficialmente reconhecidas como ameaçadas pelo Endangered Species Act [ESA, Lei das Espécies Ameaçadas]. Em ambos os casos, a mineração de remoção do topo da montanha havia devastado os cursos de água. Essas foram as primeiras de muitas espécies cujos futuros foram aniquilados pela mineração a céu aberto, contra a qual se reclamava a proteção do ESA. O comunicado de imprensa de 6/4/2015 do Center for Biological Diversity afirma que os lagostins "são considerados animais-chave porque os buracos que escavam criam hábitats para outras espécies, inclusive peixes. Os lagostins mantêm os rios limpos ao se alimentarem de plantas e animais em decomposição, e são comidos por peixes, aves, répteis, anfíbios e mamíferos, constituindo um elo importante da cadeia alimentar. Os lagostins dos rios Big Sandy e Guyandotte são sensíveis à poluição da água, o que faz deles uma espécie indicadora da qualidade da mesma". Ver Center for Biological Diversity, "Two Crayfishes Threatened by Mountain-Top Removal Mining in West Virginia, Kentucky, Virginia Proposed for Endangered Species Act Protection".
23. Esses requisitos eram chamados de *filopatria* por pessoas da comunidade científica. As anglófonas não compostistas falavam de patriotismo; as compostistas, por sua vez, falavam de amor e da necessidade de um lar

Nos primeiros cem anos, Nova Gauley acolheu cem novos bebês unidos a simbiontes animais no nascimento e dez bebês nascidos de progenitores individuais ou de casais que recusaram o modelo triparental e que não receberam esse tipo de simbiontes; além de duzentas mortes, 175 migrantes e cinquenta emigrantes. As pessoas que se dedicavam às ciências nas Comunidades do Composto não foram capazes de estabelecer simbioses exitosas entre animais e seres humanos adultos; os períodos receptivos críticos dos humanos aconteciam durante o desenvolvimento fetal, a primeira infância e a adolescência. Nos momentos em que contribuíam com materiais celulares ou moleculares para modificar seus parceiros humanos, os animais também precisavam estar em fases de transformação como a incubação, a ecdise larval ou a metamorfose. Os animais não eram modificados com material humano; sua função na simbiose consistia em ensinar e florescer de todas as maneiras possíveis em tempos de perigo e devastação.

Em quase todos os lugares, as Comunidades do Composto se comprometeram a manter seu tamanho ou a crescer somente pela imigração, conservando os novos nascimentos em um nível compatível com uma eventual redução de dois terços da quantidade total de seres humanos na Terra. O direito de residência permanente e de cidadania como compostista era concedido às pessoas imigrantes, se aceitassem as práticas fundamentais das Comunidades do Composto, em cerimônias inventivas e geralmente estrondosas de feitura de parentesco. Visitantes não residentes eram sempre bem-vindas; a hospitalidade era considerada uma obrigação elementar e uma fonte de renovação mútua. A duração da estadia das visitantes podia se tornar uma matéria controversa, ao ponto de romper afiliações de parentesco e até mesmo comunidades compostistas inteiras.

– este lar, não qualquer outro, supostamente equivalente. Elas aprenderam a pensar desse modo graças aos pequenos pinguins da baía de Sydney, que contam suas estórias por intermédio de van Dooren, *Flight Ways*.

Se quisessem se unir às Comunidades do Composto um número de imigrantes muito maior do que era possível acomodar, novos assentamentos se formavam com mentores oriundos dos vilarejos-semente. Nos primeiros séculos, as pessoas imigrantes frequentemente provinham de outras regiões em ruínas. Sua busca por refúgio e pertencimento nas Comunidades do Composto – elas próprias comprometidas com as artes de viver em lugares degradados – era um ato de fé e desespero. As pessoas que originalmente fundaram as Comunidades do Composto rapidamente se deram conta de que as imigrantes oriundas de situações desesperadoras traziam consigo não só seus traumas, mas também discernimento e habilidades extraordinárias para o trabalho que precisava ser feito. Os novos assentamentos em outros locais ainda em ruínas e o estabelecimento de alianças e colaborações com pessoas e outros bichos nessas áreas exigiam as melhores habilidades das mentoras e das imigrantes. Durante muitas gerações, nenhum bebê foi vinculado a um simbionte vegetal nas Comunidades do Composto, embora o reconhecimento da simpoiese profusa – da feitura de mundos – com as plantas fosse fundamental para todas as pessoas compostistas.

Nova Gauley decidiu dar mais ênfase à imigração do que aos novos nascimentos durante as três primeiras gerações. Após esse período houve mais flexibilidade, e também a necessidade de reequilibrar os nascimentos e as mortes. A imigração e a emigração tendiam a se igualar, na medida em que mais lugares na Terra restauravam as condições necessárias para ressurgimentos modestos. Os motivos para buscar novos lares também passaram a se basear menos em guerra, exploração, genocídio e devastação ecológica, e muito mais em aventura, curiosidade e desejo por novos tipos de abundância e habilidades, além do velho hábito dos seres humanos de se deslocar, incluindo caçadores-coletores, pastores e pessoas que vivem entre a zona rural e a cidade. As espécies sociais oportunistas tendem a se deslocar bastante, e os seres humanos (fora de cativeiro) sempre foram oportunistas ecossociais extraordinários, viajantes e produtores de veredas. Além disso, até

2300, mais de 1 bilhão de seres humanos haviam sido criados em novos tipos de relações simbióticas com outros bichos, além das associações multiespécies muito mais antigas que caracterizaram todo tipo de seres vivos, humanos e não humanos, ao longo de histórias ecológicas, evolutivas, do desenvolvimento, históricas e tecnológicas.

Antes de nascer, Camille 1 recebeu um conjunto de genes formadores de padrões que se manifestam na superfície das borboletas-monarcas durante a transformação das lagartas em adultas aladas. Camille 1 também recebeu genes que lhe permitiam sentir o gosto de sinais químicos diluídos no vento, imprescindíveis às borboletas adultas para selecionar diferentes flores ricas em néctar, assim como as melhores folhas de asclépia para depositar seus ovos. Os microbiomas da boca e do intestino de Camille 1 foram aprimorados para que pudesse saborear com segurança as asclépias que contêm os alcaloides tóxicos que as borboletas acumulam em sua carne para afugentar seus predadores. Na infância, as satisfações orais de Camille com um fragrante leite mamífero eram intercaladas com os sabores amargos de glicosídeos cardíacos, que seus progenitores humanos não se atreviam a compartilhar. No processo de amadurecimento de seu corpo sensível, Camille 1 precisou aprender a devir em simbiose com um inseto que passa por cinco instares de lagarta antes de se metamorfosear em um adulto voador, que, por sua vez, experimenta sazonalmente fases alternadas de excitação e diapausa sexual. A união simbiogenética entre Camille e as monarcas deveria ainda acomodar os diversos parasitas benéficos associados ao holobionte da borboleta, além de prestar atenção à genética das populações em migração.[24]

As compostistas não tentaram introduzir na já complicada reformatação simbiótica de Camille 1 nenhum dos genes e padrões temporais usados pelas borboletas para desmontar e recompor

---

24. Para uma pesquisa sobre a ecologia e a evolução de parasitas e seus hospedeiros, assim como informações sobre a genética das migrações de borboletas-monarcas, ver o site de Roode Lab.

completamente seus seres antes de emergir das crisálidas como *imagos* alados. Seus progenitores tampouco tentaram alterar suas capacidades visuais e seus arranjos neurais a fim de que Camille pudesse perceber fisicamente o espectro de cores das borboletas, ou enxergar como se tivesse os olhos compostos de um inseto. O objetivo das alterações não era a mímese, mas sugestões carnais, trançadas em práticas pedagógicas inovadoras de devir--com natural-social que podiam contribuir com a prosperidade da simbiose ao longo de cinco gerações humanas determinadas a restabelecer vidas e lugares devastados, humanos e não humanos. Em sua expressão mais redutora, o objetivo era dar às borboletas e a seu povo – dar às Migrações – uma chance de ter um futuro em uma época de extinção em massa.

Aos cinco anos, Camille 1 tinha a pele coberta de faixas brilhantes em tons de amarelo e preto, como as lagartas das monarcas nos estágios mais avançados de desenvolvimento, que aumentaram em intensidade até seus dez anos de idade. Já aos quinze anos, momento de sua iniciação nas responsabilidades adultas, sua pele tinha os tons e os padrões esmaecidos da crisálida das monarcas. Ao longo de sua vida adulta, Camille 1 adquiriu os padrões e a vibrante coloração laranja e preta de uma borboleta. Seu corpo adulto era mais andrógino em aparência do que o corpo das monarcas adultas, sexualmente dimórficas.

No início da infância, todas as crianças simbiontes desenvolviam traços visíveis e sutis características sensoriais de seus parceiros animais. Embora fossem previsíveis, as consequências desse fato evolutivo apanharam as compostistas desprevenidas quando irromperam os primeiros conflitos sérios de Nova Gauley nos grupos de aprendizado das pessoas jovens. O primeiro grupo de jovens era formado por cinco crianças vinculadas a simbiontes animais, duas crianças nascidas de progenitores discordantes (portanto, sem vínculos com esses simbiontes) e cinco crianças imigrantes sem simbiontes. A juventude simbiótica lutava para integrar seus corpos sensíveis, inimagináveis para seus progenitores. Além disso, nessas primeiras gerações, cada simbiose era a única de seu tipo.

Camille 1 formou amizades intensas, principalmente com Kess, uma pessoa jovem vinculada aos falcões-americanos. Cada criança simbiótica, porém, era agudamente consciente de sua diferença irredutível. Kess e Camille se atraíram mutuamente, em parte porque sabiam que os falcões comiam as borboletas, e também porque seus repectivos simbiontes, animais ameaçados, prosperavam em campos, pradarias, beiras de estrada, pastagens e florestas mistas com uma miríade de plantas floríferas. Desde o início, as crianças simbiontes desenvolviam uma subjetividade complexa feita de solidão, intensa sociabilidade, singularidade, intimidade com alteridades não humanas, ausência de escolha, plenitude de sentido e certeza de propósito futuro. Essa paisagem de sentimentos convergentes e divergentes tendia a se manifestar como arrogância e excepcionalismo diante das crianças não simbióticas, e mesmo diante de seus progenitores e de outras pessoas adultas não-*sims* de Nova Gauley. Nas primeiras gerações após o estabelecimento das Comunidades do Composto, as pessoas simbiontes ainda eram raras em relação à população total de cada região. Por esse motivo, em momentos de vulnerabilidade, as crianças e adultas não simbióticas podiam considerar (e efetivamente consideravam) as simbiontes como aberrações seriamente ameaçadoras, mais-que-humanas e outras-que-humanas ao mesmo tempo. Nas redes de culturas ocidentais que predominavam em Nova Gauley, não era fácil lembrar-se de que humanidade significava húmus, não Antropos, nem Homo. Determinadas a ajudar as crianças a percorrer os labirintos de inquietude, entusiasmo social, ludismo, orgulho mútuo, medo, competição e *bullying* que haviam conhecido na escola, as pessoas adultas de Nova Gauley e suas crianças enfrentaram um desafio inteiramente distinto na comunidade emergente de crianças simbióticas e não simbióticas.

As compostistas de Nova Gauley logo perceberam que contar estórias era a prática mais poderosa para consolar, inspirar, recordar, prevenir, cultivar a compaixão, compartilhar o luto e devir-com mutuamente em suas diferenças, esperanças e temores. Evidentemente, as Comunidades do Composto priorizavam uma ampla (e profunda) gama de abordagens educativas para pessoas jovens e idosas. As ciências e as artes eram especialmente desenvolvidas e apreciadas. Para jovens e adultas da maioria das espécies das comunidades, a brincadeira era a atividade mais potente e diversa para reorganizar coisas antigas e propor coisas novas, como novos padrões de sentimento e ação. Brincar permitia que fabricassem maneiras suficientemente seguras de emaranhar-se mutuamente em conflito e colaboração.[25] As práticas da amizade e da brincadeira, ambas ritualizadas e celebradas de formas grandes ou pequenas, eram o cerne dos dispositivos de formação de parentesco. As bibliotecas abundavam, em formatos e materialidades diversas, a fim de suscitar curiosidades e apoiar projetos de conhecimento voltados para aprender a viver e morrer bem, em meio ao trabalho pelo restabelecimento de lugares, subjetividades e outros seres devastados. Os estudos multiespécies decoloniais (manifestados em linguagens humanas e não humanas, diversas e multimodais) e uma abordagem de saberes transversal e indefinidamente expansível chamada eco-evo-devo-histo-etno--tecno-psico (estudos ecológicos, evolutivos, do desenvolvimento, históricos, etnográficos, tecnológicos e psicológicos) eram parte das investigações enredadas e estratificadas imprescindíveis às pessoas compostistas.[26]

---

25. Aprendi a pensar e a repensar com a expressão *em conflito e colaboração* graças ao núcleo de pesquisa Women of Color in Conflict and Collaboration, que se estabeleceu durante o período em que Angela Davis foi catedrática da Universidade da Califórnia, de 1995 a 1998.

26. Uma conferência realizada na Dinamarca no início do século XXI que discutiu questões estreitamente ligadas às urgências ecológicas do Antropoceno, mostrou-se particularmente útil às pessoas compostistas de Nova Gauley. O anúncio da conferência no site do Aarhus University Research on the Anthropocene, intitulada Postcolonial Natures, dizia: "Três datas propostas para situar o início do Antropoceno vinculam diretamente as mudanças planetárias aos processos coloniais: o intercâmbio colombiano, produto do imperialismo português e espanhol; o industrialismo do século

As compostistas pesquisavam com entusiasmo tudo o que podiam sobre comunidades e movimentos experimentais, intencionais, utópicos, distópicos e revolucionários de diferentes tempos e lugares. Uma de suas grandes decepções com esses relatos era que muitos deles partiam da premissa de reiniciar do zero e começar de novo, em vez de aprender a herdar sem negação e a ficar com o problema dos mundos degradados. Embora não estivesse livre das narrativas esterilizadoras que pretendem higienizar o mundo por meio do apocalipse ou da salvação, o húmus mais fecundo para suas investigações veio a ser a SF – ficção científica, fantasia científica, fabulação especulativa, feminismo especulativo e figuras de barbante. Ao bloquear a foraclusão das utopias, SF mantinha a política viva.

Para as compostistas, portanto, contar estórias era a bolsa de sementes para o florescimento, e Camille 1 se alimentava de estórias. Sua estória preferida era *Nausicaä do vale do Vento*, porque a jovem princesa valente amava os seres da floresta tóxica, especialmente os Ohmus, insetos desprezados e temidos. Como uma borboleta turbinada, Nausicaä podia sobrevoar as florestas, os campos e as cidades com seu ágil planador a jato individual – e Camille 1 jamais pôde resistir a essa vívida sensação. A narrativa mangá de Hayao Miyazaki se passa numa Terra pós-apocalíptica ameaçada pelos bichos da floresta tóxica, que buscavam se defender e se vingar da implacável destruição do mundo natural pelas mãos de humanos militarizados, tecnológicos e enlouquecidos pelo poder. Governantes malignos continuavam a prometer a destruição derradeira, em seu impulso de exterminar a floresta

XIX, fruto dos esforços coloniais britânicos; e a 'Grande Aceleração' dos anos 1950, profundamente ligada ao imperialismo estadunidense e às formas de capitalismo de consumo que ela trouxe à tona. [...] Centrada nas questões do poder, do colonialismo e das relações capitalistas, a conferência visa investigar como as histórias de desigualdade e opressão assombram as paisagens e conformam as relações multiespécies." Percebam que a "Grande Aceleração" marca precisamente a época em que a quantidade de pessoas humanas na Terra aumentou de maneira vertiginosa e devastadora. As conexões entre a quantidade de humanos e as questões abordadas por essa conferência são estreitas e múltiplas.

tóxica e extrair as últimas gotas de seus recursos para as cidades muradas de privilégio e exceção. Por meio de seu estudo da ecologia da floresta, da compreensão da fisiologia das árvores venenosas e contaminadas que se assemelhavam a cogumelos e do amor pelos gigantescos e perigosos insetos mutantes e suas larvas, Nausicaä triunfou em seus esforços para salvar as pessoas e a floresta. Ela descobriu que as árvores purificavam as toxinas e formavam, gota a gota, um vasto depósito subterrâneo de água pura capaz de regenerar a Terra biodiversa. Sintonizada com a linguagem das plantas, dos fungos e dos animais, Nausicaä conseguiu acalmar a incompreensão e o medo das pessoas envenenadas pelas emanações tóxicas da floresta perturbada. Graças a sua amizade com a floresta tóxica, a jovem pôde propor a paz entre seres humanos e alteridades mais-que-humanas, uma prática que marcou profundamente a psique de Camille 1. Nas dramáticas cenas finais da estória, Nausicaä corre grande perigo para resgatar uma larva Ohmu ameaçada e consegue impedir a debandada dos adultos gigantes, enfurecidos com os humanos que haviam capturado e ferido o jovem inseto.

Camille 1 aprendeu que a estória de Miyazaki tinha muitas inspirações,[27] dentre elas uma princesa feácea da *Odisseia* de Homero chamada Nausicaä, que amava a música e a natureza, além de cultivar uma imaginação efervescente e desprezar as posses materiais. Mestre Windkey, personagem de *O feiticeiro de Terramar*, de Ursula Le Guin, também impregna a fábula de Nausicaä, assim como os relatos da Europa medieval sobre bruxas que dominavam os ventos. Já na idade adulta, Camille 1 achava que a fonte de inspiração mais gerativa teria sido uma estória japonesa do período Heian, chamada "A princesa que amava os insetos".[28] A princesa do conto se recusava a se embelezar, escurecendo os

---

27. Ver os sites Nausicaä: Character e Nausicaä of the Valley of the Wind. Esse filme de animação japonês foi lançado em 1984. Agradeço à Anna Tsing por chamar minha atenção de volta para essa estória maravilhosa.
28. Em sua obra *Insectopedia* (pp. 166-167), Hugh Raffles se refere à tradução dessa estória japonesa do século XII como "The Lady Who Loved Insects" [A

dentes e removendo as sobrancelhas, e escarnecia a ideia de ter um marido. Sua paixão era toda voltada para as lagartas e os bichos rasteiros e rastejantes desdenhados por todos.[29]

Nausicaä tinha um companheiro animal, um verdadeiro simbionte: um pequeno esquilo-raposa, gentil e feroz. Nos últimos anos de sua vida, em seu livro de memórias, Camille 1 descreveu *Nausicaä do vale do Vento* como uma fábula de grande companheirismo e grandes perigos. À diferença dos heróis convencionais, Nausicaä, acompanhada de animais, é uma menina e uma curandeira, cuja coragem amadurece em densa conexão com muitos outros e muitos tipos de outros. Nausicaä não pode agir sozinha. Suas ações e sua respons-habilidade pessoal têm sérias consequências para ela e para uma miríade de seres humanos e não humanos. As conexões e os corredores de Nausicaä são práticos e materiais; eles são fabulosos e animados de modo animista e espevitado. São suas as artes de viver em um planeta degradado. Essa criança de um anime japonês do século XX manteve Camille 1 em simbiose com as monarcas ao longo de toda sua vida.

CAMILLE 2

Nasce em 2085. 9,5 bilhões de seres humanos vivem na Terra. Morre em 2185. 8 bilhões de seres humanos vivem na Terra.

Na ocasião de sua iniciação, aos quinze anos, Camille 2 decidiu pedir implantes de antenas de borboleta no queixo como um presente por sua passagem à maioridade. Essa espécie de barba tentacular lhe permitiria saborear mais vividamente os mundos dos insetos voadores, cujo paladar também se tornaria

---

dama que amava os insetos], isto é, as esplêndidas lagartas de borboletas e mariposas. Essa estória acompanha outros dez contos em *Tsutsumi Chūnagon Monogatari*, de autoria desconhecida.

29. Em entrevista de 1995, "The Finale of Nausicaä", Miyazaki afirma que queria criar uma heroína que não fosse "completamente normal". Na mesma entrevista, o autor comenta que os Ohmus viviam como larvas da infância à idade adulta. Não surpreende que Camille 1 tenha se encantado! Ver o vídeo do crítico de cinema filipino Michael Mirasol, disponível no YouTube: "Commentary on *Nausicaä of the Valley of the Wind*".

parte do legado do simbionte humano. Além de contribuir para o trabalho de devir-com, os implantes agregavam prazeres corporais ao processo.[30] Com orgulho desse signo vibrante da simbiose

30. Scott Gilbert é meu guia para imaginar os mecanismos da biologia do desenvolvimento que permitiriam que Camille 2 tivesse uma barba de antenas de borboleta (comunicação pessoal com o autor, 7/4/2015): "Poderia haver muitas maneiras de enxertar antenas de borboleta em uma mandíbula humana. Uma delas seria induzir uma tolerância central. Como a comunidade sabia que Camille se vincularia às monarcas, poderiam injetar [no recém--nascido] extratos de antenas de borboleta (talvez desenvolvidos em cultura ou a partir de borboletas mortas) no momento de seu nascimento. Como o sistema imune ainda está em desenvolvimento, ele poderia ser treinado para reconhecer essas substâncias como 'próprias'. Se a decisão for tomada em um momento posterior da vida, outra possibilidade seria tentar induzir anergia clonal ao injetar material da borboleta na ausência de certas células--T. Este procedimento não tem um histórico de sucesso, já que a tolerância periférica ainda não curou nossas alergias. Quem sabe, no futuro... Outra maneira interessante de fazê-lo seria induzir o tecido adjacente a se tornar placentário! A placenta cria um ambiente que previne a destruição do feto pelo sistema imune materno. Os fatores derivados da placenta aparentemente produzem células-T regulatórias e limitam a formação de células-T auxiliares (para um artigo recente, ver Svenson-Arveland et al., 'The Human Fetal Placenta Promotes Tolerance against the Semiallogenic Fetus by Producing Regulatory T Cells and Homeostatic M2 Macrophages'). Uma maneira sf de fazê-lo seria por meio de bactérias simbióticas, que expressariam os antígenos da borboleta para induzir a tolerância. Este método tem sido explorado como uma forma de prevenir ou melhorar as alergias a amendoim (ver Ren et al., 'Modulation of Peanut-Induced Allergic Immune Responses by Oral Lactic Acid Bacteria-Based Vaccines in Mice') e a dermatite atópica (ver Farid et al., 'Effect of a New Synbiotic Mixture on Atopic Dermatitis in Children'). Um contato prolongado poderia induzir as células-T regulatórias de antígenos específicos. Isso seria interessante, uma vez que produzir a tolerância implicaria uma simbiose."
A comunidade científica de Nova Gauley, portanto, dispunha de muitas opções para discutir com Camille 2, então com quinze anos. Os fatores derivados da placenta foram a primeira opção, mas os esforços iniciais fracassaram. A operação teve sucesso, finalmente, quando deram a Camille 2 as bactérias simbióticas que expressavam antígenos das antenas de borboleta e induziam a tolerância aos implantes no hospedeiro humano.
De "Butterfly Anatomy": "As antenas das monarcas *Danaus plexippus* são cobertas por mais de 16 mil sensores olfativos (detectores de odores) – alguns se parecem com escamas, outros têm a forma de pelos ou de fossas olfatórias. Os primeiros, em torno de 13.700, são sensíveis aos feromônios sexuais e ao odor do mel, e permitem que as borboletas localizem as fontes de néctar. As borboletas também usam suas antenas para comunicar-se fisicamente, como as formigas e as abelhas. Por exemplo, é comum ver os machos de borboletas *Aglais urticae* tamborilando suas antenas nas asas posteriores

vivida, agora em sua segunda geração, uma vez terminados os procedimentos da adolescência, Camille 2 partiu em viagem rumo ao hábitat invernal da migração do leste para encontrar-se com as pessoas indígenas e camponesas que trabalhavam para recuperar as terras e águas degradadas ao longo do eixo neovulcânico, entre os estados de México e Michoacán.

Camile 1 havia instruído Camille 2. Durante os primeiros quinze anos de vida da criança, Camille 1 tentou preparar a simbionte humano-borboleta da segunda geração de Nova Gauley para fazer visitas prolongadas como hóspede das diversas comunidades de Michoacán. O trabalho de vida de Camille 1, contudo, havia se passado quase inteiramente em corredores, vilarejos, campos, minas, florestas, costas, montanhas, desertos e cidades ao norte do México frequentadas pelas grandes migrações de monarcas – a migração do leste ia rumo ao sul do Canadá, e a do oeste em direção ao estado de Washington e às montanhas Rochosas do Norte. Camille 1 trabalhava, brincava e lidava principalmente com pessoas que se dedicavam à agricultura e à pecuária em fazendas do sul e do meio-oeste, cientistas do agronegócio, empresas do setor de energia e seus advogados inescrupulosos, trabalhadores das minas, pessoas desempregadas, amantes da natureza, jardineiros, ecólogos de corredores, especialistas de insetos e cientistas do clima, além de artistas que atuavam com bichos não humanos, e em prol deles. Embora residisse em Nova Gauley e estivesse em sintonia sobretudo com as paisagens e os povos devastados das regiões mineiras dali e de outros lugares do continente,[31] Camille 1

---

das fêmeas durante o ritual de acasalamento, possivelmente para 'saborear' os feromônios presentes nas asas. [...] É habitual observar as borboletas ao 'molhar as antenas', isto é, quando tocam suavemente com as pontas de suas antenas no solo ou nas folhas. Neste caso, elas estão tomando amostras do substrato para detectar suas qualidades químicas, a fim de determinar se o solo contém certos nutrientes essenciais. Frequentemente, as borboletas machos bebem a umidade mineralizada para obter o sódio que transferem às fêmeas durante a cópula."
31. Na região dos Apalaches, o carvão era rei. Os sindicatos destruídos, os povoados arruinados, os pulmões humanos devastados, as pessoas resilientes e as montanhas, as águas e os bichos em desaparecimento: foi principalmente

também passava temporadas com as borboletas e suas gentes nos lares de inverno da migração do oeste, especialmente no entorno da baía de Monterey, no centro da Califórnia. Isso lhe permitia compreender os mundos biológicos, culturais e históricos desses agrupamentos de monarcas agarrados aos pinheiros locais de Monterey e aos eucaliptos-da-tasmânia, árvores cuja importante função jamais foi reconhecida pelo nativismo ecológico.

Em toda essa vasta extensão de terra, as pessoas *sims* e não *sims* experimentavam as simpoieses das Crias do Composto principalmente por meio de suas materialidades semióticas *biológicas*. Evidentemente, como parte importante de sua educação e de suas alianças de trabalho, tanto na infância como na vida adulta, Camille 1 havia estudado com docentes de origem indígena da América do Norte, das Primeiras Nações e Métis, que explicavam e performavam diversas práticas e conhecimentos para vincular devires e trocas entre seres humanos e alteridades não humanas. Mas Camille 1 nunca questionou seriamente as práticas e categorias colonizadoras (como natureza, cultura e biologia) que lhe permitiam compreender sua própria simpoiese transformadora com as monarcas. Por motivos práticos e políticos, assim como ontológicos e epistemológicos, Camille 1 reconhecia a necessidade urgente de aprofundar e modificar os termos dos intercâmbios e das colaborações com pessoas, povos e bichos não humanos nas migrações das monarcas rumo ao sul e em suas residências no México.

---

isso que Camille 1 herdou. Outras regiões e povos fundamentais para Nova Gauley e as gerações de Camille eram os diversos povos indígenas das zonas de areias betuminosas do Canadá e os povos Diné e Hopi do planalto de Black Mesa, em luta contra as operações de mineração de carvão da Peabody Energy (ver o capítulo 3). Os Dinés (Navajos) consideram que o único verdadeiro mal no mundo é a ganância.

A destruição de aquíferos, córregos, lagos, mares, zonas úmidas e rios pela extração de combustíveis fósseis unia Camille às pessoas e aos bichos do eixo neovulcânico mexicano, lar de inverno das borboletas-monarcas, de onde a água era desviada por grandes projetos de transvase que atravessavam as montanhas até a Cidade do México.

Figura 26: Borboleta-monarca pousada sobre uma flor de funcho em Pismo Butterfly Grove, próximo à entrada do parque de Pismo Beach. 15 de novembro de 2008. Fotografia de docentjoyce / Wikimedia Commons.

Portanto, apesar de seu bom conhecimento da literatura decolonial e pós-colonial e de sua longa correspondência com camaradas do México – muitos dos quais haviam viajado até Nova Gauley e Santa Cruz, na Califórnia, para encontrar-se com as Comunidades do Composto locais –, Camille 1 morreu sem conhecer outras formas materiais e semióticas de simpoiese com as monarcas além da simbiogênese. Mais adiante, durante a primeira estadia de Camille 2 no México após sua maioridade, no *Día de los Muertos*, as monarcas que retornavam para seu lar invernal nas montanhas no mês de novembro lhe foram apresentadas como as almas dos mortos do povo Mazahua. As monarcas não *representavam* as almas dos mortos; elas eram *sims* das borboletas vivas e dos mortos humanos, em mundificações multinaturalistas que Camille 2 havia estudado, mas que mal podia reconhecer ou saudar.

As Comunidades do Composto em Michoacán e em todo o

México deram à luz bebês simbiogenéticos para contribuir com o trabalho de reabilitar terras e águas arruinadas no decorrer das gerações seguintes. As comunidades mexicanas se sentiam tão à vontade quanto suas camaradas do norte com os dispositivos ampliados de conhecimentos e práticas naturaisculturais e biológicas. Contudo, nenhuma das Comunidades do Composto mexicanas, independentemente de seu legado colonial, indígena ou misto, havia unido um bebê humano a bichos migratórios em perigo que também eram, eles próprios, ancestrais visitantes. As consequências da potente iniciação de Camille 2 à simpoiese com as monarcas, vinculando a invernia dos insetos alados à visita dos ancestrais, deu uma nova forma à trama do trabalho por ecojustiça que uniu Nova Gauley às comunidades do eixo neovulcânico no México ao longo dos três séculos seguintes. Em busca de um nome que pudessem compartilhar, Camille 2 e seus anfitriões mazahuas decidiram chamar esse tipo de devir-com de "simanimagênese". Os corredores, as migrações e as zonas de contato das monarcas reúnem muitos modos de viver e morrer nas Américas!

Assim, o povo Mazahua do México central (dos estados de México, Michoacán e Querétaro) tornou-se vital para a estória de Camille a partir da segunda geração. O trabalho decolonial dos dois lados da fronteira deveria ser intrínseco a todas as formas de simpoiese com as borboletas-monarcas.[32] As Comunidades

---

32. Algumas abordagens decoloniais à mundificação e à reabilitação multiespécies ajudaram Camille 2 a se preparar para sua estadia no México: Basso, *Wisdom Sits in Places*; Danowski e Viveiros de Castro, "L'Arrêt du Monde", pp. 221-339; de la Cadena, *Earth Beings*; Escobar, *Territories of Difference*; Green, *Contested Ecologies*; Hogan, *Power*; Kaiser, "Who Is Marching for Pachamama?"; Kohn, *How Forests Think*; Laduke, *All Our Relations*; Tsing, *Friction*; Weisiger, *Dreaming of Sheep in Navajo Country*.
Em "Can There Be Peace with Poison?", Kristina Lyons, que trabalhou durante muitos anos na região de Putumayo, na Colômbia, argumenta: "As comunidades rurais têm articulado concepções de territorialidade cada vez mais ecológicas em suas lutas para defender não só a possibilidade de vida humana, mas também a existência relacional de um *continuum* de seres e elementos (solos, florestas, rios, insetos, animais, cultivos, plantas medicinais e humanos) que compartilham as contingências da vida e do trabalho sob coação militar." Lyons propõe *selva* tanto como um termo teórico quanto

do Composto enfrentavam as consequências das práticas de conservação e restauração herdadas do colonialismo de ocupação anglo-americano e espanhol, além das contínuas eliminações e extrações inflingidas aos povos indígenas pelo governo mexicano e estadunidense. Camille não podia mais não saber sobre as lutas dos Mazahuas pela terra e pela água, suas migrações a cidades próximas ou distantes para realizar trabalhos mal pagos, o desmatamento ilegal e habitual das florestas, a produção de carvão e a história das ações pela preservação das árvores e das matas, antes da migração das borboletas se tornar uma questão internacional. Já não podia ignorar a história antiga e recente de exploração das florestas e das bacias hidrográficas por parte de povos indígenas e estrangeiros, a resistência a cientistas estadunidenses e de outros países, e ainda a criminalização, por meio da regulamentação e da burocracia do Estado mexicano, das práticas locais de subsistência na reserva de borboletas que se tornou Patrimônio Mundial da Humanidade.

As mulheres das comunidades na reserva das borboletas e nos arredores se ocuparam de Camille 2 durante as primeiras duas semanas após sua chegada ao território das monarcas mazahuas.[33]

---

como uma maneira de designar lugares naturaisculturais situados. *Selva* não faz o mesmo trabalho colonial que *natureza*. As pessoas compostistas recordam o legado da antropóloga britânica Marilyn Strathern, que insistia que importa quais ideias pensam outras ideias. Ver também K. Lyons, *Fresh Leaves;* Cadena, "Uncommoning Nature".

Para um vislumbre do trabalho ambíguo, controverso, às vezes vital, às vezes chocante, realizado por organizações ambientais sobre diferentes aspectos das questões "verdes", ver o ensaio recente de uma das fundadoras da ecologia política feminista, Dianne Rocheleau: "Networked, Rooted and Territorial: Green Grabbing and Resistance in Chiapas". Chiapas, a terra natal dos movimentos zapatistas, é parte da região que Camille 2 veio a conhecer em profundidade. Ver Harcourt e Nelson, *Practicing Feminist Political Ecologies*. Rocheleau, geógrafa, transformou meu mundo desde o momento em que Anna Tsing pôs seus escritos em minhas mãos, no primeiro dos três seminários de pós-graduação sobre Geofeminismos que lecionamos juntas na UCSC (em 2002, 2007 e 2010). Ver Rocheleau e Edmunds, "Women, Men and Trees".

33. A propósito das formações mazahuas desde 1968, no contexto de movimentos indígenas mexicanos e internacionais, ver Gallegos-Ruiz e Larsen, "Universidad Intercultural".

Quando chegou, no outono de 2100, as mulheres mazahuas radicais celebravam o nonagésimo-sexto aniversário da Fundação de seu movimento. Em 2004, "armadas simbolicamente com ferramentas agrícolas e rifles de madeira, elas formaram o Exército de Mulheres Zapatistas em Defesa da Água e se comprometeram com uma estratégia de não violência".[34] O movimento zapatista começou em 1º de janeiro de 1994, em Chiapas, com um levante armado transformador. Sua contribuição mais importante para as estratégias contínuas das comunidades mazahuas foi o desenvolvimento de uma prática vigorosa de não violência e de uma frente de oposição ampla e multigeracional.[35] Em todo o mundo, as Comunidades do Composto estudavam os municípios zapatistas autônomos chamados *caracoles*.

A primeira prioridade das mulheres mazahuas foi iniciar a hóspede *sim* de Nova Gauley nas intensas relações com os mortos viventes. Elas ficaram encantadas com as antenas de borboleta no queixo de Camille 2, resistindo educadamente à tentação de passar os dedos constantemente pelos órgãos tentaculares sensíveis de sua estranha barba, e também com os padrões em cores vivas de sua pele adulta, que haviam gradualmente substituído as listras marcantes de lagarta de sua infância e juventude. As mulheres mazahuas estavam certas de que essas marcas significavam que Camille 2 poderia estudar com profundidade as próprias mundificações humano-borboletas das quais elas faziam parte, configurando uma aliança útil. Para que pudesse se juntar ao trabalho de recuperação de seres humanos e alteridades-não-humanas e de justiça ambiental multiespécie nesse território indígena, dominado e drenado durante séculos pelo Estado e por outras forças estrangeiras, Camille 2 precisou estudar o ressurgimento dos povos que ocorreu nos primeiros anos do século XXI.

Na noite em que as monarcas retornaram, em novembro de 2100, as mulheres ensinaram a Camille 2 um poema escrito

---

34. Gómez Fuentes, Tire e Kloster, "The Fight for the Right to Water".
35. Molina, "Zapatistas' First School Opens for Session". O levante do Exército Zapatista de Libertação Nacional teve início em Chiapas, em 1994.

por Julio Garduño Cervantes, "Soy mazahua", que permanecia vital em seu trabalho pelos mortos e pelos vivos. Durante a festa, os versos eram entoados por pessoas lindamente vestidas, em meio a fogos de artifício extravagantes e saudações a parentes que regressavam. O poema foi composto em memória de um líder mazahua assassinado em 1980, no Dia dos Mortos, quando voltava do cemitério para casa. Esse assassinato revoltou *pueblos* indígenas de todo o México, desencadeando um movimento que, no momento da visita de Camille 2, estava mais forte do que jamais estivera. As mulheres do Exército de Mulheres Zapatistas em Defesa da Água ensinavam que as borboletas bebiam as lágrimas daquelas e daqueles que se enlutam pelas pessoas assassinadas, estupradas e desaparecidas de todas as terras.[36]

Sou mazahua

Você quis negar a minha existência,
Eu não nego a sua.
Mas eu existo: sou mazahua!
[...]
Sou feito desta terra, deste ar,
da água e do sol
e todos unidos repetimos: somos mazahuas!
[...]
Você escravizou meus antepassados
e roubou suas terras.
Você os matou.
[...]
Eu construo a casa,
mas é você quem vive nela.
[...]
Você é o delinquente,

---

36. Para uma estória eloquente sobre as borboletas amazônicas que bebem lágrimas de tartarugas, ver Main, "Must See".

mas quem está preso sou eu.
Nós fizemos a revolução
e você se aproveita dela.
Minha voz se levanta, se une a outras mil
E todos unidos repetimos: somos mazahuas!
Nossas mãos semearão para todos.
Nossas mãos lutarão por todos.
Sou mazahua!

Julio Garduño Cervantes

No início, Camille 2 teve dificuldade para compreender quão ativos eram os mortos em toda essa região, e quão importante era o trabalho das pessoas compostistas para a restauração de terras devastadas e de seus seres humanos e não humanos.[37] Camille 2 precisou aprender a se desprender das noções colonialistas de religião e secularismo para começar a apreciar a pura materialidade semiótica daquelas e daqueles que nos precedem. Até que a simpoiese com os mortos fosse reconhecida, a simpoiese com os vivos permaneceria radicalmente incompleta. As pessoas urbanas que vinham visitar da Cidade do México tampouco sabiam como se envolver seriamente com as demandas epistemológicas, ontológicas e práticas desse aspecto das cosmopolíticas indígenas. A modernidade e seu trabalho de categorização se provaram terrivelmente duráveis, mesmo centenas de anos após a crítica fulminante do final do século XX e do início do século XXI, que tornou inconcebível a aderência explícita de qualquer pessoa séria, inclusive cientistas e artistas, aos postulados da modernidade

---

37. A versão do poema acima (deixando de fora algumas linhas poderosas) foi tirada de Gallegos-Ruiz e Larsen, "Universidad Intercultural", pp. 24-25. Em 1980, uma jovem leu este poema em mazahua e em espanhol para Miguel de la Madrid, então candidato à presidência. Para o poema em espanhol, ver Garduño Cervantes, "Soy mazahua". Para a declamação em espanhol por uma estudante do ensino fundamental em 2011, ver Guadalupe, "Soy mazahua". A propósito do perigo de extinção do idioma mazahua, ver Domínguez, "De la extinción de su lengua mazahua". Não encontrei uma versão escrita nem oral do poema em mazahua.

política e filosófica. A modernidade passou à clandestinidade, mas permaneceu morta-viva. Para as Comunidades do Composto, fazer as pazes com esse ancestral vampiro era uma tarefa urgente.[38]

Nas primeiras semanas da estadia de Camille 2, as adolescentes mazahuas do Exército de Mulheres Zapatistas em Defesa da Água assumiram a tarefa de ensinar à hóspede *sim* sobre a luta por ecojustiça das florestas e águas da região. A partir do final do século XX e no decurso do XXI, a Cidade do México extraiu esse precioso líquido de lagos, rios e aquíferos que se estendiam pelas montanhas e abasteciam as bacias onde vivem povos indígenas e muitos bichos, a norte e a leste, em imensos projetos de transferência de água.[39] Essa prática foi enormemente destrutiva, um fato assinalado por um relatório de 2015 da Union of Scientists Committed to Society [União de Cientistas Comprometidos com a Sociedade]:

A transferência de água pela movimentação de grandes volumes de uma bacia a outra é insustentável e impacta o meio ambiente no médio e no longo prazo. A prática também provoca deslocamentos forçados que destroem as cidades e as comunidades e marginalizam pessoas, que são obrigadas a se mudar para as periferias pobres das grandes cidades.[40]

---

38. É preciso lembrar que as ciências não são modernas no sentido manifestado aqui; elas não são a Ciência. A pobreza da língua derrota até as compostistas mais ávidas.
39. Camille havia lido sobre os processos extraordinariamente destrutivos de transferência inter-regional de águas do rio Colorado, no oeste dos EUA, durante os séculos XX e XXI. Um poço foi perfurado através das montanhas de San Jacinto, no Arizona, para levar água até o sul da Califórnia. O rio foi bombeado de oeste a leste por um vasto sistema de túneis e aquedutos que atravessam as montanhas Rochosas para fornecer água à cidade de Denver. Ver Lustgarten, "End of the Miracle Machines" e o capítulo 3 de *Ficar com o problema*. Para uma abordagem pró-engenharia, ver o site do Colorado Water Users Association. As alianças entre grupos indígenas e outros grupos ligados a causas ambientais foram essenciais para interromper essas práticas por meio de políticas e ecologias persistentes, organizadas em torno da justiça ambiental e da transição justa. Ver os sites Just Transition Alliance e Indigenous Environmental Network.
40. Ver Enciso L., "Mexico"; Geo-Mexico, "Where Does Mexico City Get Its Water?"; "Water Management in Greater Mexico City", artigo da Wikipédia.
Em setembro de 2004, as mulheres mazahuas realizaram uma ação decisiva. Em "The Fight for the Right to Water", Gómez Fuentes, Tire e Kloster

Quando Camille 1 nasceu, o Sistema Cutzamala já havia bombeado 480 bilhões de litros de água por ano até a Cidade do México e suas dezesseis demarcações territoriais. Enquanto isso, as comunidades mazahuas sequer tinham acesso a água potável. O Exército de Mulheres Zapatistas em Defesa da Água realizou incansáveis manifestações e ações na Cidade do México e em outros lugares, obtendo muitas vitórias parciais. A luta continuou durante toda a vida de Camille 2, e prosseguiu depois. Em simpoiese, os bichos das monarcas, humanos e outros-que-humanos, beberam as lágrimas curativas dos vivos e dos mortos.[41]

escrevem: "Naquele momento, dissemos a nós mesmas: 'Eles estão puxando as pernas dos homens e brincando com elas, porque não estamos vendo nenhuma ação. Decidimos, então, juntar nossa coragem e liderar a luta', diz Rosalva Crisóstomo, de San Isidro. [...] As comunidades afetadas finalmente conseguiram receber alguma compensação por seus cultivos inundados, com a restituição de terras que haviam sido expropriadas (mas jamais utilizadas) em benefício do Sistema Cutzamala e o abastecimento de água potável para muitas comunidades, embora algumas tenham sido excluídas deste benefício. As próprias comunidades deram início a processos de reflorestamento e restauração das zonas úmidas como parte de seu plano de desenvolvimento sustentável da região. Elas se organizaram em microempresas e cooperativas de produção e comercialização de produtos agrícolas, que contribuem para diminuir a emigração. Acima e além de tudo isso, as comunidades mazahuas reafirmaram sua cultura, sua identidade, seus costumes e tradições como povo, recuperando o orgulho por sua língua e sua vestimenta, especialmente entre as mulheres."
Em 2006, no IV Fórum Mundial da Água, houve muitas manifestações e fóruns paralelos, inclusive o Tribunal Latino-Americano da Água. O movimento mazahua teve forte representação. Ver Trujillo, "The World Water Forum". Em setembro de 2010, Agustina Araujo, Guadalupe Acevedo, Ofelia Lorenzo e Irma Romero, *comandantas* do Exército Zapatista de Mulheres Mazahuas, falaram no I Simpósio de Mulheres Indígenas, líderes na luta pelo controle dos recursos e do território. Ver "Zapatista Army of Mazahua Women in Defence of Water in the Cutzamala Region"; e Wickstrom, "Cultural Politics and the Essence of Life".
41. Uma Comunidade do Composto na Amazônia peruana era especialmente sintonizada com as borboletas locais, que sorvem lágrimas de tartarugas para obter seus minerais essenciais. Nessa comunidade, os bebês humanos eram unidos por simbiose a tartarugas e borboletas vulneráveis. De "Mariposas que beben lágrimas de tortuga": "Phil Torres, um cientista do Centro de Investigação da Reserva Natural de Tambopata, no Peru, explicou recentemente na revista *LiveScience* que esses belos insetos alados absorvem

Figura 27: Mural pintado por jovens em La Hormiga (Putumayo), no sudoeste da Colômbia. O mural retrata paisagens antes e depois das fumigações aéreas durante a "guerra às drogas" do governo dos Estados Unidos e da Colômbia. Fotografia de Kristina Lyons.

CAMILLE 3

Nasce em 2170. 8,5 bilhões de seres humanos vivem na Terra. Morre em 2270. 6 bilhões de seres humanos vivem na Terra.

Nesta geração, dois terços das pessoas que residiam nas Comunidades do Composto ao redor do mundo eram simbiontes engajados no trabalho e no jogo intensos pela manutenção da existência de seres vulneráveis ao longo dos séculos mais difíceis da crise planetária, em meio ao sofrimento generalizado, humano e não humano. Uma quantidade significativa de *sims* havia decidido deixar as comunidades compostistas, abdicando de seu direito de residência para obter cidadania em outras formações políticas. Algumas pessoas humanas, tanto imigrantes quanto não *sims* nascidas nas novas comunidades, tornaram-se compostistas vigorosas sem jamais terem desejado envolver-se pessoalmente na feitura de parentesco simbiogenético. Aliadas a diversos povos não *sims*, as práticas compostistas de viver e morrer floresciam em toda parte. As pessoas dessa época emergente de restabelecimento parcial se sentiam profundamente emaranhadas no Chthuluceno tentacular em curso. As rápidas mudanças climáticas e o colapso de ecossistemas interligados varriam a Terra, causando grandes perdas. O advento da extinção em massa do Capitaloceno e do Antropoceno ainda não havia terminado.

Quando Camille 3 chegou à idade de cinquenta anos, contudo, era evidente que a população humana havia diminuído – embora ainda exercesse uma pressão maior do que os degradados sistemas naturais, sociais e técnicos da Terra poderiam sustentar na maior parte dos lugares. Essa redução se deu no contexto de uma busca deliberada pela intensificação da justiça ambiental, que priorizava as pessoas humanas mais pobres, os ecossistemas naturaisculturais biodiversos e os bichos e hábitats mais vulneráveis. No decorrer dos 150 anos desde o surgimento

sódio e outros nutrientes que necessitam das lágrimas salgadas de tartarugas que vivem na Amazônia". Agradeço a Marisol de la Cadena, que me ensina sobre as cosmopolíticas indígenas, pela indicação desse site e por muito mais.

das primeiras comunidades compostistas, grande parte de seu trabalho mais inventivo consistiu em desenvolver os elos desse padrão de justiça. Esse trabalho exigia reconhecer e consolidar as práticas herdadas do Chthuluceno que não tivessem sido completamente aniquiladas no Capitaloceno e no Antropoceno, além de inventar novas maneiras de ligar entre si as três prioridades fundamentais. As populações humanas mais ricas e com maior índice de consumo foram as que mais reduziram o número de nascimentos, com o apoio das Comunidades do Composto. Em toda parte, os nascimentos estavam deliberadamente abaixo das taxas de substituição, aproximando-se, lenta e efetivamente, de níveis que faziam sentido para uma humanidade distribuída e diversa – como húmus, não como polos opostos de natureza e cultura. As práticas de fazer parentes, não bebês, havia tomado conta dentro e fora das Comunidades do Composto.

Contra todas as expectativas do início do século XXI, apenas 150 anos de simpoieses (tanto simbiogenéticas como simanimagênicas) pareciam ter feito diferença, ao manter espaços e tempos abertos para muitos dos seres mais vulneráveis da Terra, inclusive para as migrações das borboletas-monarcas e suas diversas pessoas e povos humanos. As florestas do eixo neovulcânico do México ressurgiam; a água havia sido restaurada aos aquíferos pilhados. As pessoas conseguiram estabelecer uma paz sólida com os bichos e a comunidade científica da Reserva da Biosfera, à medida que as organizações camponesas e indígenas por justiça ambiental obtinham maior controle sobre o que se passava. Em suas migrações ao norte do México, as borboletas (tanto as larvas como as adultas) tinham agora a garantia de encontrar alimento, uma vez que as paisagens eram cheias de cultivos orgânicos não monocultores e de uma profusão de jardins biodiversos na beira das estradas. A devastação dos hábitats de pessoas humanas e outros bichos ocasionada pela Grande Energia e pelo Grande Capital ainda não tinha chegado ao fim, mas a maré definitivamente havia mudado.

A inovação tecnológica boa para o húmus, a criação de rituais e celebrações, a reestruturação econômica profunda, a reconfiguração do controle político, a desmilitarização e o trabalho prolongado para conectar corredores e possibilitar a restauração ecológica, cultural e política – tudo isso produzia um impacto e ganhava força. Embora Camille 3 não pudesse esquecer as monarcas, sua atenção agora se voltava para o fato de que as pessoas *sims* precisavam fazer um balanço coletivo sem precedentes de sua própria ação.

Os principais acontecimentos da vida de Camille 3 foram as viagens para encontrar pessoas *sims* e não *sims* ao redor do mundo, diante do reconhecimento geral de que as práticas compostistas haviam transformado fundamentalmente a humanidade e a animalidade. Evidentemente, muitos povos da Terra jamais haviam dividido os seres vivos entre humanos e animais, mas todos ordenavam as coisas de modo distinto do que ocorria claramente e em toda parte em 2200. Nesse mesmo ano, também era absolutamente incontestável o fato de que as mudanças não eram as mesmas em todo lugar. A mundificação *sim* não era uma coisa única, suas configurações divergiam e se adaptavam com exuberância, de modo eco-evo-devo-histo-tecno-etno-psico. Reconhecer isso era turbulento, revigorante e perigoso. As crises de intimidação e *bullying* entre as crianças da geração de Camille 1 não eram nada em comparação ao terror da transição para a terceira geração das Comunidades do Composto, que em poucas gerações seriam a maioria das pessoas na Terra. O desafio da geração de Camille 3 consistia em inventar cosmopolíticas planetárias entre *sims* e não *sims*.

Povos de todas as dobras da Terra eram gerados e nutridos, havia muito, por estórias, mitos, performances, poderes e corporificações de entidades que não podem ser divididas nas categorias reconhecíveis pela maioria das filosofias e políticas ocidentais convencionais. Essas estórias e corporificações também estavam profundamente integradas nas práticas e relatos de povos antigos ou recentemente estabelecidos naquilo que outrora se chamava

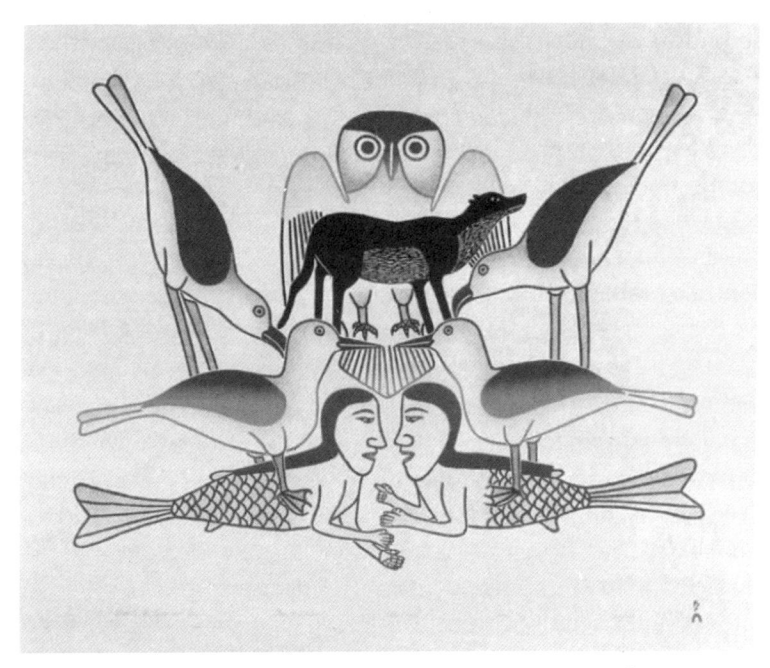

Figura 28: *Animals of Land and Sea* [Animais da terra e do mar]. Kenojuak Ashevak, 1991. Litografia e estêncil, 76 × 63 cm (papel). Cortesia de Dorset Fine Arts.

Ocidente. A geração de Camille 3 descobriu que as biologias e narrativas eram os filões mais ricos para tecer as tramas necessárias para a vinculação de *sims* e não *sims*.

As narrativas SF sobre a passagem à maioridade fascinavam a geração de Camille 3 – da Alyx de *The Adventures of Alyx*, de Joanna Russ, à jovem entidade feminina decididamente não humanóide Esen-alit-Quar, da série *Web Shifters*, de Julie Czerneda. Esses contos foram cuidadosamente conservados nos arquivos compostistas. Camille 3 sentia especial atração pelas estórias de Philip Pullman, escritas no século XX, sobre a menina Lyra Belacqua e seu demônio Pantalaimon.[42] Os *daemons* animais eram capazes

---

42. Ver Russ, *Adventures of Alyx*; Pullman, *His Dark Materials*; Czerneda, *Beholder's Eye*.

de múltiplas transformações até a chegada da adolescência de seus humanos, quando se estabilizavam em uma forma única. Pullman imaginou os *daemons* não como seres distintos, mas como expressões de uma pessoa humana tripartite; no entanto, as compostistas *sims* dispunham de outros e melhores recursos para compreender a vinculação, os quais não se baseavam no legado da tríade alma/corpo/mente utilizado por Pullman em sua guerra contra o monoteísmo e a Autoridade. As compostistas entendiam os *daemons* de maneira menos ontologicamente purificada, e mais emaranhada com diversos animismos situados em mundos modernos e tradicionais, passados e presentes. Os vínculos entre seres humanos e demônios eram muito próximos dos vínculos simbiogenéticos forjados pelas crianças das comunidades compostistas. A ruptura desses vínculos ameaçava as pessoas no mais profundo de seu ser. Viver-com era a única maneira possível de viver-bem. Encorajados por essas estórias – contadas durante intermináveis reuniões de pessoas *sims* e não *sims*, muitas vezes assustadas e prolixas, ou entre essas reuniões –, os bichos da Terra forjavam revoluções ontológicas planetárias pela feitura de parentes.

CAMILLE 4

Nasce em 2255. 6,5 bilhões de seres humanos vivem na Terra. Morre em 2355. 3,5 bilhões de seres humanos vivem na Terra.

Após décadas de progressos encorajadores, novas doenças virais surgiram em todo o planeta antes que houvesse tempo para resposta. Algumas delas acometeram os simbiontes fúngicos baseados no solo das plantas alimentícias necessárias a muitas espécies da subfamília *Danainae*, que permitem que elas combatam seus parasitas protozoários.[43] As monarcas se uniram à miríade de

---

43. As monarcas, seus parasitas protozoários (*Ophryocystis elektroscirrha*), as asclépias e os fungos micorrízicos arbusculares associados às raízes das asclépias no solo constituem um holobioma de figura de barbante. As monarcas se alimentam das asclépias, que produzem as toxinas necessárias

seres que desapareceram nas grandes extinções, ainda em curso, desencadeadas pelo Plantationoceno, pelo Antropoceno e pelo Capitaloceno. Perto do fim de sua vida, Camille 4 testemunhou o fim das grandes migrações de monarcas pelas Américas e, com ele, o desaparecimento dos padrões de modos de viver e morrer que elas sustentavam. Camille 4 soube então que orientar Camille 5 exigiria novos caminhos, diferentes daqueles pelos quais Camille 3 guiara sua própria formação.

Em um diário arquivado pelas compostistas, Camille 4 escreveu sobre sua angústia em 2340, aos 85 anos de idade, ao assistir às celebrações da iniciação de Camille 5, então com quinze anos, nas responsabilidades plenas como *sim*. Depois de colaborar por décadas com pesquisas sobre as ecologias dos insetos e seus holobiomas humanos e não humanos, Camille 4 estudou os relatórios de diversos lugares da Terra sobre o rápido declínio das populações de mariposas e borboletas, especialmente as *Danainae*. Embora fossem muito disseminadas e diversas, as monarcas estariam entre as primeiras a desaparecer, e ninguém sabia ainda por quê. Não era certo que a extinção total ocorreria, mas já não havia dúvida de que as migrações estavam condenadas. Para Camille 5, manter espaços abertos envolveria um trabalho muito diferente daquele que havia sido realizado pelas gerações anteriores. Antes de sua morte, em 2355, cabia a Camille 4 a árdua tarefa de acompanhar

para manter seus parasitas sob controle, e os fungos podem determinar a quantidade de toxinas que será produzida pelas asclépias. Os efeitos diferem entre as muitas espécies de asclépias e suas ecologias situadas. As doenças na biota do solo, segundo a infecção viral desenfreada que fabulei, envolvendo fungos micorrízicos importantes nos táxons das *Danainae* no século XXIV, podem afetar profundamente as interações de outros membros do holobioma, como as monarcas e os protozoários. Isso poderia resultar em fenômenos como doenças de desenvolvimento ou colapsos em massa da emergência de borboletas adultas das crisálidas. No curto prazo, isso significaria uma vantagem para bichos como as vespas, que depositam seus ovos em borboletas com dificuldades para sair das crisálidas, de modo que o cadáver da borboleta forneça alimento a sua progênie. No final, entretanto, um colapso em larga escala nos holobiomas de fungos, protozoários, plantas e borboletas também é um colapso na produção de ovos das vespas. Ver Tao et al., "Disease Ecology across Soil Boundaries".

Figura 29: As relações envolvidas no parasitismo e nas doenças infecciosas não são inimigas dos bichos da Terra. O crime é o assassinato da continuidade – a morte dupla. "Quando as borboletas monarcas estão gravemente infectadas pelo protozoário *Ophryocystis elektroscirrha*, elas podem ficar presas em suas crisálidas. Nesse caso, uma vespa se aproveitou da situação." Fotografia e texto de Jaap de Roode, da Universidade de Emory.

a jovem *sim* em outro tipo de iniciação. Camille 4 tinha muito a aprender com a experiência de outras pessoas *sims* que haviam perdido seus bichos.

Em 2300, havia milhares de Oradores dos Mortos ao redor da Terra. Cada um era incumbido de trazer bichos irreparavelmente perdidos a uma presença potente, de modo a oferecer conhecimento e ânimo a todos os seres que continuavam a trabalhar pela recuperação parcial e robusta da Terra, ainda rica em diversidade.[44] Ao longo de trezentos anos, as Comunidades do

---

44. Camille 4 procurava inspiração em Dovey, *Only the Animals*. Em uma crítica do livro publicada no jornal *The Guardian*, Romy Ash escreveu: "*Only the Animals* é uma estória contada pelas almas de dez animais mortos. Cada

Figura 30: *Make Kin Not Babies* [Faça parentes, não bebês]. Ilustração de Elaine Gan para a exposição *DUMP!*. Kunsthal Aarhus, Dinamarca, 2015.

Composto haviam construído uma potente rede planetária de refúgios e focos de ressurgimento da diversidade naturalcultural. Os oradores dos mortos ensinavam práticas de rememoração e luto que envolviam bichos humanos e não humanos extintos no trabalho contínuo de romper as amarras da Morte Dupla, que havia estrangulado uma enorme quantidade de modos de viver e morrer no Plantationoceno, no Antropoceno e no Capitaloceno.[45]

animal é envolvido em um conflito humano ao longo do século [xx], e conta a estória de sua morte. Um mexilhão relata como morreu no bombardeio de Pearl Harbour; um elefante, na Guerra Civil de Moçambique, em 1987; e um urso, durante o conflito Bósnia-Herzegovina, em 1992."
45. As Comunidades do Composto eram ávidas leitoras de sf, e se inspiravam

Para ajudar a preparar Camille 5 a assumir as tarefas de um Orador dos Mortos, Camille 4 recorreu à cantora gutural Tanya Tagaq, uma jovem inuíte não tradicional de Nunavut, e a seu álbum *Animism*, de 2014, cuja potência havia fortalecido o povo inuíte e outros ressurgimentos localizados no século XXI. Tagaq praticava aquilo que Susan Harding, uma antropóloga da mesma época, propôs chamar de animismo experimental.[46] Em *Animism*, Tagaq e seus parceiros (o violinista Jesse Zubot, o baterista Jean Martin e o DJ Michael Red) apresentam um argumento musical sobre e a favor das continuidades, transformações, contradições e interconversões SF (visuais, acústicas e cinéticas) de seres humanos e animais em mundos situados. Caçar, comer, viver-com, morrer--com e mover-se-com nas dobras e turbilhões turbulentos de uma Terra situada: essas eram as afirmações e controvérsias de seus cantos, textos e entrevistas. Tagaq acolheu oposições e conflitos, não para purificá-los, mas para viver dentro das complexidades da carne compartilhada, comprometendo-se com alguns mundos, e não outros. Na apresentação do prêmio musical Polaris, em

---

no romance *Orador dos mortos*, de Orson Scott Card, continuação de *O jogo do exterminador*, que ganhou os prêmios Hugo e Nebula. A estória é centrada nos atos ignorantes, porém culpáveis, de Ender Wiggin, um jovem que se envolve em atividades militares para o extermínio da Rainha da Colmeia e sua espécie. Wiggin decide se tornar um orador dos mortos, viajando até aqueles que não conseguem se reconciliar entre si e com seus mortos. Sua tarefa era coletar e decompor os problemas a fim de recompor a paz para os vivos e os mortos. A espécie da Rainha da Colmeia não havia sido totalmente extinta; Wiggin manteve um espaço aberto para o ressurgimento dessas alteridades insetoides sencientes, que permaneceram inteiramente diferentes dos seres humanos. A comunicação nunca foi simples, desprovida de rupturas e fracassos e, por isso, ela engendra possibilidades.
Encontramos uma outra aproximação aos oradores dos mortos em um documentário sobre as lápides, deliberadamente cobertas, das pessoas negras que originalmente ocuparam Princeville (Ontario) no século XIX, expulsas à força e ativamente esquecidas. Ver The Original People, "Speakers for the Dead".
46. Harding, comunicação pessoal, 7/10/2014. Para conhecer o trabalho de Tagaq e a ilustração tentacular de uma jovem mulher entrelaçada com um lobo de duas cabeças, ver Tagaq, *Animism*. Para ouvir a música, acessar Tagaq, "Polaris Prize Performance and Introduction". Ver também o site do álbum *Animism*.

setembro de 2014, os nomes de mulheres indígenas assassinadas e desaparecidas surgiam na tela atrás de Tagaq. A última canção de *Animism* se chama "Fracking", e a primeira, "Caribou". Nessa performance, a cantora usava pulseiras de pele de foca, uma forma de afirmar o mundo natural e a caça vivenciados por seu povo. Seu animismo arriscado instaurava mundos materialistas – desaparecidos, atuais e vindouros. Ao proclamar "Quero viver em mundos que supostamente não deveriam existir", ela afirmava que esses mundos existiam, haviam existido e continuariam a existir.[47] Sua música era totalmente contemporânea, e muitas identidades móveis estavam em jogo e em risco. Essa obra e suas técnicas inesperadas chegavam a públicos igualmente imprevisíveis, assumidamente enraizadas em lugares, pessoas e bichos específicos.

As práticas de transformar som, carne e espécie de Tagaq eram animistas, nos diferentes sentidos inuítes do termo (antigos e novos), e também no sentido proposto por Eduardo Viveiros de Castro. Em seus estudos com povos indígenas do Brasil, o antropólogo aprendeu a teorizar o realinhamento conceitual radical que chamou de multinaturalismo e perspectivismo. "O animismo é a única versão *sensível* do materialismo."[48] Importa quais conceitos conceituam conceitos. O animismo experimental materialista não é um desejo *new age*, nem uma fantasia neocolonial. Trata-se de uma proposição poderosa para repensar relacionalidade, perspectiva, processo e realidade sem o conforto duvidoso das oposições entre as categorias tradicional e moderno ou religioso e secular. Os nós humano-animais fazem algo diferente neste mundo.

Importa quais mundos mundificam mundos. Importa quem come quem, e como. Essas continuam a ser questões materiais

---

47. Tagaq, "Tagaq Brings Animism to Studio Q".
48. Eduardo Viveiros de Castro, comunicação pessoal, 2/10/2014. Ver Harvey, *Handbook of Contemporary Animism*.

para os bichos cosmopolíticos das Comunidades do Composto. Por essas razões, Camille 4 invocou Tanya Tagaq a compartilhar seu poder, mais de duzentos anos após sua morte.

CAMILLE 5

Nasce em 2340. 4 bilhões de seres humanos vivem na Terra.
Morre em 2425. 3 bilhões de seres humanos vivem na Terra.
Em 2425, 1 bilhão de simbiontes bichos-humanos habitam a Terra.
Dois bilhões de humanos não são *sims*.
Mais de 50% das espécies de bichos que viviam em 2015 desapareceram em 2425.
Milhões de tipos de bichos são *sims* com seres humanos.
Os parceiros animais *sims* permanecem inalterados pelos genes humanos.
Os humanos *sims* adquirem cada vez mais propriedades de seus parceiros animais.
Muitos humanos são *sims* de parceiros extintos.

Canção de Starhawk, ensinada pelos Oradores dos Mortos

Respire fundo.
Sinta a dor
que habita nossas profundezas
pois ainda vivemos
nas feridas abertas
e a dor é o sal que nos queima.
Deixe-a sair.
Deixe a dor se tornar um som,
um rio vivo na respiração.
Erga sua voz.
Clame. Grite. Pranteie.
Lamente e se enlute

pelo desmembramento do mundo.[49]

Então Camille 5 herdou uma tarefa potente de sua mentoria com Camille 4: tornar-se um Orador dos Mortos; trazer à presença contínua, por meio de uma memória ativa, os modos de vida perdidos, para que outros compromissos simbióticos e simpoiéticos não perdessem o ânimo. Para realizar essa tarefa, era preciso não esquecer o cheiro no ar da queima das bruxas, não esquecer os assassinatos de seres humanos e não humanos nas Grandes Catástrofes chamadas Plantationoceno, Antropoceno e Capitaloceno. Era preciso lamentar e se enlutar "pelo desmembramento do mundo". Mover-se entre o luto e a presentificação, praticar a memória vital: esse era o trabalho dos Oradores dos Mortos. Sua tarefa era fortalecer o restabelecimento que ganhava impulso ao redor da Terra. Camille 4 e Camille 5 viajaram extensamente, recorrendo ao legado de sua simbiose com as monarcas para ensinar e aprender a praticar o restabelecimento e a continuidade em meio aos ciclones de destruição continuada e ressurgimento parcial.

Antes de assumir as tarefas de Oradora dos Mortos, remembrando vínculos formados mais de duzentos anos antes, Camille 5 recorreu mais uma vez à ajuda das práticas simanimagênicas, historicamente situadas e em constante evolução, de feitura de parentes dos Mazahuas do século XXIV. Camille 5 começou seu trabalho com uma estadia de um ano em Michoacán, para estudar

---

49. O hino das Comunidades do Composto era entoado em cerimônias dedicadas ao ressurgimento sintonizado com uma Terra ferida. Este canto foi herdado de Starhawk, bruxa neopagã dos séculos XX e XXI (*Truth or Dare*, pp. 30-31). A canção de Starhawk insiste na importância da dor como uma sensibilidade histórica ativa, como uma prática daquilo que Isabelle Stengers chama de "ecologia de práticas". Citado também em Stengers, *Hypnose entre magie et science*. Ressurgimento, precioso como uma palavra e um processo, é uma dádiva de Tsing, "Uma ameaça à ressurgência holocênica é uma ameaça à habitabilidade". [Optamos por traduzir *ressurgence* como "ressurgimento" e não como "ressurgência", como aparece no título traduzido do livro de Tsing, para diferenciá-lo do processo homônimo relativo a um fenômeno oceanográfico (N.T.)]

Figura 31: Com frequência, as lagartas das borboletas-monarcas precisam compartilhar com pulgões-de-oleandro (*Aphis nerii*) as asclépia que lhes servem de alimento. © Jaap de Roode, Emory University.

com as imbricadas comunidades indígenas-científicas-ativistas que continuavam a curar vidas e terras devastadas na região. Os Mazahuas também estavam em luto pela perda das monarcas vivas, e se preocupavam profundamente com a forma como essa extinção remodelaria suas próprias relações simanimagênicas com seus mortos. Na época da geração de Camille 5, milhões de espécies e tipos de bichos haviam desaparecido, tanto humanos como alteridades não humanas. Havia, portanto, muito trabalho a fazer para que os Oradores dos Mortos pudessem preencher novamente os corações e os espíritos, com e por quem continua a ficar com o problema – e com a alegria esfarrapada do cotidiano de viver e morrer, até 2400 e além. O povo das borboletas-monarcas decidiu que esse Orador dos Mortos deveria ser um novo tipo de *sim* em si, e uniram Camille 5 de maneira simbiogenética a pessoas simanimagênicas do eixo neovulcânico. Essas pessoas eram amigas e colegas de trabalho, e agora se incumbiriam de outra simpoiese arriscada e experimental em favor dos tempos vindouros.

Os Oradores dos Mortos ainda têm a tarefa de trazer ao espírito e ao coração as coisas novas da Terra – não só os simbiontes, os simanimantes e suas comunidades e corredores, mas também os novos tipos de seres e modos de vida que emergem de um mundo natal em constante evolução. Os Oradores dos Mortos buscam e liberam as energias do Chthuluceno passado, presente e futuro, com sua miríade de tentáculos de simpoieses oportunistas, perigosas e gerativas. As Crias do Composto não cessariam a prática curiosa e cheia de camadas de devir-com alteridades por um mundo habitável e florescente.

Bibliografia

ABOUHEIF, E. et al. "Eco-Evo-Devo: The Time Has Come", *Advances in Experimental Medicine and Biology, n.* 781 (2014), pp. 107-125. doi: 10.1007/978-94-007-7347-9-6. Acesso em: 2 ago. 2015.

ACACIA. *Wikipedia*. Disponível em: http://en.wikipedia.org/wiki/Acacia. Acesso em: 21 ago. 2015.

ADVANCED ENERGY FOR LIFE. Disponível em: https://www.advancedenergyforlife.com. Acesso em: 10 ago. 2015.

AFRO-NATIVE NARRATIVES. "Jihan Gearon: Indigenous People's Rights Advocate". Disponível em: http://iloveancestry.com/americatoday/afro-native-truth/item/261-jihan-gearon-indigenous-peoples-rights-advocate-black-mesa-water-coalition. Acesso em: 12 ago. 2015.

AKO PROJECT. Disponível em: http://www.lemurreserve.org/akoproject.html. Acesso em: 11 ago. 2015.

AKO PROJECT: THE BOOKS. Disponível em: http://www.lemurreserve.org/akobooks.html. Acesso em: 11 ago. 2015.

ALBERTA ENERGY. "Facts and Statistics". Disponível em: http://www.energy.alberta.ca/oilsands/791.asp. Acesso em: 8 ago. 2015.

ALEGADO, Rosanna; KING, Nicole. "Bacterial Influences on Animal Origins", *Cold Spring Harbor Perspectives in Biology, n.* 6 (2014): a016162. Disponível em: http://cshperspectives.cshlp.org/content/6/11/a016162.full.pdf+html. Acesso em: 8 ago. 2015.

ALI, Saleem H. *Mining, the Environment, and Indigenous Development Conflicts*. Tucson: University of Arizona Press, 2003.

ALLEN, Robert, DELABAR, James; DROSSEL, Claudia. "Mirror Use in Pigeons". Disponível em: http://psychology.lafayette.edu/mirror-use-in-pigeons. Acesso em: 3 ago. 2015.

ALLIN, Jane. "Wyeth Wins, Horses Lose in the Premarin® Drug Sales Sweepstakes", *Tuesday's Horse*. 7 de abril de 2010.

Disponível em: https://tuesdayshorse.wordpress.com/2010/04/07/wyeth-wins-horses-lose-in-the-premarin%c2%ae-drug-salessweepstakes/ Acesso em: 17 dez. 2022.

ANDERSON, Virginia DeJohn. *Creatures of Empire: How Domestic Animals Transformed Early America*. New York: Oxford University Press, 2004.

ANIDJAR, Gil. *Blood: A Critique of Christianity*. New York: Columbia University Press, 2014.

ANÔNIMO. "History: The Formation of the Endosymbiotic Hypothesis". Disponível em: https://endosymbiotichypothesis.wordpress.com/history-the-formation-of-the-endosymbiotic-hypothesis. Acesso em: 9 ago. 2015.

ANTHROPOCENE: ARTS OF LIVING ON A DAMAGED PLANET. Conferência organizada pelo Departamento de Antropologia da Universidade da Califórnia em Santa Cruz e Aarhus University Research on the Anthropocene (AURA). Aarhus, Dinamarca / Santa Cruz, CA, 8-10 de maio de 2014. Disponível em: http://anthropocene.au.dk/arts-of-living-on-a-damaged-planet. Acesso em: 31 ago. 2015.

ANTHROPOCENE FEMINISM. Vídeos da conferência. Universidade de Wisconsin, Milwaukee. 10-12 de abril de 2014. Disponível em: http://c21uwm.com/anthropocene/conference-videos. Acesso em: 8 ago. 2015.

ANTHROPOCENE WORKING GROUP. *Newsletter of the Anthropocene Working Group* 4 (junho de 2013), pp. 1-17; 5 (setembro de 2014), pp. 1-19. Disponível em: http://quaternary.stratigraphy.org/working groups/anthropo/anthropoceneNI4a.pdf e http://quaternary.stratigraphy.org/workinggroups/anthropo/anthropoceneworkinggroupnewslettervo15.pdf. Acesso em: 7 ago. 2015.

APPALACHIAN SALAMANDERS. Smithsonian Conservation Biology Institute. Disponível em: http://nationalzoo.si.edu/SCBI/SpeciesSurvival/AmphibianConservation/salamander/. Acesso em: 1º set. 2015.

ARAUJO, Augustina et al. "Zapatista Army of Mazahua

Women in Defense of Water" in: RIUS, Marisa Belausteguigoitia; ICAZA, Mariana Gómez Alvarez; MÁRQUEZ, Iván González (orgs.). *Dialogue: Indigenous Women in Defense of Life and Land. Development*, v. 54, n. 4 (2011), pp. 470-472. Disponível em: http://www.palgrave-journals.com/development/journal/v54/n4/pdf/dev201192a.pdf. Acesso em: 1º set. 2015.

ARENDT, Hannah. *Eichmann in Jerusalem: A Report on the Banality of Evil*. Nova York: Penguin, 1964. [*Eichmann em Jerusalém*. Trad. José Rubens Siqueira. São Paulo: Companhia das Letras, 1999].

_____. *Lectures on Kant's Political Philosophy*. Brighton: Harvester Press, 1982. [*Lições sobre a filosofia política de Kant*. Trad. de André Duarte de Macedo. Rio de Janeiro: Relume-Dumará, 1993].

_____. "Truth and Politics" in: *Between Past and Future: Eight Exercises in Political Thought*. Nova York: Penguin, 1977, pp. 227-264. [*Verdade e política*. Trad. port. Manuel Alberto. Lisboa: Relógio d'Água, 1995].

ASH, Romy. "*Only the Animals* by Ceridwen Dovey: A Book Review". *The Guardian*, 16 de maio de 2014. Disponível em: http://www.theguardian.com/books/australia-culture-blog/2014/may/16/only-the-animals-by-ceridwen-dovey-book-review. Acesso em: 19 mar. 2016.

ATTENBOROUGH, David. "Intimate Relations". *Life in the Undergrowth*. Disponível em: http://www.bbc.co.uk/sn/tvradio/programmes/lifeintheundergrowth/prog_summary.shtml#4. Acesso em: 21 ago. 2015.

AURA (Aarhus University Research on the Anthropocene). Disponível em: http://anthropocene.au.dk/. Acesso em: 8 ago. 2015.

_____. "Postcolonial Natures: Landscapes of Violence and Erasure". Conferência na Universidade de Aarhus, 17 de junho de 2015. Disponível em: http://anthropocene.au.dk/currently/events/show/artikel/conference-postcolonial-natures-landscapes-of-violence-and-erasure. Acesso em: 1º set. 2015.

AUSTRALIAN EARTH LAWS ALLIANCE. Disponível em: http://www.earthlaws.org.au/rights-of-nature-tribunal. Acesso em: 19 mar. 2016.

BARAD, Karen. *Meeting the Universe Halfway*. Durham: Duke University Press, 2007.

BARASH, David P. *Buddhist Biology: Ancient Eastern Wisdom Meets Modern Western Science*. Nova York: Oxford University Press, 2013.

_____. *Natural Selections: Selfish Altruists, Honest Liars and Other Realities of Evolution*. Nova York: Bellevue Literary Press, 2007.

BARKER, Joanne. "Indigenous Feminisms" in: LUCERO, José Antonio; TURNER, Dale; VANCOTT, Donna Lee (orgs.). *The Oxford Handbook of Indigenous People's Politics*, (online, janeiro de 2015). doi: 10.1093/oxfordhb/9780195386653.013.007. Acesso em: 24 set. 2015.

_____. *Native Acts*. Durham: Duke University Press, 2011.

BASHFORD, Alison. *Global Population: History, Geopolitics, and Life on Earth*. Nova York: Columbia University Press, 2013.

BASSO, Keith. *Wisdom Sits in Places: Landscape and Language among the Western Apache*. Albuquerque: University of New Mexico Press, 1996.

BATMAN PARK. *Wikipedia*. Disponível em: http://en.wikipedia.org/wiki/Batman_Park. Acesso em: 3 ago. 2015.

BATMAN'S TREATY. *Wikipedia*. Disponível em: http://en.wikipedia.org/wiki/Batman's_Treaty. Acesso em: 3 ago. 2015.

BEAR, Laura et al. "Gens, a Feminist Manifesto for the Study of Capitalism", *Cultural Anthropology Online*. 30 mar. 2015. Disponível em: http://culanth.org/fieldsights/652-gens-a-feminist-manifesto-for-the-study-of-capitalism. Acesso em: 12 ago. 2015.

BEE ORCHID. Disponível em: http://www.explainxkcd.com/wiki/index.php/1259:_Bee_Orchid; https://xkcd.com/1259/.Acessoem:10ago.2015.

BEGAY, D. Y. "Shi'Sha'Hane (My Story)" in: BONAR, Eulalie (org.). *Woven by the Grandmothers*. Washington: Smithsonian Institution Press, 1996, pp.13-27.

BEGAYE, Enei. "The Black Mesa Controversy", *Cultural Survival Quarterly* 29, n. 4 (inverno de 2005). Disponível em: http://www.culturalsurvival.org/publications/cultural-survival-quarterly/united-states/black-mesa-controversy. Acesso em: 10 ago. 2015.

BELLACASA, María Puig de la. "Encountering Bioinfrastructure: Ecological Movements and the Sciences of Soil". *Social Epistemology* 28, n. 1 (2014), pp. 26-40.

BELILI PRODUCTIONS. "About Signs out of Time". Disponível em: http://www.belili.org/marija/aboutSIGNS.html. Acesso em: 8 ago. 2015.

BELL, Susan. *DES Daughters, Embodied Knowledge, and the Transformation of Women's Health Politics in the Late Twentieth Century*. Filadélfia: Temple University Press, 2009.

BENALLY, Malcolm D. (org. e trad.). *Bitter Water: Diné Oral Histories of the Navajo-Hopi Land Dispute*. Tucson: University of Arizona Press, 2011.

BENANAV, Michael. "The Sheep Are Like Our Parents". *New York Times*, 27 de julho de 2012. Disponível em: http://www.nytimes.com/2012/07/29/travel/following-a-navajo-sheep-herder.html?pagewanted=all&_r=1. Acesso em: 12 ago. 2015.

BEROKOFF, Tanya. "Attachment"; "Love"; "Let's Hear". *Racing Pigeon Posts*. Disponível em: http:// www.articles.racing-pigeon-post.org/Attachment.html; http://www.articles.racing-pigeon-post.org/Love.html; http://www.articles.racing-pigeon-post.org/Lets_hear.html. Acesso em: 17 fev. 2012. Não disponível em: 3 ago. 2015.

BIODIVERSITY OF THE SOUTHERN APPALACHIANS. Highlands Biological Station, Western Carolina University. Disponível em: http://highlandsbiological.org/nature-center/biodiversity-of-the-southern-appalachians/. Acesso em: 1º set. 2015.

BIOLOGY OF ACACIA. Advances in Legume Systematics

Series Part 11, edição especial da *Australian Systematic Botany*, v. 16, n. 1, 2003. Disponível em: http://www.publish.csiro.au/issue/650.htm. Acesso em: 21 ago. 2015.

BLACK, Max. *Models and Metaphors: Studies in Language and Philosophy*. Ithaca: Cornell University Press, 1962.

BLACK MESA INDIGENOUS SUPPORT. Disponível em: http://supportblackmesa.org/about/mission. Acesso em: 10 ago. 2015.

BLACK MESA TRUST. Disponível em: http://www.blackmesatrust.org. Acesso em: 10 ago. 2015.

BLACK MESA WEAVERS FOR LIFE AND LAND. Disponível em: http://www.culturalsurvival.org/ourpublications/csq/article/black-mesa-weavers-life-and-land. Acesso em: 10 ago. 2015.

_____. "Diné Navajo Weavers and Wool". Disponível em: http://www.migrations.com/blackmesa/blackmesa.html. Acesso em: 11 ago. 2015.

BLYSTONE, Peter; CHANLER, Margaret. *A Gift from Talking God: The Story of the Navajo Churro*. Documentário. Blyportfolio, 2009.

BMWC (Black Mesa Water Coalition). Disponível em: http://www.blackmesawatercoalition.org/. Acesso em: 10 ago. 2015.

_____. "About". Disponível em: http://www.blackmesawatercoalition.org/about.html. Acesso em: 10 ago. 2015.

_____. "Green Economy Project". Disponível em: http://gardenwarriorsgoodseeds.com/2014/10/04/black-mesa-water-coalition-green-economy-project-pinon-az/. Acesso em: 12 ago. 2015.

_____. "Our Work". Disponível em: http://www.blackmesawatercoalition.org/ourwork.html. Acesso em: 10 ago. 2015.

_____. "Photos". https://www.facebook.com/blackmesawc/photos_stream. Acesso em: 11 ago. 2015.

_____. "Tenth Anniversary Video". Narrado por Jihan Gearon. Paper Rocket Productions, 2011. Disponível em: http://www.blackmesawatercoalition.org/index.html. Acesso em: 12 ago. 2015.

BONFANTE, Paola; ANCA, Iulia-Andra. "Plants, Mycorrhizal Fungi, and Bacteria: A Network of Interactions". *Annual Review of Microbiology*, v. 63, 2009, pp. 363-383.

BOONE, E. H.; MIGNOLO, W. (orgs.). *Writing without Words: Alternative Literacies in Mesoamerica and the Andes*. Durham: Duke University Press, 1994.

BORDENSTEIN, S. R.; THEIS, K. R. "Host Biology in Light of the Microbiome: Ten Principles of Holobionts and Hologenomes", *PLoS Biol*, v. 13, n. 8, 2015. e1002226. doi: 10.1371/journal.pbio.1002226. Acesso em: 24 set. 2015.

BROOKS, Wendy. "Diethylstilbestrol", *The Pet Pharmacy*. Disponível em: http://www.veterinarypartner.com/Content.plx?P=A&C=31&A=487&S=0. Acesso em: 13 ago. 2015.

BROWN, Adrienne Maree; IMARISHA, Walidah (orgs.). *Octavia's Brood: Science Fiction Stories from Social Justice Movements*. Oakland: AK Press, 2015.

BUCHANAN, Brett, BUSSOLINI, Jeffrey; CHRULEW, Matthew (orgs.). "Philosophical Ethology II: Vinciane Despret", *Angelaki*, v. 20, n. 2, 2015 (ed. especial). doi: 10.1080/0969725X.2015.1039819.

BURNETT, Victoria. "Monarch Migration Rebounds, Easing Some Fears", *New York Times*, 27 de fevereiro de 2016, p. A11. Disponível em: http://www.nytimes.com/2016/02/28/world/americas/monarch-butterfly-migration-rebounds-easing-some-fears.html. Acesso em: 27 fev. 2016.

BURNING MAN. *Wikipedia*. Disponível em: https://en.wikipedia.org/wiki/Burning_Man. Acesso em: 7 ago. 2015.

BURNING MAN FESTIVAL 2012: A CELEBRATION OF ART, MUSIC, AND FIRE, *New York Daily News*, 3 de setembro de 2012. Disponível em: http://www.nydailynews.com/news/burning-man-festival-2012-celebration-art-music-fire-gallery-1.1150830. Acesso em: 9 ago. 2015.

BUSBY, Kimberly Sue. *The Temple Terracottas of Etruscan Orvieto: A Vision of the Underworld in the Art and Cult of Ancient Volsinii*. Universidade de Illinois, 2007. Tese de doutorado.

BUTLER, Octavia E. *Parable of the Sower*. Nova York: Four Walls Eight Windows Press, 1993. [*A parábola do semeador*. Trad. Carolina Caires Coelho. São Paulo: Morro Branco, 2019].

_____. *Parable of the Talents*. Nova York: Seven Stories Press, 1998. [*A parábola dos talentos*. Trad. Carolina Caires Coelho. São Paulo: Morro Branco, 2019].

BUTTERFLY ANATOMY. *Butterflies: Complete Guide to the World of Butterflies and Moths*. Disponível em: http://www.learnaboutbutterflies.com/Anatomy.htm. Acesso em: 1º set. 2015.

CADENA, Marisol de la. *Earth Beings*. Durham: Duke University Press, 2015.

CAIRNS, Malcolm F. (org.). *Shifting Cultivation and Environmental Change: Indigenous People, Agriculture, and Forest Conservation*. Nova York: Routledge, 2014.

CALLISON, Candis. *How Climate Change Comes to Matter: The Communal Life of Facts*. Durham: Duke University Press, 2014.

CAMERON, James. *Avatar* (filme de longa-metragem). 2009.

CANNON, Hal. "Sacred Sheep Revive Navajo Tradition, for Now". NPR, 13 de junho de 2010. Disponível em: http://www.npr.org/templates/story/story.php?storyId=127797442. Acesso em: 12 ago. 2015.

CARD, Orson Scott. *Ender's Game*. Nova York: Tor Books, 1985. ["O jogo do exterminador." Trad. Carlos Angelo. São Paulo: Devir, 1991].

_____. *The Speaker for the Dead*. Nova York: Tor Books, 1986. [*Orador dos Mortos*. Trad. Norberto de Paula Lima. São Paulo: Aleph, 1990].

CEBALLOS, Geraldo et al. "Accelerated Modern Human-Induced Species Losses: Entering the Sixth Mass Extinction", *Science Advances*, v. 1, n. 5, 19 jun. 2015. e1400253. Acesso em: 7 ago. 2015.

CENESTIN. Duramed. Disponível em: http://www.cenestin.net/. Acesso em: 15 nov. 2015.

CENTER FOR BIOLOGICAL DIVERSITY. "Two Crayfishes

Threatened by Mountain-Top Removal Mining in West Virginia, Kentucky, Virginia Proposed for Endangered Species Act Protection". Comunicado de imprensa, 6 de abril de 2015. Disponível em: http://www.biologicaldiversity.org/news/press_releases/2015/crayfish-04-06-2015.html. Acesso em: 1º set. 2015.

CENTRE VALBIO: RANOMAFANA NATIONAL PARK. Disponível em: http://www.stonybrook.edu/commcms/centre-valbio/about_us/ranomafana.html. Acesso em: 11 ago. 2015.

CHARNAS, Suzy McKee. *Walk to the End of the World*. Nova York: Ballantine, 1974.

CHINA AND COAL. SourceWatch: The Center for Media and Democracy. Disponível em: http://www.sourcewatch.org/index.php/China_and_coal#Opposition_to_coal_and_government_repression. Acesso em: 31 ago. 2015.

CHISHOLM, Kami. *The Transmission of Trauma*. Universidade da Califórnia em Santa Cruz, 2007. Tese de doutorado.

CLARKE, Bruce. "Autopoiesis and the Planet" in: SUSSMAN, Henry (org.). *Impasses of the Post-Global: Theory in the Era of Climate Change*. Ann Arbor: Michigan University Library/Open Humanities Press, 2012, v. 2, pp. 60-77. Disponível em: http://quod.lib.umich.edu/o/ohp/10803281.0001.001. Acesso em: 20 mar. 2016.

CLIFFORD, James. *Returns: Becoming Indigenous in the Twenty-First Century*. Cambridge: Harvard University Press, 2013.

_____. *Routes: Travel and Translation in the Late Twentieth Century*. Cambridge: Harvard University Press, 1997.

CLINTON, Verna. "The Corn Pollen Path of Diné Rug Weaving", 2006. Disponível em: http://www.migrations.com/blackmesa/weavingsforsale.html. Acesso em: 11 ago. 2015.

COCKLIN, Jamison. "Southwestern Plans to Step on the Gas Pedal in Appalachia Next Year", *NGI's Shale Daily*, 14 de dezembro de 2014. Disponível em: http://www.naturalgasintel.com/articles/100875-southwestern-plans-to-step-on-the-gas-pedal-in-appalachia-next-year. Acesso em: 1º set. 2015.

COLLARD, Rosemary-Claire; DEMPSEY, Jessica; SUNDBERG, Juanita. "A Manifesto for Abundant Futures", *Annals of the Association of American Geographers*, v. 105, n. 2, 2015, pp. 322-330.

COLORADO WATER USERS ASSOCIATION. Disponível em: http://www.crwua.org/colorado-river/uses/urban-uses. Acesso em: 2 set. 2015.

COMMUNITIES UNITED FOR A JUST TRANSITION. "Our Power Convening". Disponível em: http://www.ourpowercamp aign.org/convenings/our-power-convening/. Acesso em: 12 ago. 2015.

CONSERVATION AND RESEARCH CENTER OF THE SMITHSONIAN NATIONAL ZOOLOGICAL PARK. "Proceedings of the Appalachian Salamander Conservation Workshop, May 30-31, 2008". Disponível em: http://nationalzoo.si.edu/SCBI/Spec iesSurvival/AmphibianConservation/AppalachianSalamanderRep ort.pdf. Acesso em: 1º set. 2015.

CONSTITUTION OF THE IROQUOIS NATIONS. "The Great Binding Law". Gayanashogowa. Disponível em: http://www.indi genouspeople.net/iroqcon.htm. Acesso em: 24 set. 2015.

CONVENTION ON BIOLOGICAL DIVERSITY. *Global Biodiversity Outlook*, pp. 1-4. Disponível em: https://www.cbd.int/gbo/. Acesso em: 7 ago. 2015.

COOK, Samuel R. *Monacans and Miners: Native American and Coal Mining Communities in Appalachia*. Lincoln: University of Nebraska Press, 2000.

COSTA, Beatriz da. "Beatriz da Costa's Blog and Project Hub". Disponível em: http://nideffer.net/shaniweb/pigeonblog.p hp. Acesso em: 3 ago. 2015.

_____. *Dying for the Other*, seleção, 2011. Disponível em: https://vimeo.com/33170755. Acesso em: 3 ago. 2015.

_____. "*PigeonBlog*". "Interspecies" *Antennae*, n. 13, verão de 2010, pp. 31-48 (edição especial). Disponível em: http://www. antennae.org.uk/back-issues-2010/4583475279. Acesso em: 17 fev. 2012.

_____; HAZEGH, Cina; PONTO, Kevin. "Interspecies

Coproduction in the Pursuit of Resistant Action". Disponível em: http://nideffer.net/shaniweb/files/pigeonstatement.pdf. Acesso em: 3 ago. 2015.

_____; PHILIPS, Kavita (orgs.). *Tactical Biopolitics: Art, Activism, and Technoscience*. Cambridge: MIT Press, 2008.

CRASSET, Matali. "Capsule", *Artconnexion*, novembro de 2003. Disponível em: http://www.artconnexion.org/espace-public-public-realm/37-matali-crasset-capsule. Acesso em: 3 ago. 2015.

CRIST, Eileen. "Choosing a Planet of Life" in: BUTLER, Tom (org.). *Overpopulation, Overdevelopment, Overshoot*. San Francisco: Foundation for Deep Ecology / Goff Books, 2015.

_____. "On the Poverty of Our Nomenclature". *Environmental Humanities*, v. 3, 2013, pp. 129-147.

CROCHET CORAL REEF. Disponível em: http://crochetcoralreef.org. Acesso em: 10 ago. 2015.

CROWNPOINT NAVAJO RUG AUCTION. Disponível em: http://www.crownpointrugauction.com/. Acesso em: 11 ago. 2015.

CRUTZEN, Paul. "Geology of Mankind", *Nature, v.* 415, 2002, p. 23.

CRUTZEN, Paul: STOERMER, Eugene. "The 'Anthropocene'", *Global Change Newsletter*, International Geosphere--Biosphere Program Newsletter, n. 41, maio de 2000, pp. 17-18. Disponível em: http://www.igbp.net/download/18.316f18321323470177580001401/NL41.pdf. Acesso em: 7 ago. 2015.

CZERNEDA, Julie E. *Beholder's Eye*. Web Shifters n. 1. Nova York: Daw Books, 1998.

DANOWSKI, Déborah; CASTRO, Eduardo Viveiros de. "L'Arrêt du Monde" in: *De l'univers clos au monde infini*. Paris: F. Dehors, 2014, pp. 221-339. [Ver também: *Há mundo por vir? Ensaio sobre os medos e os fins*. Rio de Janeiro: Cultura e Barbárie, 2014].

DAVAA, Byambasuren; FALORNI, Luigi (roteiristas e diretores). *The Story of the Weeping Camel*. Mongolkina Production Company, 2003.

DAVIDSON, Daniel Sutherland. "Aboriginal Australian

String Figures", *Proceedings of the American Philosophical Society*, v. 84, n. 6, 26 de agosto de 1941, pp. 763-901. Disponível em: http://www.jstor.org/stable/984876. Acesso em: 3 ago. 2015.

DAWKINS, Richard. *The Selfish Gene*. 2. ed. Oxford: Oxford University Press, [1976] 1990. [*O gene egoísta*. Trad. Rejane Rubino. São Paulo: Companhia das Letras, 2017].

DEFORESTATION IN MADAGASCAR. Disponível em: https://en.wikipedia.org/wiki/Deforestation_in_Madagascar. Acesso em: 10 ago. 2015.

_____. "Indigenous Cosmopolitics in the Andes: Conceptual Reflections Beyond 'Politics'", *Cultural Anthropology*, v. 25, n. 2, 2010, pp. 334-370. Disponível em: http://dx.doi.org/10.14506. Acesso em: 31 ago. 2015.

_____. "Uncommoning Nature". e-flux journal, 56a Bienal de Veneza, 22 de agosto de 2015. Disponível em: http://supercommunity.e-flux.com/texts/uncommoning-nature. Acesso em: 23 ago. 2015. ["Natureza incomum: histórias do antropo-cego." Trad. Jamille Pereira Dias. São Paulo: *Revista do Instituto de Estudos Brasileiros*, 2018. pp. 95-117].

DEMBY, Gene. "Updating Centuries-Old Folktales with Puzzles and Power-Ups". National Public Radio. 30 de novembro de 2014. Disponível em: http://www.npr.org/sections/codeswitch/2014/11/21/365791351/updating-centuries-old-folklore-with-puzzles-and-power-ups. Acesso em: 11 ago. 2015.

DEMPSTER, M. Beth. *A Self-Organizing Systems Perspective on Planning for Sustainability*. Universidade de Waterloo, 1998. Dissertação de mestrado, Disponível em: http://www.bethd.ca/pubs/mesthe.pdf. Acesso em: 6 ago. 2015.

DENEGA, Danielle M. *The Cold War Pigeon Patrols: And Other Animal Spies*. Nova York: Children's Press/Scholastic, 2007.

DENETDALE, Jennifer Nez. *Reclaiming Diné History*: *The Legacies of Navajo Chief Manuelito and Juanita*. Tucson: University of Arizona Press, 2007.

DESMET, Raissa Trumbull. *A Liquid World: Figuring Coloniality in the Indies*. Departamento de História da Consciência, Universidade da Califórnia em Santa Cruz, 2013. Tese de doutorado.

DESPRET, Vinciane. *Au bonheur des morts: Récits de ceux qui restent*. Paris: La Découverte, 2015. [Ed. Bras.: *Um brinde aos mortos*, Trac. Hortência Lencastre. São Paulo: n-1 edições, 2023.]

_____. "The Becoming of Subjectivity in Animal Worlds", *Subjectivity*, v. 23, 2008, pp. 123-139.

_____."The Body We Care For: Figures of Anthropo-zoo--genesis", *Body and Society*, v. 10, n. 2-3, 2004, pp. 111-134.

_____. "Ceux qui insistent: Les nouveaux commanditaires" in: DEBAISE, Didier et al. (orgs.). *Faire art comme on fait société*. Parte I, capítulo 7. Dijon: Les Presses du Réel, 2013.

_____. "Domesticating Practices: The Case of Arabian Babblers" in: MARVIN, Garry; MCHUGH, Susan (orgs.). *Routledge Handbook of Human-Animal Studies*. Nova York: Routledge, 2014, pp. 23-38.

_____. " 'Sheep Do Have Opinions' " in: LATOUR, Bruno; WEIBEL, Peter (orgs.). *Making Things Public*. Cambridge: MIT Press, 2005, pp. 360-368.

_____. "Why 'I Had Not Read Derrida': Often Too Close, Always Too Far Away" in: MACKENZIE, Louisa; POSTHUMUS, Stephanie (orgs.). *French Thinking about Animals*. East Lansing: Michigan State University Press, 2015, pp. 91-104.

DETIENNE, Marcel; VERNANT, Jean-Pierre. *Cunning Intelligence in Greek Culture and Society*. Trad. Janet Lloyd. Brighton: Harvester Press, 1978.

DEVRIES, Karen. *Prodigal Knowledge: Queer Journeys in Religious and Secular Borderlands*. Departamento de História da Consciência, Universidade da Califórnia em Santa Cruz, 2014. Tese de doutorado.

DEWEY, Ryan. "Virtual Places: Core Logging the Anthropocene in Real-Time". 13 de novembro de 2014. Disponível em: http://www.ryandewey.org/blog/2014/11/13/virtual-places-core-logging-the-anthropocene-in-real-time. Acesso em: 16 mar. 2016.

DICHIRO, Giovanna. "Acting Globally: Cultivating a Thousand Community Solutions for Climate Justice", *Development, v.* 54, n. 2, 2011, pp. 232-236. doi: 10.1057/dev.2011.5. Acesso em: 12 ago. 2015.

_____. "Beyond Ecoliberal 'Common Futures': Toxic Touring, Environmental Justice, and a Transcommunal Politics of Place" in: MOORE, Donald; KOSEK, Jake; PANDIAN, Anand (orgs.). *Race, Nature, and the Politics of Difference*. Durham: Duke University Press, 2003, pp. 204-232.

_____. "Cosmopolitics of a Seaweed Sisterhood" in: ADAMSON, Joni; DAVIS, Michael; HUANG, Hsinya (orgs.). *Humanities for the Environment: Integrated Knowledges and New Constellations of Practice*. Nova York: Routledge, 2016.

_____. "A New Spelling of Sustainability: Engaging Feminist-Environmental Justice Theory and Practice" in: HARCOURT, Wendy; NELSON, Ingrid (orgs.). *Practicing Feminist Political Ecologies: Moving Beyond the 'Green Economy'*. Londres: Zed Books, 2015.

DIETHYLSTILBESTROL. *Wikipedia*. Disponível em: http://en.wikipedia.org/wiki/Diethylstilbestrol. Acesso em: 13 ago. 2015.

DINÉ BE'IINÁ/The Navajo Lifeway. Disponível em: http://www.navajolifeway.org. Acesso em: 10 ago. 2015.

_____. "Diné be'iína/Sheep Is Life." Disponível em: http://www.navajolifeway.org. Acesso em: 12 ago. 2015.

DINÉ STRING GAMES. Disponível em: http://dine.sanjuan.k12.ut.us/string_games/games/opening_a/coyotes_opposite.html. Acesso em: 3 ago. 2015.

DOBZHANSKY, Theodosius. *Genetics and the Origin of Species*. Nova York: Columbia University Press, [1937] 1982.

DOLINS, Francine et al. "Conservation Education in Madagascar: Three Case Studies". *American Journal of Primatology*, v. 72, 2010, pp. 391-406.

DOMÍNGUEZ, María Albina. Grupo Amanecer del Llano. "De la extinción de su lengua mazahua" (legendas em mazahua e espanhol). Omáwari – Conferência de imprensa. Teatro Experimental – Centro Cultural Paso del Norte. Ciudad Juárez, Chih. México. 23 set. 2011. Produção *Revista Rancho Las Voces*. Publicado em 25 set. 2011. Disponível em: https://www.youtube.com/watch?v=oOYqJAkFaV0. Acesso em: 2 set. 2015.

DOVEY, Ceridwen. *Only the Animals*. Melbourne: Penguin, 2014.

Downing, Samantha. "Wild Harvest – Bird Poo". Pitchfork Projects. 16 de dezembro de 2010. Disponível em: http://pitchforkdesign.blogspot.com. Acesso em: 3 ago. 2015.

DUBINER, Shoshanah. " 'Endosymbiosis': Homage to Lynn Margulis". 3 de fevereiro de 2012. Disponível em: http://www.cybermuse.com/blog/2012/2/13/endosymbiosis-homage-to-lynn-margulis.html. Acesso em: 9 ago. 2015.

_____. "New Painting in Honor of Lynn Margulis", *Science in Service to Society*, n. 3, out. 2012. College of Natural Sciences, UMass Amherst. Disponível em: https://www.cns.umass.edu/about/newsletter/october-2012/memorial-painting-in-honor-of-lynn-margulis. Acesso em: 9 ago. 2015.

DURRELL WILDLIFE CONSERVATION. "World Primate Experts Focus on Madagascar". 12 de agosto de 2013. Disponível em: http://www.durrell.org/latest/news/world-primate-experts-focus-on-madagascar. Acesso em: 24 ago. 2015.

EGLASH, Ron. "Native American Cybernetics: Indigenous Knowledge Resources in Information Technology". Disponível em: http://homepages.rpi.edu/\textasciitildeeglash/eglash.dir/nacyb.htm. Acesso em: 17 mar. 2016.

ELLIOTT, William. "*Never Alone*: Alaska Native Storytelling,

Digital Media, and Premodern Posthumanisms". Comunicação para a American Society for Literature and the Environment, Moscou, Idaho, 24 jun. 2015.

_____. " 'Ravens' World: Environmental Elegy and Beyond in a Changing North" in: RAY, Sarah; MAIER, Kevin (orgs.). *Critical Norths: Space, Nature, Theory*. Fairbanks: University of Alaska Press, 2017.

ENCISO L., Angélica. "Mexico: Warning against Practice of Inter-Basin Water Transfers". Trad. Louise McDonnell. *La Journada*, 9 de maio de 2015. Disponível em: http://mexicovoices.blogspot.com/2015/05/mexico-warning-against-practice-of.html. Acesso em: 3 set. 2015.

ENGELS, Frederick. *The Origin of the Family, Private Property, and the State*. Nova York: International Publishers, 1972. [*A origem da família, do Estado e da propriedade privada*. Trad. Nélio Schneider. São Paulo: Boitempo, 2019].

ENVIRONMENTAL HUMANITIES. Disponível em: http://environmentalhumanities.org. Acesso em: 21 ago. 2015.

ENVIRONMENTAL HUMANITIES SOUTH. Disponível em: http://www.envhumsouth.uct.ac.za/why-environmental-humanities. Acesso em: 6 ago. 2015.

EPSTEIN, R.; LANZA, R. P.; SKINNER, B. F. " 'Self-awareness' in the Pigeon", *Science*, v. 212, 1981, pp. 695-696.

EQUINE ADVOCATES. "PMU Industry". Disponível em: http://www.equineadvocates.org/issueDetail.php?recordID=5. Acesso em: 13 ago. 2015.

EQUINE ANGELS RESCUE SANCTUARY. Disponível em: http://www.foalrescue.com. Acesso em: 13 ago. 2015.

ERINYES 1. *Theoi Greek Mythology*. Disponível em: http://www.theoi.com/Khthonios/Erinyes.html. Acesso em: 8 ago. 2015.

ESCOBAR, Arturo. *Territories of Difference*. Durham: Duke University Press, 2008.

ESTROGEN. Healthy Women.org. Disponível em: http://www.healthywomen.org/condition/estrogen. Acesso em: 13 ago. 2015.

ESTROGEN. Midlife-Passages.com. Disponível em: http://www.midlife-passages.com/estrogen.html. Acesso em: 13 ago. 2015.

EXTINCTION STUDIES WORKING GROUP. Disponível em: http://extinctionstudies.org. Acesso em: 6 ago. 2015.

FARFÁN, Berenice et al. "Mazahua Ethnobotany and Subsistence in the Monarch Butterfly Biosphere Reserve, Mexico", *Economic Botany*, v. 61, n. 2, 2007, pp. 173-191.

FARID, R et al. "Effect of a New Synbiotic Mixture on Atopic Dermatitis in Children", *Iranian Journal of Pediatrics*, v. 21, n. 2, 2011, pp. 225-230. Disponível em: http://www.ncbi.nlm.nih.gov/pubmed/23056792. Acesso em: 1º set. 2015.

FELDMAN, John. *Symbiotic Earth: How Lynn Margulis Rocked the Boat and Started a Scientific Revolution*. Documentário. Disponível em: http://hummingbirdfilms.com/margulis-revolution. Acesso em: 9 ago. 2015.

FIFTH INTERNATIONAL PROSIMIAN CONGRESS. Disponível em: https://lemurconservationfoundation.wordpress.com/2013/09/18/5th-prosimian-congress. Acesso em: 24 ago. 2015

FINNEGAN, John P. "Protestors Sing Honeybeelujahs against Robobees", *Harvard Crimson*, 23 de abril de 2014. Disponível em: http://www.thecrimson.com/article/2014/4/23/protesters-sing-honeybeelujahs-robobees. Acesso em: 8 ago. 2015

FISHER, Elizabeth. *Women's Creation*. Nova York: McGraw-Hill, 1975.

FLIGHT OF THE BUTTERFLIES. Disponível em: http://www.flightofthebutterflies.com/epic-migrations. Acesso em: 1º set. 2015.

FLORIA, Maria; MUDD, Victoria. *Broken Rainbow*. Documentário. 1986. Disponível em: http://www.earthworksfilms.com/templates/ewf_br.html. Acesso em: 10 ago. 2015.

FLYNN, Dennis O.; GIRÁLDEZ, Arturo. *China and the Birth of Globalisation in the 16th Century*. Farnum: Ashgate Variorium, 2012.

FOREST PEOPLES PROGRAM. "Indigenous Peoples of Putumayo Say No to Mining in Their Territories". 23 de março de 2015. Disponível em: http://www.forestpeoples.org/topics/rights-land-natural-resources/news/2015/03/indigenous-peoples-putumayo-say-no-mining-their-te. Acesso em: 1º set. 2015.

FORNEY, Barbara. "Diethylstilbestrol for Veterinary Use". Disponível em: http://www.wedgewoodpetrx.com/learning-center/professional-monographs/diethylstilbestrol-for-veterinary-use.html. Acesso em: 13 ago. 2015.

FOSTER AND SMITH. "Diethylstilbestrol". Disponível em: http://www.peteducation.com/article.cfm?c=0+1303+1470&aid=3241. Acesso em: 10 ago. 2015.

FRANCIS, Cherrylee (diretor). *Voices from Dzil'ijiin (Black Mesa)*. Black Mesa United, Inc. 15 de outubro de 2011. Disponível em: http://empowerblackmesa.org/documentary.htm. Acesso em: 10 ago. 2015.

FRIBERG, Michael. "Picturing the Drought". Ensaio fotográfico. Especial para ProPublica. 7 de julho de 2015. Disponível em: https://projects.propublica.org/killing-the-colorado/story/michael-friberg-colorado-water-photo-essay. Acesso em: 10 ago. 2015.

FRIGG, Roman; HARTMAN, Stephen. "Models in Science". *Stanford Encyclopedia of Philosophy*. 2012. Disponível em: http://plato.stanford.edu/entries/models-science. Acesso em: 9 ago. 2015.

GAEA, THE MAD TITAN. A Tribute to John Varley's Gaean Trilogy. Disponível em: http://ammonra.org/gaea. Acesso em: 6 ago. 2015.

GALLAGHER, Erin. "Peru: Ongoing Protests and Strikes against Tia Maria Mining Project", *Revolution News*, 14 de maio de

2015. Disponível em: http://revolution-news.com/peru-ongoing-protests-strikes-against-tia-maria-mining-project. Acesso em: 1º set. 2015.

GALLEGOS-RUIZ, M. Antonieta; LARSEN, Robin. "Universidad Intercultural: Mexico's New Model University for Indigenous Peoples", *International Perspectives, Journal of the CSUSB International Institute, Focus on the Study of the Americas*, v. 3, outono de 2006, pp. 18-31. Disponível em: http://internationacsusb.edu/download/journa106.pdf#page=24. Acesso em: 2 set. 2015

GARDUÑO CERVANTES, Julio. "Soy Mazahua!!!" Publicado em "Ixtlahuaca, mi tierra". 2 de abril de 2011. Disponível em: https://suarezixtlamas.wordpress.com/2011/04/02/%C2%A1%C2%A1%C2%A1soy-mazahua. Acesso em: 2 set. 2015

_____. "Soy mazahua. Un poeta mazahua canta a su tierra", *Colección Cuadernos Regionales*. Serie Cuadernos del Estado de México, v. 2, 1982, p. 30.

GARZA, Alicia. "A Herstory of the #BlackLivesMatter Movement", *The Feminist Wire*, 7 de outubro de 2014. Disponível em: http://www.thefeministwire.com/2014/10/blacklivesmatter-2. Acesso em: 17 mar. 2016.

GEARON, Jihan R. "Strategies for Healing Our Movements", *Last Real Indians*. 28 de fevereiro de 2015. Disponível em: http://lastrealindians.com/strategies-for-healing-our-movements-by-jihan-r-gearon. Acesso em: 12 ago. 2015.

_____. Peoples Climate Justice Summit, People's Tribunal, 23 de setembro de 2015. Publicado em 8 de outubro de 2014 por *Indigenous Rising*. Disponível em: http://indigenousrising.org/jihan-gearon-of-black-mesa-water-coalition-shares-testimony-at-the-peoples-climate-justice-summit-indigenous-rising. Acesso em: 17 mar. 2016.

GEO-MEXICO, THE GEOGRAPHY AND DYNAMICS OF MODERN MEXICO. "Where Does Mexico City Get Its Water?" Disponível em: http://geo-mexico.com/?p=9043. Acesso em: 3 set. 2015.

GIDDINGS, Thomas; WITHERS, Nancy; STAEHLIN, Andrew. "Supramolecular Structure of Stacked and Unstacked Regions of the Photosynthetic Membranes of *Prochloron*, sp, a Prokaryote", *Proceedings of the National Academy of Science*, v. 77, n. 1, 1980, pp. 352-356. Disponível em: http://www.pnas.org/content/7 7/1/352.full.pdf. Acesso em: 12 ago. 2015.

GILBERT, Scott F. "The Adequacy of Model Systems for Evo-Devo" in: BARBEROUSSE, A.; PRADEU, T.; MORANGE, M. (orgs.). *Mapping the Future of Biology: Evolving Concepts and Theories*. Nova York: Springer, 2009, pp. 57-68.

_____. "We Are All Lichens Now". Disponível em: http://cstms.berkeley.edu/baysts/ai1ec_event/we-are-all-lichens-now-scott-gilbert-philosophy-colloquium/?instance_id. Acesso em: 6 ago. 2015.

_____; EPEL, David. *Ecological Developmental Biology: The Environmental Regulation of Development, Health, and Evolution*. 2. ed. Sunderland: Sinauer Associates, 2015.

_____et al. "Symbiosis as a Source of Selectable Epigenetic Variation: Taking the Heat for the Big Guy", *Philosophical Transactions of the Royal Society B*, v. 365, 2010, pp. 671-678.

_____; SAPP, Jan; TAUBER, Alfred I. "A Symbiotic View of Life: We Have Never Been Individuals", *Quarterly Review of Biology*, v. 87, n. 4, 2012, pp. 325-341.

GILSON, Dave. "Octopi Wall Street!", *Mother Jones*, 6 de outubro de 2011. Disponível em: http://www.motherjones.com/mixed-media/2011/10/occupy-wall-street-octopus-vampire-squid \textgreater. Acesso em: 8 ago. 2015.

GIMBUTAS, Marija. *The Living Goddesses*. Berkeley: University of California Press, 1999.

GINSBERG, Faye. "Rethinking the Digital Age" in: WILSON, Pamela; STEWART Michelle (orgs.). *Global Indigenous Media: Cultures, Poetics, and Politics*. Durham: Duke University Press, 2008, pp. 287-306.

_____; ABU-LUGHOD, Lila; LARKIN, Brian (orgs.). *Media Worlds: Anthropology on New Terrain*. Berkeley: University of California Press, 2002.

GLOBAL INVASIVE SPECIES DATABASE. Disponível em: http://www.issg.org/database/species/ecology.asp?si=51. Acesso em: 21 ago. 2015.

GOLDENBERG, Suzanne. "The Truth behind Peabody Energy's Campaign to Rebrand Coal as a Poverty Cure", *The Guardian*, 19 de maio de 2015. Disponível em: http://www.theguardian.com/environment/2015/may/19/the-truth-behind-peabodys-campaign-to-rebrand-coal-as-a-poverty-cure. Acesso em: 10 ago. 2015.

GOLDENTHAL, Baila. "Painting/Cats Cradle". Disponível em: http://www.bailagoldenthal.com/painting/cats_cradle/cats_cradle.html. Acesso em: 6 ago. 2015.

_____. "Resume". Disponível em: http://www.bailagoldenthal.com/resume.html. Acesso em: 6 ago. 2015.

GÓMEZ FUENTES, Anahí Copitzy; TIRE, Magali I.; KLOSTER, Karina. "The Fight for the Right to Water: The Case of the Mazahuan Women of Mexico", *Aqua Rios y Pueblos*, 21 de dezembro de 2009. Disponível em: http://www.aguariosypueblos.org/en/mazahuan-women-mexico. Acesso em: 3 set. 2015.

GORDON, Deborah M. *Ant Encounters: Interaction Networks and Colony Behavior*. Princeton: Princeton University Press, 2010.

_____. *Ants at Work: How an Insect Society Is Organized*. Nova York: W. W. Norton, 2000.

_____. "The Ecology of Collective Behavior", *PloS Biology*, v. 12, n. 3, 2014. e1001805. doi: 10.1371/journal.pbio.1001805.

GORDON, Jeffrey. "Gordon Lab". Universidade de Washington em St. Louis. Disponível em: https://gordonlab.wustl.edu. Acesso em: 9 ago. 2015.

GOSIUTE/SHOSHONI PROJECT DA UNIVERSIDADE DE UTAH. *Frog Races Coyote/Itsappeh wa'ai Wako*. Claymation video. Legendas em inglês. Disponível em: http://stream.utah.edu/m/dp/frame.php?f=72b1a0fc6341cb41542. Acesso em: 11 ago. 2015.

GOSLINGA, Gillian. "Embodiment and the Metaphysics of Virgin Birth in South India: A Case Study" in: DAWSON, Andrew (org.). *Summoning the Spirits: Possession and Invocation in Contemporary Religion*. Londres: I. B. Tauris, 2011, pp. 109-123.

GOUSHEGIR, Aladin. *Le combat du colombophile: Jeu aux pigeons et stigmatisation sociale (Kashâ yâ nabard-e kabutarbâz)*. Teerã: Institut Français des Études Iraniennes, 1997, Bibliothèque Iranienne, n. 47.

GRAMSCI, Antonio. *Selections from the Prison Notebooks*. Nova York: International, 1971. [*Cadernos do cárcere* (Vol. 5). Trad. Luiz Sérgio Henriques. Rio de Janeiro: Civilização Brasileira, 2017].

GREBOWICZ, Margaret; MERRICK, Helen. *Beyond the Cyborg*. Nova York: Columbia University Press, 2013.

GREEN, Lesley (org.). *Contested Ecologies: Dialogues in the South on Nature and Knowledge*. Cidade do Cabo: HSRC Press, 2013.

GREENWOOD, Veronique. "Hope from the Deep", *Nova Next*. 4 de março de 2015. Disponível em: http://www.pbs.org/wgbh/nova/next/earth/deep-coral-refugia. Acesso em: 10 ago. 2015.

GUADALUPE, Carlos. "Soy mazahua". Publicado em 12 de abril de 2011. Disponível em: https://www.youtube.com/watch?v=FQkrAWixzJA. Acesso em: 20 ago. 2016.

GUERRERO, R.; MARGULIS, L.; BERLANGA, M. "Symbiogenesis: The Holobiont as a Unit of Evolution", *International Microbiology*, v. 16, n. 3, 2013, pp. 133-143.

HAKIM, Danny. "Sex Education in Europe Turns to Urging More Births", *New York Times*, 9 de abril de 2015. Disponível em: http://www.nytimes.com/2015/04/09/business/international/sex-education-in-europe-turns-to-urging-more-births.html?_r=0. Acesso em: 12 ago. 2015.

HALANYCH, K. M. "The Ctenophore Lineage Is Older Than Sponges? That Can't Be Right! Or Can It?", *Journal of Experimental Biology*, v. 218, 2015, pp. 592-597.

HALBERSTADT, Carol Snyder. "Black Mesa Weavers for Life

and Land", *Cultural Survival Quarterly*, v. 25, n. 4, 2001. Disponível em: http://www.culturalsurvival.org/ourpublications/csq/article/black-mesa-weavers-life-and-land. Acesso em: 12 ago. 2015.

HALL, Leslie. "The Bright Side of PMU". *Apples 'n Oats*, inverno de 2006. http://www.applesnoats.com/html/olddefault.html. Acesso em: 15 nov. 2011.

HAMBLING, David. "Spy Pigeons Circle the World", *Wired*, 25 de outubro de 2008. Disponível em: http://www.wired.com/dangerroom/2008/10/stop-that-spy-p/. Acesso em: 3 ago. 2015.

HANNIBAL, Mary Ellen. *The Spine of the Continent*. Guilford: Lyons, 2012.

HARAWAY, Donna J. *Crystals, Fabrics, and Fields: Metaphors that Shape Embryos*. Berkeley, CA: North Atlantic Books, 2004. Publicado pela primeira vez por Yale University Press, 1976.

_____. "Entrevista com Donna Haraway feita em 21/8/2014 por Juliana Fausto, Eduardo Viveiros de Castro e Déborah Danowski e exibida no colóquio internacional Os Mil Nomes de Gaia: do Antropoceno à Idade da Terra no dia 18/9/2014". Publicado em 24 de setembro de 2014. Em inglês. Disponível em: https://www.youtube.com/watch?v=1x00xUHOlA8. Acesso em: 20 mar. 2016. [Ver também: "Habitar a barriga do monstro" in: DANOWSKI, Déborah; CASTRO, Eduardo Viveiros de; SALDANHA, Rafael (orgs.). *Os Mil Nomes de Gaia*, vol. 1. Rio de Janeiro: Machado, 2022].

_____. "Jeux de ficelles avec les espèces compagnes: Rester avec le trouble" in: DESPRET, Vinciane; LARRIÈRE, Raphael (orgs. e trads.). *Les Animaux: Deux ou trois choses que nous savons d'eux*. Paris: Hermann, 2014, pp. 23-59.

_____. *Primate Visions: Gender, Race, and Nature in the World of Modern Science*. Nova York: Routledge, 1989.

_____. "SF: Science Fiction, Speculative Fabulation, String Figures, So Far". Discurso na cerimônia do Pilgrim Award da Science Fiction Research Association, julho de 2011. Disponível em: https://vimeo.com/28892350. Acesso em: 3 ago. 2015.

_____. *SF: Speculative Fabulation and String Figures/SF:*

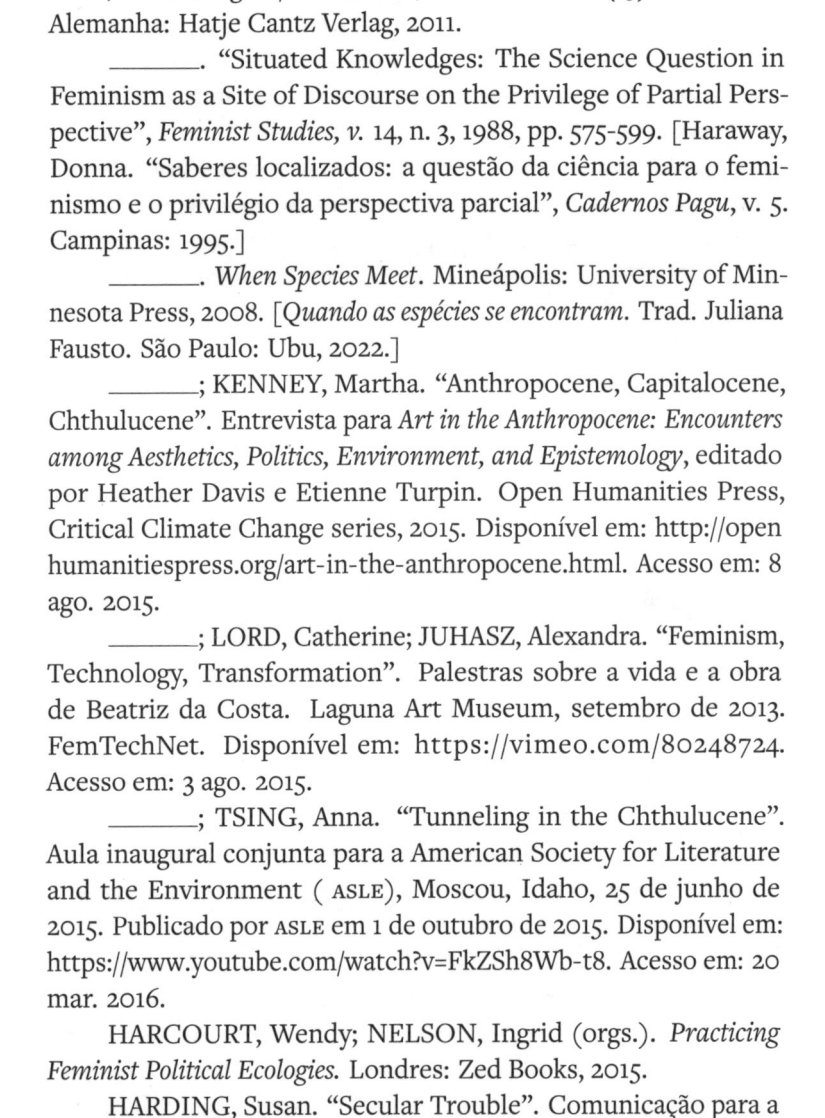

Spekulative Fabulation und String-Figuren. N. 33 in "100 Notes/Notizen, 100 Thoughts/Gedanken", dOCUMENTA (13). Ostfildern, Alemanha: Hatje Cantz Verlag, 2011.

_____. "Situated Knowledges: The Science Question in Feminism as a Site of Discourse on the Privilege of Partial Perspective", *Feminist Studies*, v. 14, n. 3, 1988, pp. 575-599. [Haraway, Donna. "Saberes localizados: a questão da ciência para o feminismo e o privilégio da perspectiva parcial", *Cadernos Pagu*, v. 5. Campinas: 1995.]

_____. *When Species Meet*. Mineápolis: University of Minnesota Press, 2008. [*Quando as espécies se encontram*. Trad. Juliana Fausto. São Paulo: Ubu, 2022.]

_____; KENNEY, Martha. "Anthropocene, Capitalocene, Chthulucene". Entrevista para *Art in the Anthropocene: Encounters among Aesthetics, Politics, Environment, and Epistemology*, editado por Heather Davis e Etienne Turpin. Open Humanities Press, Critical Climate Change series, 2015. Disponível em: http://open humanitiespress.org/art-in-the-anthropocene.html. Acesso em: 8 ago. 2015.

_____; LORD, Catherine; JUHASZ, Alexandra. "Feminism, Technology, Transformation". Palestras sobre a vida e a obra de Beatriz da Costa. Laguna Art Museum, setembro de 2013. FemTechNet. Disponível em: https://vimeo.com/80248724. Acesso em: 3 ago. 2015.

_____; TSING, Anna. "Tunneling in the Chthulucene". Aula inaugural conjunta para a American Society for Literature and the Environment (ASLE), Moscou, Idaho, 25 de junho de 2015. Publicado por ASLE em 1 de outubro de 2015. Disponível em: https://www.youtube.com/watch?v=FkZSh8Wb-t8. Acesso em: 20 mar. 2016.

HARCOURT, Wendy; NELSON, Ingrid (orgs.). *Practicing Feminist Political Ecologies*. Londres: Zed Books, 2015.

HARDING, Susan. "Secular Trouble". Comunicação para a Conference on Religion and Politics in Anxious States, Universidade de Kentucky, 4 de abril de 2014.

HARTOUNI, Valerie. *Visualizing Atrocity: Arendt, Evil, and the Optics of Thoughtlessness*. Nova York: New York University Press, 2012.

HARVEY, Graham (org.). *The Handbook of Contemporary Animism*. Durham, Reino Unido: Acumen, 2013.

HAWK MOUNTAIN. "American Kestrel". Disponível em: http://www.hawkmountain.org/raptorpedia/hawks-at-hawk-mountain/hawk-species-at-hawk-mountain/american-kestrel/page.aspx?id=498. Acesso em: 1º set. 2015.

_____. "Long-Term Study of American Kestrel Reproductive Ecology". Disponível em: http://www.hawkmountain.org/science/raptor-research-programs/american-kestrels/page.aspx?id=3469. Acesso em: 1º set. 2015.

HAYWARD, Eva. "The Crochet Coral Reef Project Heightens Our Sense of Responsibility to the Oceans", *Independent Weekly*, 1 agosto de 2012. Disponível em: http://www.indyweek.com/indyweek/the-crochet-coral-reef-project-heightens-our-sense-of-responsibility-to-the-oceans/Content?oid=3115925. Acesso em: 8 ago. 2015.

_____. "FingeryEyes: Impressions of Cup Corals", *Cultural Anthropology*, v. 24, n. 4, 2010, pp. 577-599.

_____. "Sensational Jellyfish: Aquarium Affects and the Matter of Immersion", *differences: A Journal of Feminist Cultural Studies*, v. 23, n. 1, 2012, pp. 161-196.

_____. "SpiderCitySex", *Women and Performance: A Journal of Feminist Theory*, v. 20, n. 3, 2010, pp. 225-251.

HEIL, Martin et al. "Evolutionary Change from Induced to Constitutive Expression of an Indirect Plant Resistance", *Nature*, v. 430, 8 de julho de 2004, pp. 205-208.

HESÍODO. *Theogony. Works and Days. Testimonia*. Ed. e trad. Glenn W. Most. Loeb.. Cambridge: Harvard University Press, 2007. (Classical Library n. 57.) [*Teogonia: a origem dos deuses*. Trad. Jaa Torrano. Rio de Janeiro: Iluminuras, 2001].

HILL, Lilian. "Hopi Tutskwa Permaculture". Disponível em: http://www.hopitutskwapermaculture.com/#!staff---teaching-team/c2oft. Acesso em: 12 ago. 2015.

HILL, M. A., LOPEZ, N.; HARRIOT, O. "Sponge-Specific Bacterial Symbionts in the Caribbean Sponge, *Chondrilla nucula* (Demospongiae, Chondrosida)". *Marine Biology* 148 (2006), pp. 1221-1230.

HILTY, Jodi; LIDICKER JR., William; MERELENDER, Adina. *Corridor Ecology: The Science and Practice of Linking Landscapes for Biodiversity Conservation*. Washington: Island, 2006.

HIRD, Myra. *The Origins of Sociable Life: Evolution after Science Studies*. Nova York: Palgrave Macmillan, 2009.

HO, Engseng. "Empire through Diasporic Eyes: A View from the Other Boat". *Society for Comparative Study of Society and History* (abril de 2004), pp. 210-246.

_____. *The Graves of Tarem: Genealogy and Mobility across the Indian Ocean*. Berkeley: University of California Press, 2006.

HOGAN, Linda. *Power*. Nova York: W. W. Norton, 1998.

HOGNESS, Rusten. "California Bird Talk". Disponível em: www.hogradio.org/CalBirdTalk. Acesso em: 3 ago. 2015.

HÖLLDOBLER, Bert; WILSON, E. O. *The Ants*. Cambridge: Harvard University Press, 1990.

_____. *The Superorganism: The Beauty, Elegance, and Strangeness of Insect Societies*. Nova York: W. W. Norton, 2009.

HOLOS. *Online Etymology Dictionary*. Disponível em: http://www.etymonline.com/index.php?term=holo-. Acesso em: 9 ago. 2015.

HORKHEIMER, Max; Theodor Adorno. *Dialectic of Enlightenment*. Trad. Edmund Jephcott. Stanford: Stanford University Press, 2002. [*Dialética do esclarecimento*. Trad. Guido Antonio de Almeida. São Paulo: Companhia das Letras, 1985.]

HORMIGA, Gustavo. "A Revision and Cladistic Analysis of the Spider Family Pimoidae (Aranae: Araneae)", *Smithsonian Contributions to Zoology*, v. 549, 1994, pp. 1-104. doi:10.5479/si.008 10282.549. Acesso em: 6 ago. 2015.

HORMIGA LABORATORY. Universidade George Washington. Disponível em: http://www.gwu.edu/~spiders. Acesso em: 6 ago. 2015.

HORMONE HEALTH NETWORK. "Emmenin". Disponível em: http://www.hormone.org/Menopause/estrogen_timeline/timeline2.cfm. Acesso em: 15 nov. 2015.

HOROSHKO, Sonia. "Rare Breed: Churro Sheep Are Critically Linked to Navajo Culture", *Four Corners Free Press*, 4 de novembro de 2013. Disponível em: http://fourcornersfreepress.com/?p=1694. Acesso em: 12 ago. 2015.

HORSEAID. "What Are the Living Conditions of the Mares?" http://www.premarin.org/#. Acesso em: 15 nov. 2011.

HORSEAID REPORT. "PREgnant MARes' urINe, Curse or Cure?", *Equine Times News*, outono/inverno de 1988.

HORSE FUND. "Fact Sheet". Disponível em: http://www.horsefund.org/pmu-fact-sheet.php. Acesso em: 13 ago. 2015.

HUBBELL TRADING POST. "History and Culture". Disponível em: http://www.nps.gov/hutr/learn/historyculture/upload/HUTR_adhi.pdf. Acesso em: 11 ago. 2015.

HUSTAK, Carla; MYERS, Natasha. "Involuntary Momentum", *differences, v.* 23, n. 3, 2012, pp. 74-118.

HUTCHINSON, G. Evelyn. *The Kindly Fruits of the Earth*. New Haven: Yale University Press, 1979.

IDLENOMORE. "The Manifesto". Disponível em: http://www.idlenomore.ca/manifesto. Acesso em: 19 mar. 2016.

INDIGENOUS ENVIRONMENTAL NETWORK. "Tar Sands Facts". Disponível em: http://www.ienearth.org/what-we-do/tar-sands. Acesso em: 8 ago. 2015.

_____. Publicações 2015-2016. Disponível em: http://www.ienearth.org. Acesso em: 20 mar. 2016.

INGOLD, Tim. *Lines, a Brief History*. Nova York: Routledge, 2007.

INTERGOVERNMENTAL PANEL ON CLIMATE CHANGE.

Climate Change 2014: Impacts, Adaptation, and Vulnerability: Summary for Policy Makers. Disponível em: http://ipcc-wg2.gov/AR5/images/uploads/IPCC_WG2AR5_SPM_Approved.pdf. Acesso em: 7 ago. 2015.

_____. *Climate Change 2014: Mitigation of Climate Change*. Disponível em: http://report.mitigation2014.org/spm/ipcc_wg3_ar5_summary-for-policymakers_approved.pdf. Acesso em: 7 ago. 2015.

ISUMA TV. *Inuit Knowledge and Climate Change*. Estreia mundial em 23 de outubro de 2010, ImagineNative Media Arts and Film Festival, Toronto. Disponível em: http://www.isuma.tv/inuit-knowledge-and-climate-change. Acesso em: 20 mar. 2016.

INTERNATIONAL UNION FOR CONSERVATION OF NATURE (IUCN). The uicn Red List of Threatened Species. "*Ambystoma barbouri*". Disponível em: http://www.iucnredlist.org/details/59053/0. Acesso em: 1º set. 2015.

IVERSON, Peter. *Diné: A History of the Navajos*. Fotografias de Monty Roessel. Albuquerque: University of New Mexico Press, 2002.

JACOBS, Andrew. "China Fences in Its Nomads, and an Ancient Life Withers", *The New York Times*, 11 de julho de 2015. Disponível em: http://www.nytimes.com/2015/07/12/world/asia/china-fences-in-its-nomads-and-an-ancient-life-withers.html?_r=1. Acesso em: 11 ago. 2015.

JACOBSEN, Thorkild. *The Treasures of Darkness: A History of Mesopotamian Religion*. New Haven: Yale University Press, 1976.

JAYNE, Caroline Furness. *String Figures and How to Make Them: A Study of Cat's Cradle in Many Lands*. Nova York: Charles Scribner & Sons, 1906.

JEPSEN, Sarina et al. "Western Monarchs at Risk". Xerces Society for Invertebrate Research. Disponível em: http://www.xerces.org/wp-content/uploads/2011/03/western-monarchs-factsheet.pdf. Acesso em: 20 mar. 2016.

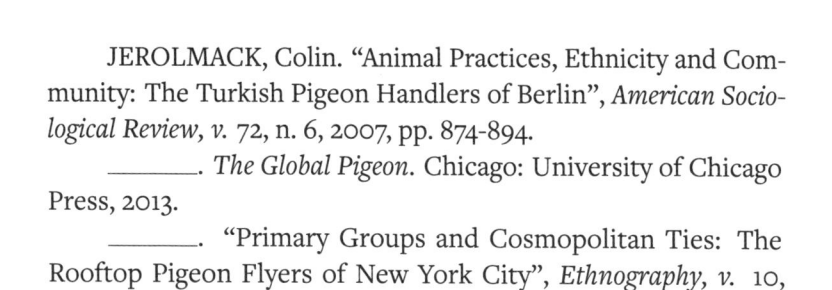

JEROLMACK, Colin. "Animal Practices, Ethnicity and Community: The Turkish Pigeon Handlers of Berlin", *American Sociological Review*, v. 72, n. 6, 2007, pp. 874-894.

_____. *The Global Pigeon*. Chicago: University of Chicago Press, 2013.

_____. "Primary Groups and Cosmopolitan Ties: The Rooftop Pigeon Flyers of New York City", *Ethnography*, v. 10, n. 4, 2009, pp. 435-457.

JOHNS, Wahleah. Disponível em: http://indigenousrising.org/our-delegates/wahleah-johns. Acesso em: 12 ago. 2015.

JOHNS, Wahleah; BEGAY, Enei. Speech at Power Shift '09, Energy Action Coalition. Publicado em 6 de março de 2009. Dispononível em: https://www.youtube.com/watch?v=02f1nzY6_ro&index=3&list=PL043330BF525D3051. Acesso em: 12 ago. 2015.

JOHNSON, Broderick H. (org.). *Navajo Stories of the Long Walk Period*. Tsaile: Navajo Community College Press, 1973.

_____; ROESSEL, Ruth (orgs.). *Navajo Livestock Reduction: A National Disgrace*. Tsaile: Navajo Community College Press, 1974.

JOLLY, Alison. *Lords and Lemurs: Mad Scientists, Kings with Spears, and the Survival of Diversity in Madagascar*. Boston: Houghton Mifflin, 2004.

_____. *Thank You, Madagascar*. Londres: Zed Books, 2015.

_____. et al. "Territory as Bet-Hedging: *Lemur catta* in a Rich Forest and an Erratic Climate" in: Jolly, A et al. (orgs.). *Ring-tailed Lemur Biology*. Nova York: Springer, 2006, pp. 187-207.

JOLLY, Margaretta. "Alison Jolly and Hantanirina Rasamimanana: The Story of a Friendship", *Madagascar Conservation and Development*, v. 5, n. 2, 2010, pp. 44-45.

JONES, Dave. "Navajo Tapestries Capture the Soul of Her Land". UC Davis News and Information. 4 de janeiro de 2013. Disponível em: http://dateline.ucdavis.edu/dl_detail.lasso?id=14307. Acesso em: 11 ago. 2015.

JONES, Elizabeth McDavid. *Night Flyers*. Middletown: Pleasant Company, 1999.

JONES, Gwyneth. "True Life Science Fiction: Sexual Politics and the Lab Procedural" in: COSTA, Beatriz da; PHILIPS, Kavita (orgs.). *Tactical Biopolitics: Art, Activism, and Technoscience*. Cambridge: MIT Press, 2008, pp. 289-306.

JUSTICE, Daniel Heath. "Justice, Imagine Otherwise. The Kynship Chronicles" Disponível em: http://imagineotherwise.ca/creative.php?The-Kynship-Chronicles-2. Acesso em: 8 out. 2015.

_____. *The Way of Thorn and Thunder: The Kynship Chronicles*. Albuquerque: University of New Mexico Press, 2012.

JUST TRANSITION ALLIANCE. Disponível em: http://www.jtalliance.org/docs/aboutjta.html. Acesso em: 2 set. 2015.

KAISER, Anna. *Who Is Marching for Pachamama? An Intersectional Analysis of Environmental Struggles in Bolivia under the Government of Evo Morales*. Faculdade de Ciências Sociais, Universidade de Lund, 2014. Tese de doutorado.

KAPLAN, Sarah. "Are Monarch Butterflies Really Being Massacred? A New Study Says It's a Lot More Complicated Than It Seems", *The Washington Post*, 5 de agosto de 2015. Disponível em: http://www.washingtonpost.com/news/morning-mix/wp/2015/08/05/are-monarch-butterflies-really-being-massacred-a-new-study-says-its-a-lot-more-complicated-than-it-seems. Acesso em: 1º set. 2015.

KAZAN, Elia (dir.). *On the Waterfront*. Horizon Pictures. 1954.

KEEDINIIHII (Katenay), NaBahe (Bahe). "The Big Mountain Dineh Resistance: Still a Cornerstone". Disponível em: http://sheepdognationrocks.blogspot.com/2015/02/the-big-mountain-dineh-resistance-still_38.html. Acesso em: 12 ago. 2015.

KEIO UNIVERSITY. "Pigeons Show Superior Self-recognition Abilities to Three Year Old Humans", *Science Daily*, 14 de junho de 2008. Disponível em: www.sciencedaily.com/releases/2008/06/080613145535.htm. Acesso em: 3 ago. 2015.

KENNEY, Martha. *Fables of Attention: Wonder in Feminist*

Theory and Scientific Practice. Departamento de História da Consciência, Universidade da Califórnia em Santa Cruz, 2013. Tese de doutorado.

KIEFEL, Darcy. "Heifer Helps Navajos Bolster Sheep Herd". Disponível em: http://www.redshift.com/\textasciitildebcbelknap/ashtlo/graphics/supplemental/supplfeb%2004/heifer_helps_navajos_bolst.htm. Acesso em: 5 set. 2015.

KING, Katie. "Attaching, for Climate Change: A Sympoiesis of Media". Proposta de livro, 2015.

_____. "In Knots: Transdisciplinary Khipu" in: *Object/Ecology*, edição especial inaugural de *O-Zone: A Journal of Object Oriented Studies*, v. 1, n. 1. Disponível em: http://o-zone-journal.org/short-essay-cluster. Acesso em: 20 mar. 2016.

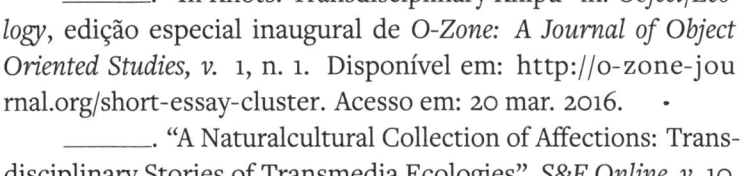

_____. "A Naturalcultural Collection of Affections: Transdisciplinary Stories of Transmedia Ecologies", *S&F Online*, v. 10, n. 3, verão de 2012. Disponível em: http://sfonline.barnard.edu/feminist-media-theory/a-naturalcultural-collection-of-affections-transdisciplinary-stories-of-transmedia-ecologies-learning. Acesso em: 6 ago. 2015.

_____. *Networked Reenactments: Stories Transdisciplinary Knowledges Tell*. Durham: Duke University Press, 2011.

_____. "Toward a Feminist Boundary Object-Oriented Ontology... or Should It Be a Boundary Object-Oriented Feminism? These Are Both Queer Methods". Comunicação para a conferência *Queer Method*, Universidade da Pensilvânia, 31 de outubro de 2013. Disponível em: http://fembooo.blogspot.com. Acesso em: 6 ago. 2015.

KING, Nicole. "King Lab: Choanoflagellates and the Origin of Animals". Universidade da Califórnia em Berkeley. Disponível em: https://kinglab.berkeley.edu/. Acesso em: 9 ago. 2015.

KINGSOLVER, Barbara. *Flight Behavior*. Nova York: Harper, 2012.

KLAIN, Bennie. *Weaving Worlds*. Coproduzido por Trickster Films, The Independent Television Service e Native American

Public Telecommunications. Em navajo e inglês, com legendas em inglês. 2008. Disponível em: http://www.tricksterfilms.com/Weavi_Worlds.html. Acesso em: 11 ago. 2015.

KLARE, Michael. *The Race for What's Left: The Global Scramble for the World's Last Resources*. Nova York: Picador, 2012.

_____. "The Third Carbon Age". *Huffington Post*, 8 de agosto de 2013. Disponível em: http://www.huffingtonpost.com/michael-t-klare/renewable-energy_b_3725777.html. Acesso em: 7 ago. 2015.

_____. "Welcome to a New Planet: Climate Change 'Tipping Points' and the Fate of the Earth", *TomDispatch*, 8 de outubro de 2015. Disponível em: http://www.tomdispatch.com/blog/176054/tomgram%3A_michael_klare%2C_tipping_points_and_the_question_of_civilizational_survival. Acesso em: 13 out. 2015.

_____. "What's Big Energy Smoking?", *Common Dreams*, 27 de maio de 2014. Disponível em: http://www.commondreams.org/views/2014/05/27/whats-big-energy-smoking. Acesso em: 7 ago. 2015.

KLEIN, Naomi. "How Science Is Telling Us All to Revolt", *New Statesman*, 29 de outubro de 2013. Disponível em: http://www.newstatesman.com/2013/10/science-says-revolt. Acesso em: 7 ago. 2015.

_____. *The Shock Doctrine: The Rise of Disaster Capitalism*. Nova York: Macmillan/ Picador, 2008.

KOELLE, Sandra. *Rights of Way: Race, Place and Nation in the Northern Rockies*. Departamento de História da Consciência, Universidade da Califórnia em Santa Cruz, 2010. Tese de doutorado.

KOHN, Eduardo. *How Forests Think: Toward an Anthropology beyond the Human*. Berkeley: University of California Press, 2013.

KOLBERT, Elizabeth. *The Sixth Extinction: An Unnatural History*. Nova York: Henry Holt, 2014. [*A sexta extinção: uma história não natural*. Trad. Mauro Pinheiro. Rio de Janeiro: Intrínseca, 2015.]

KRAKER, Daniel. "The Real Sheep", *Living on Earth*, National

Public Radio, 28 de outubro de 2005. Disponível em: http://loe.org/shows/segments.html?programID=05-P13-00043&segmentID=5. Acesso em: 12 ago. 2015.

KULL, Christian. *Isle of Fire: The Political Ecology of Landscape Burning in Madagascar*. Chicago: University of Chicago Press, 2004.

LABARE, Joshua (Sha). *Farfetchings: On and in the SF Mode*. Departamento da História da Consciência, Universidade da Califórnia em Santa Cruz, 2010. Tese de doutorado.

LACERENZA, Deborah. "An Historical Overview of the Navajo Relocation", *Cultural Survival*, v. 12, n. 3, 1988. Disponível em: http://www.culturalsurvival.org/publications/cultural-survival-quarterly/united-states/historical-overview-navajo-relocation. Acesso em: 10 ago. 2015.

LADUKE, Winona. *All Our Relations*. Boston: South End, 1999.

LANNO, Michael J. (org.). *Amphibian Declines: The Conservation Status of United States Species*. Berkeley: University of California Press, 2005.

LATOUR, Bruno. "Facing Gaïa: Six Lectures on the Political Theology of Nature". Gifford lectures, Edinburgh, 8-28 de fevereiro de 2013. Resumos e vídeos disponíveis em: http://www.ed.ac.uk/schools-departments/humanities-soc-sci/news-events/lectures/gifford-lectures/archive/series-2012-2013/bruno-latour. Acesso em: 7 ago. 2015. [*Diante de Gaia: oito conferências sobre a natureza no Antropoceno*. Trad. Maryalua Meyer. São Paulo: Ubu, 2020.]

_____. "War and Peace in an Age of Ecological Conflicts". Leitura para o Peter Wall Institute, Vancouver, Canadá, 23 de setembro de 2013. Resumo e vídeo disponíveis em: http://www.bruno-latour.fr/node/527. Acesso em: 7 ago. 2015.

_____. *We Have Never Been Modern*. Cambridge: Harvard University Press, 1993. [*Jamais fomos modernos*. Trad. Carlos Irineu da Costa. São Paulo: Editora 34, 1994.]

_____. "Why Has Critique Run Out of Steam? From Matters of Fact to Matters of Concern", *Critical Inquiry*, v. 30, n. 2, inverno de 2004, pp. 225-248.

LEE, Erica. "Reconciling in the Apocalypse", *The Monitor*, março/abril 2016. Disponível em: https://www.policyalternatives.ca/publications/monitor/reconciling-apocalypse. Acesso em: 19 mar. 2016.

LE GUIN, Ursula K. *Always Coming Home*. Berkeley: University of California Press, 1985.

_____. " 'The Author of Acacia Seeds' and Other Extracts from the *Journal of the Association of Therolinguistics*" in: *Buffalo Gals and Other Animal Presences*. Nova York: New American Library, 1988, pp. 167-178. ["A autora das sementes de acácia e outras passagens da revista da Associação de Therolinguística." Trad. Gabriel Cevallos. Publicação realizada em ocasião da 7. ed. do Festival Kino Beat, 2021.]

_____. "The Carrier Bag Theory of Fiction" in: *Dancing at the Edge of the World: Thoughts on Words, Women, Places*. Nova York: Grove, 1989, pp. 165-170. [*A teoria da bolsa da ficção*. Trad. Luciana Chieregati e Vivian Chieregati Costa. São Paulo: n-1 edições, 2021.]

_____. "A Non-Euclidean View of California as a Cold Place to Be" in: *Dancing at the Edge of the World: Thoughts on Words, Women, Places*. Nova York: Grove, 1989, pp. 80-100.

_____. *A Wizard of Earthsea*. San Jose: Parnassus, 1968. [*O feiticeiro de terra mar*. Trad. Heci Regina Candiani. São Paulo: Morro Branco, 2022.]

_____. *The Word for World Is Forest*. Nova York: Berkeley Medallion, 1976. [*Floresta é o nome do mundo*. Trad. Heci Regina Candiani. São Paulo: Morro Branco, 2020.]

LEWIS, Randolph. *Navajo Talking Picture: Cinema on Native Ground*. Lincoln: University of Nebraska Press, 2012.

LIBRARY OF NAVAJO STRING GAMES. San Juan School District, Tucson. Disponível em: http://dine.sanjuan.k12.ut.us/string_games/games/index.html. Acesso em: 3 ago. 2015.

LINDEMAN, Raymond. "Trophic-Dynamic Aspect of Ecology", *Ecology, v.* 32, n. 4, 1942, pp. 399-417.

LIST OF PIGEON BREEDS. Disponível em: https://en.wikipedia.org/wiki/List_of_pigeon_breeds. Modificado em: 22 jan. 2016. Acesso em: 20 mar. 2016.

LOVECRAFT, H. P. *The Call of Cthulhu and Other Dark Tales*. Nova York: Barnes and Noble, 2009. [*O chamado de Cthulhu*. Carapicuíba: Pandorga, 2020].

LOVELESS, Natalie. *Acts of Pedagogy: Feminism, Psychoanalysis, Art, and Ethics*. Departamento da História da Consciência, Universidade da Califórnia em Santa Cruz, 2010. Tese de doutorado.

LOVELOCK, James E. "Gaia as Seen through the Atmosphere", *Atmospheric Environment, v.* 6, n. 8, 1967, pp. 579-580.

LOVELOCK, James E.; MARGULIS, Lynn. "Atmospheric Homeostasis by and for the Biosphere: The Gaia Hypothesis", *Tellus*, Series A (Estocolmo: International Meteorological Institute), v. 26, n. 1-2, 1 de fevereiro de 1974, pp. 2-10. Disponível em: http://tellusa.net/index.php/tellusa/article/view/9731. Acesso em: 7 ago. 2015.

LUSTGARTEN, Abraham. "End of the Miracle Machines: Inside the Power Plant Fueling America's Drought". ProPublica, 16 de julho de 2015. Disponível em: https://www.projects.propublica.org/killing-the-colorado/story/navajo-generating-station-colorado-river-drought. Acesso em: 10 ago. 2015.

_____. "Killing the Colorado". Série em doze partes. ProPublica, 16 de junho de 2015. Disponível em: https://www.propublica.org/series/killing-the-colorado. Acesso em: 10 ago. 2015.

LYONS, Kristina. "Can There Be Peace with Poison?", *Cultural Anthropology Online*, 30 de abril de 2015. Disponível em: http://www.culanth.org/fieldsights/679-can-there-be-peace-with-poison. Acesso em: 1º set. 2015.

_____. *Fresh Leaves*. Texto de não ficção etnográfica criativa e instalação fotográfica publicada pela Centre for Imaginative

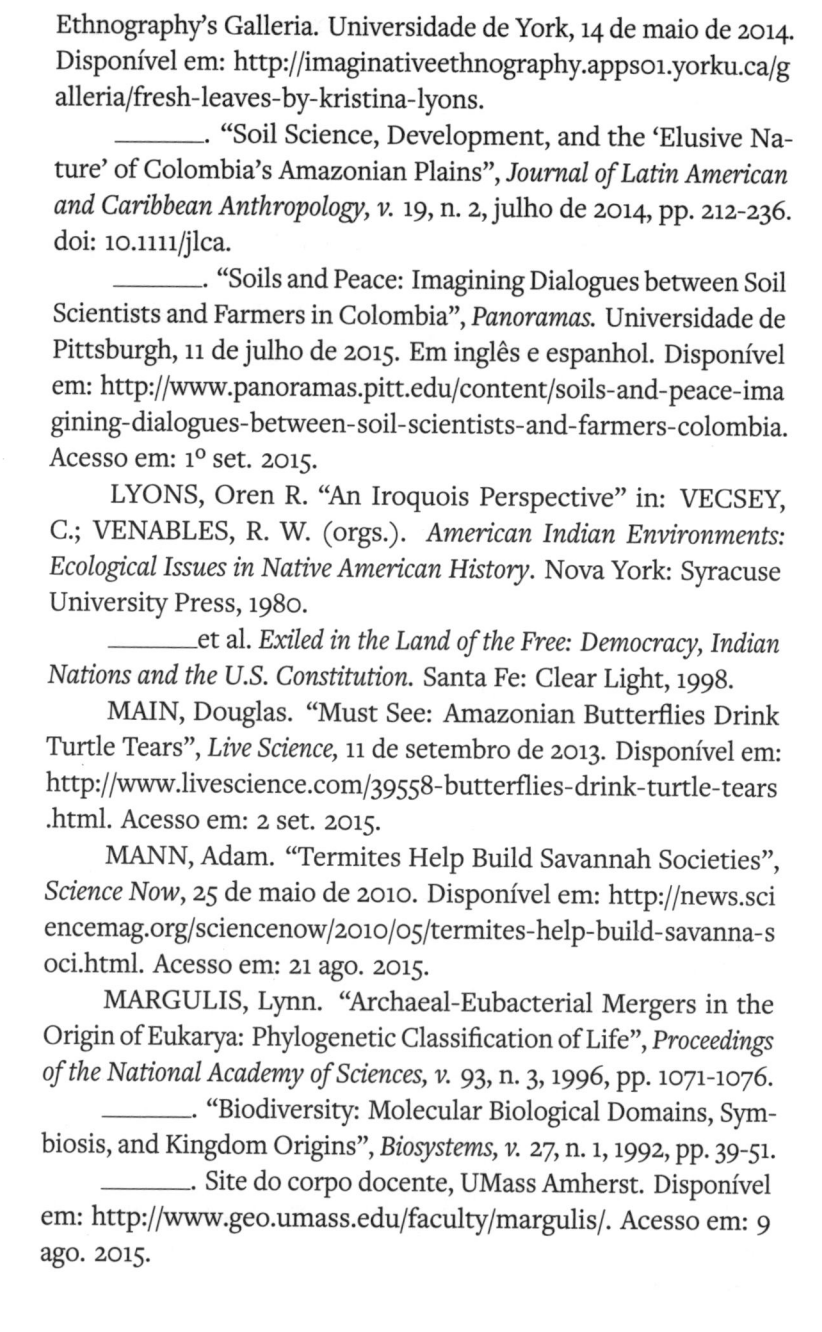

Ethnography's Galleria. Universidade de York, 14 de maio de 2014. Disponível em: http://imaginativeethnography.apps01.yorku.ca/galleria/fresh-leaves-by-kristina-lyons.

_____. "Soil Science, Development, and the 'Elusive Nature' of Colombia's Amazonian Plains", *Journal of Latin American and Caribbean Anthropology*, v. 19, n. 2, julho de 2014, pp. 212-236. doi: 10.1111/jlca.

_____. "Soils and Peace: Imagining Dialogues between Soil Scientists and Farmers in Colombia", *Panoramas*. Universidade de Pittsburgh, 11 de julho de 2015. Em inglês e espanhol. Disponível em: http://www.panoramas.pitt.edu/content/soils-and-peace-imagining-dialogues-between-soil-scientists-and-farmers-colombia. Acesso em: 1º set. 2015.

LYONS, Oren R. "An Iroquois Perspective" in: VECSEY, C.; VENABLES, R. W. (orgs.). *American Indian Environments: Ecological Issues in Native American History*. Nova York: Syracuse University Press, 1980.

_____ et al. *Exiled in the Land of the Free: Democracy, Indian Nations and the U.S. Constitution*. Santa Fe: Clear Light, 1998.

MAIN, Douglas. "Must See: Amazonian Butterflies Drink Turtle Tears", *Live Science*, 11 de setembro de 2013. Disponível em: http://www.livescience.com/39558-butterflies-drink-turtle-tears.html. Acesso em: 2 set. 2015.

MANN, Adam. "Termites Help Build Savannah Societies", *Science Now*, 25 de maio de 2010. Disponível em: http://news.sciencemag.org/sciencenow/2010/05/termites-help-build-savanna-soci.html. Acesso em: 21 ago. 2015.

MARGULIS, Lynn. "Archaeal-Eubacterial Mergers in the Origin of Eukarya: Phylogenetic Classification of Life", *Proceedings of the National Academy of Sciences*, v. 93, n. 3, 1996, pp. 1071-1076.

_____. "Biodiversity: Molecular Biological Domains, Symbiosis, and Kingdom Origins", *Biosystems*, v. 27, n. 1, 1992, pp. 39-51.

_____. Site do corpo docente, UMass Amherst. Disponível em: http://www.geo.umass.edu/faculty/margulis/. Acesso em: 9 ago. 2015.

_____. "Gaia Hypothesis". Palestra para a National Aeronautic and Space Agency. Gravação em vídeo. Nasa, 1984. Disponível em: https://archive.org/details/gaia_hypothesis. Acesso em: 7 ago. 2015.

_____. "Symbiogenesis and Symbionticism" in: MARGULIS, L.; FESTER, R. (orgs.). *Symbiosis as a Source of Evolutionary Innovation: Speciation and Morphogenesis*. Cambridge: MIT Press, 1991, pp. 1-14.

_____. *Symbiotic Planet: A New Look at Evolution*. Nova York: Basic Books, 1999.

_____; SAGAN; Dorian. *Acquiring Genomes: A Theory of the Origin of Species*. Nova York: Basic Books, 2002.

_____. "The Beast with Five Genomes", *Natural History*, junho de 2001. Disponível em: http://www.naturalhistorymag.com/htmlsite/0601/0601_feature.html. Acesso em: 9 ago. 2015.

_____. *Dazzle Gradually: Reflections on the Nature of Nature*. White River Junction: Chelsea Green, 2007.

_____. *Microcosmos: Four Billion Years of Microbial Evolution*. Berkeley: University of California Press, 1997.

MARIPOSAS QUE BEBEN LÁGRIMAS DE TORTUGA: y no es el título de un poema, es la mágica realidad. *Diarioecologia.com*. Disponível em: http://diarioecologia.com/mariposas-que-beben-lagrimas-de-tortuga-y-no-es-el-titulo-de-un-poema-es-la-magica-realidad/. Acesso em: 3 set. 2015.

MAYR, Ernst. *Systematics and the Origin of Species from the Viewpoint of a Biologist*. Cambridge: Harvard University Press, [1942] 1999.

MAZAHUA PEOPLE. *Wikipedia*. Disponível em: https://en.wikipedia.org/wiki/Mazahua_people. Acesso em: 1º set. 2015.

MAZMANIAN, Sarkis. "Sarkis Lab". California Institute of Technology. Disponível em: http://sarkis.caltech.edu/Home.html. Acesso em: 9 ago. 2015.

MAZUR, Susan. "Intimacy of Strangers and Natural Selection", *Scoop*, 6 de março de 2009. Disponível em: http://www.suzanmazur.com/?p=195. Acesso em: 9 ago. 2015.

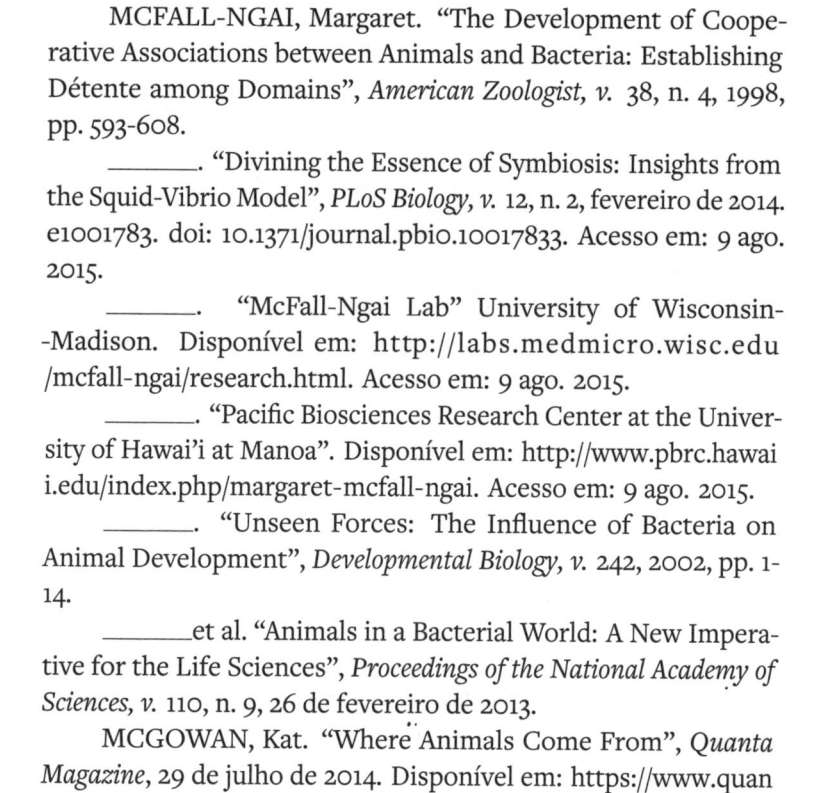

MCFALL-NGAI, Margaret. "The Development of Cooperative Associations between Animals and Bacteria: Establishing Détente among Domains", *American Zoologist*, v. 38, n. 4, 1998, pp. 593-608.

_____. "Divining the Essence of Symbiosis: Insights from the Squid-Vibrio Model", *PLoS Biology*, v. 12, n. 2, fevereiro de 2014. e1001783. doi: 10.1371/journal.pbio.10017833. Acesso em: 9 ago. 2015.

_____. "McFall-Ngai Lab" University of Wisconsin-Madison. Disponível em: http://labs.medmicro.wisc.edu/mcfall-ngai/research.html. Acesso em: 9 ago. 2015.

_____. "Pacific Biosciences Research Center at the University of Hawai'i at Manoa". Disponível em: http://www.pbrc.hawaii.edu/index.php/margaret-mcfall-ngai. Acesso em: 9 ago. 2015.

_____. "Unseen Forces: The Influence of Bacteria on Animal Development", *Developmental Biology*, v. 242, 2002, pp. 1-14.

_____et al. "Animals in a Bacterial World: A New Imperative for the Life Sciences", *Proceedings of the National Academy of Sciences*, v. 110, n. 9, 26 de fevereiro de 2013.

MCGOWAN, Kat. "Where Animals Come From", *Quanta Magazine*, 29 de julho de 2014. Disponível em: https://www.quantamagazine.org/20140729-where-animals-come-from/. Acesso em: 9 ago. 2015.

M'CLOSKEY, Kathy. *Swept under the Rug: A Hidden History of Navajo Weaving*. Albuquerque: University of New Mexico Press, 2002.

_____; HALBERSTADT, Carol Snyder. "The Fleecing of Navajo Weavers", *Cultural Survival Quarterly*, v. 29, n. 3, outono de 2005. Disponível em: http://www.culturalsurvival.org/publications/cultural-survival-quarterly/united-states/fleecing-navajo-weavers. Acesso em: 11 ago. 2015.

MCPHERSON, Robert. "Navajo Livestock Reduction in Southeastern Utah, 1933-46: History Repeats Itself", *American Indian Quarterly*, v. 22, n. 1-2, inverno/primavera de 1998, pp. 1-18.

MCSPADDEN, Russ. "Ecosexuals of the World Unite!", *Earth First! Newswire*, 25 de fevereiro de 2013. Disponível em: https://earthfirstnews.wordpress.com/2013/02/25/ecosexuals-of-the-world-unite-stop-mtr/. Acesso em: 6 ago. 2015.

MEDOUSA AND GORGONES. *Theoi Greek Mythology*. Disponível em: http://www.theoi.com/Pontios/Gorgones.html. Acesso em: 8 ago. 2015.

MELOY, Ellen. *Eating Stone: Imagination and the Loss of the Wild*. Nova York: Random House, 2005.

MELVILLE, Elinor G. K. *A Plague of Sheep: Environmental Consequences of the Conquest of Mexico*. Cambridge: Cambridge University Press, 1997.

MERESCHKOWSKY, Konstantin. "Theorie der zwei Plasmaarten als Grundlage der Symbiogenesis, einer neuen Lehre von der Entstehung der Organismen", *Biologisches Zentralblatt*, Leipzig, vol. 30, 1910, pp. 353-367.

MERKER, Daniel. "Breath Soul and Wind Owner: The Many and the One in Inuit Religion", *American Indian Quarterly*, v. 7, n. 3, 1983, pp. 23-39. doi: 10.2307/1184255. Acesso em: 11 ago. 2015.

METCALF, Jacob. "Intimacy without Proximity: Encountering Grizzlies as a Companion Species", *Environmental Philosophy*, v. 5, n. 2, 2008, pp. 99-128.

MINDELL, David. "Phylogenetic Consequences of Symbioses", *Biosystems*, v. 27, n. 1, 1992, pp. 53-62.

MINKLER, Sam A. Photos for "Paatuaqatsi/Water Is Life". Site do Black Mesa Trust. Disponível em: http://www.blackmesatrust.org/?page_id=46. Acesso em: 10 ago. 2015.

MIRASOL, Michael. "Commentary on *Nausicaä of the Valley of the Wind*". Publicado em 20 de agosto de 2010. Disponível em: https://www.youtube.com/watch?v=tdAtYXzcZWE. Acesso em: 1º set. 2015.

MIYAZAKI, Hayao (roteirista e diretor). Entrevista com Ryo Saitani. "The Finale of Nausicaä", *Comic Box*, edição especial de janeiro de 1995. Disponível em: http://www.comicbox.co.jp/e-nau/e-nau.html. Acesso em: 1º set. 2015.

_____. *Nausicaä of the Valley of the Wind*. Longa-metragem de animação. Studio Ghibli. 1984.

MOCK, Brentin. "Justice Matters", *Grist*. Lista de publicações, 2014-2015. Disponível em: https://grist.org/author/brentin-mock. Acesso em: 17 mar. 2016.

MOLINA, Marta. "Zapatistas' First School Opens for Session", *Waging Nonviolence*, 12 de agosto de 2013. Disponível em: http://wagingnonviolence.org/feature/the-zapatistas-first-escuelita-for-freedom-begins-today. Acesso em: 2 set. 2015.

MONARCH BUTTERFLY. *Wikipedia*. Disponível em: https://en.wikipedia.org/wiki/Monarch_butterfly. Acesso em: 1º set. 2015.

MONARCH BUTTERFLY BIOSPHERE RESERVE. *Wikipedia*. Disponível em: http://en.wikipedia.org/wiki/Monarch_Butterfly_Biosphere_Reserve. Acesso em: 1º set. 2015.

MONARCH BUTTERFLY CONSERVATION IN CALIFORNIA. *Wikipedia*. Disponível em: https://en.wikipedia.org/wiki/Monarch_butterfly_conservation_in_California. Acesso em: 1º set. 2015.

MONTEREY BAY AQUARIUM. "Tentacles: The Astounding Lives of Octopuses, Squids, and Cuttlefish". Exposição, 2014-2015. Disponível em: http://www.montereybayaquaum.org/animals-and-experiences/exhibits/tentacles. Acesso em: 10 ago. 2015.

MONUMENT VALLEY HIGH SCHOOL. "Ndahoo'aah Re-learning/New Learning Navajo Crafts/Computer Design". Monument Valley, 1996. Disponível em: http://www.math.utah.edu/\textasciitildemacarthu/Ndahooah/overview.html. Acesso em: 11 ago. 2015.

MOORE, Jason W. "Anthropocene, Capitalocene, and the Myth of Industrialization", 16 de junho de 2013. Disponível em: https://jasonwmoore.wordpress.com/2013/06/16/anthropocene-capitalocene-the-myth-of-industrialization/. Acesso em: 7 ago. 2015.

_____. "Anthropocene or Capitalocene, Part III". 19

de maio de 2013. Disponível em: http://jasonwmoore.wordpress.com/2013/05/19/anthropocene-or-capitalocene-part-iii/. Acesso em: 8 ago. 2015.

_____. *Capitalism and the Web of Life: Ecology and the Accumulation of Capital*. Londres: Verso, 2015.

_____(org.). *Anthropocene or Capitalocene?* Oakland: PM Press, 2016.

MORAN, Nancy. "Nancy Moran's Lab". Universidade do Texas em Austin. Disponível em: http://web.biosci.utexas.edu/moran. Acesso em: 9 ago. 2015.

MORGAN, Eleanor. "Sticky Tales: Spiders, Silk, and Human Attachments", *Dandelion, v.* 2, n. 2, 2011. Disponível em: http://dandelionjournal.org/index.php/dandelion/article/view/78/98. Acesso em: 10 ago. 2015.

_____. Disponível em: http://www.eleanormorgan.com/filter/Spider/About. Acesso em: 10 ago. 2015.

MORLEY, David; CHEN, Kuan-Hsing (orgs.). *Stuart Hall: Critical Dialogues in Cultural Studies*. Londres: Routledge, 1996.

MORRISON, Toni. *Paradise*. Nova York: Knopf, 1997. [*Paraíso*. Trad. José Rubens Siqueira. São Paulo: Companhia das Letras, 1998.]

MOUNTAIN JUSTICE SUMMER CONVERGENCE, 2015. Disponível em: https://www.mountainjustice.org.Acessoem:1ºset. 2015.

MOUNTAINTOP REMOVAL MINING. *Wikipedia*. Disponível em: http://en.wikipedia.org/wiki/Mountaintop_removal_mining. Acesso em: 1º set. 2015.

MUIR, Jim. "The Pigeon Fanciers of Baghdad". BBC, 20 de março de 2009. Disponível em: http://news.bbc.co.uk/2/hi/middle_east/7954499.stm. Acesso em: 20 mar. 2016.

MURPHY, Michelle. "Thinking against Population and with Distributed Futures". Comunicação para o painel "Make Kin Not Babies" nos encontros da Society for Social Studies of Science, Denver, 14 de novembro de 2015.

NATIONAL OCEANIC AND ATMOSPHERIC ADMINISTRATION. FISHERIES. "Green Turtles". Disponível em: http://www.nmfs.noaa.gov/pr/species/turtles/green.htm. Atualizado em: 26 ago. 2015. Acesso em: 20 mar. 2016.

NAUSICAÄ: CHARACTER. *Wikipedia*. Disponível em: https://en.wikipedia.org/wiki/Nausica%C3%A4_%28character%29. Acesso em: 1º set. 2015.

NAUSICAÄ OF THE VALLEY OF THE WIND. *Wikipedia*. Disponível em: http://en.wikipedia.org/wiki/Nausica%C3%A4_of_the_Valley_of_the_Wind_%28film%29. Acesso em: 1º set. 2015.

NAVAJO SHEEP PROJECT. Disponível em: http://navajosheepproject.com/intro.html.Acesso em: 10 ago. 2015.

_____. "History". Disponível em: http://navajosheepproject.com/nsphistory.html. Acesso em: 12 ago. 2015.

NAVAJO STRING GAMES BY GRANDMA MARGARET. Publicado por Daybreakwarrior, 27 de novembro de 2008. Disponível em: http://www.youtube.com/watch?v=5qdcG7Ztn3c. Acesso em: 3 ago. 2015.

NEEDHAM, Joseph. *The Grand Titration: Science and Society in East and West*. Londres: Routledge, [1969] 2013.

NELSON, Diane M. *Who Counts? The Mathematics of Death and Life after Genocide*. Durham: Duke University Press, 2015.

NEVER ALONE (KISIMA INGITCHUNA). Disponível em: http://neveralonegame.com/game.Acessoem:9ago. 2015.

NEVER ALONE. Trailer. Disponível em: https://www.youtube.com/watch?v=G2C3aIVeL-A. Acesso em: 20 mar. 2016.

NEVER ALONE CULTURAL INSIGHTS – SILA HAS A SOUL. Disponível em: https://www.youtube.com/watch?v=sd5etFc_Py4. Acesso em: 20 mar. 2016.

NIES, Judith. "The Black Mesa Syndrome: Indian Lands, Black Gold". *Orion*, verão de 1998. Disponível em: https://orionmagazine.org/article/the-black-mesa-syndrome. Acesso em: 10 ago. 2015.

_____. *Unreal City: Las Vegas, Black Mesa, and the Fate of the West*. Nova York: Nation Books, 2014.

NORTH AMERICAN EQUINE RANCHING INFORMATION COUNCIL. "About the Equine Ranching Industry". Disponível em: http://www.naeric.org/about.asp?strNav=11&strBtn. Acesso em: 13 ago. 2015.

_____. "Equine Veterinarians' Consensus Report on the Care of Horses on PMU Ranches". Disponível em: http://www.naeric.org/about.asp?strNav=0&strBtn=5. Acesso em: 13 ago. 2015.

OBERHAUSER, Karen S.; SOLENSKY, Michelle J. (orgs.). *The Monarch Butterfly: Biology and Conservation*. Ithaca: Cornell University Press, 2004.

OLSSON, L., G. S. Levit; HOSSFELD, U. "Evolutionary Developmental Biology: Its Concepts and History with a Focus on Russian and German Contributions", *Naturwissenschaften*, v. 97, n. 11, 2010, pp. 951-969.

OODSHOURN, Nelly. *Beyond the Natural Body: An Archaeology of Sex Hormones*. Londres: Routledge, 1994.

THE ORIGINAL PEOPLE. "Speakers for the Dead: Documentary about the Original Black Settlers of Princeville, Ontario, Canada". Disponível em: https://www.youtube.com/watch?v=r0fbINBjb6I. Acesso em: 20 mar. 2016.

PACIFIC ISLANDS ECOSYSTEMS AT RISK. Disponível em: http://www.hear.org/pier/species/acacia_mearnsii.htm. Acesso em: 21 ago. 2015.

PAGET-CLARKE, Nic. "An Interview with Wahleah Johns and Lilian Hill", *Motion Magazine*, 13 de junho de 2004. Kykotsmovi, Hopi Nation, Arizona. Disponível em: http://www.inmotionmagazine.com/global/wj_lh_int.html. Acesso em: 12 ago. 2015.

PALESE, Blair. "It's Not Just Indigenous Australians v. Adani over a Coal Mine. We Should All Join this Fight", *The Guardian*, 3 de abril de 2015. Disponível em: http://www.theguardian.com/commentisfree/2015/apr/03/its-not-just-indigenous-australians-v-adani-over-a-coal-mine-we-should-all-join-this-fight. Acesso em: 31 ago. 2015.

PAN-AMERICAN SOCIETY FOR EVOLUTIONARY DEVELOPMENTAL BIOLOGY. Encontros inaugurais. Universidade da Califórnia, Berkeley, 5-9 de agosto de 2015. Disponível em: http://www.evodevopanam.org/meetings-\/-events.html. Acesso em: 2 ago. 2015.

PATRICIA WRIGHT. Disponível em: http://www.patriciawright.org. Acesso em: 11 ago. 2015.

PEABODY ENERGY. "Factsheet: Kayenta". Disponível em: https://mscusppegrs01.blob.core.windows.net/mmfiles/files/factsheets/kayenta.pdf. Acesso em: 10 ago. 2015.

_____. "Peabody in China". Disponível em: http://www.peabodyenergy.com/content/145/peabody-in-china. Acesso em: 10 ago. 2015.

_____. "Powder River Basin and Southwest". Disponível em: http://www.peabodyenergy.com/content/247/us-mining/powder-river-basin-and-southwest. Acesso em: 10 ago. 2015.

PEACE FLEECE. "Irene Benalley". Disponível em: http://www.peacefleece.com/irene_bennalley.html. Acesso em: 12 ago. 2015.

_____. "The Story". Disponível em: http://www.peacefleece.com/thestory.htm. Acesso em: 12 ago. 2015.

PEMBINA INSTITUTE. "Alberta's Oil Sands". Disponível em: http://www.pembina.org/oil-sands/os101/alberta. Acesso em: 7 ago. 2015.

_____. "Oil Sands Solutions". Disponível em: http://www.pembina.org/oil-sands/solutions. Acesso em: 7 ago. 2015.

PERLEY, Bernard. "Zombie Linguistics: Experts, Endangered Languages and the Curse of Undead Voices", *Anthropological Forum*, v. 22, n. 2, 2012, pp. 133-149.

PETRAS, Kathryn. "Making Sense of HRT. Natural? Synthetic? What's What?". Disponível em: http://www.earlymenopause.com/makingsenseofhrt.htm. Acesso em: 13 ago. 2015.

PFENNIG, David. "Pfennig Lab". Universidade da Carolina do Norte em Chapel Hill. Disponível em: http://labs.bio.unc.edu/pfennig/LabSite/Research.html. Acesso em: 9 ago. 2015.

PIERCY, Marge. *Woman on the Edge of Time*. Nova York: Knopf, 1976.

PigeonBlog. http://www.pigeonblog.mapyourcity.net/. ISEA ZeroOne San Jose. http://2006.01sj.org/content/view/810/52/. Acesso em: 17 fev. 2012.

PIGEONBLOG 2006-2008. Disponível em: http://nideffer.net/shaniweb/pigeonblog.php. Acesso em: 20 mar. 2016.

PIGNARRE, Philippe; STENGERS, Isabelle. *La sorcellerie capitaliste: Pratiques de désenvoûtement*. Paris: Découverte, 2005.

PIMOA CTHULHU. *Wikipedia*. Disponível em: https://en.wikipedia.org/wiki/Pimoa_cthulhu. Acesso em: 6 ago. 2015.

PLANET OF THE OOD. Episódio da série *Dr. Who*, temporada 4, 19 de abril de 2008. Disponível em: https://en.wikipedia.org/wiki/Planet_of_the_Ood. Acesso em: 8 ago. 2015.

PORCHER, Jocelyne. *Vivre avec les animaux: Une utopie pour le XXIe Siècle*. Paris: Découverte, 2011.

POTNIA THERON, KAMEIROS, RODES, *circa* 600 AEC. Disponível em: http://commons.wikimedia.org/wiki/File:Gorgon_Kameiros_BM_GR1860.4-4.2_n2.jpg. Acesso em: 8 ago. 2015.

POTTS, Annie, em conversa com Donna Haraway. "Kiwi Chicken Advocate Talks with Californian Dog Companion" in: "Feminism, Psychology and Nonhuman Animals", editado por Annie Potts, *Feminism and Psychology*, v. 20, n. 3, agosto de 2010 (edição especial), pp. 318-336.

POULSEN, Michael *et al*. "Complementary Symbiont Contributions to Plant Decomposition in a Fungus Farming Termite", *Proceedings of the National Academy of Sciences*, v. 111, n. 40, 2013, pp. 14500-14505. Disponível em: http://www.pnas.org/content/111/40/14500. Acesso em: 9 ago. 2015.

PREMARIN CONTROVERSY. *Wikipedia*. Disponível em: http://en.wikipedia.org/wiki/Premarin#Controversy. Acesso em: 13 ago. 2015.

PRIGOGINE, Ilya; STENGERS, Isabelle. *Order Out of Chaos*. Nova York: Bantam, 1984.

PRIOR, Helmut; SCHWARZ, Ariane; GÜNTÜRKÜN, Onur.

"Mirror-Induced Behavior in the Magpie (*Pica pica*): Evidence of Self-Recognition", *PloS Biology*, v. 6, n. 8, 2008. e202. doi: 10.1371/journal.pbio.0060202. Acesso em: 3 ago. 2015.

PROSEK, James. *Eels: An Exploration from New Zealand to the Sargasso, of the World's Most Mysterious Fish*. Nova York: Harper, 2011.

PROTEIN PACKING: INNER LIFE OF A CELL. Universidade de Harvard e xvivo com BioVisions. Publicado por xvivo Scientific Animation. Disponível em: https://www.youtube.com/user/XVIVOAnimation. Acesso em: 20 mar. 2016.

Puig de la BELLACASA, María. "Encountering Bioinfrastructure: Ecological Movements and the Sciences of Soil". *Social Epistemology* 28, n. 1 (2014): 26–40.

_____. "Ethical Doings in Naturecultures", *Ethics, Place and Environment*, v. 13, n. 2, 2010, pp. 151-169.

_____. "Matters of Care in Technoscience: Assembling Neglected Things", *Social Studies of Science*, v. 41, n. 1, 2011, pp. 85-106.

_____. *Matters of Care: Speculative Ethics in More Than Human Worlds*. Mineápolis: University of Minnesota Press, 2017.

_____. *Penser nous devons: Politiques féministes et construction des savoirs*. Paris: Harmattan, 2013.

_____. "Touching Technologies, Touching Visions: The Reclaiming of Sensorial Experience and the Politics of Speculative Thinking", *Subjectivity*, v. 28, n. 1, 2009, pp. 297-315.

PULLMAN, Philip. *His Dark Materials Omnibus: The Golden Compass, The Subtle Knife, The Amber Spyglass*. Nova York: Knopf, 2007.

PYLE, Robert Michael. *Chasing Monarchs: Migrating with the Butterflies of Passage*. New Haven: Yale University Press, [1999] 2014.

RACING PIGEON-POST. Disponível em: http://www.articles.racing-pigeon-post.org/directory/articles_index.php. Acesso em: 17 fev. 2012.

RAFFLES, Hugh. *Insectopedia*. Nova York: Random House, 2010.

RAMBERG, Lucinda. *Given to the Goddess: South Indian Devadasis and the Sexuality of Religion*. Durham: Duke University Press, 2014.

_____. "Troubling Kinship: Sacred Marriage and Gender Configuration in South India", *American Ethnologist*, v. 40, n. 4, 2013, pp. 661-675.

RAUN, A. P.; PRESTON, R. L. "History of Diethylstilbestrol Use in Cattle", *American Society of Animal Science*, 2002. Disponível em: https://www.asas.org/docs/publications/raunhist.pdf?sfvrsn=0. Acesso em: 13 ago. 2015.

REA, Ba; OBERHAUSER, Karen; QUINN, Michael. *Milkweed, Monarchs and More*. Union: Bas Relief, 2010 (2. ed.).

REED, Donna; STARHAWK. *Signs out of Time: The Story of Archaeologist Marija Gimbutas*. Documentário, Belili Productions, 2004. Disponível em: https://www.youtube.com/watch?v=whfGbPFAy4w. Acesso em: 8 ago. 2015.

REN, C. et al. "Modulation of Peanut-Induced Allergic Immune Responses by Oral Lactic Acid Bacteria-Based Vaccines in Mice", *Applied Microbiological Biotechnology*, v. 98, n. 14, 2014, pp. 6353-6364. doi: 10.1007/s00253-014-5678-7.

RENDÓN-SALINAS, E.; TAVERA-ALONSO, G. "Forest Surface Occupied by Monarch Butterfly Hibernation Colonies in December 2013". Relatório para o World Wildlife Fund - México.

ROBINSON, Kim Stanley. *2312*. Nova York: Orbit/Hatchette, 2012.

ROCHELEAU, Dianne. "Networked, Rooted and Territorial: Green Grabbing and Resistance in Chiapas", *Journal of Peasant Studies*, v. 42, n. 3-4, 2015, pp. 695-723.

ROCHELEAU, Dianne; EDMUNDS, David. "Women, Men and Trees: Gender, Power and Property in Forest and Agrarian Landscapes". *World Development*, v. 25, n. 8, 1997, pp. 1351-1371.

ROHWER, Forest et al. "Diversity and Distribution of Coral--Associated Bacteria", *Marine Ecology Progress Series*, v. 243, 2002, pp. 1-10.

ROODE, Jaap de. "De Roode Lab". Universidade de Emory. Disponível em: http://www.biology.emory.edu/research/deRoode/publications.html. Acesso em: 19 mar. 2016.

ROOSTH, Sophia. "Evolutionary Yarns in Seahorse Valley: Living Tissues, Wooly Textiles, Theoretical Biologies", *differences*, v. 25, n. 5, 2012, pp. 9-41.

ROSE, Deborah Bird. *Reports from a Wild Country: Ethics for Decolonisation*. Sydney: University of New South Wales Press, 2004.

_____. "What If the Angel of History Were a Dog?", *Cultural Studies Review*, v. 12, n. 1, 2006, pp. 67-78.

ROSEN, Ruth. "Pat Cody: Berkeley's Famous Bookstore Owner and Feminist Health Activist (1923-2010)". Site do *Journal of Women's History*. Universidade de Binghamton, Universidade do Estado de Nova York. Disponível em: http://bingdev.binghamton.edu/jwh/?page_id=363. Acesso em: 20 mar. 2016.

ROSS, Alison. "Devilish Ants Control the Garden". BBC News. Disponível em: http://news.bbc.co.uk/2/hi/science/nature/4269544.stm. Acesso em: 21 ago. 2015.

ROSS, Deborah. "Deborah Ross Arts". Disponível em: http://www.deborahrossarts.com/.Acessoem:11 ago. 2015.

ROWE, Claudia. "Coal Mining on Navajo Nation in Arizona Takes Heavy Toll". *Huffington Post*, 6 de junho de 2013. Disponível em: http://www.huffingtonpost.com/2013/06/06/coal-mining-navajo-nation_n_3397118.html. Acesso em: 10 ago. 2015.

RUSS, Joanna. *The Adventures of Alyx*. Nova York: Gregg, 1976.

_____. *The Female Man*. Nova York: Bantam Books, 1975.

SAGAN, Lynn. "On the Origin of Mitosing Cells", *Journal of Theoretical Biology*, v. 14, n. 3, 1967, pp. 225-274.

SALOMON, F. *The Cord Keepers: Khipus and Cultural Life in a Peruvian Village*. Durham: Duke University Press, 2004.

SAN JOSE MUSEUM OF QUILTS AND TEXTILES. "Black Mesa Blanket: Enduring Vision, Sustaining Community". Disponível em: http://www.sjquiltmuseum.org/learnmore_BlackMesa.html. Acesso em: 11 ago. 2015.

SCHMITT, Carl. *The Nomos of the Earth in the International Law of the Jus Publicum Europaeum.* Trad. G. L. Ulmen. Candor: Telos, [1950] 2003. [*O nomos da Terra*. Trad. Alexandre Franco Sá et.al. São Paulo: Contraponto, 2014.]

SCOTTOLINE, Lisa. *The Vendetta Defense.* Nova York: Harper, 2001.

SEAMAN, Barbara. "Health Activism, American Feminist", *Jewish Women: A Comprehensive Historical Encyclopedia.* 20 de março de 2009. Jewish Women's Archive. Disponível em: http://jwa.org/encyclopedia/article/health-activism-american-feminist. Acesso em: 13 ago. 2015.

SHORT HISTORY OF BIG MOUNTAIN-BLACK MESA. Publicado por American Indian Cultural Support (AICS) e Mike Wicks, 1998-2006. Disponível em: http://www.aics.org/BM/bm.html.Acessoem:10ago. 2015.

SIERRA CLUB SPONSORS 'WATER IS LIFE' FORUM WITH TRIBAL PARTNERS. 5 de janeiro de 2012. Disponível em: http://blogs.sierraclub.org/scrapbook/2012/01/sierra-club-co-sponsors-water-is-life-forum-with-tribal-partners.html. Acesso em: 10 ago. 2015.

SIMPSON, George Gaylord. *Tempo and Mode in Evolution.* Columbia Classics in Evolution. Nova York: Columbia University Press, [1944] 1984.

SKURNICK, Lizzie. *That Should Be a Word.* Nova York: Workman, 2015.

THE SOUFAN GROUP. " TSG IntelBrief: Geostrategic Competition in the Arctic: Routes and Resources". 6 de março de 2014. Disponível em: http://soufangroup.com/tsg-intelbrief-geostrategic-competition-in-the-arctic-routes-and-resources/. Acesso em: 8 ago. 2015.

SOULÉ, Michael; TERBORGH, John (orgs.). *Continental Conservation: Scientific Foundations of Regional Reserve Networks*. Washington: Island, 1999.

STARHAWK. *Truth or Dare: Encounters with Power, Authority, and Mystery*. San Francisco: Harper, 1990.

STARKEY, Daniel. "*Never Alone* Review: It's Cold Outside". Eurogamer.net. 20 de novembro de 2014. Disponível em: http://www.eurogamer.net/articles/2014-11-20-never-alone. Acesso em: 11 ago. 2015.

STEFFEN, Will et al. "The Trajectory of the Anthropocene: The Great Acceleration", *The Anthropocene Review*, 16 de janeiro de 2015. doi: 10.1177/2053019614564785. Acesso em: 16 mar. 2016.

STENGERS, Isabelle. *Au temps des catastrophes: Résister à la barbarie qui vient*. Paris: Découverte, 2009. [*No tempo das catástrofes: resistir à barbárie que se aproxima*. Trad. Eloísa Araújo Ribeiro. São Paulo: Cosac Naify, 2015.]

_____. "The Cosmopolitical Proposal" in: LATOUR, Bruno; WEIBEL, Peter (orgs.). *Making Things Public*. Cambridge: MIT Press, 2005, pp. 994-1003. ["A proposição cosmopolítica". Trad. Raquel Camargo e Stelio Marras. *Revista do Instituto de Estudos Brasileiros*, n. 69, abril de 2018, pp. 442-464. doi: http://dx.doi.org/10.11606/issn.2316-901X.v0i69p442-464{]}

_____. *Cosmopolitics I* e *Cosmopolitics II*. Trad. Robert Bononno. Mineápolis: University of Minnesota Press, 2010 e 2011.

_____. *Hypnose entre magie et science*. Paris: Les Empêcheurs de penser en rond, 2002.

_____. "Relaying a War Machine?" in: ALLIEZ, Éric; GOFFEY, Andrew (orgs.). *The Guattari Effect*. Londres: Continuum, 2011, pp. 134-155.

_____; DESPRET, Vinciane. *Les faiseuses d'histoires: Que font les femmes à la pensée?* Paris: Découverte, 2011.

_____. *Women Who Make a Fuss: The Unfaithful Daughters of Virginia Woolf*. Trad. April Knutson. Mineápolis: Univocal, 2014.

_____em conversa com Heather Davis e Etienne Turpin. "Matters of Cosmopolitics: On the Provocations of Gaïa" in: TURPIN, Etienne (org.). *Architecture in the Anthropocene: Encounters among Design, Deep Time, Science and Philosophy*. Londres: Open Humanities, 2013, pp. 171-182.

STEPHENS, Beth; SPRINKLE, Annie. *Goodbye Gauley Mountain: An Ecosexual Love Story*. Disponível em: http://goodbyegauleymountain.org. Acesso em: 6 ago. 2015.

_____. "Goodbye Gauley Mountain". Disponível em: http://elizabethstephens.org/good-bye-gauley-mountain. Acesso em: 1º set. 2015.

STORIES FOR CHANGE. Site organizado por mass IMPACT. Disponível em: http://storiesforchange.net. Acesso em: 19 mar. 2016.

STRATHERN, Marilyn. *The Gender of the Gift: Problems with Women and Problems with Society in Melanesia*. Berkeley: University of California Press, 1990.

_____. *Kinship, Law and the Unexpected: Relatives Are Always a Surprise*. Cambridge: Cambridge University Press, 2005. [*Parentesco, direito e o inesperado: parentes são sempre uma surpresa*. Trad. Stella Zagato Paterniani. São Paulo: Unesp, 2015.]

_____. *Partial Connections*. Lanham: Rowman & Littlefield, 1991.

_____. *The Relation: Issues in Complexity and Scale*. Cambridge: Prickly Pear, 1995.

_____. *Reproducing the Future*. Manchester, Reino Unido: Manchester University Press, 1992.

_____. "Shifting Relations". Comunicação para o Emerging Worlds Workshop, Universidade da Califórnia em Santa Cruz, 8 de fevereiro de 2013.

STRAWN, Susan; LITTREL, Mary. "Returning Navajo-Churro Sheep for Weaving", *Textile, v.* 5, 2007, pp. 300-319.

STREET ART SF TEAM. "The Bird Man of the Mission". 7 de outubro de 2014. Disponível em: http://www.streetartsf.com/blog/the-bird-man-of-the-mission. Acesso em: 28 set. 2015.

STYGER, Erica et al. "Influence of Slash-and-Burn Farming Practices on Fallow Succession and Land Degradation in the Rainforest Region of Madagascar", *Agriculture, Ecosystems, and Environment*, v. 119, 2007, pp. 257-269.

SURVIVAL AND REVIVAL OF THE STRING FIGURES OF YIRRKALA. Disponível em: http://australianmuseum.net.au/Survival-and-Revival-of-the-String-Figures-of-Yirrkala. Atualizado em: 19 mar. 2015. Acesso em: 3 ago. 2015.

SURVIVAL INTERNATIONAL. "Shifting Cultivation". Disponível em: http://www.survivalinternational.org/about/swidden. Acesso em: 11 ago. 2015.

SVENSON-ARVELAND et al. "The Human Fetal Placenta Promotes Tolerance against the Semiallogenic Fetus by Producing Regulatory T Cells and Homeostatic M2 Macrophages", *Journal of Immunology*, v. 194, n. 4, 15 de fevereiro de 2015, pp. 1534-1544. Disponível em: http://www.jimmunol.org/content/194/4/1534. Acesso em: 1º set. 2015.

TAGAQ, Tanya. "Animism". Disponível em: http://tanyatagaq.com/.Acessoem:3set.2015.

_____. "*Animism* – Album Trailer". 5 de maio de 2014. Disponível em: https://www.youtube.com/watch?v=ItYoFr3LpDw&feature=youtu.be. Acesso em: 3 set. 2015.

_____. "Tagaq Brings Animism to Studio Q". Entrevista com Jian Gomeshi. Disponível em: https://www.youtube.com/watch?v=ZuTIySphv2w. Acesso em: 20 mar. 2016.

_____. "Tanya Tagaq's Polaris Prize Performance and Introduction". Gala do Polaris Music Prize, 27 de setembro de 2014. Disponível em: http://tanyatagaq.com/2014/09/tanya-tagaqs-polaris-prize-performance-introduction/. Acesso em: 20 mar. 2016.

TAKAHASHI, Dean. "After *Never Alone*, E-Line Media and Alaska Native Group See Big Opportunity in 'World Games'". *GamesBeat*. 5 de fevereiro de 2015. Disponível em: http://ventureb

eat.com/2015/02/05/after-never-alone-e-line-media-and-alaska-native-group-see-big-opportunity-in-world-games. Acesso em: 11 ago. 2015.

TALEN, Reverend Billie. "Beware of the Robobee, Monsanto and DARPA". 4 de junho de 2014. Disponível em: http://www.revbilly.com/beware_of_the_robobee_monsanto_and_darpa. Acesso em: 8 ago. 2015.

TALLBEAR, Kim. Disponível em: http://www.kimtallbear.com. Acesso em: 24 set. 2016.

_____. "Failed Settler Kinship, Truth and Reconciliation, and Science". Publicado em 3 de março de 2016. Disponível em: http://www.kimtallbear.com/homeblog/failed-settler-kinship-truth-and-reconciliation-and-science. Acesso em: 17 mar. 2016.

_____. "Making Love and Relations Beyond Settler Sexualities". Palestra para o Social Justice Institute, Universidade da Colúmbia Britânica. Publicado em 24 de fevereiro de 2016. Disponível em: https://www.youtube.com/watch?v=zfdo2ujRUv8. Acesso em: 19 mar. 2016.

TAO, Leiling et al. "Disease Ecology across Soil Boundaries: Effects of Below-Ground Fungi on Above-Ground Host-Parasite Interactions", *Proceedings of the Royal Society B, v.* 282, n. 1817, 22 de outubro de 2015. doi: 10.1098/rspb.2015.1993. Acesso em: 20 mar. 2016.

TAR SANDS SOLUTIONS NETWORK. Disponível em: http://tarsandssolutions.org/about. Acesso em: 7 ago. 2016.

TATE, Andrew et al. "Behavioural and Neurophysiological Evidence for Face Identity and Face Emotion Processing in Animals", *Philosophical Transactions of the Royal Society B, v.* 361, n. 1476, 2006, pp. 2155-2172. doi: 10.1098/rstb.2006.1937. Acesso em: 12 ago. 2015.

TAUBER, Alfred. "Reframing Developmental Biology and Building Evolutionary Theory's New Synthesis". *Perspectives in Biology and Medicine* 53, n.2, 2010, pp.257-70. doi: 10.1353/pbm.0.0149. Acesso em: 2 ago. 2015.

TELLER, Terry. "So Naal Kaah, Navajo Astronomy". Disponível em: http://www.angelfire.com/rock3/countryboy79/navajo_astronomy.html. Acesso em: 3 ago. 2015.

TERRANOVA, Fabrizio. *Donna Haraway: Story Telling for Earthly Survival*. L'Atelier Graphoui e Spectres Production. Estreia em maio de 2016 no Kunsten- FestivaldesArts, Bruxelas.

THE THOUSAND NAMES OF GAIA: From the Anthropocene to the Age of the Earth. Conferência no Rio de Janeiro, 15-19 de setembro de 2014. Disponível em: https://thethousandnamesofgaia.wordpress.com. Acesso em: 8 ago. 2015.

_____. Vídeos. Disponível em: https://www.youtube.com/c/osmilnomesdegaia. Acesso em: 8 ago. 2015.

TODA, Koji; WATANABE, Shigeru. "Discrimination of Moving Video Images of Self by Pigeons (*Columba livia*)", *Animal Cognition*, v. 11, n. 4, 2008, pp. 699-705. doi: 10.1007/s10071-008-0161-4. Acesso em: 12 ago. 2015.

A TRIBUTE TO BARBARA SEAMAN: Triggering a Revolution in Women's Health Care, *On the Issues Magazine*, outono de 2012. Disponível em: http://www.ontheissuesmagazine.com/11spring/2011spring_tribute.php. Acesso em: 13 ago. 2015.

TRUJILLO, Juan. "The World Water Forum: A Dispute over Life", *The Narcosphere*. Disponível em: http://narcosphere.narconews.com/notebook/juan-trujillo/2006/03/the-world-water-forum-a-dispute-over-life. Acesso em: 3 set. 2015.

TSING, Anna. "Feral Biologies". Comunicação para a conferência Anthropological Visions of Sustainable Futures, University College London, 12-14 de fevereiro de 2015.

_____. *Friction: An Ethnography of Global Connection*. Princeton: Princeton University Press, 2005.

_____. *The Mushroom at the End of the World: On the Possibility of Life in Capitalist Ruins*. Princeton: Princeton University Press, 2015. [*O cogumelo no fim do mundo: sobre a possibilidade de vida nas ruínas do capitalismo*. Trad. Jorgge Menna Barreto e Yudi Rafael. São Paulo: n-1 edições, 2022.]

_____. "A Threat to Holocene Resurgence Is a Threat to

Livability". Texto não publicado, 2015. [Thiago Mota Cardoso e Rafael Victorino(ed.). "Uma ameaça à ressurgência holocênica é uma ameaça à habitabilidade" in: *Viver nas Ruínas: paisagens multiespécies no Antropoceno*. Brasília: IEB / Mil Folhas, 2019.]

_____. "Unruly Edges: Mushrooms as Companion Species", *Environmental Humanities*, v. 1, 2012, pp. 141-154.

_____et al. (orgs.). *Arts of Living on a Damaged Planet: Stories from the Anthropocene*. Mineápolis: University of Minnesota, 2017.

_____et al. "Anthropologists Are Talking about the Anthropocene", *Ethnos*, v. 81, n. 4, 2016, pp. 1-30. doi:10.1080/00141844.2015.1105838. Acesso em: 20 mar. 2016.

TSUTSUMI CHUNAGON MONOGATARI. Disponível em: https://en.wikipedia.org/wiki/Tsutsumi_Ch%C5ABnagon_Monogatari. Acesso em: 20 mar. 2016.

TUCKER, Catherine M. "Community Institutions and Forest Management in Mexico's Monarch Butterfly Reserve", *Society and Natural Resources*, v. 17, 2004, pp. 569-587.

TURKISHTUMBLERS.COM. Disponível em: http://turkishtumblers.com. Acesso em: 20 mar. 2016.

UNITED NATIONS. "World Population Prospects: Key Findings and Advance Tables, 2015 Revision". Population Division of the Department of Economic and Social Affairs. Disponível em: http://esa.un.org/unpd/wpp/Publications/Files/Key_Findings_WPP_2015.pdf. Acesso em: 29 set. 2015.

UNIVERSIDADE DE ALASKA FAIRBANKS. Alaska Native Language Center. "Inupiaq". Disponível em: https://www.uaf.edu/anlc/languages-move/inupiaq.php. Acesso em: 19 dez. 2022.

U.S. COAST GUARD. "Pigeon Search and Rescue Project, Project Sea Hunt". Disponível em: http://www.uscg.mil/history/articles/PigeonSARProject.asp. Acesso em: 20 mar. 2016.

U.S. FISH AND WILDLIFE SERVICE. "The American Eel". 29 de abril de 2014. Disponível em: http://www.fws.gov/northeast/newsroom/eels.html. Acesso em: 1º set. 2015.

UTAH INDIAN CURRICULUM GUIDE. "We Shall Remain:

Utah Indian Elementary Curriculum Guide – The Goshutes: The Use of Storytelling in the Transmission of Goshute Culture". Digitalizado em 2009. Disponível em: http://content.lib.utah.edu/cdm/ref/collection/uaida/id/17874. Acesso em: 20 mar. 2016.

VALBIO. " ICTE – Centre ValBio Publications". Disponível em: www.stonybrook.edu/commcms/centre-valbio/research/publications.html. Acesso em: 24 ago. 2015.

VANCE, Dwight A. "Premarin: The Intriguing History of a Controversial Drug", *International Journal of Pharmaceutical Compounding*, julho/agosto de 2007, pp. 282-286. Disponível em: http://www.ijpc.com/abstracts/abstract.cfm?ABS=2619. Acesso em: 13 ago. 2015.

VAN DOOREN, Thom. *Flight Ways: Life at the Edge of Extinction*. Nova York: Columbia University Press, 2014.

_____. "Keeping Faith with Death: Mourning and De--extinction". 10 de novembro de 2013. Disponível em: http://extinctionstudies.org/2013/11/10/keeping-faith-with-death-mourning-and-de-extinction. Acesso em: 6 ago. 2015.

_____; DESPRET, Vinciane. "Evolution: Lessons from Some Cooperative Ravens" in: TURNER, Lynn; BROGLIO, Ron; SELLBACH, Undine (orgs.). *The Edinburgh Companion to Animal Studies*. Edimburgo: University of Edinburgh Press, 2018.

_____; ROSE, Deborah Bird. "Storied-Places in a Multispecies City", *Humanimalia: A Journal of Human/Animal Interface Studies*, v. 3, n. 2, 2012, pp. 1-27.

_____. "Unloved Others: Death of the Disregarded in the Time of Extinctions", *Australian Humanities Review*, v. 50, maio de 2011 (ed. especial).

VARLEY, John. Trilogia Gaea: *Titan* (1979), *Wizard* (1980) e *Demon* (1984). Nova York: Berkeley Books.

VIDAL, Omar; LÓPEZ-GARCIA, José; RENDÓN-SALINAS, Eduardo. "Trends in Deforestation and Forest Degradation in the Monarch Butterfly Biosphere Reserve in Mexico". *Conservation Biology* 28, n. 1 (2013), pp. 177-186.

VOICES FOR BIODIVERSITY. "The Sixth Great Extinction".

Disponível em: http://newswatch.nationalgeographic.com/2012/03/28/the-sixth-great-extinction-a-silent-extermination. Acesso em: 7 ago. 2015.

WALCOTT, Charles. "Pigeon Homing: Observations, Experiments and Confusions", *Journal of Experimental Biology*, v. 199, 1996, pp. 21-27. Disponível em: http://jeb.biologists.org/content/199/1/21.full.pdf. Acesso em: 3 ago. 2015.

WALTERS, Sarah. "Holobionts and the Hologenome Theory", *Investigate: A Research and Science Blog*, 4 de setembro de 2013. Disponível em: http://www.intellectuallventureslab.com/investigate/holobionts-and-the-hologenome-theory. Acesso em: 9 ago. 2015.

WATANABE, Shigeru; SAKAMOTO, Junko; WAKITA, Masumi. "Pigeons' Discrimination of Paintings by Monet and Picasso", *Journal of the Experimental Analysis of Behavior*, v. 63, n. 2, março de 1995, pp. 165-174. doi: 10.1901/eab.1995.63-165. Acesso em: 3 ago. 2015.

WATER MANAGEMENT IN GREATER MEXICO CITY. *Wikipedia*. Disponível em: http://en.wikipedia.org/wiki/Water_management_in_Greater_Mexico_City. Acesso em: 20 mar. 2016.

WEAVER, Harlan. "'Becoming in Kind': Race, Class, Gender, and Nation in Cultures of Dog Rescue and Dogfighting", *American Quarterly*, v. 65, n. 3, 2013, pp. 689-709.

_____. "Trans Species", *Transgender Studies Quarterly*, v. 1, n. 1-2, 2014, pp. 253-254. doi: 10.1215/23289252-2400100.

WEAVING IN BEAUTY. Publicado em 2 de abril de 2009 por Mary Walker. Disponível em: http://weavinginbeauty.com/its-all-about-the-rugs/2009-heard-museum-guild-indian-market-dy-begay-and-berdina-charley. Acesso em: 11 ago. 2015.

WEBER, Bob. "Rebuilding Land Destroyed by Oil Sands May Not Restore It, Researchers Say", *The Globe and Mail*, 11 de março de 2012. Disponível em: http://www.theglobeandmail.com/news/national/rebuilding-land-destroyed-by-oil-sands-may-not-restore-it-researchers-say/article552879/. Acesso em: 7 ago. 2015.

WEISIGER, Marsha. *Dreaming of Sheep in Navajo Country*. Seattle: University of Washington Press, 2009.

_____. "Gendered Injustice: Navajo Livestock Reduction in the New Deal Era", *Western Historical Quarterly*, v. 38, n. 4, inverno de 2007, pp. 437-455.

WELLER, Frank. *Equine Angels: Stories of Rescue, Love, and Hope*. Guilford: Lyons, 2008.

WERTHEIM, Christine. "CalArts Faculty Staff Directory". Disponível em: https://directory.calarts.edu/directory/christine-wertheim. Acesso em: 11 ago. 2015.

WERTHEIM, Margaret. "The Beautiful Math of Coral". Vídeo TED. Publicado em fevereiro de 2009. Disponível em: http://www.ted.com/talks/margaret_wertheim_crochets_the_coral_reef?language=en. Acesso em: 11 ago. 2015.

_____. *A Field Guide to Hyperbolic Space*. Los Angeles: Institute for Figuring, 2007.

_____; Christine Wertheim. *Crochet Coral Reef: A Project by the Institute for Figuring*. Los Angeles: IFF, 2015.

WEST VIRGINIA DEPARTMENT OF NATURAL RESOURCES. "Rare, Threatened, and Endangered Animals". Disponível em: http://www.wvdnr.gov/Wildlife/PDFFiles/RTE_Animals_2012.pdf. Acesso em: 1º set. 2015.

WEST VIRGINIA STATE BUTTERFLY. Disponível em: http://www.netstate.com/states/symb/butterflies/wv_monarch_butterfly.htm. Acesso em: 1º set. 2015.

WHITE, Richard. *The Roots of Dependency: Subsistence, Environment, and Social Change among the Choctaws, Pawnees, and Navajos*. Lincoln: University of Nebraska Press, 1983.

WHITEHEAD, Alfred North. *The Adventures of Ideas*. Nova York: Macmillan, 1933.

WICKSTROM, Stephanie. "Cultural Politics and the Essence of Life: Who Controls the Water?" in: CARRUTHERS, David V. (org.). *Environmental Justice in Latin America: Problems, Promise, and Practice*. Cambridge: MIT Press, 2008.

WILKS, John. "The Comparative Potencies of Birth Control

and Menopausal Hormone Drug Use". *LifeIssues.net.* Disponível em: http://www.lifeissues.net/writers/wilks/wilks_06hormonaldruguse.html. Acesso em: 13 ago. 2015.

WILLINK, Roseann S.; ZOLBROD, Paul G.. *Weaving a World: Textiles and the Navajo Way of Seeing.* Santa Fe: Museum of New Mexico Press, 1996.

WILSON, Kalpana. "The 'New' Global Population Control Policies: Fueling India's Sterilization Atrocities". *Different Takes* (inverno de 2015). Disponível em: http://popdev.hampshire.edu/projects/dt/87. Acesso em: 12 ago. 2015

WITHERSPOON, Gary; PETERSON, Glen. *Dynamic Symmetry and Holistic Asymmetry.* Nova York: Peter Lang, 1995.

WOMEN'S HEALTH INITIATIVE. "Risks and Benefits of Estrogen Plus Progestin in Healthy Postmenopausal Women", *Journal of the American Medical Association, v.* 288, 2002, pp. 321-333.

WORLD-ECOLOGY RESEARCH NETWORK. Disponível em: https://www.facebook.com/pages/World-Ecology-Research-Network/174713375900335. Acesso em: 7 ago. 2015

WORLD MARKET IN PIGEONS. Disponível em: http://www.euro.rml-international.org/World_Market.html. Acesso em: 3 ago. 2015

WORLD WILDLIFE FUND. "Living Blue Planet: Crisis in Global Oceans as Marine Species Halve in Size since 1970". 15 de setembro de 2015. Disponível em: http://assets.wwf.org.uk/custom/stories/living_blue_planet/. Acesso em: 13 ago. 2015.

WRIGHT, P. C.; ANDRIAMIHAJA, B. A. "Making a Rain Forest National Park Work in Madagascar: Ranomafana National Park and Its Long-Term Commitment" in: TERBORGH, J. et al. (orgs.). *Making Parks Work: Strategies for Preserving Tropical Nature.* Washington: Island, 2002, pp. 112-136.

WURUNDJERI. *Wikipedia.* Disponível em: http://en.wikipedia.org/wiki/Wurundjeri. Acesso em: 3 ago. 2015.

XENA WARRIOR PRINCESS. "Dreamworker". Temporada 1, 18 de setembro de 1995. Disponível em: http://www.imdb.com/title/tt0751475. Acesso em: 10 ago. 2015.

XKCD. "Bee Orchid". Disponível em: https://xkcd.com/1259. Acesso em: 10 ago. 2015.

YELLOWSTONE TO YUKON CONSERVATION INITIATIVE. Disponível em: http://y2y.net/work/what-hot-projects. Acesso em: 31 ago. 2015.

YONG, Ed. "Bacteria Transform the Closest Living Relatives of Animals from Single Cells into Colonies", *Discover*, 6 de agosto de 2012. Disponível em: http://blogs.discovermagazine.com/notrocketscience/2012/08/06/bacteria-transform-the-closest-living-relatives-of-animals-form-single-cells-into-colonies/#.VXYon6YVpFU. Acesso em: 9 ago. 2015.

_____. "Consider the Sponge", *The New Yorker*, 24 de abril de 2015. Disponível em: http://www.newyorker.com/tech/elements/consider-the-sponge. Acesso em: 9 ago. 2015.

_____. "The Guts That Scrape the Skies", *Phenomena: Not Exactly Rocket Science.* 23 de setembro de 2014. Disponível em: http://phenomena.nationalgeographic.com/2014/09/23/the-guts-that-scrape-the-skies. Acesso em: 9 ago. 2015.

YOUTH, Howard. "Pigeons: Masters of Pomp and Circumstance". Smithsonian National Zoological Park. *Zoogoer, v.* 27, 1998. Disponível em: http://nationalzoo.si.edu/Publications/ZooGoer/1998/6/pigeons.cfm. Acesso em: 17 fev. 2012.

ZALASIEWICZ, Jan et al. "Are We Now Living in the Anthropocene?", *GSA Today*, v. 18, n. 2, 2008, pp. 4-8.

ZAPATISTA ARMY OF MAZAHUA WOMEN IN DEFENCE OF WATER IN THE CUTZAMALA REGION: Testimonies, *Development, v.* 54, n. 4, 2011, pp. 499-504.

ZEBICH-KNOS, Michele. "A Good Neighbor Policy? Ecotourism, Park Systems and Environmental Justice in Latin America". Documento de trabalho apresentado em 2006 no Encontro da Latin American Studies Association, San Juan, Porto Rico, 15-18 de março de 2006.

ZIMMER, Carl. "Watch Proteins Do the Jitterbug", *The New York Times*, 10 de abril de 2014. Disponível em: http://www.nytimes.com/2014/04/10/science/watch-proteins-do-the-jitterbug.html?_r=1. Acesso em: 6 ago. 2015.

ZOLBROD, Paul G. *Diné Bahane': The Navajo Creation Story*. Albuquerque: University of New Mexico Press, 1984.

ZOUTINI, Benedikte; STRIVAY, Lucienne; TERRANOVA, Fabrizio. "Les enfants du compost, les enfants des monarques: Retour sur l'atelier 'Narrations spéculatives'" in: STENGERS, Isabelle (org.). *Gestes spéculatifs* . Paris: Hermann, 2015.

Agradecimentos

Cozida ao longo de muitos anos, a pilha de composto de colegas, estudantes, amigas e amigos que tornaram este livro possível é quente, promíscua e cheia de camadas. Embora o holobioma que constitui o livro seja repleto de bichos humanos e não humanos com os quais podemos pensar e sentir, devo agradecer especialmente a Rusten Hogness, Susan Harding, Anna Tsing, Scott Gilbert, Vinciane Despret, Isabelle Stengers, Bruno Latour, Marilyn Strathern, John Law, Jim Clifford, Katie King, Chris Connery, Lisa Rofel, Dai Jinhua, Carla Freccero, Marisol de la Cadena, Jenny Reardon, Beth Stephens, Annie Sprinkle, Helene Moglen, Sheila Namir, Gildas Hamel, Martha Kenney, Karen DeVries, Natasha Myers, María Puig de la Bellacasa, Megan Moodie, Margaret Wertheim, Christine Wertheim, Val Hartouni, Michael Hadfield, Margaret McFall-Ngai, Deborah Gordon, Carolyn Hadfield, Thelma Rowell, Sarah Franklin, Marc Bekoff, Rosi Braidotti, Alison Jolly, Adele Clarke, Colin Dayan, Cary Wolfe, Joanne Barker, Kim TallBear, Thom van Dooren, Hugh Raffles, Michael Fischer, Emily Martin, Rayna Rapp, Shelly Errington, Jennifer Gonzalez, Warren Sack, Jason Moore, Faye Ginsberg, Holly Hughes, Thyrza Goodeve, Eduardo Kohn, Beatriz da Costa, Eva Hayward, Harlan Weaver, Sandra Azeredo, Eric Stanley, Eben Kirksey, Lindsay Kelley, Scout Calvert, Kris Weller, Ron Eglash, Deborah Rose, Karen Barad, Marcia Ochoa, Lisbeth Haas, Eileen Crist, Stefan Helmreich, Carolyn Christov-Bakargiev, Sharon Ghamari, Allison Athens, Bettina Stoetzer, Juno Parreñas, Danny Solomon, Raissa DeSmet, Mark Diekhans, Andrew Matthews, Jake Metcalf, Lisette Olivares, Kami Chisholm e Lucien Gomoll. Cada uma dessas companhias me ofereceu algo especial para este livro, assim como muitas outras que devo nomear.

A Universidade da Califórnia em Santa Cruz (UCSC), meu lar, nutre grupos e centros de pesquisa vitais, que são as células-tronco na medula dos meus ossos. As pessoas participantes e as visitantes do Center for Cultural Studies [Centro de Estudos Culturais], do Science and Justice Research Network [Rede de Pesquisa Ciência e Justiça], do Center for Emerging Worlds [Centro para Mundos Emergentes], do Research Cluster on Crisis in the Cultures of Capitalism [Grupo de Pesquisa sobre as Crises nas Culturas do Capitalismo], do Institute of Arts and Sciences [Instituto de Artes e Ciências] e do Departamento de História da Consciência da UCSC contribuíram profundamente para dar forma a *Ficar com o problema*.

Muitos capítulos deste livro começaram como palestras e oficinas, e as pessoas que participaram desses eventos impregnaram meu pensamento de maneiras óbvias e sutis. Quero agradecer especialmente a Kavita Philip, a Gabriele Schwab, ao Instituto de Teoria Crítica da Universidade da Califórnia em Irvine e a Jennifer Crewe, da Columbia University Press, pela oportunidade de ministrar as Wellek Lectures em 2011.

Ao longo de quatro anos, participei das oficinas de escrita sobre mundificação, nas quais os escritos e os generosos comentários e críticas sobre meus próprios rabiscos da parte de Susan Harding, Anna Tsing, Katie Stewart, Lesley Stern, Allen Shelton, Stephen Muecke e Lauren Berlant remodelaram as figuras, as vozes, as estórias e as texturas deste livro.

Em 2010, Vinciane Despret me convidou para participar de um colóquio de uma semana em Cerisy, na Normandia, que indagava como chegamos a conhecer com outros animais. Quando as refeições eram anunciadas, a equipe de organização chamava o bando que ocupava o castelo de "les animaux" [animais] para nos diferenciar dos acadêmicos mais estritamente humanistas daquele verão, e nós nos sentíamos orgulhosos. Isabelle Stengers me convidou para retornar a Cerisy no verão de 2013 para o colóquio "Gestes spéculatifs", um evento extraordinário de uma semana de duração, que me marcou por suas oficinas de narração especulativa. As pessoas com quem trabalhei e brinquei em Cerisy habitam todos os capítulos de *Ficar com o problema*. Não posso nomear todas, mas quero agradecer principalmente a Jocelyn Porcher, Benedikte Zitouni, Fabrizio Terranova, Raphaël Larrère, Didier Debaise, Lucienne Strivay, Émelie Hache e Marcelle Stroobants.

Tendo surgido em parte das discussões em Cerisy, o colóquio *"Os mil nomes de Gaia"*, realizado no Rio de Janeiro em 2014, reorientou meu pensamento sobre as geografias, as temporalidades e os povos humanos e não humanos de nossa época. Agradeço especialmente a Eduardo Viveiros de Castro, Déborah Danowski e Juliana Fausto.

Marisol de la Cadena me convidou para participar duas vezes dos incríveis seminários Indigenous Cosmopolitics Sawyer Seminars na Universidade da Califórnia em Davis, em 2012. Sou grata pela oportunidade de fazer figuras de barbante com ela, seus colegas e alunos, assim como com Marilyn Strathern e Isabelle Stengers. Devo muito especialmente a Joe Dumit, Kim Stanley Robinson, James Griesemer e Kristina Lyons, que participaram desses eventos.

Tanto na UCSC quanto na Dinamarca, meu trabalho foi moldado pelo fermento do Aarhus University Research on the Anthropocene [AURA, Núcleo de Pesquisa sobre o Antropoceno da Universidade de Aarhus], organizado por Anna Tsing, juntamente com um grupo central de investigadores dos campos da biologia e da antropologia. Agradeço especialmente a Nis Bunbandt e Peter Funch, assim como a Elaine Gan, Heather Swanson, Rachel Cypher e Katy Overstreet.

Docentes e discentes de pós-graduação em *science studies* da Universidade da Califórnia em San Diego entraram neste livro em 2013, em um momento muito especial. Agradeço especialmente a Monica Hoffman e a Val Hartouni.

Os estudos multiespécies proliferaram de muitas formas ao redor do mundo, e devo muito às pessoas dos *animal studies* [estudos animais] e das *environmental humanities* [humanidades ambientais] da Inglaterra, da Austrália, da Nova Zelândia, da África do Sul e dos Estados Unidos. Talvez o fato de que herdamos os problemas do colonialismo e do imperialismo em redes densamente interrelacionadas, majoritariamente brancas e anglófonas, faz com que precisemos ainda mais uns dos outros, à medida que aprendemos a repensar e a sentir outramente com bichos situados e suas gentes. Fui convidada para palestrar em duas ocasiões nos encontros do British Animal Studies Network, incluindo o grupo que se juntou no Cosmopolitical Animals. Agradeço especialmente a Erica Fudge, Donna Landry, Garry Marvin, Kaori Nagai, John Lock e Lynda Birke. Annie Potts, Thom van Dooren, Deborah Bird Rose, Lesley Green, Anthony Collins e ainda outras pessoas que me fazem lembrar que pensar sobre essas questões do "Sul global" pode ajudar a desfazer parte da arrogância do "Norte global". E aí me recordo também que este problemático "Norte" é o "Sul" para as lutas decoloniais de seres humanos e não humanos do Círculo Polar Indígena do Norte, uma perspectiva que devo sobretudo a Susan Harding.

As pessoas de sf, tanto escritoras quanto colegas, são fundamentais a este livro, especialmente Ursula K. Le Guin, Kim Stanley Robinson, Octavia Butler, Vonda McIntyre, Gweneth Jones, Julie Czerneda, Sheryl Vint, Marleen Barr, Sha La Bare, Istvan Csicsery-Ronay, Helen Merrick, Margaret Grebowicz e, sempre, Samuel R. Delany.

Colegas da Suécia, da Noruega e da Holanda fizeram contribuições abundantes a este livro com suas generosas respostas a minhas palestras e seminários, bem como com suas próprias pesquisas. Agradeço particularmente a Rosi Braidotti, Piet van de Kar, Iris van der Tuin, Tora Holmberg, Cecelia Åsberg, Ulrike Dahl, Marianne Lien, Britta Brena, Kristin Asdal e Ingunn Moser.

O *think tank* sobre Methodologies and Ecologies on Research-Creation [Metodologias e Ecologias em Pesquisa-Criação] da Universidade de Alberta, em Edmonton, ajudou-me a repensar um dos capítulos do livro em 2014, em um momento crítico. Devo muito a Natalie Loveless e seu extraordinário grupo de colegas e alunos. Também quero agradecer às pessoas do Institute for Humanities Research da Universidade do Estado de Arizona em

2013, assim como a Laura Hobgood-Oster e seus colegas presentes nos encontros da American Academy of Religion de 2011, por seu pensamento inovador sobre seres humanos e outros animais.

As crias do composto deste livro devem muito aos encontros da American Association for Literature and the Environment, em junho de 2015, cujo tema era "Notas do subsolo: as profundezas das artes, da cultura e da justiça ambientais". Agradeço especialmente a Anna Tsing, minha parceira em cavar túneis, assim como a Cate Sandilands, Giovanna Di Chiro, T. V. Reed, Noël Sturgeon e Sandra Koelle.

Agradeço de coração às pessoas perspicazes, talentosas e generosas da Duke University Press, especialmente a Ken Wissoker e Elizabeth Ault. Seu acolhimento e inteligência me sustentaram ao longo da feitura deste livro. A revisão cega por pares me salvou de verdadeiras trapalhadas, tornando-me menos míope. Sem o trabalho árduo e quase invisível de revisoras e revisores, a academia se desfaria.

Histórico da Publicação

O capítulo 1, "Brincar de figuras de barbante com espécies companheiras", foi ligeiramente revisado a partir de "Jeux de ficelles avec des espèces compagnes: Rester avec le trouble", em *Les animaux: Deux ou trois choses que nous savons d'eux*, editado por Vinciane Despret e Raphaël Larrère (Paris: Hermann, 2014), pp. 23-59, traduzido por Vinciane Despret.

O capítulo 2, "Pensamento tentacular: Antropoceno, Capitaloceno, Chthuluceno" foi modificado de maneira significativa a partir de "Staying with the Trouble: Sympoièse, figures de ficelle, embrouilles multispécifiques", em *Gestes spéculatifs*, editado e traduzido por Isabelle Stengers (Paris: Les presses du réel, 2015).

Uma versão bastante abreviada do capítulo 3, "Simpoiese: Simbiogênese e as artes vivazes de ficar com o problema" se encontra em *Arts of Living on a Damaged Planet: Stories from the Anthropocene*, editado por Anna Lowenhaupt Tsing, Nils Bubandt, Elaine Gan e Heather Swanson, publicado em 2017 pela University of Minnesota Press.

O capítulo 4, "Fazer parentes: Antropoceno, Capitaloceno, Plantationoceno, Chthuluceno", foi revisado a partir do texto publicado em *Environmental Humanities*, v. 6 (2015).

O capítulo 5, "Inundadas de urina: DES e Premarin em respons-habilidade multiespécie" é uma versão ligeiramente revisada do texto publicado em WSQ: *Women's Studies Quarterly*, v. 40, n. 3-4, primavera/verão de 2012, pp. 301-316. Copyright © 2012 Feminist Press, City University of New York. Utilizado com autorização da The Permissions Company, Inc., em nome da editora feministpress.org. Todos os direitos reservados.

O capítulo 6, "Semear mundos: Uma bolsa de sementes para terraformar com alteridades terrestres" foi ligeiramente revisado a partir de *Beyond the Cyborg: Adventures with Donna Haraway*, editado por Margaret Grebowicz e Helen Merrick, pp. 137-146, 173-175. Copyright © Columbia University Press, 2013.

O capítulo 7, "Uma prática curiosa", é uma versão ligeiramente modificada do texto publicado em *Angelaki*, v. 20, n. 2, 2015, pp. 5-14, reimpresso com autorização da editora (Taylor and Francis Ltd., tandfonline.com).

O capítulo 8, "Estórias de Camille" foi publicado pela primeira vez neste volume.

Lista de imagens

1. *Multispecies Cat's Cradle* [Cama de gato multiespécie]. Desenho de Nasser Mufti, 2011. 24
2. *Ma'ii Ats'áá' Yílwoí* [Coiotes correndo em direções opostas]. 30
3. *Bird Man of the Mission* [Bird Man de Mission]. Mural de Daniel Doherty, 2006. 37
4. A equipe de seres humanos, pombos e tecnologias eletrônicas do *PigeonBlog* 44
5. *Capsule* [Cápsula]. Pombal projetado por Matali Crasset, 2003 50
6. Pombal no Batman Park, Melbourne 54
7. *Pimoa cthulhu* 64
8. *Cat's Cradle/String Theory* [Cama de gato/Teoria do barbante]. Baila Goldenthal, 2008 70
9. Florestas em chamas, ícone do Antropoceno 90
10. Derretimento de gelo marinho na Passagem do Noroeste, ícone do Capitaloceno 98
11. *Octopi Wall Street* [Ocupar/po(l)voar Wall Street]: Revolta sinctônica. Ilustração de Marley Jarvis, Laurel Hiebert e Kira Treibergs, 2011 103
12. Potnia Theron com rosto de Górgona, ícone do Chthuluceno 108
13. Polvo azul (*Octopus cyanea*) 113

14	*Endosymbiosis: homage to Lynn Margulis* [Endossimbiose: homenagem a Lynn Margulis]. Shoshanah Dubiner, 2012	121
15	*Bee Orchid* [Orquídea Abelha]	138
16	Medusa de contas feita por Vonda N. McIntyre	152
17	Tartarugas-verdes (*Chelonia mydas*)	156
18	Página da publicação *Tikitiki Ilay Maky/Tik-Tik the Ringtailed Lemur* [Tik-Tik, o lêmure-de-cauda-anelada]	159
19	Pintura para *Tsambíkí Ilamba Fotsy/Bounce the White Sifaka* [Salta o sifaka branco]	165
20	Imagem de capa de *Never Alone (Kisima Ingitchuna)* [Jamais Sozinhos]	169
21	Tapete navajo, *Two Gray Hills* [Dois montes grises]	176
22	Uma formiga da espécie *Rhytidoponera metallica* transporta uma semente de *Acacia neurophylla* segurando-a pelos elaiossomos, no oeste da Austrália	242
23	Máscara *Mariposa*, Guerrero (México). Museu de Antropologia de Vancouver da Universidade da Colúmbia Britânica (UBC)	269
24	Adesivo *Make Kin Not Babies* [Faça parentes, não bebês]	275
25	Lagarta da borboleta-monarca *Danaus plexippus* sobre um botão de asclépia	287
26	Borboleta-monarca pousada sobre uma flor de funcho em Pismo Butterfly Grove	304
27	Mural em La Hormiga, Putumayo (Colômbia), retrata paisagens antes e depois das fumigações aéreas durante a "guerra às drogas" dos governos dos Estados Unidos e da Colômbia	312
28	*Animals of Land and Sea* [Animais da terra e do mar], Kenojuak Ashevak, 1991	316

29 Borboleta-monarca infectada pelo protozoário *Ophryocystis elektroscirrha*, presa à crisálida, com vespa 319
30 *Make Kin Not Babies* 320
31 Lagarta de borboleta-monarca compartilha a asclépia que lhe serve de alimento com pulgões-de-oleandro (*Aphis nerii*) 325

Dados Internacionais de Catalogação na Publicação (CIP) de acordo com ISBD

H254f   Haraway, Donna

        Ficar com o problema: fazer parentes do Chthuluceno / Donna Haraway; traduzido por Ana Luiza Braga. – São Paulo: n-1 edições, 2023
        412 p ; 14cm x 21cm.

        inclui bibliografia e índice   ISBN: 978-65-81097-58-5

        1. Filosofia. 2. Ciências. 3. Feminismo. 4. Cultura.
      I. Braga, Ana Luiza. II. Título.

2023-1049   CDD 100
                                                                         CDU 1

Elaborado por Vagner Rodolfo da Silva – CRB-8/9410

Índice para catálogo sistemático:

1. Filosofia 100
2. Filosofia 1

n-1

O livro como imagem do mundo é de toda maneira uma ideia insípida. Na verdade não basta dizer Viva o múltiplo, grito de resto difícil de emitir. Nenhuma habilidade tipográfica, lexical ou mesmo sintática será suficiente para fazê-lo ouvir. É preciso fazer o múltiplo, não acrescentando sempre uma dimensão superior, mas, ao contrário, da maneira mais simples, com força de sobriedade, no nível das dimensões de que se dispõe, sempre n-1 (é somente assim que o uno faz parte do múltiplo, estando sempre subtraído dele). Subtrair o único da multiplicidade a ser constituída; escrever a n-1.

Gilles Deleuze e Félix Guattari

n-1edicoes.org

v. b9404ce